国家社科基金后期资助项目
出版说明

后期资助项目是国家社科基金设立的一类重要项目，旨在鼓励广大社科研究者潜心治学，支持基础研究多出优秀成果。它是经过严格评审，从接近完成的科研成果中遴选立项的。为扩大后期资助项目的影响，更好地推动学术发展，促进成果转化，全国哲学社会科学工作办公室按照“统一设计、统一标识、统一版式、形成系列”的总体要求，组织出版国家社科基金后期资助项目成果。

全国哲学社会科学工作办公室

国家社科基金
GUOJIA SHEKE JIJIN HOUQI ZIZHU XIANGMU
后期资助项目

股权众筹监管基础理论研究

Research on the Fundamental Theory of Equity-based Crowdfunding Regulation

武长海 主编

法律出版社
LAW PRESS·CHINA

基金项目
国家社会科学基金后期资助项目，项目批准号：15FFX042

序　言

本著作是本人主持的国家社科基金后期资助项目《股权众筹监管基础理论研究》(15FFX042)结项成果。在完成本成果的过程中,樊富强博士和涂晟博士从始至终起了最重要的组织作用,其他同学也都参与了查找文献、撰写书稿、校对等工作,特在此根据其发挥的作用,予以明示:主编:武长海;副主编:樊富强、涂晟;参编人员:武长海、樊富强、涂晟、王娜仁高娃、张华耀、颜炳琳、都若群、陈寅雪、刘雅婷、李依依、范竹青、郭紫薇、王会鑫、丁潇、鄢雨虹、杨霞、肖婕、陈小禹、武博雅、李明昊、黄静怡、武亚飞、梁永正、李敏。

股权众筹模式起源于2009年的美国众筹网站Kickstarter。随着实践的发展,美国2012年出台了JOBS法案即《初创期企业推动法案》(以下简称JOBS法案),对股权众筹发展进行了规范。随后英国、法国、意大利等国家也对相关法律进行了修改,或出台新的法规,促进了股权众筹在欧洲的发展。2011年股权众筹进入中国;2013年国内正式诞生第一例股权众筹案例;2014年国内出现第一个有担保的股权众筹项目,随后,股权众筹进入了野蛮生长的状态,有数据统计达到了169家。这些冠以"股权众筹"的项目具有以下特点:一是大部分平台没有成交;二是这些项目风险披露严重不足;三是游走于法律灰色地带。

国家为鼓励金融创新,促进互联网金融健康发展,明确监管责任,规范市场秩序,在2015年7月18日由中国人民银行等10部门发布了《关于促进互联网金融健康发展的指导意见》,其中对股权众筹进行了专门规定,使得股权众筹的发展规范化。国家发展股权众筹的初衷是认为该模式对促进小微企业发展和扩大就业能够发挥现有金融机构难以替代的积极作用,能够促进大众创业、万众创新。

根据规定,股权众筹融资主要通过互联网形式进行公开小额股权融资的活动,具有"公开、小额、大众"的特征。股权众筹融资方应为小微企业,应通过股权众筹融资中介机构向投资人如实披露企业的商业模式、经营管理、财务、资金使用等关键信息,不得误导或欺诈投资者。投资者应当充分了解股权众筹融资活动的风险,具备相应风险承受能力,进行小额投资。股权众筹融资业务由中国证券监督管理委员会(以下简称证监会)创新部负责监管。

随着国家鼓励互联网金融发展政策的出台,以 P2P 为主的互联网金融进入了疯狂发展时期,在此期间滋生了大量违法犯罪活动。股权众筹融资也逐渐暴露出大量问题,如误导性的违法宣传、发布虚假标语,甚至出现非法融资、非法发行股票、金融诈骗等犯罪活动。

2016 年 4 月,证监会等 15 部门联合公布《股权众筹风险专项整治工作实施方案》,按照党中央、国务院统一部署,对股权众筹风险开展专项整治。按照摸底排查、清理整顿、督查和评估、验收和总结四个步骤,稳步推进股权众筹风险专项整治工作。具体要求和时间进度按照《互联网金融风险专项整治工作实施方案》的规定进行,即摸底排查工作于 2016 年 7 月底前完成,清理整顿工作于 2016 年 11 月底前完成,督查和评估工作于 2016 年 11 月底前完成,验收和总结工作于 2017 年 1 月底前完成。但实际上,随着互联网金融整顿期的延长,股权众筹整顿期限也延长了,截至目前也没有正式进行验收和总结工作。由于股权众筹体量较小,大部分股权众筹中介机构已经退出,风险得到了有效遏制。

轰轰烈烈的互联网金融创新运动由于缺乏应有的监管措施,风险严重外溢,造成了大量中小金融消费者重大损失。证监会对于股权众筹的发展思路也由促进转向从严监管,监管环境从以松、宽、软为主,回归到监管本位,从严治理。2016 年 8 月,证监会撤销了于 2014 年 2 月成立的创新部,目的是适应新的金融监管形势,解决监管真空等问题。

股权众筹还要不要发展?是昙花一现还是在规范监管中进一步摸索前进?根据证监会 2019 年度立法工作计划,其计划于 2019 年年底前制定出《股权众筹试点管理办法》,试点试行股权众筹。2019 年,中共中央、国务院发布《关于支持河北雄安新区全面深化改革和扩大开放的指导意见》,提出“筹建雄安股权交易所,支持股权众筹融资等创新业务先行先试”。但受到疫情影响,关于股权众筹的发展议题搁浅。

股权众筹除了在实践中要“摸着石头过河”,从长远来看,要搞股权众筹还要修订法律,夯实股权众筹的法律基础。目前受到《证券法》关于股票公开发行核准制度的有关规定等限制,真正的股权众筹融资在国内还没有开展,目前仍在运营的互联网平台,实际上从事的是互联网非公开股权融资活动,主要集中在北京、上海、广东、浙江等互联网较发达地区。互联网非公开股权融资通常也有最低的投资门槛限制,并且单个项目的投资者人数不得超过 200 人,通过专项整治各地有效出清了风险机构和问题平台,互联网股权融资领域总体风险可控。

截至 2018 年 11 月，市场仅存股权众筹平台 61 家，其中大多数处于无业务状态，股权众筹进入“至暗时刻”。何时能迎来股权众筹的春天？只有证监会出台了《股权众筹试点管理办法》，才能先行开展股权众筹试点，建立小额投融资的制度。试点工作应当充分吸取 P2P 等互联网金融业态的经验教训，要立法先行，风险可控，最好先进行“沙盒实验”稳步推进。同时，应当尽快修订《证券法》，使股权众筹的发展行进在法制的轨道上健康发展。

股权众筹，是向生而死，抑或向死而生？目前还没有答案。

武长海

于法大蓟门桥畔

2021 年 4 月 20 日

目　录 Contents

第一章　股权众筹概述

本章着重对众筹的含义、发展、时代价值和类型予以梳理分析。其中，股权众筹是众筹发展后期才逐步出现的，但却是最重要的众筹形式，且股权众筹因能为企业提供直接融资服务、隐藏着巨大的法律风险等因素而备受关注。在本章第二节中，笔者就股权众筹的出现、域内域外发展情况进行了简要回顾与说明。

第一节　众筹的发展

一、众筹的起源与发展

1886年，著名记者和出版巨头约瑟夫·普利策在其报纸中刊登了一则募捐广告，旨在募集资金为新建的自由雕像修建基座，[①]并承诺送给捐款者一个6英寸的仿制品雕像。[②] 6个多月后，他收到个人捐款近10万元，[③]其中，大量的捐赠都是在1美元以下。[④] 120年以后，一个革命性的高容量、低数额、以捐助为基础的资本市场——众筹出现了。[⑤] 众筹是通过在线市场（门户网站）把拥有伟大想法但没有钱的企业经营者和大量互联网用户（群众）相联系，依靠群众的小额投资建立企业。[⑥]

在互联网时代，成功的众筹案例最早来自英国，摇滚乐队马里利恩在

---

① See "The JOBS Act: Economic Boon or Peril?", *Massolution*, Accessed Aug. 14, 2013. http://events.massolution.com/the-jobs-act-economic-boon-or-peril.

② See "The JOBS Act: Economic Boon or Peril?", *Massolution*, Accessed Aug. 14, 2013. http://events.massolution.com/the-jobs-act-economic-boon-or-peril.

③ See "The JOBS Act: Economic Boon or Peril?", *Massolution*, Accessed Aug. 14, 2013. http://events.massolution.com/the-jobs-act-economic-boon-or-peril.

④ See Supra. 1. See also Julie Blair Pitts, "Pulitzer Crowdfunded the Statue of Liberty Daily Crowdsource", Accessed Aug. 14, 2013. http://dailycrowdsource.com/content/crowdfunding/169-pulitzer-crowdfunded-the-statue-of-liberty.

⑤ See Supra. 1.

⑥ See Joan MacLeod Heminway & Shelden Ryan Hoffman, "Proceed at Your Peril: Crowdfunding and the Securities Act of 1933", 78 *Tenn. L. Rev.* 879, 881, 2011.

1997 年募集了超过 3.5 万英镑资金来完成其在美国的首次巡演。[①] 在欧洲，通过建立门户网站进行众筹已经成为一种现象，或多或少与美国众筹网站同时发展，[②]至少有两个门户网站发行主动的股权众筹。[③] 虽然奇奇开创(Kickstarter)平台只是才被引进英国，但艺术界已经通过类似空间蜂巢(Space Hive)和特定项目的众筹运动接触众筹好几年了。[④]

世界范围内最早的众筹平台是 Kickstarter。该网站于 2008 年在美国纽约成立，主要支持创新型项目的公开融资，参与投资者数量较多且投资分散。这一模式使融资环节大幅减少，降低了相关手续费，效率更高。[⑤] 金融危机后，在金融机构大面积倒闭以及监管回归的背景下，中小企业越发难以融得其发展本身所需的资金，该模式逐渐在美国蓬勃发展起来。众筹被企业家认为是伴随网络社交的兴起而产生的一种创新的在线筹款方式。[⑥] 除了用于支持事业和各种项目，众筹还使小企业和企业家得以向诸多个人小额筹资，或向天使投资、风险投资、私募股权基金或者富有的个人筹资，总之不是银行。[⑦] 而且，众筹的投资者可能会通过支持他们的社区、投资他们的生意、为他们有激情的事情而努力，从而产生利他的快乐。[⑧] 网

---

① See Jake Wallis Simmons, "Crowdfunding: How the Kindness of Strangers is Changing Business", Accessed Oct. 24, 2012. http://www.telegraph.co.uk/culture/9599846/Crowdfunding-how-the-kindness-of-strangers-is-changing-busi ness.html.

② See Jake Wallis Simmons, "Crowdfunding: How the Kindness of Strangers is Changing Business", Accessed Oct. 24, 2012. http://www.telegraph.co.uk/culture/9599846/Crowdfunding-how-the-kindness-of-strangers-is-changing-busi ness.html.

③ See Mike Wendling, "Crowdfunding Start-Ups Show How to Sidestep Bank Loans", Accessed Aug. 22, 2012. http://www.bbc.co.uk/news/business-19286163.

④ See Patrick Hussey, "Crowdfunding: What You Need to Know", Accessed Aug. 16, 2012. http://www.guardian.co.uk/culture-professionals-network/culture-professionals-blog/2012/aug/16/kickstarter-uk-launch-crowdfunding-culture.

⑤ 参见宋柯均、吕笑微：《国内股权众筹网站发展探析》，载《现代物业(中旬刊)》2014 年第 8 期。

⑥ See C. Steven Bradford, "Crowdfunding and the Federal Securities Laws", 2012 *COLUM. BUS. L. REV.* 1, 5, 2012.

⑦ See Stuart R. Cohn, "The New Crowdfunding Registration Exemption: Good Idea, Bad Execution", 64 *Fla. L. Rev.* 1433, 1434, 2012; Joan M. Heminway & Shelden R. Hoffman, "Proceed at Your Peril: Crowdfunding and the Securities Act of 1933", 78 *Tenn. L. Rev.* 879, 931, 2011; Heather L. Traeger et al., "Democratizing Entrepreneurship: An Overview of the Past, Present, and Future of Crowdfunding", 45 *Bloomberg Securities Regulation & Law Report* 208, 209, 2013.

⑧ See Joan M. Heminway & Shelden R. Hoffman, "Proceed at Your Peril: Crowdfunding and the Securities Act of 1933", 78 *Tenn. L. Rev.* 879, 911-21, 2011; Lisa T. Alexander, "Cyberfinancing For Economic Justice", 4 *Wm. & Mary Bus. L. Rev.* 309, 312, 2013; Bob Knorpp, "Toy-Fair Lesson: Crowdfunding Is Much More than Child's Play", *Adver. Age*, Accessed Mar. 14, 2014. http://adage.com/article/digital/toy-fair-shows-crowdfunding-child-s-play/292141/ (discussing successful Kickstarter campaign).

络大众外包平台像 Kickstarter、英迪果果(Indiegogo)和基瓦(Kiva)在 2010 年变得非常流行。[①] 现行的众筹模式一般不“包含股票发行的任何财务回报或任何众筹投资者期待的通过众筹进行商业活动融资产生的利润”。[②]

2008 年经济危机以来,比起从银行和其他金融机构获得资金,通过慈善捐赠途径获得资金更加深入人心,众筹也很快在艺术界出现并快速发展。在 Threadless 和 CatWalkGenius 类似的网站上,个人可以选择他们最喜爱的艺术家和具体项目进行资助,将个人的兴趣与艺术投资相连。作为回报,艺术家通常以免费商品或节目门票奖励他们的捐助者。证券交易委员会并不把这种回报看作是投资回报,因此不在其监管职权范围内。但是,慈善基金的接受者必须要小心,回报给顾客的任何礼品或奖品都不能包括利息等报酬形式,否则可能与现行法规相抵触。[③] 直到 2012 年《初创期企业推动法案》(JOBS Act,以下简称 JOBS 法案)颁布之前,众筹模式一直处于法律的灰色地带。JOBS 法案颁布后,股权众筹正式被纳入美国证券监管体系之内,极大地推动了美国股权类众筹的发展。

由于众筹在融资方面的突出作用,企业家越来越多地利用这种投资模式进行创新。随着 Kickstarter 和 Indiegogo 等网站的兴起,众筹发展迅速。仅在 2012 年中,众筹市场融资规模就增加了一倍,为大量小企业和初创企业融资,有蓝牙功能的手表制造商[④]等刚起步的企业通过众筹模式实现了巨大的成功。[⑤] 音乐和电影制作尤其适合以捐赠众筹的形式融资,因为投资者将因捐赠得到非货币收益回报,从促进创业的行动中提前获得产品或

---

① See Heather L. Traeger et al. ,“Democratizing Entrepreneurship:An Overview of the Past,Present, and Future of Crowdfunding”,45 *Bloomberg Securities Regulation & Law Report* 215-217,2013.

② Crowdfunding,Securities Act Release No. 33-9470,78 *Fed. Reg.* 66,427,66,429,proposed Nov. 5,2013.

③ See 7 Gerrit K. C. Ahlers et al. ,“Equity Crowdfunding”, 10 - 11, Accessed Dec. 2, 2013 (unpublished manuscript). http://ssrn. com/abstract=2362340.

④ See Mark Nowotarski,“Getting Your Invention off of the Ground with Crowdfunding”, *IP Watchdog*,Accessed June 29,2013. http://www. ipwatchdog. com/2013/06/29/getting-your-invention-off-of-the-ground-with-crowdfunding.

⑤ See “The JOBS Act:Economic Boon or Peril?”,*Massolutio*,Accessed Aug. 14,2013. http:// events. massolution. com/the-jobs-act-economic-boon-or-peril.

从会见创业者的机会中收获满足感。[①] 例如,某初创企业试图通过销售与投资相应的啤酒数量并提供“众筹所有权证书”来筹集3亿美元。[②] 同样,2013年,人权组织AHUMANRIGHT接受捐赠,目的是帮助第三世界国家将通信卫星送入轨道。[③]

尽管众筹市场迅速发展,但美国小企业对资金的需求仍远远大于供给。[④] 预计2012~2022年,美国的投资需求在13万亿美元左右。2011年,约60万个小型企业因各种原因被切断了信贷途径,还有80万个企业并未获得预期的信贷额度。[⑤] 然而,58%的美国成年人愿意帮助初创或小企业追求美国梦。[⑥] 所以,众筹有治愈市场投资低效的潜力,能够促进社会对初创企业的投资。[⑦] 但若资助者要求获得财务性回报,将改变证券法规的管辖范围。

---

① See Ajay K. Agrawal et al., “Some Simple Economics of Crowdfunding 12”, *Nat'l Bureau of Econ. Research*, *Working Paper No.* 19133, Accessed Apr. 8, 2013. http://www.nber.org/papers/w19133. Thaya Brook Knight et al., “A Very Quiet Revolution: A Primer on Securities Crowdfunding and Title Ⅲ of the JOBS Act”, 2 *Mich. J. Private Equity & Venture Cap. L.* 135, 136, 2012. “Finds Research Firm Massolution, PR Newswire”, Accessed Apr. 8, 2013. http://www.prnewswire.com/news-releases/crowdfunding-market-grows-81-in-2012-crowdfunding-platforms-raise-27-billion-and-fund-more-than-one-million-campaigns-finds-research-firm-massolution-201911701.html. Perry Chen, Yancey Strickler & Charles Adler, “The Truth About Spike Lee and Kickstarter”, *Kickstarter Blog*, Accessed Aug. 19, 2013. http://www.kickstarter.com/blog/the-truth-about-spike-lee-and-kickstarter-0.

② See Matthew Hutchens, “Hitting the Target: How New Disclosure Rules Could Improve the Jumpstart Our Business Startups Act 3-4”, Accessed Sept. 27, 2013 (unpublished manuscript). http://ssrn.com/abstract=2332248. Gerrit K. C. Ahlers et al., “Equity Crowdfunding”, 10-11, Dec. 2, 2013. (unpublished manuscript). http://ssrn.com/abstract=2362340.

③ See “Buy This Satellite”, Accessed Oct. 30, 2013. http://www.buythissatellite.com.

④ See Paul White, “Comments on SEC Regulatory Initiatives under the JOBS Act: Title Ⅲ - Crowdfunding”, Accessed July 22, 2013. http://www.sec.gov/comments/jobs-title-iii/jobstitleiii-248.pdf.

⑤ See Nat'l Fed'n of Indep. Bus., “Research Foundation, Small Business, Credit Access, and a Lingering Recession 30”, Accessed Jan. 2012. http://www.nfib.com/Portals/0/PDF/AllUsers/research/studies/small-business-credit-study-nfib-2012.pdf (T7-n36).

⑥ See Paul White, “Comments on SEC Regulatory Initiatives under the JOBS Act: Title Ⅲ - Crowdfunding”, Accessed July 22, 2013. http://www.sec.gov/comments/jobs-title-iii/jobstitleiii-248.pdf.

⑦ See C. Steven Bradford, “The New Federal Crowdfunding Exemption: Promise Unfulfilled”, 40 *Sec. Reg. L. J.* 196, 2012.

意大利众筹行业存在与美国类似的情况。[①] 在意大利比较有名的众筹门户网站中，有一个提供给投资者任何形式股权的运行方式，但只是通过直接联系投资者与企业家来完成，而不是通过实际的投资门户提供服务。[②] 其余的众筹门户要么以纯粹慈善企业的形式运作，要么鼓励用户投资大量的金钱并以礼物或奖品作为回报。[③] 但是截至 2012 年 11 月，意大利募资活动中最常见的形式仍是小额贷款，在全国门户网站中，78%的资金交易是通过小额贷款进行的。[④] 截至 2012 年 11 月，在意大利通过小额贷款成功获得的资助已将近 1030 万欧元，以获得股权为基础的门户网站（但不是真正的股权众筹门户网站，而是由天使网络组织直接连接投资者与项目）提供的资助有 200 万欧元，而以获得礼物或奖励为基础的资助约有 100 万欧元。[⑤]

在意大利众筹市场，以借贷和礼物为基础的众筹项目（Lending and Gift-based Projects）的平均融资额度是几千欧元，而意大利国内股权项目通常倾向于募集拥有更大规模资金的订单，股权项目每轮平均融资规模接近 25 万欧元。[⑥] 意大利的股权众筹形式看起来更像是网站形式的天使投资，从项目融资的大小上看，则更像天使网络投资。[⑦] 真正的股权众筹门户

① See Daniela Castrataro & Ivana Pais, "Analysis of Italian Crowdfunding Platforms 3", Accessed Oct. 5, 2012. http://twintangibles. co. uk/wp-content/uploads/2012/12/CrowdfundingInItaly1. pdf. Giancarlo Guidici et al., "Crowdfunding: The New Frontier for Financing Entrepreneurship? Politecnico di Milano: Dipartimento di Ingegneria Gestionale", Accessed Oct. 5, 2012. http://papers. ssrn. com/sol3/papers. cfm? abstract id=2157429.

② See Giancarlo Guidici et al., "Crowdfunding: The New Frontier for Financing Entrepreneurship? Politecnico di Milano: Dipartimento di Ingegneria Gestionale", Accessed Oct. 5, 2012. http://papers. ssrn. com/sol3/papers. cfm? abstract id=2157429.

③ See Giancarlo Guidici et al., "Crowdfunding: The New Frontier for Financing Entrepreneurship? Politecnico di Milano: Dipartimento di Ingegneria Gestionale", Accessed Oct. 5, 2012. http://papers. ssrn. com/sol3/papers. cfm? abstract id=2157429.

④ See Daniela Castrataro & Ivana Pais, "Analysis of Italian Crowdfunding Platforms 3", Accessed Oct. 5, 2012. http://twintangibles. co. uk/wp-content/uploads/2012/12/Crowdfunding-InItaly1. pdf.

⑤ See Daniela Castrataro & Ivana Pais, "Analysis of Italian Crowdfunding Platforms 3", Accessed Oct. 5, 2012. http://twintangibles. co. uk/wp-content/uploads/2012/12/Crowdfunding-InItaly1. pdf.

⑥ See Daniela Castrataro & Ivana Pais, "Analysis of Italian Crowdfunding Platforms 3", Accessed Oct. 5, 2012. http://twintangibles. co. uk/wp-content/uploads/2012/12/Crowdfunding-InItaly1. pdf.

⑦ See Scott Shane, "The Size of Angel Investments, Small Bus. Trends", Accessed Nov. 3, 2008. http://smallbiztrends. com/2008/11/the-size-of-angel-investments. html.

网站可能会寻求远低于天使投资额的资金。[①] 事实上,2011 年的一项对全球范围内各种股权众筹的研究表明,几乎一半的项目每轮募集的资金为 50 万~250 万美元,有 1/4 的项目募集的资金少于 50 万美元。[②]

数据显示,2009 年全球众筹融资额仅为 5.3 亿美元,2013 年则快速上升至 30 亿美元。2007 年全球众筹平台不足 100 个,到 2013 年上半年则有 600 多个,其中,美国占据主要份额,且美国的众筹网站多面向全球开放,融资渠道、项目来源更为广阔。[③] 2012 年 4 月,奥巴马签署的 JOBS 法案为美国的股权众筹融资提供了合法保障。

二、众筹的含义和特征

众筹被广泛定义为"由企业家、个人、以营利为目的团体通过互联网等非间接金融机构,从大量个体中吸取小额出资,并为企业筹资的行为"。[④] 有学者认为,众筹起源于"众包",是"一种网上参与活动,个人、组织、非营利性组织或者公司向一群人……通过一种灵活公开的宣传,自愿承担任务"。[⑤] 维基百科和涯普(Yelp)是较为出名的"众包"网站。[⑥] 众筹与"众包"的不同在于,众筹要求向项目投入资本,而不是劳动。[⑦] 也有学者认为,众筹活动根源于诺贝尔奖得主穆罕默德·尤努斯开创的小额信贷和微

---

① See Crowdsourcing, "Crowdfunding Industry Report: Market Trends, Composition and Crowdfunding Platforms", Accessed Dec. 1,2012. http://www.crowdsourcing.org/document/crowdfunding-industry-report-abridged-version-market-trends-composi tion-and-crowdfunding-platforms/14277.

② See Crowdsourcing, "Crowdfunding Industry Report: Market Trends, Composition and Crowdfunding Platforms", Accessed Dec. 1,2012. http://www.crowdsourcing.org/document/crowdfunding-industry-report-abridged-version-market-trends-composi tion-and-crowdfunding-platforms/14277.

③ 参见驱动中国:《众筹模式背后的金融逻辑》,载驱动中国网:http://news.qudong.com/2014/0210/162384.shtml,最后访问日期:2015 年 6 月 18 日。

④ Ethan R. Mollick,"The Dynamics of Crowdfunding: An Exploratory Study",29 *J. Bus. Venturing* 1,2,Accessed July 1,2014. http://ssrn.com/abstract=2088298. See generally Erin R. Frankrone, "Note, Free Agents: Should Crowdsourcing Lead to Agency Liability for Firms?",15 *Vand. J. Ent. & Tech. L.* 883,2013.

⑤ Enrique Estellés-Arolas & Fernando Gonzáles-Ladr[#xF3]n-de-Guevara, *Towards an Integrated Crowdsourcing Definition*,38 J. INFO. SCI. 189,197,2012.

⑥ See "Wikipedia", Accessed Mar. 29,2013. http://en.wikipedia.org/wiki/Wikipedia(explaining the purpose of Wikipedia). "What is Yelp?", YELP, Accessed Mar. 31,2013. http://www.yelp.com/faq#what_is_yelp.

⑦ See Andrew A. Schwartz, "ROUNDTABLE: Keep It Light, Chairman White: SEC Rulemaking Under the CROWDFUND Act",66 *Vand. L. Rev. En Banc* 43. 2013.

型贷款(Microfinance and Microcredit)。①

另有学者认为,众筹是一种微创商业模式(microstartup),即一两个有创造力的人对产品或服务有想法,这种想法从起步到开发到市场营销所需的资金不过几千美元。这种商业模式通常因太微小、太不成熟以至风投或天使基金都不会给予关注,所以适合用众筹的方式进行融资。贾森·卡拉坎尼斯在一篇名为《未来商业》的文章中介绍了"微创"这一概念。他指出,零成本创业开启了"微创"的时代,它不再是两个年轻人在车库中幻想可以得到大笔风险投资,然后花费几百万去建办公室的商业模型。微创模式是从雏形到开发都保持可持续的方式,重点依赖核心客户,仅需要5000~10000美元创业成本的新型商业模式。这些寻求小额资金的人开始关注众筹,认为筹集几百到几千美元不等的资金可以让他们实现进一步发展。②

艾瑞克·里尔斯将其称为"精实创业"(Lean Startup)。精实创业主张用严格的方式建立公司,旨在通过快速更新换代的方式,缓冲市场中新产品输入后产生的迭代风险。相较于旧的商业模型,它能够用更少的资金更快地找到盈利点。更重要的是,它打破了追求公司理想与创造利润两者间的分歧。该模式强调借助市场力量维持公司存续的使命。尽管这些"精实"和"零成本"创业("Lean" and "Zero-cost" Startups)比之前的创业模式所需要的资金更少,但从某种程度来说,企业家们还是会为了继续开发其产品和服务而寻求更多的资金。③

众筹重新点燃了企业家和投资者利用科技帮助小型发行人进行商业筹资的欲望。在2012年JOBS法案通过之后,美国的众筹网站结束了私下进行的不确定的、监管动向不明的操作。在此之前,在众筹盛行的西部,不同类型的企业家以不同方式筹款,一部分企业家的筹款方式明显违反了《1933年证券法》。其筹资的项目涉及不同领域,有艺术创造,有慈善事业,有商业发明等,平台的出现为这些筹资提供了范式和便利,Kickstarter、

---

① See Anand Giriharadas & Keith Bradsher, "Microloan Pioneer and His Bank Win Nobel Peace Prize", *N. Y. Times*, Accessed Oct. 13, 2006. http://www.nytimes.com/2006/10/13/business/14nobelcnd.html? r=0.

② See Nikki D. Pope, "Crowdfunding Microstartups: It's Time for the Securities and Exchange Commission to Approve a Small Offering Exemption", *University of Pennsylvania Journal of Business Law*. 13 *U. Pa. J. Bus. L.* 973, 2011.

③ See Nikki D. Pope, "Crowdfunding Microstartups: It's Time for the Securities and Exchange Commission to Approve a Small Offering Exemption", *University of Pennsylvania Journal of Business Law*. 13 *U. Pa. J. Bus. L.* 973, 2011.

Indiegogo、RocketHub 等一系列平台应运而生。在各种众筹形式中,有些筹款人承诺给予投资者奖励或产品,有些承诺返还本金,也有些不作任何承诺。①

那么,如何释义金融众筹?国内实务界普遍认为,国内的互联网金融模式可以分为互联网支付、互联网小额贷款、个人对个人(P2P)网贷、互联网销售金融产品和众筹融资等五大类。其中,众筹融资可以把企业和投资者直接联系起来,融资者通过互联网募集股本金,各投资者通过少量的投资金额从筹资者那里获得实物或者股权回报。②

在学术界,有学者认为,金融众筹具备"团购"属性,属于将金融理财产品和服务作为交易标的的新型金融模式。这一模式的基础是互联网的"长尾"原理,即通过汇集中小投资者的少量资金,形成一个临时性的机构投资者,提升与金融机构的谈判能力,实现以较低的价格"团购"金融产品,甚至得到单独购买时无法获取的优质产品和服务。③

另外,有学者认为"众筹"是"双赢"的代名词。对于金融理财产品的提供者而言,资金来源并不影响边际成本,并且众筹方式相当于使金融产品从"批发"变成"零售",可以大幅提升客户数量。众筹在不提高产品边际成本的基础上增加了客户及需求量,实质上扩充了产品销售者的利润来源,也为降低金融产品价格提供了空间。④ 对于金融消费者而言,众筹购买的产品价格相对较低。此外,平台作为相应信息的整合者,可以节约投资者的信息收集成本和议价成本,投资者不必往返于各类理财机构之间"货比三家",同时,投资者的二次传播,既为金融产品做了免费广告,又通过口碑传播的"羊群效应"影响更多人加入投资行列。

笔者认为,众筹就是筹资者通过多元化的途径,如广告、口口相传、互联网平台,进行广泛的融资,从而实现其特定目的一种高效、广泛的新型金融模式。所以,众筹有如下特征:一是扩大了融资对象范围,打破了传统资本拨款周期;二是融合了社交网络和投融资项目,为初创项目提供了支持;三是提升了投资方的信息获取效率。

---

① See Christine Hurt, "Pricing Disintermediation: Crowdfunding and Online Auction IPOs", *U. Ill. L. Rev.* 217, 2015.

② 参见吕明凡:《股权众筹的发展及其风险研究》,载《合作经济与科技》2015 年第 4 期。

③ 参见盛佳等编:《互联网金融第三浪:众筹崛起》,中国铁道出版社 2014 年版,第 34 页。

④ 参见盛佳等编:《互联网金融第三浪:众筹崛起》,中国铁道出版社 2014 年版,第 35 页。

三、众筹模式的本质①

互联网金融的发展过程可以看作是传统金融和非正规金融凭借各自优势而产生的创新应用。从传统金融视角看,这一应用主要体现为金融的互联网工具性应用,有学者认为这是互联网金融处于初级阶段的重要特征,随着互联网技术的发展,互联网的工具性应用必然会让位于创新型应用。而此类应用多源于非正规金融,如 P2P、第三方支付以及金融众筹。

在众筹融资模式中,互联网起到了为资金供需双方提供融资信息平台和资金划转平台的作用,该作用并没有突破工具性的范畴。尽管这种工具性在应用中的表现越来越多元化,众筹融资模式背后的金融本质属性仍泾渭分明。从概念外延来看,众筹与 P2P 都属于互联网融资形式。

网络融资最直接的价值在于渠道价值,即以精准数据为基础形成信用评价体系,以供需双方网络直接融资组成资源配置机制,以便捷支付和风险分担建立民主化融资模式,给传统融资格局和中介游戏规则带来了革命性的挑战。对互联网众筹时产生和积累的大数据进行应用开发,在技术上给传统金融信用风险管理模式带来了挑战。传统的直接融资需要经过复杂的风控和财务程序才有可能实现私募和首次公开募股(Initial Public Offerings,IPO),投资也因此几乎成为机构专利。然而,通过整合物流、信息流等信用风险的控制关键节点,以快捷方便的网络信用贷款、筹款、预售或捐赠,众筹融资能够迅速抢占小微市场,迫使各类交易类交易所、商业银行和投资机构将自身定位从高端下移。金融市场众筹还可能挑战原有融资支付和渠道模式,如通过第三方支付方式完成资金结算、账户使用情况监管,甚至可能由此扩展到更广泛的网络理财领域。

通过互联网直接筹资的众筹模式能否颠覆传统融资模式?笔者认为,假以时日,机会很大。第一,众筹模式符合创新型、创业型中小微企业的资金需求并有利于鼓励创业。纳斯达克市场上的中小公司的成功故事一再揭示,在这类按正常方式很难融到资金的需求者中,往往孕育着未来的企业巨人。第二,互联网众筹平台将产品购买者变为投资者,这一商业模式的改变将带来长远的影响。美国 JOBS 法案的实施使公民投资者成为现实,也在信用方式上极大地改变了融资。华尔街高高的石墙曾经是传统金融机构拥有的令人难以望其项背的低成本信用的象征,他们借此廉价地获

---

① 参见盛佳等主编:《众筹:传统融资模式颠覆与创新》,机械工业出版社 2014 年版,第 46~49 页。

取巨额资本。而对小企业主、信用卡消费贷款用户而言,他们的信用成本却是极其高昂,哪怕只是迟付一天账单,也可能被长久地记入征信记录并因各种理由被收取高达30%~40%乃至成倍的还款利率。传统融资渠道针对中小企业和个人设置的无理的信用值体系,是社会创新发展的阻力。用众筹的信用取代垄断的信用,即是颠覆。

四、众筹的分类

(一)依照众筹平台运营模式划分①

实践中,各众筹平台和组织存在三种运营模式,即凭证式、会籍式和天使式。具体而言:

1. 凭证式众筹

凭证式众筹,是指通过互联网销售凭证和股权的捆绑来募资,出资人付出资金取得相关的凭证,而该凭证又直接与创业项目或者企业的股权挂钩,但是投资者并不当然成为股东。2013年年初,美微传媒在淘宝店"美微会员卡在线直营店"出售会员卡,购买会员卡就是购买公司原始股票,单位凭证为1.2元,最低认购单位为100股,即只需要花120元下单就可以成为持有100股美微的原始股东,一个植物护肤品牌"花草事"也采用了类似的模式。这种模式的合法性值得注意,根据我国《公司法》的规定,有限责任公司的股东人数不能超过50人;我国《证券法》规定,向不特定对象发行证券,或者向特定对象发行证券累计超过200人的,属于公开发行,需要经过证券监管部门核准。由于这种模式存在规避法律的嫌疑,且潜在的风险较大,因此都被证监会叫停。

2. 会籍式众筹

会籍式众筹就是由不超过200人的股东各认购一份股份而成为被投资对象的股东。国内较著名的案例就是由北大杨勇牵头的北京大学1989咖啡厅,以及由许单单牵头的3W咖啡。2012年,3W咖啡通过微博招募原始股东,每个股东拥有10股,每股6000元。由于3W咖啡厅本身就聚集着很多创业群体和知名投资人,因此很快就有一批诸如徐小平、沈南鹏等知名人士认购股份。这种众筹模式主要以交流为主,并非是寻求资金回报,咖啡厅更多地是以一种交流媒介而存在,但这正是众筹的魅力所在,也是其与私募股权投资(Private Equity,PE)和风险投资(Venture Capital,

① 参见李玫、刘汗青:《论互联网金融下对股权众筹模式的监管》,载《中国矿业大学学报(社会科学版)》2015年第1期。

VC）等投资方式的区别之处。

3. 天使式众筹

这种模式和天使投资或 VC 存在共同点，皆是通过出资，直接或者间接地成为该公司的股东，且出资人有明确的财务回报要求。在国内比较典型的是大家投，其在官网上举例介绍了其业务模式：假设有一个创业者在大家投网站上宣布自己的创业项目需要融资 100 万元，并出让 20%的股份，然后有一定门槛和资质的领投人先认投 5 万元，其余陆续有 5 位跟投人认投了 20 万元、10 万元、3 万元、50 万元和 12 万元，凑满了融资额度以后，领投人以此为注册资金成立有限合伙企业，签订投资协议、办理工商变更等手续，资金注入创业者的企业之后，该项目的天使期融资完成，投资人按照各自出资比例占有创业公司出让的 20%股份。这种典型的“领投+跟投”模式与天使投资、VC 的区别并不明显，但是其可以借助互联网让更多的投资人参与进来，有“全民天使”之称。特点是比较依赖领投人，毕竟只有少数人有专业的投资经验，缺点是一旦产生风险，有“树倒猢狲散”之忧。

（二）根据回报方式划分

有学者根据回报方式，将众筹划分为四类模式。一是捐赠模式，即个人以捐款、慈善、赞助的形式为项目或企业提供财务资助，不求实质性的财务回报；二是奖励模式，部分项目的出资人可能会得到一些小礼品或预售产品作为回报；三是借贷模式，即多个个人借钱给一个项目或企业，到期后取得本金和利息，这种借贷模式通常被称为 P2P（个人与个人）借贷；四是股权模式，即个人投资于一个实体，投资人投资后取得被投资企业的股权，分享实体未来的利润。股权众筹模式是未来互联网金融领域最具前景的模式，同时也是备受法律争议的模式。①

另外，还有学者依据投资者在众筹中获得回报的种类将众筹分为五类，即慈善式、奖励式、预售式、借贷式或股权式。② 其中，预售式众筹是指在产品未生产之前，通过提前销售的形式，出让部分产品的所有权，吸收资金进行产品生产，待产品上市之后，筹资方按照约定将产品交付给投资者的众筹形式。产品众筹既可以筹集产品生产所需资金，也可以提前检验市场对该款产品的接受程度，预测该产品的市场前景。若消费者对产品不看好，采用预售众筹的方式还可以避免生产资金的浪费，防止企业经营债务

① 参见张雅：《股权众筹法律制度国际比较与中国路径》，载《西南金融》2014 年第 11 期。

② See C. Steven Bradford, “Crowdfunding and the Federal Securities Laws”, *Columbia Business Law Review*, Vol 2012, pp. 15–24.

的发生，因为在这种模式下，若筹资失败，只要将筹集所得资金（和利息）返还给投资者即可。

（三）依据金融产品类型划分

有些学者将金融产品的销售也视为众筹的形式之一。从众筹的本质上讲，金融产品的销售行为并非众筹类别之一。因为众筹的目的是向大众筹集实现某种良好愿望所需的资金，然后完成该愿望。但金融机构并不缺乏资金，产品销售是其正常的经营事项，与众筹中的某种特殊愿望有实质性的区别。在本书中，虽然笔者认为众筹类型划分的标准之一，是为了能够尽量穷尽现有研究关于股权众筹分类的讨论，但这种分类方法笔者并不认同。例如，下文列举的保险众筹仅仅是金融产品的销售而已，并没有将因金融产品销售而获得的资金投资于某一项事业。类似的产品还有“月亮险”等。

【案例】保险众筹：爱情保险的万人之约①

2013年“双十一”，爱情保险火了，众筹网抢先与长安责任保险股份公司（以下简称长安保险）共同推出“爱情保险”众筹活动，完成了由实物众筹到金融众筹的华丽转身，上演了一个保险引发的蝴蝶效应。一时间，网络热议四起——当互联网金融与爱情相遇，或许也能擦出惊艳的火花，为生活平添一份别样的浪漫格调。

爱情保险，从爱情的角度策划了520元换999元的构想——每份投保金额520元，寓意“我爱你”，5年后，投保人凭与投保时指定对象的结婚证，即可领取每份999元的婚姻津贴。如果达到一万份“爱的承诺”，爱情保险即可成功设立。作为情侣共同分享的理财品种，这既是一份与爱人相约的承诺，也代表对于未来感情的无限期许，不失为一种另类的“风花雪月”。

爱情保险就像众筹网与长安保险联合空投的一枚原子弹，很快在互联网保险业界中爆炸升温，引发全网的连锁反应。光棍节上线，投资者口口相传，不到一周的时间，爱情保险便完成了1万份的众筹计划，并将最终的众筹金额锁定为6270680元。

互联网与金融业的融合，将促使包括保险公司在内的金融机构转变传统的经营方式，抛弃人海战术和电话攻势，转而以一种公开透明的销售方式突破行业困局。

爱情保险这种险种在国内尚属于首创，也是首次以众筹方式售出的保

---

① 参见盛佳等编：《互联网金融第三浪：众筹崛起》，中国铁道出版社2014年版，第130页。

险。长安保险此次爱情保险的售卖，并未自搭网络平台，也未走与第三方支付合作的老路，而是发掘了一条另类的网络销售渠道——众筹平台，利用互联网和SNS的传播特性，开启了全新的保险营销通道——保险众筹。换句话说，如果不借助众筹这一新兴的互联网金融模式，爱情保险可能不会获得如此高的关注度。

第二节 股权众筹的出现与发展

一、股权众筹出现的原因

（一）世界范围内中小企业融资困难

从根本上讲，股权众筹源于中小企业的融资困难问题。中小企业为了解决融资问题，以前只能依靠银行抵押贷款和小额信贷。中小企业和初创型企业的高经营风险、长投资回报、高资金需求特征，导致传统的间接融资无法满足其发展需求，也不能满足银行等融资者的盈利需求。长期以来，各国政府通过政府补助、税收优惠政策等方式扶持中小企业、初创企业的发展。但从实践来看，效果并不理想，有调查显示，在印度泰米尔纳德邦，只有平均1%的微型企业在设立三年后仍然存在。①

近年来，货币供应量和社会融资总量保持快速增长，但小微企业融资难问题并未得到有效缓解。由于风险匹配等原因，银行等金融机构天然具有向大中型企业提供贷款的倾向。另外，传统资本市场的准入标准十分严格，民间资金很难通过合法的渠道进入资本市场。② 因此，作为小微企业信贷的补充，民间借贷日益兴盛，但同时又带来了高额的融资费用和较高的金融风险。互联网技术的发展和成熟，为小微企业融资提供了新的路径选择——股权众筹。

（二）传统融资渠道的资金错配③

1. 金融资源错配

在投融资视角下，“错配”一词是指资金流向非实体经济需求方的现象。传统融资渠道包括直接融资与间接融资。直接融资渠道包括各类股

---

① See Milford Bateman, “The Illusion of Poverty Reduction”, *Red Pepper*, Accessed Sept. 1, 2010. http://www.redpepper.org.uk/the-illusion-of-poverty-reduction/.

② 参见吕明凡：《股权众筹的发展及其风险研究》，载《合作经济与科技》2015年第4期。

③ 参见盛佳等主编：《众筹：传统融资模式颠覆与创新》，机械工业出版社2014年版，第43～46页。

票投资和债券投资，如创投、VC、PE、二级交易市场等股权交易市场和短融、中票、企业债券等债权市场；间接融资渠道主要包括银行信贷、典当、各类影子银行等。

传统融资发展至今已建立起完善的募资和筹资制度，包括征信、风控、盈利、信息披露以及相应的监管体系。这套制度一方面有效降低了融资成本，但另一方面也抬高了融资门槛，导致中小微企业融资困难。这一现象即金融资源错配。在中国等新型市场国家存在诸多因历史原因导致的金融资源错配现象，即国有企业、大型企业垄断货币资源，中小企业融资渠道受限，社会融资渠道资金稀缺。

迫于融资难，中小企业转向民间渠道融资，如影子银行。传统商业银行以相对较高的利息将资金借给影子银行，可以获得利差收入。银行资本主动寻求错配，谋取高利差。这进一步加剧了资金错配，加剧了实体经济特别是中小创新产业和战略性新兴产业融资难的局面。2008 年金融危机之后，各国均致力于培育新的经济增长点，将经济发展重点转向创新行业和高新技术企业。目前，融资难已经成为高新技术企业和创新型企业发展的重要制约因素——在金融市场上，一方面是资金或资源掌控方在寻求错配带来的短期效益；另一方面是创新型企业的“嗷嗷待哺”。这种供需矛盾的加剧催生了基于互联网支付的众筹融资模式。

2. 错配表现

期限错配、结构错配和方向错配的直接结果是提高了融资成本，导致资金效率低下。2008 年以后，在全球量化宽松的背景下，货币市场的错配通常表现为虽然一国货币的存量不算少，但并没有被有效利用，且存在货币资金的期限错配、方向错配、结构错配问题，导致不良性资产、闲置性资产以及沉淀性资产的产生，放大了原有金融体系中的隐藏问题。这是融资错配的市场特征之一。其导致的负面后果在于，融资风险与银行绑定，风险集中，单个银行的融资风险暴露可能引发整体性的金融体系风险。

例如，中国当前经济可能正处于资产负债表衰退的初期，即债务紧缩周期，尽管有大量的外汇占款，却没有带来资金面的预期宽松，反而在 2013 年反复出现流动性趋紧的态势，10 年期国债收益率屡创 5 年新高。金融经济与实体经济背离，进而对实体经济产生较严重的挤出效应，是金融错配市场的又一特征。我们看到，一方面市场上货币投放大增，另一方面市场上实际可用的资金使用效率大降，2013 年上海银行间同业拆放利率（Shanghai Interbank offered Rate，Shibor）间断性的大幅飙升即体现了典型的金融错配市场特征。在错配的挤出效应下，中国金融市场将金融资源大量配置到产出效率较低的基础设施以及房地产领域中去，金融资金又回流至金融体系内，扩大了实体经济和新兴领域资金需求缺口。

3.错配的后果

经济学家费雪（Fisher）的“债务—通缩”理论认为，在金融传导机制下，高债务水平无法维持，因此债务清偿要求迫切。该理论揭示了经济体在过度负债条件下，若遇到外部冲击，则由于债务与紧缩的相互作用，将产生导致经济循环下滑的机制。从经济健康运行的角度看，基于金融错配的金融体系不可持续。货币乘数的降低意味着市场流动性的下降，这会导致投资者信心的下降。同时，若存在资本溢价风险，则借贷能力会进一步下降。人们的风险偏好会随之改变，开始储藏现金，进而引发货币流通速度下降，名义利率随之下降，但是通货膨胀可能下降得更快，从而导致实际利率上升。这一结果会加重借款人的债务负担，提高实际融资成本。

二、股权众筹的价值

对于整个社会而言，股权众筹的优势有：第一，增加了融资渠道，一定程度上降低了融资成本和门槛，推动了普惠金融的发展；第二，小微企业可以把募集到的资金全部用于产品创新，支持小微企业等实体经济的发展，优化国家的经济结构；第三，由于股权众筹的低门槛和低成本，普通民众可以通过众筹平台直接参与小微企业的股权投资，与企业共担风险、共享收益，拉近了生产者与消费者之间的距离，促进了小微企业的创新，形成一个创新创业的良性循环生态；第四，股权众筹平台完成了传统融资渠道所无法完成的事情，必将成为发展我国多层次资本市场的重要内容和补充，提高了直接融资和股权融资的比例，推进了多层次资本市场体系建设。①

（一）“草根”投资，推动普惠金融发展

传统融资体系下，较高的投资门槛和信息不对称导致个人投资者被排除在初创企业股权投资之外。同时，由于融资成本等因素，初创企业也存在融资渠道单一的问题。互联网金融蕴藏的普惠价值，为破解小微企业融资困境提供了可能性。2013 年 8 月，国务院办公厅发布《关于金融支持小微企业发展的实施意见》。该文件强调，要“充分利用互联网等新技术、新工具，不断创新网络金融服务模式”。股权众筹是依托互联网平台，面向高成长小微企业，且独立于传统金融体系之外的新型投融资对接模式。初创企业可以借助平台进行直接融资，这既扩宽了融资渠道，又提高了融资效

---

① 参见吕明凡：《股权众筹的发展及其风险研究》，载《合作经济与科技》2015 年第 4 期。

率。由此可见,股权众筹对有效促进金融公平、推动普惠金融发展、增进社会公平感具有重大社会价值。①

(二)扶持小微创新企业发展,提高国家竞争力

融资困难是阻碍中小企业发展的重要"瓶颈"。中小微企业向传统金融机构贷款时,银行往往因为企业缺乏抵押、产品单一等原因不愿意提供贷款。众筹的服务对象是中小企业及初创企业,通过网络众筹平台使投融资信息变得更加公开、透明,筹资者和投资者能迅速对接,投融资效率得到提高,处于创业初期的企业能迅速获得资金。② 世界银行报告显示,发展中国家可以借助众筹模式弥补国内金融体系的缺陷。③ 股权众筹作为一种专门针对创新型小微企业的互联网权益融资形式,打开了"微天使"的大门,给予了普通群众投资创新型小微企业的权利、机会和渠道。

(三)激发全民创新创业,形成创新创业传统

与传统的前期融资措施相比,众筹对于初创公司有多方面优势。④ 首先,对发行人来讲,众筹能够帮助新企业围绕其产品凝聚上市前的共同体。由于投资者可以从企业的成果中获益,因此其极有可能积极推广和支持企业产品。其次,众筹是在公司产品商品化初期检验其是否适应市场的方法。⑤ 最后,众筹拓宽了融资者获得资金的来源,使融资者在一定程度上不再受制于传统意义上的"天使投资人"。

(四)降低投资门槛,为社会提供新的投资渠道

股权众筹降低了投融资门槛,拓宽了民间资本投资渠道。随着我国经济的发展,城乡居民的储蓄存款逐年增长,但便捷的网络投资产品、财富管理渠道及资产配置模式与普通民众相隔还比较遥远。一方面,国内迅速积累的民间财富成为短期逐利的热钱,纷纷涌入民间资本的大范畴之中;另一方面,实体经济收益率持续下降,边际资本收益率增长乏术,传统金融投资市场的投融资空间进一步收窄,大量的民间资本期望寻找新的投资"蓝海"。此外,普通投资者由于自身投资数额不高,即使获取了部分优秀的项

---

① 参见邱勋、陈月波:《股权众筹:融资模式、价值与风险监管》,载《新金融》2014 年第 9 期。

② 参见纪崴:《中国式众筹的喜与忧》,载《中国金融》2014 年第 18 期。

③ 参见刘海:《网络股权众筹融资模式效率与保护分析》,载《吉林工商学院学报》2015 年第 1 期。

④ See Paul Belleflamme et al. , "Crowdfunding: Tapping the Right Crowd 2" (Ctr. for Operations Research & Econometrics, Discussion Paper No. 2011/32, 2012), Accessed Oct. 5, 2012. http://papers. ssrn. com/sol3/papers. cfm? abstract_id = 1578175.

⑤ See Nikki D. Pope, "Crowdfunding Microstartups: It's Time for the Securities and Exchange Commission to Approve a Small Offering Exemption", 13 *U. Pa. J. Bus. L.* 1002, 2011.

目来源,由于投资门槛的限定,投资者也很难参与现实中的投资机构的股权交易。而网络股权众筹模式的出现,打破传统的一对一的融资推广模式,借助互联网平台,汇聚大量投资者及筹资者的优质项目,打破了投资门槛,释放了各类人群的投资潜力,其不仅能满足"高净值人群"的投资需求,还能满足互联网"草根群体"的投资需求。①

(五)创新投资模式,整合各种社会资源

股权众筹的投资者不仅可以是产品的使用者还可以是产品的上下游合作伙伴,这是传统融资模式难以达到的,也是众筹模式的重要价值。此外,股东还会在其社交平台上发布众筹项目的相关信息,包括微信朋友圈、微博等,通过这些渠道,投资者不仅能在资金上帮助筹资者,还能在品牌建设、知名度的推广上,起到宣传的作用。筹资者还能通过众筹活动检验产品的市场价值,推动创业者更好地进行市场决策。

传统线下股权融资具有较高的隐性成本。一方面,筹资者难以在短期内找到"路演"平台来展示其产品亮点以吸引投资;另一方面,投资者缺乏投资经验,对筹资者项目前期及进展情况不太熟悉,往往"惜投"。众筹平台既可以集合资金,也可以借力有风险识别能力的管理者,降低投资风险,增强投资信心。股权众筹通过大数据形成信用评价体系,在网络上无须见面即可促成供需双方的融资对接,尤其是在投融资效率上给传统金融交易规则、交易方法、中介作用带来了颠覆性的挑战。②

三、股权众筹在中国的发展

源于大西洋彼岸的股权类众筹,在国内中小企业融资难的大背景下,得到了大力的发展。中国的众筹模式,多属于 P2P 网贷模式,但在一些众筹平台上,也出现了几起以股权形式融资的案例。③

2012 年淘宝推出"美微会员卡在线直营店",此项目下,用户花 120 元购买会员卡的同时即可获得 100 股的附赠。这一项目在 4 个月内共募集资金逾 120 万元,但随后因其涉嫌"向不特定对象公开募集股份",触碰"非法发行"的法律红线而被证监会叫停。自此开始,股权众筹呈现快速发展势头。2014 年上半年,中国众筹领域共发生融资事件 1423 起,募集总

① 参见刘海:《网络股权众筹融资模式效率与保护分析》,载《吉林工商学院学报》2015 年第 1 期。

② 参见刘海:《网络股权众筹融资模式效率与保护分析》,载《吉林工商学院学报》2015 年第 1 期。

③ 参见林蔚然、莫丹:《中国式股权众筹该何去何从?》,载《新产经》2014 年第 7 期。

金额 1.88 亿元。其中,股权类众筹事件 430 起,募集金额 1.56 亿元;奖励类众筹事件 993 起,募集金额 3228.07 万元人民币。[①]

2011 年,"点名时间"网站率先将众筹模式引入中国,引发了一股众筹热潮。随着大众对众筹关注度的提升,部分致力于股权众筹的网站逐渐进入公众视野,包括"天使汇"以及建立在众筹基础上的"大家投"等网站。股权众筹的特点在于它可以结合线下的路演,使投资者更全面地了解项目内容。据世界银行发布的众筹报告称,中国将是全球最大的众筹市场,预计规模会超过 500 亿美元。[②] 2014 年被称为"众筹元年",2015 年央行等 10 部门发布《关于促进互联网金融健康发展的指导意见》,明确股权众筹是"通过互联网形式进行公开小额股权融资的活动",表明将支持股权众筹发展。2014~2015 年,国内雨后春笋似的生长出 200 余家众筹平台。

2016 年,互联网金融风险显现,股权众筹平台跑路、投资退出难等多种问题凸显,同期证监会等 15 部门发文严厉打击非法公开发行、非法集资行为,给基于分散民间融资的股权众筹带来巨大冲击。2016~2018 年,股权众筹平台缩减到 60 余家,且多数处于业务停滞状态。

综观国内股权众筹的发展起落,政策导向是其主要因素。2019 年,中共中央、国务院《关于支持河北雄安新区全面深化改革和扩大开放的指导意见》建议"筹建雄安股权交易所,支持股权众筹融资等创新业务先行先试",证监会也正在起草《股权众筹试点管理办法》,可以想象,国内的股权众筹将重新迎来发展期。

四、股权众筹早期实践案例

(一)美国春街公司(Spring Street Brewing Company)融资案

1996 年,现已经结业的春街公司依据美国《1933 年证券法》规章 A 通过互联网直接发行(Direct Public Offering, DPO)进行了 IPO。[③] 春街公司的目标是通过直接发行筹集 500 万美元资金,通过大约 3500 个投资者筹集 200 万美元资金,相当于每人投资 570 美元。[④] 一些人认为他们通过互联网公开发行筹集了近 200 万美元资金是成功的,而在春街公司的创始人安迪·克莱因看来,它的成功之处在于将查阅公司网站和招股说明书的人

---

① 数据来源:中国电子商务研究中心:http://b2b.toocle.com,最后访问日期:2018 年 7 月 15 日。

② 参见宋柯均、吕笑微:《国内股权众筹网站发展探析》,载《现代物业(中旬刊)》2014 年第 8 期。

③ See Entrepreneur, "Definition of Direct Public Offering", Accessed July 28, 2011. http://www.entrepreneur.com/encyclopedia/term/82238.html.

④ See Susan Greco, "The Real Legacy of Spring Street Brewing", Accessed Sept. 1, 1999. http://www.inc.com/magazine/19990901/13720.html.

转化成了股票的购买者。克莱因将这种低转换率归因于缺乏一类人的存在——“将自己的名誉与公司的名誉相关联的评估公司、做尽职调查的中间人”。春街公司的成功告诉我们,如果有好的创意的企业家想筹集100万美元以下的资金,中间人的缺乏不应成为其融资的阻碍。而且,因为有了网络,现在的投资者比1996年春街公司的投资者有了更多获取信息的途径。[①]

(二)卡梅撒公司(Cameesa,Inc.)融资案

在春街DPO十年后,卡梅撒公司将发展无线T恤的想法迈进了一步。[②] 卡梅撒的创始人没有让T恤衫设计师在社区中展示他们的设计以获得大家的支持,他们让每位投资者获得他们销售T恤衫的净收益。[③] 一旦某种设计筹集到了足够的资金,每个投资者会得到一件相应设计的衬衫,而且会得到未来销售这种衬衫的一部分净利润。[④] 尽管卡梅撒没有自己发行股票,但是根据证券交易委员会诉W.J.豪威案(以下简称“豪威案”),[⑤]卡梅撒的这种销售计划被认定为证券发行,违反了美国《1933年证券法》。在2010年夏季,卡梅撒被迫关闭了社区网站。[⑥]

(三)观众制作公司(Audience Productions,Inc.)融资案

像施潘娜公司(Spanner Films)一样,[⑦]观众制作公司(API)是一家电影制作公司,试图用DPO融资的钱去投资“丽迪雅斯劳尼克不插电”的制作。杰·施瓦茨是API的董事长,他表示,众筹对于API来说是一个至关重要的商业理念,众筹能使他们建立有广泛基础的所有权模式。[⑧] 施瓦茨先生认为,众筹不仅支持了新企业的发展,而且为新企业可能生产的产品

---

① See Nikki D. Pope, "Crowdfunding Microstartups: It's Time for the Securities and Exchange Commission to Approve a Small Offering Exemption", 13 *U. Pa. J. Bus. L.* 973, 2011.

② See generally Zazzle, Accessed Dec. 1, 2018. http://www.zazzle.co.uk/tshirts.

③ See Josh Lowensohn, "Cameesa: A Threadless Where Customers Are Also Investors", Accessed Aug. 15, 2008. http://news.cnet.com/8301-17939_109-10018138-2.html.

④ See AJ, "Cameesa", *T-Shirt Magazine*, Accessed Feb. 20, 2009. http://t-shirtmagazineonline.com/cameesa/(posting an interview with Andrew Cronk of Cameesa).

⑤ See SEC v. W. J. Howey Co., 328 U. S. 293(1946).

⑥ See Kelly Murphy, "TTG Promo Alert - Going Out of Business Sale from Cameesa", *Tee Gazette*, Accessed Aug. 31, 2010. http://teegazette.com/2010/08/ttg-promo-alert-going-out-of-business-sale-from-cameesa/.

⑦ Spanner Films is the production company that produced The Age of Stupid, the first crowdfunded feature-length film.

⑧ See Telephone interview with Jay Schwartz, President and Director, API(Oct. 22, 2010)(during which Mr. Schwartz explained that having a broad base of owners helps create an audience for API's film if the investors become champions of the film, telling their friends, family and associates about the film).

提供了市场。更重要的是,有广泛基础的所有权会产生股东代言效应。① 2009 年 10 月,API 公司提交了发行 DPO 要求的注册登记表格,首次公开发行的截止日期是 2010 年 10 月。② 之后,API 将发行时间延长了 6 个月,即 2011 年 4 月 19 日,然后又另加了 3 个月时间,即 2011 年 7 月 19 日。③如果到那时公司的股票还没有完全售出,公司将会保留继续延长 9 个月发行时间的权利。④ API 想要筹集 800 万美元资金,以每股 10 美元的价格发行了 80 万优先股,投资者最低交易量为 2 股,最高认购额为 2500 美元。⑤ 2011 年 1 月 10 日,API 通过它推出的网站销售其 DPO。⑥

(四)英国的 Crowdcube 众筹平台⑦

目前,股权众筹平台发展较好的有国外的 Crowdcube、AngelList 和国内的大家投、天使汇、原始会和京东众筹等。国外综合类股权众筹的典型模式 Crowdcube 成立于 2011 年,是全球最早成立的股权众筹平台之一。Crowdcube 主要为在英国注册的未上市企业进行股权融资,企业主体是初创型、孵化期和成长期的企业。截至 2014 年 10 月底,该平台已有 10 万余个投资者为 158 个项目提供了近 4200 万英镑的融资。目前,零售、互联网和科技领域占有该平台较大的投资市场份额。

作为股权类众筹平台,Crowdcube 拥有其独有的运作模式。项目筹资者向 Crowdcube 提出申请,确定公司的价值和目标融资额,然后展示公司的商业计划、项目描述、退出机制和风险因素等。经平台审核和修改通过后,筹资者可以通过该平台出售公司的股权,股权分为 A 类和 B 类,其中,A 类享有投票权。融资金额方面,平台方规定最低融资金额为 1 万英镑,

---

① See Telephone interview with Jay Schwartz, President and Director, API(Oct. 22, 2010). See also Daniel M. Satorius & Stu Pollard, "Crowd Funding: What Independent Producers Should Know About the Legal Pitfalls, 28", *Ent. & Sports Lawyer* 15, 16, 2010. See also Steve Strauss, "How to 'Crowdfund' Your American Dream", *AOL Small Business*, Accessed Jan. 23, 2011. http://smallbusiness.aol.com/2011/01/23/how-to-crowdfund-your-american-dream (stating that "folks become(literally) invested in your success and thus become your cheerleaders").

② See Audience Productions, Inc., Registration Statement(Form S-1) Oct. 20, 2009.

③ See Audience Productions, Inc., Prospectus filed pursuant to Rule 414(b)(3)(Apr. 7, 2011).

④ See Audience Productions, Inc., Registration Statement (Form S-1) Oct. 20, 2009. See also Audience Productions, Inc., Prospectus filed pursuant to Rule 414(b)(3)(Apr. 7, 2011).

⑤ See Audience Productions, Inc., Registration Statement (Form S-1) Oct. 20, 2009. See also Audience Productions, Inc., Prospectus filed pursuant to Rule 414(b)(3)(Apr. 7, 2011).

⑥ See generally Audience Productions, Accessed July 15, 2011. http://www.yourmoneyyourmovie.com. See also Audience Productions, Inc., Certification for Termination of Registration (Form 15), July 15, 2011.

⑦ 参见蓝俊杰:《我国股权众筹融资模式的问题及政策建议》,载《金融与经济》2015 年第 2 期。

无最高限额，每位投资者的最低投资金额为 10 英镑。

“零壹财经”在 2014 年的调查显示：该平台上线项目若能在 60 天内完成筹资目标，Ashfords LLP 律师事务所将会与该企业签订相关协议，设计和完善企业法律文件，签署股权证明，最后再将所筹资金打入企业账户，但该律师事务所会收取一定的咨询、服务费，Crowdcube 则收取 5% 的代理费；若项目未完成筹资目标，则将所有资金返还给投资者。

第二章　股权众筹基本理论

本章着重介绍股权众筹的基本理论。首先探讨了股权众筹的概念、性质，以及股权众筹的时代价值和存在的法律风险。其次阐述了股权众筹运行中各方主体的类别及基本职能，并对应然状态下股权众筹各个监管主体之间的法律关系进行了说明。最后就我国现有股权众筹模式下各个主体之间的法律关系、存在的法律风险进行了分析。

第一节　股权众筹的概念和性质

一、股权众筹的概念

(一)股权众筹概念的争论与分类

股权众筹(Securities-based Crowdfunding)是一种风险较高、期限较长的投资行为，处于我国公开性证券融资体系的底端。广义的股权众筹是指融资企业和投资者之间通过中介机构进行的权益性融资方式；狭义的股权众筹是指初创企业通过网络众筹平台(以下简称众筹平台)公布所需融资项目情况、融资需求及出让股份，由在众筹平台注册的合格投资者认购股份，投资者获得一定的股权(而非实物)作为回报的一种投资形式。[①] 但学术界对股权众筹的概念并未形成明确而一致的结论。

有学者认为，在股权众筹视野下，股权众筹投资者通过互联网渠道入股种子阶段(Seed Stage)或初创阶段(Start-up Stage)企业的目的纯粹在于谋求未来的资本增值。

随着众筹的发展，学界逐渐有了对众筹的系统分类。早期有学者将众筹分为自助式众筹和投资式众筹，后者又可分为半投资式和纯投资式众筹。[②] 又有学者将股权众筹细分为有担保的股权众筹和无担保的股权众筹。[③] 本

---

① 参见邱勋、陈月波：《股权众筹：融资模式、价值与风险监管》，载《新金融》2014 年第 9 期。

② See Edan Burkett, "A Crowdfunding Exemption?", Online Investment Crowdfunding and U. S. Securities Regulation, *The Tennessee Journal of Business Law*, Vol. 68, 2011, pp. 72-78.

③ 参见徐迪：《我国股权众筹的发展及风险提示》，载《赤峰学院学报(自然科学版)》2014 年第 20 期。

书论述的股权众筹，是指投资者出资入股，以获得未来利益或回报为目标的投资式众筹。

（二）中国股权众筹概念

股权众筹在中国的发展具有自己的特色。股权众筹是指筹资人以股权回报方式换取大众资金筹建项目的一种资金融通方式。具体而言，笔者将其概括为筹资者（发起人）利用互联网平台向社会普通投资者展示融资项目情况，公布融资要求及出让股份或项目份额，通过与投资人达成合意设立有限合伙企业或者出让一定比例的项目公司股权，获得投资者资金的投融资行为。①

也有学者认为，股权众筹就是融资者通过出让公司企业股权的方式来筹集资金的融资模式。众筹投资者获得公司企业的股权后，就与其形成了"命运共同体"，风险共担、利润共享。股权众筹是互联网领域金融创新最有发展潜力的领域之一。股权众筹是初创、小微企业和创业团队最主要的融资渠道，可以降低融资门槛，提高融资效率。同时，还可以迅速聚集社会闲置资金和零散资本，拓宽投融资渠道，优化资源配置，有助于国家多层次资本市场的完善。②

应当指出的是，我国语境下的"股权众筹"有着不同于传统众筹概念的含义。③ 根据我国现行法律规定，上市公司公开发行股票是唯一合法向公众募集资金的方式，而其他任何形式的面向社会公众公开募股行为，通常因其存在非法集资风险而为现行法律和执法所不容。准确来说，现行法律法规决定了我国并不存在传统意义上的股权众筹。现有的所谓"股权众筹"平台，如创投圈、天使汇、大家投等，为避免被视为非法公开发行股票的平台，多会限制投资者资格、人数或投资金额。因而我国所谓的"股权众筹"实质上是一种私募或者半公开的融资行为。④

互联网股权众筹降低了融资成本，提高了融资效率，但是其作为一种创新性的融资模式，由于整体制度的缺失，仍存在诸多的不确定性，值得深入讨论和研究。故本书所称的股权众筹是指狭义的股权众筹。鉴于国内

---

① 参见徐晓松主编：《公司法》（第4版），中国政法大学出版社2014年版，第110页。

② 参见陈健：《股权众筹：制度构建与疑义相析——评〈私募股权众筹融资管理办法（试行）（征求意见稿）〉》，载《福建金融管理干部学院学报》2014年第4期。

③ 参见刘一：《互联网创新促进产业升级》，载央视网：http://news.cntv.cn/2013/11/01/VIDE1383304561953873.shtml#wechat_redirect，最后访问日期：2014年6月2日。

④ 参见杨东：《股权众筹是多层次资本市场的一部分》，载《中国证券报》2014年3月31日，第5版；杨东、苏伦嘎：《股权众筹平台的运营模式及风险防范》，载《国家检察官学院学报》2014年第4期。

外文献并未对“股权众筹”作清晰界定，笔者尝试对其定义如下：所谓股权众筹，是指筹资者通过网上融资平台发布项目信息，向投资者承诺以对应股权作为其投资回报的融资方式。

（三）股权众筹的特征

股权众筹的特征主要有以下几点：

第一，互联网是其最重要的技术支持平台。互联网不受空间限制，具有信息更新快、存储量大、形式丰富（图片、文字、视频等）的特点。而且互联网使用者众多，每一个用户都可以通过互联网搜寻符合个性化需求的信息，信息交换成本较低、便捷高效。因而众多“草根”投资者可以通过互联网获取资讯，突破地域限制，投资自己感兴趣的项目；筹资企业也可以在众多互联网用户中寻找投资人，减少信息发布与磋商成本。尽管众筹这种形式早已有之，但股权众筹却是在互联网金融时代，凭借互联网技术与大数据优势成为企业融资的真正推手。①

第二，股权众筹的筹资主体主要是小微企业及初创企业。尽管企业可以通过主板、中小板、创业板、新三板市场融资，亦可以向银行贷款筹措资金，还可以向小额贷款公司融资，但这些方式对于小微企业及初创企业而言仍有难度。股权众筹是一个融资难度更低的渠道。它不需要向银行提供借款抵押担保或寻求担保公司帮助支付高额担保费，不需要 IPO 上市提供行政审批文件及审计财务报告，支付高昂审计、保荐、承销等费用，也不需要向小贷公司支付贷款的高利息。②

第三，投资风险大。曾有人说，中国有三大公开的博彩市场，即彩票市场、A 股市场和股权众筹市场，其中，股权众筹市场的投资风险最大。这话不是没有道理。首先，众筹企业基本都是初创小微企业，抵抗市场风险和行业风险能力弱；其次，目前众筹企业信息披露过于简单粗糙，投资者与筹资企业信息极其不对称，投资者很难判断企业真正的运营情况；再次，我国的信用体系不健全，违约成本小，不足以给不诚信企业以足够的威慑力，容易造成投资失败或跑路风险；最后，众筹投资周期长，也不存在股权公开交易市场，投资者的退出渠道少。③

第四，主要依靠大众力量。股权众筹投资者多为“草根”民众，而非机构投资者或专业投资者。众筹平台大家投的创始人李群林曾说，股权众筹

① 参见朱玲：《股权众筹在中国的合法化研究》，载《吉林金融研究》2014 年第 6 期。

② 参见杨东：《股权众筹是多层次资本市场的一部分》，载《中国证券报》2014 年 3 月 31 日，第 5 版。

③ 参见何德文：《股权众筹：在喜事与丧事的十字路口》，载虎嗅网：http://www.huxiu.com/article/26323/1.html，最后访问日期：2015 年 5 月 13 日。

不怕没市场，就怕投资人太疯狂。诚然，民间闲散资金充足，投资的热情较高，苦于没有投资渠道，即所谓“大项目不开放，小项目没渠道”，这种状况与众筹企业的需求不谋而合，因此股权众筹的投资主力军是广大民间“草根”投资者。①

二、股权众筹的性质

（一）股权众筹是一种证券投资

在界定股权众筹的性质之前，首先要界定何为“证券”，并据此判断股权众筹模式的投资回报是否属于证券。股权众筹区别于其他众筹的关键在于其以股权作为融资回报方式。股权性质是认定股权众筹法律属性的基础。股权即股东权利，其基于权利人的投资行为产生，经济生活中经常用于指代一种利益分享机制。综观我国现行法，并没有对何为股权下述单独定义。我国《公司法》对股东权利有这样的表述：“公司股东依法享有资产收益、参与重大决策和选择管理者等权利。”②根据《公司法》的规定，股权的具体内容可概括为：(1)公司收益分享权。(2)对股份或出资的处分权。(3)通过股东会参加公司经营管理、决定公司重大事项和选择公司管理者权。(4)对公司剩余财产的分割权。③

从操作模式来看，股权众筹通常通过一家众筹平台(Funding portals)进行，发起人(Crowdfunding Issuers)通过众筹平台发布项目，而投资人(investors)则通过众筹平台向发起人投资。从投资人角度来看，股权众筹，实质上就是一种股权投资(Equity Investment)形式；而从募集者的角度来看，则是通过增发股份向投资者募集资金的过程。考虑到众筹是面向不特定公众募集资金，因此，这一募集过程实际上就是向公众发行股票，众筹平台则在其中扮演着融资服务中介的角色。④

（二）以“豪威案”标准分析股权众筹性质

在美国，股权众筹模式并未对现行法律造成太大冲击。例如，一名歌手想要在融资平台上发起一个项目，向公众筹集资金，以发售一张新专辑。若筹资者承诺，要么获得签名唱片，要么待专辑发售以打折的方式购买唱片，这些做法均不产生问题。因为即使由此而产生欺诈、消费者权益保护

---

① 何德文：《股权众筹：在喜事与丧事的十字路口》，载虎嗅网：http://www.huxiu.com/article/26323/1.html，最后访问日期：2015年5月13日。

② 参见《公司法》第4条。

③ 参见徐晓松：《公司法》(第4版)，中国政法大学出版社2014年版，第110页。

④ 参见张雅：《股权众筹法律制度国际比较与中国路径》，载《西南金融》2014年第11期。

困难等问题,或者是非法金融活动,均有法律可以适用。但若筹资歌手承诺,待项目完成,投资者基于其投入资金的多少,将获得与之对应的唱片销售收入,则问题随即产生:筹资者的行为是否属于发行证券?因为按照美国现行法律规定,除获得注册豁免外,任何机构或个人意欲发行证券必须经美国证券交易委员会(Securities and Exchange Commission,SEC)注册,否则属于违法行为。

美国《1933 年证券法》下的证券范围非常广泛,《1934 年证券交易法》也作了"实质上完全相同的处理"。[①] 故有学者认为,美国现行的证券法(包括美国《1933 年证券法》和美国《1934 年证券交易法》)并未就证券给出清晰的定义,而只是罗列了范围。在实践中,为了确定某一投资工具是否属于证券,一般采由"豪威案"确立的"豪威检验"以审查"投资合同"是否具有以下 4 个要素:(1)将他的钱投资;(2)投资于共同单位;(3)受引导有获利愿望;(4)利益全部来自于发起人或第三人的努力。[②] 无疑,依照"豪威检验",以上筹资者的承诺确属证券,故类似于"股权众筹",均应置于美国现行证券法的管辖之下。下文将以"豪威检验"的五个标准对股权众筹的性质进行分析:

第一,股权众筹属于合同、交易或计划。从"豪威检验"的第一个规则开始,术语"合同、交易或计划"似乎不足以涵盖所有的众筹业务。在这种背景下,并没有法院判决对这些术语下定义。根据"豪威案"法庭记录,投资合同定义源于早期的国家法律意见,[③]"企业的股票是通过正式的证书进行认证,还是由企业有形资产代表的利益进行认证都无关紧要"。[④] 此外,像"豪威案"说明的那样,单一的法律合同不是必须的。[⑤] 术语"交易"和"计划"并没有公认的法律含义。在常见的美式英语的用法中,"交易"一词的意思是"交换或转移货物、服务或资金",[⑥]在投资语境下应解释为"一个计划或行动方案,一个狡猾的或秘密的行为"。[⑦] 法院接受了"豪威案"关于"投资合同"的定义,即投资合同是能够适应、满足那些为寻求利

---

① [美]托马斯·李·哈森:《证券法》,张学安译,中国政法大学出版社 2003 年版,第 24 页。

② [美]托马斯·李·哈森:《证券法》,张学安译,中国政法大学出版社 2003 年版,第 25 页。

③ See Joan MacLeod Heminway & Shelden Ryan Hoffman,"Proceed at Your Peril:Croedfunding and The Securities Act of 1933",78 *Tenn. L. Rev.* ,2011,p. 879.

④ SEC v. W. J. Howey,328 U. S. 293,298(1946).

⑤ See SEC v. Edwards,540 U. S. 389,391(2004) Hocking v. Dubois,885 F. 2d 1449(9th Cir. 1989).

⑥ Joan MacLeod Heminway & Shelden Ryan Hoffman,"Proceed at Your Peril:Croedfunding and The Securities Act of 1933",78 *Tenn. L. Rev.* ,2011,p. 879.

⑦ Merriam-Webster's Collegiate Dictionary 1327(11th ed. 2003).

润、使用别人钱财而制订的可变计划。

一些众筹商业模式可能不涉及正式书面合同,众筹企业所售利益通常不会涉及要约、承诺、相互义务、审议转让等其他合法有效的元素以及美国法律规定的强制执行的合同。[①] 例如,33needs 众筹网站在其网站常见问题(FAQ)部分描述了投资过程问题:我该如何投资?[②] 你会被要求选择你的投资金额,并要求你通过亚马逊网站的安全检查并完成简单的结帐。[③] 因此,投资是一个标准的电子商务购销形式,是通过支票账户或借记卡、信用卡完成资金缴纳的。根据美国法律规定,如果是由具有法定资格的人员订立的,网上购物一般是公认有效的、具有约束力和可执行力的合同。[④] 33needs 众筹网站明确阐述了投资者的法律行为能力问题,即参与的投资者可以是任何年龄,且投资者不需要在美国。[⑤]

无论对众筹利益的获取是否构成一个有效的、具有约束力的可执行合同,众筹利益投资者购买行为的实质都是通过一个交易或计划项目,以资金交换分享利益,为企业或工程提供资金。由于众筹是一个相当独特和新兴的现象,涉及第三方合资企业为分享利益而通过网络进行资金交换,因此如何才能通过"豪威检验",使该项目有资格形成合同或交易方案是很困难的。

第二,股权众筹是资金投入的过程。在许多众筹项目中,人们大都期望得到更多的回报,这似乎满足了豪威测试的第二标准。现实中,许多众筹网站为投资者提供了经济上的回报,且通常是以收入分成或分红的形式进行,这表明一部分投资者有很明确的寻求利益的目的。

第三,股权众筹满足"基于共同的事业"的标准。"豪威案"的"共同事业"标准可以用于分析众筹中投资联合的本质。[⑥] 投资者在众筹网站上购

---

① See Joan MacLeod Heminway & Shelden Ryan Hoffman,"Proceed at Your Peril:Croedfunding and The Securities Act of 1933",78 *Tenn. L. Rev.* Summer,2011,p. 879.

② See Joan MacLeod Heminway & Shelden Ryan Hoffman,"Proceed at Your Peril:Croedfunding and The Securities Act of 1933",78 *Tenn. L. Rev.* Summer,2011,p. 879.

③ See FAQ,33needs,Accessed Sept. 2,2011. http://www. 33needs. com/pages/faq.

④ See Joan MacLeod Heminway & Shelden Ryan Hoffman,"Proceed at Your Peril:Croedfunding and The Securities Act of 1933",78 *Tenn. L. Rev.* Summer,2011,p. 879.

⑤ See Joan MacLeod Heminway & Shelden Ryan Hoffman,"Proceed at Your Peril:Croedfunding and The Securities Act of 1933",78 *Tenn. L. Rev.* Summer,2011,p. 879.

⑥ See Jeff Howe,*Crowdsourcing:Why the Power of the Crowd is Driving Business*,Australia,Currency Press,2008;Kristina Dell,"Crowdfunding",*Time*,2008;Kieran Masterton,"How to Crowdfund Your Startup,Think Vitamin";Jeff Howe,The Rise of Crowd sourcing,Wired,Howe,Crowdsourcing,Supra. 247. Paul Belleflamme et al.,"Crowdfunding:Tapping the Right Crowd 2(Feb. 21,2011)(unpublished manuscript)", Accessed Sept. 2, 2011. http://ssrn. com/abstract = 1578175. See also "Mission, 33needs",Accessed Dec. 1,2012. http://www. 33needs. com/pages/mission.

买其推荐的众筹企业的利益，并且基于其投资数量占企业资金总量的百分比，通过收入分成或分红制得到资金回报。其在经济上获益的能力基于整体企业的成功而产生，一旦该合资企业达到其筹资目标，就会锁定投资者的资金。

第四，股权众筹投资者都因预期会有收益而投资。金钱投资者以得到回报为动机进行长远投资，[①]一些众筹网站（尤其是提供债务收益回报的网站）为投资者提供混合回报，[②]这种类型的利益安排并非共享收入或利润共享，但是仍有预期收益，符合"豪威案"的预期收益标准。[③]

第五，股权众筹收益来自他人的努力。"豪威案"中关于"来自其他人的努力"的标准几乎适用于每一个众筹活动。在许多众筹企业例子中，投资者在选择、推进或组织众筹企业中仅起很小的作用。[④] 在投资者完成投资之后，企业的运营、管理等活动，更多的是依靠企业的管理者和众筹平台，投资者的收益几乎完全依靠他人的努力。

综上所述，股权众筹满足"豪威案"关于投资合同是否属于证券的所有检验标准，股权众筹合同当然属于投资合同的范畴。美国法律明确将投资合同纳入证券法范畴，这也就意味着，股权众筹的本质是证券发行的过程，应当受到美国证券法的监管。

第二节　股权众筹的法律风险

股权众筹风险产生的主要原因有三：一是法律制度不完善；二是缺乏信用体系；三是风险意识不强。对股权众筹行业而言，众筹平台项目质量参差不齐、管理信息不够透明、估值定价缺乏标准、退出周期遥遥无期、退出方式不明等是股权众筹项目本身的最大硬伤。众筹平台存在与项目方勾结、投资后管理不到位等问题，从而导致创业项目失败，这些都在很大程度上阻碍了股权众筹的健康发展。[⑤] 具体来讲，股权众筹的法律风险主要

---

① See United Hous. Found. , Inc. v. Forman, 421 *U. S.* 837, 852(1975); SEC v. Edwards, 540 U. S. 389, 394(2004); Forman, 421 U. S. 852; Howey, 328 U. S. 300.

② See Joan MacLeod Heminway & Shelden Ryan Hoffman, "Proceed at Your Peril: Croedfunding and The Securities Act of 1933", 78 *Tenn. L. Rev.* Summer, 2011, p. 879.

③ See SEC v. Edwards, 540 U. S. 389, 394(2004).

④ See "How It Works", Accessed Dec. 26, 2011. https://www. sellaband. com/en/pages/how it works. FAQ, Peerbackers, Accessed Dec. 26, 2011. http://peerbackers. com/faq.

⑤ 参见潘晓娟：《〈证券法〉修订中股权众筹成资本竞争的重要战场》，载《中国经济导报》2015 年 5 月 7 日，B06 版。

表现在股权众筹模式的创新风险、股权众筹投资者特性导致的诈骗风险，以及股权众筹投资者相对方的道德风险。

一、股权众筹风险产生的经济学理论

(一)信息不对称

信息不对称、信息不完全是市场不完全竞争的典型特征，二者被统称为信息偏在。信息不对称是指交易双方获取或掌握信息的能力有所不同。一方拥有另一方所不了解的信息时，一般而言，在市场交易中，对于交易物品，卖方会比买方掌握更多相关信息。在证券市场中，内幕交易就是上市公司相关人员与投资者信息不对称所导致的最直接后果。信息的不完全则是指市场主体获取的信息不完备，不足以使其作出理性的市场判断和选择。导致信息不完全的原因可能是获取信息的成本高昂，也可能是信息披露主体未尽到披露义务，如故意或过失未披露、错误披露重要市场信息。对于这两种信息偏在，通常须借助市场以外的力量去纠正。

证券市场是信息偏在现象非常典型的领域，主要表现为：其一，信息具有公共物品的特征，收集、研究信息的人对自己发掘的信息保密成本巨大，难以避免搭便车者使用这些信息，所以这种信息发掘研究活动的高成本低回报性极大地打击了开发信息资源的积极性，导致证券市场信息供应不足。在这种情况下，证券交易主体难以获取较为完全且准确的交易信息，从而难以作出理性的、最佳的投资决策。其二，证券市场上的信息不对称问题较之一般的信息不对称也有其特殊性。①

(二)信用风险

市场经济是一种信用经济。“信用”已成为现代商事活动发展的内在基础之一，信用利益已不仅仅是传统意义上单一主体的利益，而是一切商事活动参与者所共同面对和需要重视的利益形态。因此，在股权众筹活动中，面对信用风险的主体不仅包括一般意义上的出资人，也包括众筹平台和筹资人。

目前，股权众筹中产生的纠纷绝大多数源于信用风险。这一方面是由于现代商事交易活动越来越看重交易相对方的信用资本；另一方面则是由股权众筹的互联网金融特性所决定的。宏观上来看，互联网强大的信息交互功能使股权众筹活动中所能揽获的信息量无限扩大，信息的广度也无限延伸，所以当股权众筹主体在虚拟平台上面对如此庞杂和随机性极强的客

---

① 参见李东方：《上市公司监管法论》，中国政法大学出版社 2013 年版，第 22~55 页。

体信息时,传统的判断经验常显得力不从心。因此,股权众筹缺少有效制度规范的信用风险便凸显出来。从主体角度而言,股权众筹中的信用风险是面向所有众筹参与者的。从行为角度而言,股权众筹中的信用风险不仅指静态意义上某一主体的信用信息,同时也应涵盖具体筹资和项目经营等动态阶段所含有的信用信息。股权众筹风险的关键在于信息风险,或者说是股权众筹参与者对于他方主体与项目客体的信息对称性风险。因此,只有把握其中最为突出的信用风险,以信息作为切入点来分析股权众筹活动中不同层次的信用信息内容,才能借助有针对性的法律制度对相应风险进行控制。①

(三)道德风险

市场交易中的信息不对称是道德风险产生的重要因素。在股权众筹融资模式中,众筹平台承担着传统融资中介的角色,对传统金融市场严密完整的程序作了很大幅度的压缩和简化,对融资企业没有严格的甚至完全没有财务审核和信息披露的要求,融资的自由和效率得到极大提升。但这建立在牺牲投资者利益保护的基础上,因此,无论是众筹平台还是初创企业自身均存在较大的道德风险。初创企业成功筹资的创业项目是众筹平台最重要的收入来源,绝大多数的平台收取的费用为项目融资总额的5%。在经济利益驱动下的众筹平台,若未建立合格项目的参照标准,又试图规避法律监管,将极易降低创业项目审核要求和上线门槛,给存在严重问题的融资项目放行,而且众筹平台与融资企业之间存在内幕交易、关联交易甚至是"自融"行为的可能性不容忽视。如果放任这种道德风险存在和发展,必将导致"劣币驱逐良币"的"柠檬市场"现象。为增强对投资人的吸引力,提高募资的成功率和公司估值,初创企业往往会极力包装融资项目、投资收益而淡化潜在风险,甚至采用夸大、误导、欺骗性宣传。当企业成功融资后,由于缺乏必要信息披露的豁免要求,企业很可能不按契约擅自更改募集资金的用途或者违规使用资金,这将给投资者利益造成显著损害。不难发现股权众筹风险的本质主要是监督机制不健全。如果不能建立有效的监督机制,不但股权众筹自身难以健康发展,而且也会对整个互联网金融的发展产生严重影响。②

① 参见武晋:《股权众筹中的信息对称性法律研究》,载《山东青年政治学院学报》2015年第1期。

② 参见邱勋、陈月波:《股权众筹:融资模式、价值与风险监管》,载《新金融》2014年第9期。

二、股权众筹模式创新风险

模式创新风险是指原创商业发展模式过于创新或创新不足，脱离现实社会经济状况，最终因发展“瓶颈”导致失败的风险。股权众筹作为一种去中心化、点对点的创新性互联网金融投融资模式，其涉及的主体与传统的股权转让程序存在极大差异，在提高融资效率的同时，也暴露出诸多因创新引发的风险。[①] 众筹项目失败的风险仍然很大。据相关数据统计，股权众筹项目失败的概率高达50%，[②]具体包括：股权众筹合法性风险、时间风险、融资金融风险、资金管理风险、项目估值风险、投资回报风险等。

（一）股权众筹合法性风险

股权众筹的本质是一种小额私募权益性融资，但这种全网络化的融资模式与传统证券融资的法律法规相悖，因此，股权众筹的合法性问题是各国面临的共同问题。欧美对股权众筹发展反应迅速，及时通过立法赋予其合法地位并出台了相应的监管措施，如美国颁布的JOBS法案和SEC出台的众筹监管法规，英国金融行为监管局（FCA）发布的《关于网络众筹和通过其他方式发行不易变现证券的监管规则》（以下简称《众筹监管规则》）。但截至目前，我国还未正式出台有关股权众筹的法律法规，在我国现行《证券法》等法律法规的限制下，很难给股权众筹留出足够的生存空间，以致其游走在法律边缘。

我国股权众筹投融资模式采取的是“线上+线下”模式，由众筹平台把关线上创业项目的审核、展示和信息披露，平台必须确保项目真实存在以及信息披露真实完整，以避免触碰“非法集资”的红线。此外，一些学者还指出了股权众筹与“非法集资”等刑事犯罪的擦边嫌疑。2014年11月19日，国务院总理李克强主持召开国务院常务会议，明确提出要开展股权众筹融资试点工作。此消息一出便立即引起了资本市场和众筹行业的积极关注与热烈讨论，舆论普遍认为，“股权众筹”终于不再是游离于违法犯罪边缘的“危险品”。可见，政府已对股权众筹的地位给予了肯定性评价，各方参与者不必再担心有朝一日会触及法律底线。

然而，笔者在此仍提出合法性风险的直接目的是强调相关法律制度应在积极的政策导向下进行及时修改或制定，以配合股权众筹行业的发展。根本目的则是呼吁以我国《证券法》为主的相关法律制度尽快针对互联网

---

① 参见邱勋、陈月波：《股权众筹：融资模式、价值与风险监管》，载《新金融》2014年第9期。

② 参见董安生、刘庆：《论股权众筹合法化的前置性规则构建》，载《中国物价》2015年第2期。

金融的新特点作出合理修正,在法律解释的层面为符合金融创新精神和有利于经济发展的新兴金融形式留足发展空间,使之不致在产生之初就被盲目贴上“违法”的标签。①

(二)股权众筹投资项目估值风险

众筹融资的项目主体通常是创业企业,其产品成型及市场发展前景等都存在很大的不确定性,因此,如果投资者仅凭融资者发布的融资产品信息,很难对该众筹项目进行有效估值,从而作出理性的投资决策。此外,融资项目信息由融资者单方面发布,普遍缺乏第三方专业机构提供的评估报告,加之众筹平台审核制度不完善,其项目估值结果的真实度也值得商榷,项目自身估值风险很大。②

(三)股权众筹创业项目知识产权保护风险

知识产权风险通常存在于以文化创意产业为主的预售众筹当中,即筹资人以产品创意发起项目融资,待众筹成功后,筹资人将利用所筹资金进行创意产品的开发和制作,待项目成功后,投资人也将率先获得相应的产品实物作为投资回报。正是由于筹资人在众筹过程中需要将产品或技术创意进行详细展示,通过凸显其创意的新颖性和独创性来吸引投资,所以筹资人的创意很可能会在较长的筹资期限内被剽窃。而目前众筹中的大多数创意或“点子”都没有申请专利,也没有相应的知识产权规范加以诠释和保护,因此,创意流失或遭到剽窃的风险仍比较突出。③ 在股权众筹中,虽然以产品或技术创意形态存在的项目非常稀少,但不能就此否认以创意发起创业融资的股权众筹实践的存在。众筹产生的最初目标在于发现创意、鼓励创业,所以在我国积极推进产业转型升级和鼓励文化创意产业发展政策的导向下,股权众筹中的知识产权风险也应引起关注。④

另外,为了吸引投资,创业者会将企业的创业构想、创业计划书、运营模式等放到相应的平台上供相关投资者进行查阅,但这种行为可能会存在泄露自身商业秘密的风险,过多创新创意的细节披露甚至还有可能导致他人的抄袭,对初创企业造成极大的伤害。此外,部分投资者投资了相关行业的多个众筹项目,而部分众筹项目具有排他性,这不可避免地会造成部

① 参见武晋:《股权众筹中的信息对称性法律研究》,载《山东青年政治学院学报》2015 年第 1 期。

② 参见徐迪:《我国股权众筹的发展及风险揭示》,载《赤峰学院学报(自然科学版)》2014 年第 20 期。

③ 参见汪莹、王光岐:《我国众筹融资的运作模式及风险研究》,载《浙江金融》2014 年第 4 期。

④ 参见武晋:《股权众筹中的信息对称性法律研究》,载《山东青年政治学院学报》2015 年第 1 期。

分项目保密信息被泄露给竞争对手的风险。而限制或部分披露产品的创意细节会使真正有投资意向的投资者看不到完整的项目和创意信息，难以正确作出投资决策，这直接导致部分优秀的股权众筹项目难以吸引到投资。2014年，极光实验室在众筹网站Kickstarter上众筹一个名为“世界上最省钱的3D金属打印机”项目，短短3天就达到了10万美元的众筹目标。在此期间，众筹网站不断要求该公司在其平台上公布其商业计划书及详细盈利模式、运作机理，该公司出于对商业机密及相关产品知识产权的保护，最终还是选择退出了该众筹平台。①

（四）股权众筹项目审核和推荐风险

融资项目或企业能否在平台上融资是众筹平台根据创业者提交的商业计划书等资料，并对融资项目进行一定调查后决定的。项目通过审核后，平台会帮助其确定发行价格和出让股权比例，但众筹平台对在平台融资的项目或企业未设置任何准入门槛和资质要求，很难保证其审核的专业性、科学性和合理性。我国股权众筹采用“领投+跟投”的运营模式，主要由领头人代表众多“微股东”负责创业项目投后管理、监督和通报运营。由于投后管理时间跨度可能非常大，对领投人在资本退出之前忠实履行职责的监督也处于缺位状态。

无论是天使汇还是大家投，都普遍采用“领投+跟投”的投资机制。同时，投资者与筹资者的资格审核都是由平台按其自己设定的标准单独完成的，这极大地增加了融资过程中合同诈骗的风险。从“领投+跟投”的投资机制看，该机制设置的初衷是由一些有投资经验的专业投资人利用自己的专业和独到眼光对项目进行筛选，跟投人基于对领投人的信任跟进投资，从而降低跟投人由于缺乏专业投资知识与经验而带来的风险。但该机制并没有改变跟投人由于缺乏相应专业知识而处于信息不对称状态的劣势地位。一旦领投人与筹资人之间存在某种利益关系或其他关联关系，双方达成某种损害跟投人的协议，那么跟投人的利益便岌岌可危，跟投人利益受损后往往只能自认倒霉，将损失归咎于不可预期的投资风险。跟投人要发现领投人与筹资人的不当企图或非法协议都是极其困难的。从项目审核的角度看，平台单方具有对筹资人提交的项目进行审核的权利，在这一审核中，无论是审核环节还是审核人员都缺乏相应的监督机制或透明度，这使某些筹资人的项目可能达不到进入标准，但不合理的是，单方与平台

① 参见刘海：《网络股权众筹融资模式效率与保护分析》，载《吉林工商学院学报》2015年第1期。

进行不正当的利益交换后便可“冠冕堂皇”地进入到平台中进行融资活动。同时,平台在其服务协议中往往也设定了审核的免责条款,即不对项目信息的真实性、可靠性负责。这导致平台项目审核这一环节实质上并没有降低投资人的投资风险,投资人依然背负着沉重的事前审查负担,花费大量的成本以降低合同欺诈的风险。①

（五）股权众筹入资方式风险

股权众筹的入资方式相较于其他投资方式而言十分随意。现实中,融资发起人与众筹股东之间一般存在一定程度的社会关系,双方操作往往很不规范。众筹股东在决定投资之前必须清楚其投资款项未来收益的形式和内容。如果收益形式是公司股权,则应弄清双方是否签订了代持协议或入股协议、股东投票权应该如何规定、股东分红权如何保障等,只有把这些问题通过法律文件予以规范,投资人的权利才有保证。②

（六）股权众筹资金管理风险

股权众筹实际上是筹资人、投资人与股权众筹平台三方参与的过程。因此,相较于简单的双方交易,其资金的流动与管理通常存在更大的风险。由于股权筹资的过程一般需要在特定时间完成,因此,资金往往需要在指定的“地点”进行汇集,达到一定数额后便进行预期流转,相较于大多数P2P点对点式的资金流转而言,股权筹资过程中形成“资金池”的可能性是比较高的。③ 然而,目前尚缺乏有效的约束机制以防范股权众筹平台在筹资过程中对已筹集资金的不当管理与使用,这给投资者的投资资金带来了极大的隐患。

此外,现实中的股权众筹平台仅承担融资中介功能,对融资方成功融资后的资金运用情况跟踪管理不到位,再加上没有建立资金运用和公司盈利信息强制披露制度,投资者很难追踪投资动态。一旦出现目标公司融资成功后携款潜逃、宣告公司破产或者不将资金运用于公司业务发展等情况,投资者的权益将无法得到保障,更枉论投资收益了。④

（七）股权众筹股东权利保障风险

股东权利保障风险之一是无法体现股东身份。在委托持股模式中,工

---

① 参见肖本华:《美国众筹融资模式的发展及其对我国的启示》,载《南方金融》2013年第1期。

② 参见熊雯琳、邓晓进:《股权众筹在中国》,载《电脑报》2015年4月27日,第2版。

③ See Shahrokh Sheik, “Although Donation-Based Crowdjunding Has Experienced Some Success, Questions Remain about the Practicality of Equity-Based Crowdfunding”, *Los Angeles Lawyer*, 2013.

④ 参见徐迪:《我国股权众筹的发展及风险揭示》,载《赤峰学院学报(自然科学版)》2014年第20期。

商登记注册信息不会记录众筹股东的名字，只会显示代持股的股东的名字。尽管委托持股本身受法律保护，但还需要委托持股的证据。在持股平台模式中，众筹股东与众筹公司之间隔了一个持股平台，持股平台才是众筹公司股东名册里的名义股东。因此，众筹股东与众筹公司之间的关系非常间接，身份也相对隐晦，对众筹公司几乎无法产生直接的影响。①

另外，股东无法参与公司经营。在很多众筹项目中，众筹股东虽然是公司股东，但是几乎很难行使公司股东的权利，基本上都不能亲自参加股东会、参与股东会表决和投票。但如果不尊重众筹股东的参与决策权，众筹股东的利益又很难得到保障。②

（八）股权众筹投资回报风险

首先，初创企业的盈利能力不确定。股权众筹具有投资性，投资人进行股权众筹投资的目的在于未来获得超额的投资回报。换言之，投资人持有证券只是手段，获得收益才是其终极目的。但与其他投资方式不同的是，股权众筹的发起人往往是创新型、成长型的初创公司，甚至还包括一些仅处于创意阶段的项目构思，相比市场中成熟的企业而言，这些项目未来的发展情况具有很大的不确定性，项目失败的风险极高，投资者之所以冒着项目失败的风险进行投资，就是看中了项目未来可能产生的高额溢价。因此，投资性是股权众筹的基本属性，也是股权众筹与公益型众筹（Community Crowdfunding）③和捐助型众筹的根本区别，而股权众筹则因其颠覆了传统的证券发行模式，不可避免地成为各国当前金融证券法规制的重点。④

其次，创业者及其项目发起者大多缺乏运营经验，在融资项目市场投放以及产品推广等方面缺乏独立运作的能力。因此，众筹网站必将投入大量成本用于项目发起人的培训与项目的宣传推广，帮助发起方成功实现融资。此外，项目发起方始终预期良好，这种乐观不仅体现在对项目是否成功的预判上，也体现在最终是否完成项目并提供回报上。但实际上，超过60%的项目无法完成融资。而根据2012年的一项研究显示，Kickstarter上

---

① 参见徐迪：《我国股权众筹的发展及风险揭示》，载《赤峰学院学报（自然科学版）》2014年第20期。

② 参见徐迪：《我国股权众筹的发展及风险揭示》，载《赤峰学院学报（自然科学版）》2014年第20期。

③ 公益型众筹的资金捐助者不以收取财产性回报为目的，并且其历史由来已久，1884年新闻家Joseph Pulitzer发起的为自由女神像基座筹集资金便是典型的公益型众筹。公益型众筹并非新鲜事物，通过传统民事法律即可对其予以规制。

④ 参见董安生、刘庆：《论股权众筹合法化的前置性规则构建》，载《中国物价》2015年第2期。

科技与设计领域的项目中仅有75%的项目在众筹成功后按时完成。因此，在项目过程中，稚嫩的市场和信用体系需要平台方加强过程中的管理和监控力度。①

再次，股权众筹项目产品的风险很大。或许融资项目或企业的初始想法很有吸引力，但随着项目的深入，会出现很多问题，如产品研发失败、推广失败、销路受阻、知识产权被侵犯甚至创业团队内部矛盾等，这都会导致本就脆弱的创业公司土崩瓦解。即使项目在初期取得成功，但股权众筹融资获取回报是一个比较漫长的过程，一般需要5年以上的时间。如此长的时间里，无论是企业的创新风险还是投资人的流动性风险都充满了不确定性。②

最后，股东没有分红决定权。我国《公司法》并未规定公司一旦存在税后可分配利润就产生分红的义务。股东利润分配方案需要股东会表决。如果股东会表决未通过，或者股东会搁置审议分红议题，则即使公司存在大量的税后利润，众筹股东也无法得到。③

股权众筹项目中的投资者基本无法参与股东会的投票与表决，而筹资者在网络众筹成功后，也存在不妥善运营企业，不为股东办事的情况，或在公司运营状况良好的情况下，私自将公司资产挪为他用，或公司有可分配利润且投资者希望分配红利时，筹资者却将红利用于所谓公司长期发展的再投资。此外，通过众筹模式创办的非上市公司，投资者拥有的股权无法公开自由地进行转让交易。而且由于众筹企业的相关信息并不对外公开，外界很难对股权价值进行评估，因此投资人很难通过正常渠道找到接盘者，就算有接盘的投资人，但因为完善的众筹股权交易平台的欠缺以及投资人的频繁更换，很容易对企业的正常经营产生严重影响。相比较而言，天使投资或风险投资在进入企业的那一刻起就已经围绕退出这一核心建立起了完善的投资机制。④

三、股权众筹投资者特性导致的诈骗风险

“领投+跟投”制度的初衷是利用专业投资人的投资经验对项目进行筛选，跟投人基于对领投人的信任跟进投资，降低跟投人因缺乏专业知识

---

① 参见盛佳等编：《互联网金融第三浪：众筹崛起》，中国铁道出版社2014年版，第58页。

② 参见朱荪：《股权众筹业需应对三重风险》，载《东方早报》2015年5月18日，A21版。

③ 参见熊雯琳、邓晓进：《股权众筹在中国》，载《电脑报》2015年4月27日，第2版。

④ 参见刘海：《网络股权众筹融资模式效率与保护分析》，载《吉林工商学院学报》2015年第1期。

与经验而带来的投资风险。但由于跟投人具有信息获取劣势、分散性、“羊群效应”等特性,往往会引发多方面的投资风险。

第一,信息不对称增加了诈骗风险。众筹平台实行的“领投+跟投”模式无法解决投资过程中的信息不对称问题。跟投人限于专业知识和投资经验,始终处于信息不对称的劣势一方,这导致信息优势方针对跟投者的投资欺诈风险也大大增加。而且,在“领投+跟投”模式下,跟投人对领投人易形成过度依赖,跟投人的信息获取和判断、风险识别和规避能力会逐渐下降,形成恶性循环。

第二,跟投人的分散性增加了诈骗风险。一方面,由于跟投人通过股权众筹平台进行网络交易,而现实中跟投人所在地域分散,而且其大多通过网络资料了解所要投资的项目或企业,几乎不可能实地考察,这使投资者难以监督众筹项目的运营状况,加大了投资风险和被诈骗可能性。① 另一方面,众筹股权具有分散性。跟投者股份在公司中所占份额很小,股东权力分散,投资者之间也难以互相联系,难以统一发出维护自身权益的声音,也很难与融资方进行实质性交流。② 在这种情况下,股权众筹跟投者受到领投人或筹资方或双方同时的欺诈或操纵,自身权益难以得到保障。

第三,跟投人“羊群效应”特征增加了诈骗风险。股权众筹中,领投人很容易利用自身实际或虚构的专业投资者形象,带领、鼓励跟投人投资,从而增强了投资者投资的盲目性。另外,互联网舆论宣传容易引发跟投人的从众心理,跟投人之间很容易产生“羊群效应”,在不明投资风险的情形下盲目跟风。股权众筹机制放大了网络投资者的非理性跟风概率,对以强化信息披露为基础的证券监管模式提出了挑战,如果理性人假设难以成立,即使充分的信息披露也不会有效降低跟投者的投资风险。③

信息不对称、跟投人的分散性、“羊群效应”等因素导致跟投人居于弱势地位,从而扭曲了股权平等原则、合同平等原则。尤其是融资行为一旦完成,跟投者基本上将再无谈判能力可言,其既无法掌控项目实际经营情况,也无权决定利润分配和资金流向,甚至连选择退出的途径都不通畅,利益实现与否完全由融资方主导。④

---

① 参见胡吉祥、吴颖萌:《众筹融资的发展及监管》,载《证券市场导报》2013 年第 12 期。

② 参见李玫、刘汗青:《论互联网金融下对股权众筹模式的监管》,载《中国矿业大学学报(社会科学版)》2015 年第 1 期。

③ 参见肖凯:《论众筹融资的法律属性及其与非法集资的关系》,载《华东政法大学学报》2014 第 5 期。

④ 参见雷华顺:《众筹融资信息披露问题探析》,载《开放导报》2015 年第 2 期。

四、股权众筹投资者相对方道德风险

跟投者相对方主要是指在股权众筹中能与跟投者产生法律关系的融资者、众筹平台和领投人。由于信息不对称、跟投者分散和"羊群效应"等特征,跟投人相对方很容易侵害跟投者的利益。

首先,领投人的道德风险很难防范。在股权众筹中,有些众筹平台将项目的审核责任交给领投人,由领投人进行投资风险评估。领投人能否切实履行审核职责,在多大程度上预测和防范投资风险,都无从得知,存在很大的道德风险,[①]但没有相应的法律约束机制。

其次,融资者与领投人的合谋欺诈很难发现,[②]且事后维权困难。若领投人与融资者存在利益关系,双方合谋由领投人带领跟投人筹集资金,引诱跟投人进行项目筹资,则在股权众筹资金第三方托管制度缺失的情况下,融资者可能在获取资金后逃匿,或以投资失败为借口实施诈骗,然后再与领投人私吞所筹资金。在此过程中,平台可能因过失或故意对此合谋诈骗未能制止,致使跟投者权益受损。对于跟投者而言,其可能因投资额较低,诉讼成本过高而放弃维权。

最后,众筹平台的道德风险可能引发投资欺诈。平台具有审核筹资项目的义务,但平台对项目和相关人员的审核缺乏监督机制和透明度。平台可能为了自身的利益,使一些没有投资价值的项目"冠冕堂皇"地进入平台融资。而且,很多平台在其服务协议中还设定了审核免责条款,声称其不对项目信息的真实性、可靠性负责。[③] 此外,我国法律缺乏对"专业投资者"的统一认定标准,不少众筹平台按照自己设定的标准将"专业投资者"认定为领投人,帮助跟投者对项目作尽职调查和估值,然后带领跟投者投资。[④] 若平台与领投人、筹资人恶意串通,跟投人将面临巨大的投资风险。[⑤]

尤其值得说明的是,有些股权众筹平台通过成立有限合伙企业,以该有限合伙企业为主体投资融资企业的项目,并在融资企业占据股东席位,

① 参见杨东、苏伦嘎:《股权众筹平台的运营模式及风险防范》,载《国家检察官学院学报》2014年第4期。

② 参见杨东、苏伦嘎:《股权众筹平台的运营模式及风险防范》,载《国家检察官学院学报》2014年第4期。

③ 参见肖本华:《美国众筹融资模式的发展及其对我国的启示》,载《南方金融》2013年第1期。

④ 参见天使汇网站"快速合投"栏目,大家投网站"业务规则"。

⑤ 参见钟维、王毅纯:《中国式股权众筹:法律规制与投资者保护》,载《西南政法大学学报》2015年第2期。

这种领投方式弊端丛生:(1)将有限合伙人(跟投人)的资金与普通合伙人(领投人)的投资款汇集,由普通合伙人集中管理汇集的投资资金,为普通合伙人滥用身份、与融资方进行不正当利益交换、侵蚀有限合伙人利益提供了便利,而有限合伙人一般很难发现普通合伙人与融资方的不当企图。①(2)这种入资方式的操作环节过于复杂,有些平台在代为注册办理有限合伙企业时,要求外地投资者邮寄身份证原件等资料,给投资者带来了极大的不便。② (3)跟投者成为领投人主导设立的合伙企业的有限合伙人,丧失了众筹企业的股东资格。跟投人无法正常参与有限合伙企业的经营活动,更无法参与众筹企业的经营活动。股权众筹只是由平台或领投人主导的一个"幌子",不可能谈及对跟投者权利的保护问题。

第三节 股权众筹主体

一、股权众筹监管主体

为了充分发挥市场的自主监管功能,除中国证监会实施的集中、统一监督制度外,中国证券业协会还实施自律监管,并通过制定行业协会章程和商业规则,要求成员共同遵守。将众筹平台作为中介组织意味着赋予众筹平台以责任,包括投资者和金融机构识别、融资项目合理性审计、相关信息保存责任。③

(一)明确股权众筹监管主体

管理者的不确定是造成众筹平台混乱的重要原因之一。传统的"一行两会"是根据不同类型的监管对象来划分监管范围的。作为互联网的跨市场创新形式,众筹很难单独划归于一个特定的部门。从本质上讲,众筹平台仍然是一个营利性的企业,但其作用与证券监管机构、证券营业机构、托管银行类似。在项目融资过程中,由众筹平台负责对投资者交付的资金进行托管;项目融资成功后,众筹平台仍须对项目的执行情况进行监督;项目启动后,众筹平台对项目进行宣传推广,并承担交易平台的角色;项目成功提出后,众筹平台对项目进行监管,再由众筹平台按监管要求分批支付。

---

① 参见何欣奕:《股权众筹监管制度的本土化法律思考——以股权众筹平台为中心的观察》,载《法律适用》2015 年第 3 期。

② 参见杨东、苏伦嘎:《股权众筹平台的运营模式及风险防范》,载《国家检察官学院学报》2014 年第 4 期。

③ 参见陈健:《股权众筹:制度构建与疑义相析——评〈私募股权众筹融资管理办法(试行)(征求意见稿)〉》,载《福建金融管理干部学院学报》2014 年第 4 期。

笔者通过分析当前监管模式的弊端发现,其根本原因在于,“监管部门只把众筹平台视为从事中介服务的企业法人,而忽视了其对金融产品和服务进行管理的本质,导致金融机构的缺失。没有金融监管部门参与众筹平台的监管,导致其金融业务监管的空白”。①

(二)解决证监会监管缺位、权力错配问题

《私募股权众筹融资管理办法(试行)(征求意见稿)》(以下简称《征求意见稿》)第4条有关股权众筹监管机制的规定是:中国证券业协会依照有关法律法规及本办法对股权众筹融资行业进行自律管理。证券业协会委托中证资本市场监测中心有限责任公司对股权众筹融资业务备案和后续监测进行日常管理。证监会的职责仅仅是共享行业数据,对行业自律处分信息进行备案,因此,证监会监管职责履行不够到位。

证券业协会作为行业自律机构,没有行政监管权力,不可能代替行政机构行使行政监管职责,更不可能代替证监会行使行政处罚权。证监会将股权众筹监管权交与证券业协会是典型的权力错配。体现到领投制度上,证券业协会没有权力对实施欺诈行为的领投人、众筹平台、融资者进行行政处罚,不可能平衡领投人和跟投者的权利义务,保护跟投者的利益。

(三)确立原则导向监管原则

关于应该建立什么样的监管机制问题,需要回到监督的基本原则上来。首先就是要决定建立规则导向还是原则导向监管。规则导向监管注重运用全套财务管理法规,注重行为的合规监管,金融机构和监管机构可以主观判断和灵活调整的空间有限。原则导向监管注重既定的限制性目标,但有利于为整个金融业务的发展提供空间,实现消费者的更大利益。与规则导向监管相比,原则导向监管更符合市场运行规律,因为它具有更广的覆盖性、长期性、灵活性,并且越来越普及。规则导向监管和原则导向监管在国外金融监管中得到了广泛应用。2014年3月6日,FCA发布《众筹监管规则》,明确将“为那些因为可能缺少投资经历、知识和资源去了解和处理相关投资的普通投资者提供适当的保护,从而保证他们投资的自由”作为主要的监管原则。

目前,国内股权众筹仍处于萌芽期,因此,必须为其发展提供更多的保护,其才能开拓出更广阔的增长空间。笔者认为,股权众筹要想避免“一管就死、一放就乱”的现象,就应当借鉴英国的原则导向监管制度。

---

① 彭冰:《构建针对特定对象的公开发行制度》,载《法学》2006年第5期。

二、股权众筹市场主体

股权众筹,是指以股权(股份)方式进行的大众筹资。股权众筹融资的运作模式是小微企业通过众筹平台为筹资项目进行筹资,并且预设项目筹资额与筹资期,在筹资期之前完成筹资额的则宣告众筹成功,否则筹资失败且须退还筹集资金。[①] 一般而言,股权众筹有三类核心市场主体:第一,发起项目的融资者(多为小微企业)。第二,众筹平台。作为整个众筹行为的核心发挥,连接项目发起筹资人和投资者,负责运营互联网平台。第三,投资者。其中,为了促进项目融资,有些众筹平台设置了领投人制度,由领投人对项目进行考察,带领跟投人投资。另外,有些股权众筹平台不承担对融资项目的审查责任,而是改由第三方推荐机构对融资项目进行尽职调查、审查、推荐等活动,由平台对第三方推荐机构推荐的融资项目仅进行形式审查。第三方托管机构主要是指第三方资金管理平台。

(一)融资者

融资者又称筹资人、发起人,通常是指融资过程中需要资金的创业企业、中小型企业或项目,项目融资人一般是试图通过众筹平台为自主创新但缺乏资金支持的项目进行融资的小微企业创业者,其融资的项目具有高技术性、商业模式创新和市场成长预期高等特征,并处于种子期或初创期。[②]

(二)众筹平台

众筹平台是指筹款人和投资者之间的连接者,利用网络技术在互联网上公布项目发起人的创意和融资需求信息,供投资者选择,并在成功筹集资金后进行监管。其作为平台的建设者和运营者,项目融资人的审核者、顾问和监事以及公募资金的重要利益捍卫者,还应为投融资方提供财务审计和技术咨询、法律文件、交易匹配等其他服务的支持。因此,众筹平台的多重身份特征决定了其流程的复杂性、综合性和重要性。[③]

实践中,比较受认可的众筹平台监管职责主要包括四个方面:(1)监管筹资人。众筹平台应当核实筹资人的基本信息,并在募集成功后持续监督筹资人履行其信息披露义务,以及兑现承诺。(2)教育审查投资者。众筹平台需要向投资人进行充分的风险教育和提示,并负责审查投资人是否遵守了有关投资限额的相关规定。(3)监督资金流向。在募集成功之前,

---

① 参见吕明凡:《股权众筹的发展及其风险研究》,载《合作经济与科技》2015 年第 4 期。

② 参见邱勋、陈月波:《股权众筹:融资模式、价值与风险监管》,载《新金融》2014 年第 9 期。

③ 参见邱勋、陈月波:《股权众筹:融资模式、价值与风险监管》,载《新金融》2014 年第 9 期。

如果没有专门托管机构的存在，众筹平台通常需将投资人缴付的资金独立托管，以避免筹资人自行取出。但实践中也存在众筹平台与筹资者相互勾结，或筹资人卷款携逃由众筹平台承担赔偿责任的风险。(4)在筹资成功后对筹资人使用资金的情况进行监督。然而在实践中，众筹平台的资金监管能力有限。事实上，筹款人和投资者经常参照《公司法》和其他规定，根据当一个企业使用超过N元，超过2/3的投票股东必须通过的投票方式来限制资金的使用。但由于筹资人所占的股权比例通常较高，资金的使用仍由筹资人控制，实际监管效果不够明显。①

(三)投资者

投资者经常使用在线支付方式对初创企业、中小企业或项目进行小额投资，他们认为这些投资具有投资价值，融资成功后，他们可获得一定比例的股权。公众投资者是在众筹平台上注册的众多"草根天使"，他们通过众筹平台选择项目，但在投资之前，投资者必须通过众筹平台的资格审查，成为合格的投资者。②（见表2-1）

表2-1　我国众筹平台领投人和跟股人的权利义务

众筹平台	领投人权利	领投人义务	跟投人权利	跟投人义务
大家投	(1)领投人担任成立的有限合伙企业的普通合伙人； (2)代表(母)有限合伙企业担任项目方公司的董事	(1)负责项目分析、尽职调查、项目估值议价、投后管理等事宜； (2)向项目跟投人提供项目分析与尽职调查结论，帮助创业者尽快实现项目成功融资； (3)帮助创业者维护协调好融资成功后的投资人关系	(1)注册天使投资人，即可取得项目跟投资格； (2)对一个项目跟投后，创业者有权拒绝跟投人的认投	对一个项目的跟投额度最低为项目融资额度的2%，最高为项目剩余未被认投的金额

① 参见褚葵花：《股权众筹的基本运营模式与法律风险研究》，载《经营管理者》2014年第30期。

② 参见邱勋、陈月波：《股权众筹：融资模式、价值与风险监管》，载《新金融》2014年第9期。

续表

众筹平台	领投人权利	领投人义务	跟投人权利	跟投人义务
京东	(1)优先查看融资项目； (2)领投人在确认领投后有3天冷静期，可在冷静期内无条件放弃； 跟投人应向领投人支付融资项目退出分成的20%； (3)领投人的投资成绩和回报情况将会成为该投资人在相关领域的投资记录，并向跟投人展示； 领投人可以在平台上对个人进行合理的宣传推广； (4)领投人不对项目投后管理成果及项目收益承诺保底	(1)协助融资项目完善，完成融资目标； (2)协助融资人完成融资项目信息披露； (3)领投人应接受跟投人的委托，对融资项目进行管理； (4)领投人应代表所有投资人对项目进行投后管理，每个季度领投人应至少1次将其采集的投后管理信息在平台上向跟投人进行披露； 领投人还应代表所有投资人出席股东会或董事会，以投资人的利益为先，合理评估收益与风险，尽职勤勉地作出最优投资决策，尽最大努力维护投资人合法权益	(1)跟投人将获得惯常的与领投人同一轮次的股东权利； (2)跟投人与领投人在融资项目公司中的股权收益计算方式相同，即“同股同收益权”； (3)如果跟投人能够为融资项目提供稀缺的重大价值，在成功投资后，可以与融资人自行约定其他合作协议，但不得损害其他投资人的合法权益，并进行信息披露； (4)跟投人具有双重知情权； (5)尽职调查； (6)跟投人对项目的信息披露和领投人的投资管理如存在疑虑可以通过平台发出质询； (7)跟投人可以根据投资人规则，行使其股东或合伙人权利； (8)跟投人可依法转让其在有限合伙企业中的份额，并承担相应的成本及费用，但不可要求融资人赎回，也不能转给融资项目的竞争方； (9)跟投人在其认购后有3天的冷静期，在冷静期内，跟投人可以随时放弃对该融资项目股权的认购	(1)跟投人应符合合格投资人要求，对投资风险有充分的认识； (2)跟投人应按照规则向领投人支付融资项目退出分成； (3)跟投人不参与公司的重大决策，不进行投资管理；领投人退出时，跟投人应以同等条件一起退出； (4)跟投人应该遵守投资文件及有限合伙协议中作为投资一方的所有义务； (5)跟投人应承诺配合领投人(或其关联方)在设立有限合伙企业、执行及退出融资项目时的相关法律行为，并签署相关文件

续表

众筹平台	领投人权利	领投人义务	跟投人权利	跟投人义务
天使汇	(1)领投人将在天使汇上成为加“V”投资人; (2)优先看到候选项目(包括未审核通过的项目源)和领投人微信群推荐项目; (3)领投项目可以优先进入快速合投服务; (4)协助项目完成跟投融资,获得项目1%的股权奖励; (5)领投人代表跟投人对项目进行投后管理,出席董事会,获得5%~20%的利益分成(Carried Interests),具体比例根据项目和领投人共同决定; (6)对某个细分领域领投的成绩和回报情况将会成为这名投资人在本领域的投资记录(Track Record),并成为其他投资人进行跟投的重要参考	—	(1)跟投人所获得的投资条款与领投人是一致的; (2)所有投资人都是实名制,创业者和领投人对跟投人的选择、份额的分配有最终决定权,如果超额认购,领投人和创业者可以优先选择对公司能够提供重要附加价值的、值得信赖的跟投人,如果仍然超额,建议按照出资比例共同缩减; (3)如果跟投人能够为创业者提供稀缺的重大价值,创业者可以考虑给跟投人额外的期权补偿,但需要进行信息披露; (4)跟投人如果在本轮投资额度超过50%或者累计占企业总股比超过20%,可以提出在董事会中的观察席,是否给出席位的决定权在创业者和领投人; (5)跟投人可以要求对项目进行尽职调查,但能否给出全面充分的信息披露的权利属于创业者; (6)跟投人对项目的信息披露和领投人的投资管理如存在疑虑可以通过天使汇平台发出质询	(1)跟投人应符合天使汇的合格投资人要求,对投资风险有充分的认识; (2)跟投人应该确认向领投人支付5%~20%的利益分成,但无须向领投人支付管理费; (3)跟投人不参与公司的重大决策,不进行投资管理,跟投人如果要求提前退出,则需要服从公司董事会和领投人的安排,依据合伙协议自动退出,或者通过天使汇申请退出,或者可以在有限合伙人(Limited Partner,LP)份额转让平台上进行转让,经常提前退出的跟投人将会被记录,会被领投人和项目在作选择时筛选出去

续表

众筹平台	领投人权利	领投人义务	跟投人权利	跟投人义务
创投圈	项目选择：创投圈专业基金甄选项	(1)平台作为领投者和责任方，承担比投资人更大的风险，因此将对项目进行更加严格的筛选，更加谨慎地进行尽职调查，提供更为优秀的投后管理，选择最优的退出时间和方式；(2)利用平台优势和专业团队提供专业和系统的服务	—	
天天投	(1)领投人职责：①负责项目分析、尽职调查、项目估值议价、投后管理等事宜；②向项目跟投人提供项目分析与尽职调查结论，帮助创业者尽快实现项目成功融资；③帮助创业者维护协调好融资成功后的投资人关系；(2)领投规则：①一个项目只能有一个领投人，领投人认投项目须经创业者确认同意后方可有效；②领投人对单个项目领投最低额度为项目融资额度的10%；(3)激励方式：领投人收取有限合伙企业收益的10%作为激励		—	

由于大众投资者缺乏专业投资知识，风险巨大，所以在股权众筹发展过程中衍生了领投制度。[①] 领投人往往是专业投资者，他们通常具备一定的投资经验、资金支持和风险承受能力。但在这种投资模式中，容易产生领投人和融资者、众筹平台的合谋欺诈风险。

---

① 领投制度源于美国的 AngeList 平台和澳大利亚的 ASSOB(Association of Small Scale Offering Boards)众筹平台。在美国 AngeList 平台中，针对领投人和跟投者，分别使用了 Traction 和 Follower 两个词语，但是笔者在这两个平台其他的资料中，暂未查到关于"领投制度"的翻译。笔者依此分别将"领投制度""领投人""跟投人"三个词分别翻译为"traction investment system""tractional investor""following investor"。参见澳大利亚小规模融资板块网：http://www.assob.com.au/about.asp?page=1.，最后访问日期：2015年7月1日。

（四）第三方托管机构

为保证各投资人的资金安全，以及项目和筹资不成功时的及时返还，众筹平台一般都会指定专门银行或第三方支付机构担任托管人，[①]履行资金托管职责。[②] 其功能类似于互联网信托 P2B 中的资金托管机构，全程为公众投资人的资金进行第三方托管及分期支付，为投资者的资金安全提供全程保障。[③]

由第三方托管机构对资金进行托管有诸多好处：对于投资者而言，可以保障投资者的资金安全，防范众筹平台跑路、挪用资金；对于融资者来说，可以保证资金按照投资计划合理使用，提高资金的使用效率；对于股权众筹平台来说，可避免其自行构建资金池的法律风险，从而合法开展业务。

（五）中介机构

目前，在国内设立中介机构对融资项目进行审核的平台并不多，就笔者目前掌握的信息，仅“中证众筹”平台实行由中介机构推荐融资项目，[④]由“中证众筹”平台进行融资的模式。在这一模式下，众筹平台不对融资项目进行直接审核，而是由其认可的中介机构对融资项目进行尽职调查、审核、推荐上线融资。这种模式的好处在于，众筹平台能真正实现其信息中介的职能，不直接参与项目风险评估和融资计划的制订，也无须承担融资风险，可以切实履行相应的监管职能。

“中证众筹”平台发布的《机构间私募产品报价与服务系统股权众筹平台业务指引（试行）（征求意见稿）》[以下简称《中证众筹业务指引（征求意见稿）》]第 2 条规定了指引的适用范围：“众筹平台是机构间私募产品报价与服务系统（以下简称‘报价系统’）参与人作为众筹融资中介机构（以下简称‘中介机构’）接受融资者委托进行私募股权融资活动的公共平台。作为中介机构的参与人应当取得报价系统推荐类业务权限。”在现实操作中，“中证众筹”平台将证监会下属三个协会（中国证券业协会、中国期货业协会、中国证券投资基金业协会）的会员自动认定为中介机构参与人，并通过行业协会的自律惩戒规则对其进行惩罚。[⑤]

《中证众筹业务指引（征求意见稿）》第 5～9 条规定了中介机构的职责。第一，签订服务协议。中介机构应当与融资者签订融资服务协议，约

---

① 如人人投众筹平台委托“易联支付”担任其资金托管方。

② 参见褚葵花：《股权众筹的基本运营模式与法律风险研究》，载《经营管理者》2014 年第 30 期。

③ 参见邱勋、陈月波：《股权众筹：融资模式、价值与风险监管》，载《新金融》2014 年第 9 期。

④ 参见中证众筹网：http://cf.cmdm.org.cn/index，最后访问日期：2015 年 7 月 4 日。

⑤ 此为“中证众筹”工作人员英翔在 2015 年 6 月 17 日所作相关讲座发表的观点。

定双方权利与义务，并为融资者提供在众筹平台项目注册、信息披露、认购人名册筛选、资金交收以及投后管理等服务。中介机构可以根据融资者委托，为其提供编制申请文件、向特定合格投资者进行路演、代为办理股权工商登记及结果反馈等服务。第二，项目注册。中介机构应当在众筹项目募集期开始前不少于5个工作日向报价系统申领产品代码，进行项目注册，填写产品基本信息，明确募集期、拟募集规模、最低认购额、最高认购额等基本信息。第三，注册信息披露。完成项目注册后，中介机构应当向众筹平台提交登记要素表，并通过众筹平台向合格投资者披露相关材料。第四，提交融资计划书。第五，提交尽职调查报告。

“中证众筹”之所以能够将自己建设成为一个完全中立的信息中介平台有三个原因：一是“中证众筹”平台依托于中证机构间报价系统股份有限公司，①在企业资金投入、业务经营中有其他平台不可比拟的优势，“中证众筹”平台仅仅依靠收取居间费用就可以获得可观的盈利。相较于“中证众筹”平台，其他中小股权众筹平台之所以对项目进行严格的审核，加强风险防控，可能是出于吸引融资者和投资者的考虑。二是“中证众筹”平台的依托单位由中国证监会批准设立，具有良好的信誉，且“中证众筹”平台将证监会下属的三个协会的会员单位自动认定为中介机构，并通过证监会下属协会的自律机制对中介机构的虚假行为进行惩处，很大程度上保证了众筹项目的真实性以及项目预期前景。三是相对于中小众筹平台，“中证众筹”认定的中介机构涉及的行业较广，投融资专业人才多，对项目的尽职调查和审核成本较低，能够减少投资的风险。其他中小众筹平台无论是自己审核项目，还是聘请中介机构审核项目，都可能存在尽职调查不到位的问题，容易引发纠纷。被称为“中国股权众筹第一案”的“飞度公司诉诺米多餐饮公司案”的争议之一就是由尽职调查不到位导致的。

三、股权众筹市场主体之间的法律关系

讨论股权众筹市场主体之间法律关系的必要性有二：一是我国股权众筹法迟迟未能出台，市场主体之间的法律关系无从界定；二是在股权众筹操作和实践中，乱象迭出，各个主体之间的法律关系很混乱，众筹平台都是根据自己的业务需要来定位自己与各个市场主体之间的法律关系，风险丛

---

① 中证机构间报价系统股份有限公司是经中国证监会批准，授权中国证券业协会按照市场化原则管理的证券类金融机构。公司由上海证券交易所、深圳证券交易所、上海期货交易所、中国证券登记结算有限责任公司、中国金融期货交易所股份有限公司5家机构共同发起设立，于2013年2月27日成立，注册资本金为20亿元人民币。

生。另外，这里所要讨论的股权众筹市场主体之间的法律关系主要是针对应然状态下各市场主体之间的法律关系，即股权众筹制度的本来面目是什么？在该制度中，各个市场主体本来应具有的法律关系是什么？

目前，在学术界，关于股权众筹市场主体之间法律关系的讨论很多，但仍未形成定论。其中，讨论最多的是众筹平台与融资者和投资者之间的法律关系，而且大多数学者是从代理理论分析这种关系的，但学术界对其他主体之间的法律关系的讨论比较少。笔者认为，股权众筹各个市场主体的核心是股权众筹平台，该问题的关键也在于界定清楚众筹平台与各个主体之间的法律关系。（见图 2-1）

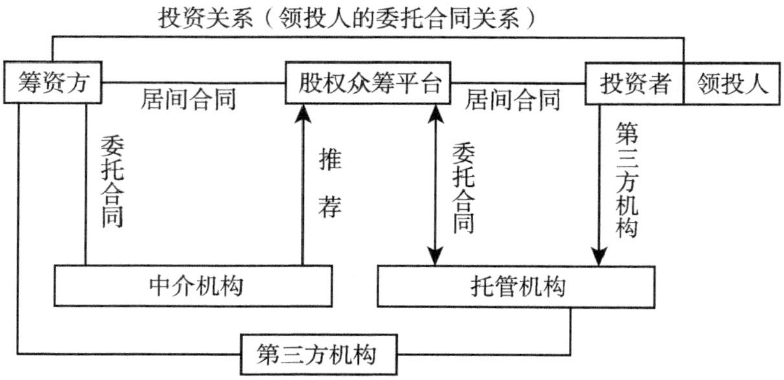

图 2-1　股权众筹市场主体关系

从风险防范的角度和股权众筹制度的本意出发，股权众筹平台应该是一个信息中介平台（关于股权众筹平台的性质，本书将在下文章节中进行专门论述），只负责收集资金需求方（融资者）和投资方的信息，审核二者的投资资质，通过掌握的信息，为投融资方提供平台，撮合双方完成交易即可。基于此，在应然状态下，股权众筹市场主体之间法律关系如下：(1)股权众筹平台与投资者和筹资者之间是居间合同关系，平台为双方提供信息并收取居间费。(2)融资者与投资方是投资关系，适用我国《公司法》《合伙企业法》《证券法》的规定。(3)领投人与其他投资者同属于众筹企业的股东或合伙人，适用我国《公司法》《合伙企业法》《证券法》的规定。(4)在众筹中，领投人应由筹资方委托，并获得筹资方的股权或利益激励，二者属于委托合同关系。(5)即使众筹平台参与领投人的确定，也仅仅是代融资方推荐、确定人选，平台与领投人之间仍是居间合同关系。(6)中介机构负责对筹资项目进行尽职调查，并向众筹平台推荐项目融资，中介机构与投资者应属于委托合同关系，而与平台并没有直接的法律关系，仅仅是向平台推荐项目，但众筹平台应该对中介机构的资质进行认定。(7)托管机构是受平台之托，代为管理投资者资金，并按照平台的提示，负责对筹资者进行资金拨付的机构，其与众筹平台的关系属于委托合同关系，但与投资者、筹资人之间没有直接的法律关系。

第四节　现有股权众筹业务模式及比较分析

由于缺少立法将这种应然法律关系固定化，在实践中，股权众筹经营存在很多模式，市场主体之间的法律关系也出现诸多变异，由此也产生了很多风险。本节中，笔者将通过梳理我国现存的股权众筹经营模式，分析各种模式下各方的法律权利义务，并从应然的视角说明其中存在的风险。从目前的市场实践看，我国股权众筹的模式主要有直投模式、标准化领投和跟投模式、设立合伙企业进行投资的模式、设立领投基金进行投资的模式以及平台领投模式。(见表 2-2)

表 2-2　我国现存股权众筹经营模式

模式	核心特点	典型平台
快速合投	为合投设置了时间壁垒，即对每个融资项目都设置了 30 天的投资周期	天使汇
领投+跟投	领投人带领一般投资者进行投资	京东、天使汇
合伙企业	领投人带领一般投资者组成有限合伙基金，投资实质仍是设立有限合伙	大家投、中证众筹、人人投
众筹平台作为领投人	平台在有限合伙股权众筹投资基金中担任领投人和基金管理人	创投圈
闪投	致力于让优秀的项目遇到智慧的投资人而推出的高效线下路演产品	天使汇

一、直投模式

直投模式又被称为个人直接股东模式、直接投资模式，也被称为个人直接股东模型。投资者可以直接浏览众筹平台上列出的可投资项目，然后选择他们认为有潜力的企业，在成功融资后，即可通过众筹平台提供的电子程序签署包括转让协议和股权证书在内的文件，并进行公司登记注册，在收到纸质权益证明(通常分为 A 股和 B 股)、投资协议书等文件后，投资者便可直接成为融资企业的股东。持有 B 股的投资者在公司决策中享有表决权；相反，持有A股的投资者对公司决策没有表决权，只有分红权。这种模式主要源于英国，如英国著名的股权众筹平台Crowdcube和Seedrs。[①]现实中，根据操作方法的不同，又有两种变形，即个人闪投式和快速合投式，这两个模式都是由天使汇平台所创造发展的。

（一）快速合投模式

快速合投是由天使汇所创的一种新型融资方式。在这种模式下，投资者以在线认购的方式投资项目股权，以帮助融资项目实现随时快速融资，以更主动的融资地位，打造火爆的融资势头，让靠谱的天使投资人合投创业项目，实现超额认购。该模式以帮助融资项目随时进行融资为目标，并以此为基础提供一系列服务，包括在天使汇首页展示该项目、由专业媒体对该项目进行报道、获得更多认证投资人关注以及30天的快速融资对接服务等。在这种模式下，创业项目可以简单快速地获得融资，以满足产品开发和推广的资金需求。

创业者选择快速合投有以下几方面的优势：一是能够获得更主动的融资地位。在快速合投平台，投资者和创业者双向选择，平等互利。创业项目更容易获得超额认购，主动分配额度。二是可以营造火爆的融资势头，如获得天使汇首页展示的机会，即有机会获得持续媒体报道，营造融资势头。三是既能融钱又能融资源，通过天使汇平台，既能获得更多靠谱投资人的背书，又能得到更多的人脉、渠道和市场资源。四是快捷且价格合理，如果项目可融得超过2倍认购意向的资金，则可免除佣金；如果未超过2倍认购意向，则仅收取融资额的2%作为佣金。

投资者选择快速合投有以下几方面的优势：一是可以借助此平台精挑细选创业项目，严格筛选出团队优秀、商业模式清晰的项目；二是该模式的投资过程专业透明，投资者可以自行查看每个项目的详细资料，包括团队建立、其他天使投资人的意见等，还可以通过在线问询的方式了解创业项目的进展和发展细节；三是可以获得与靠谱天使投资人一起投资的机会，进入快速合投阶段的项目已经获得了众多靠谱天使投资人的投资，这些天使投资人能够抓住创业项目中的亮点，专业评判项目价值，跟他们一起投资更容易获得回报。[②]

笔者认为，快速合投模式虽为天使汇平台所创，但是在操作实践中，已经被很多众筹平台采用，天使汇快速合投模式的最大亮点有：（1）融资期

① 参见邱勋、陈月波：《股权众筹：融资模式、价值与风险监管》，载《新金融》2014年第9期。

② 参见天使汇网：http://help.angelcrunch.com/co-invest，最后访问日期：2015年6月26日。

限短，仅需30天；(2)佣金低；(3)将股权众筹与天使投资方式混合使用，加速项目融资。

(二)闪投模式

闪投模式也是天使汇平台推出的特有融资模式。天使汇"Speed Dating闪投"，是天使汇致力于让优秀的项目遇到智慧的投资人而推出的高效线下路演产品。同样的闪电速度，更棒的路演体验。2014年10月31日，天使汇"Speed Dating闪投"首次登场就彻底改变了创投的玩法。2014年10月底至2015年4月初，天使汇共举办了12期闪投活动，其中，有105个项目路演成功，580个优质投资人参与其中，所有项目累计获得投资意向793份，平均每个项目路演收到投资意向7.5份。

天使汇的这一模式旨在改变业界演示日(Demo Day)效率普遍低下的现状，实现投资人和创业者融资的高效对接。根据天使汇模式，上午是集中的项目路演活动，目的在于吸引有意向的投资人，中午是和投资人共进午餐的活动，下午则针对有意向的投资人进行一对一约谈，傍晚就可以签订投资意向书。天使汇一直认为，靠谱的创业者理所应当一次见遍所有优质投资人，从路演走到融资成功；而优质的投资人面对市面上最好的项目，理所应当高效迅速地决定投资意向。天使汇闪投，将把所有的"理所应当"变成"稀松平常"。

参加闪投的流程有九个步骤：(1)在天使汇网站注册并报名闪投活动；(2)由创投经理对项目进行筛选；(3)确定最终闪投项目；(4)进行闪投活动彩排；(5)进行正式的闪投活动；(6)和意向投资者进行约谈；(7)成功融资；(8)进行媒体报道；(9)经验分享沙龙。天使汇闪投的优势有五点：一是优中选优以保证项目质量，每期在上百个项目中仅选择8个项目进行集中展示；二是众志成城，组织50余位国内一线投资人现场鉴定项目，并分享投资观点；三是精准匹配，根据到场投资人的偏好匹配最感兴趣的项目，路演后可直接进行一对一约谈；四是成功率极高，天使汇的闪投活动一直保持着路演结束一周内40%的项目成交率；五是立体化传播。①

二、我国股权众筹领投融资模式

领投机制源于股权类众筹网投"天使名单"(AngeList)。截至2013年年底，AngeList上共有10万张企业挂牌，促成了1000多家创业企业成功融资。在其平台上，中小企业的融资额是5万~100万美元。2013年9月，

① 参见天使汇网：http://help.angelcrunch.com/sd，最后访问日期：2015年6月26日。

AngeList 以 1.5 亿美元的估值完成了 2400 万美元的融资。[①] 在硅谷,不少高科技企业 CEO 同时也是天使投资人,投资项目往往由多个高科技企业高管众筹,或者由一个人领投,其他人跟投。[②]

在国内,天使投资人往往单独进行项目投资,一般的项目投资额度为 5 万~50 万元人民币,即使不错的项目一般也只有 100 万元左右的投资,投资风险由投资人单独承担,这些天使投资人一般都具有专业投资能力。而在众筹平台上,绝大部分投资者并不具有专业的投资知识,也很难对项目的风险进行准确评估和分析。[③] 此外,早期投资的风险很高,创业成功的概率也很小,投资人需要对项目有全面的认识。所以,众筹的发展需要有投资经验的专业人士领投。这些天使投资人虽然具有专业的眼光,对风险与收益也比较清楚,但国内的天使投资人群体目前并不多,拥有专业投资的富人群体也比较少,这就需要众筹平台做更多的工作。

目前,国内的大多数股权众筹平台也采取了领投的方式。众筹平台一致认为,领投人需要在某个领域拥有丰富的专业运营经验、独立的判断能力,还需要承担为项目背书的角色,向跟投人解释说明项目的相关情况与风险。

目前,我国股权众筹融资领投模式有以下四种:(1)标准化的"领投+跟投"模式,即项目经众筹平台审核通过后,由平台和创业者进行充分协商,在确定主要投资者后,再通过网络动员后续大众投资者。(2)有限合伙企业形式的投资,即领投者与跟投者建立有限合伙企业,并以有限合伙的形式投资融资项目。(3)设立领投人投资基金。(4)众筹平台自行担任领投者。(见表 2-3)

表 2-3 我国股权众筹融资领投模式

模式	核心特点	典型平台
领投+跟投	领投人带领大众投资者投资	AngeList、WeFunder(美国)
有限合伙企业领投模式	领投人带领大众投资者组成有限合伙企业	大家投、天使客
设立领投基金	领投人带领大众投资者组成领投基金	京东
众筹平台作为领投人	平台在有限合伙股权众筹投资基金中担任领投人和基金管理人	WeFunder(美国)

① 参见盛佳等编:《互联网金融第三浪:众筹崛起》,中国铁道出版社 2014 年版,第 45 页。

② 盛佳等编:《互联网金融第三浪:众筹崛起》,中国铁道出版社 2014 年版,第 45 页。

③ 参见盛佳等编:《互联网金融第三浪:众筹崛起》,中国铁道出版社 2014 年版,第 45 页。

(一)标准化的“领投+跟投”投资模式

标准化的“领投+跟投”模式,是指在特定领域拥有丰富投资经验和较高风险承受能力的领投者,在众筹平台审核后担任投资项目的负责人,与后续投资者一起投资,并分享跟投者的部分利润,或直接从筹款人处获得股权激励的众筹方式。该模式是众筹领投融资的理想模式,是领投融资的应然状态。在这种模式下,众筹平台只具有信息中介服务机构的性质,通过对融资项目、筹资者和领投者进行严格的资质审查,监管整个融资过程,但众筹平台不参与项目融资和资金管理。在这一模式下,当事人可在融资中自行实现监督制衡,以避免共谋诈骗。这一模式体现了众多国家的立法理念,美国 JOBS 法案就明确规定,禁止经纪商或集资门户(上文所述的众筹平台)的董事、高管或合伙人(或任何具有相似职位或履行相似职能的人)在使用其服务的发行人处拥有经济权益。①

在国内众筹平台中,较多使用类似模式的有“原始会”,其领投人一般是专业投资机构或著名投资人,由其从专业角度对项目做尽职调查、评估、投后管理。在后续企业治理中,若跟投者人数较少,由投资人行使投票权,参与企业管理;若跟投人数较多,则由领投人行使权利,跟投人不积极地参与企业管理。② 美国 AngeList 和 WeFunder 也采取了类似模式,领投人大多是专业投资机构。③

(二)设立有限合伙企业进行投资的模式

国内不少众筹平台都采取了设立有限合伙企业的方式对股权众筹项目进行投资。在该模式下,通常由领投人注册有限合伙企业,跟投者加入,然后由合伙企业对项目进行投资。也有学者将此模式称为集合直接股东模式、“领投+跟投”模式、辛迪加模式等。该模式通常由众筹平台指定 1 名具备一定的行业资源、投资经验和风险承受能力的投资人进行领导和协调(相当于 VC 中的 GP),其他的投资人追随其进行投资(相当于 LP),二者通过签订管理协议的方式以明确权利和义务,其都是有限合伙企业的直接股东,但通常由领投人担任项目公司重要股东并参与管理,跟投人虽享有重大事项的投票权,但不参与对项目公司一般性事务的管理。

著名的集合直接股东模式的股权众筹平台有:美国的 AngeList、澳大利亚的 ASSOB、我国的天使汇和大家投等。④ 大家投平台一般由领投人扮

---

① See Jumpstart Our Business Startups Act, § 302b(11).

② 参见王超凡:《原始会:众筹让资金与资源高效碰撞》,载《经理人》2014 年第 11 期。

③ 参见刘俊棋:《众筹融资的国际经验与中国实践》,载《南京财经大学学报》2014 年第 4 期。

④ 参见邱勋、陈月波:《股权众筹:融资模式、价值与风险监管》,载《新金融》2014 年第 9 期。

演普通合伙人(General Partner)的角色,由跟投者担任有限合伙人(Limited Partner)的角色。[①] 天使客则对大家投采取的模式进行了变通,通过将所有股东打包进有限合伙企业,并由领投人对投资基金进行管理,将基金投入到创业项目。在这一模式下,投资者同进同出,对新的投资项目都有着投资责任。[②] 当前,天使汇、创投圈等国内规模较大的股权众筹平台也都采用了这一模式。

国内采取有限合伙形式的股权众筹平台在众筹投资中的交易客体并非传统观念下的"股权",而是一种权益份额。具体来看,有以下两种主要形式:一是直接有限合伙模式。即投资者作为有限合伙人,只负责出资并享有收益,由普通合伙人负责经营管理,如"人人投"模式。二是"有限合伙+公司"模式。这种模式是由投资经验丰富和风险承受能力较强的天使投资人对项目进行领投,再由普通投资者跟投,二者成立有限合伙企业,并由领投者担任普通合伙人,负责投资后的管理事宜,再以有限合伙企业的名义入股项目公司,持有项目公司的股份。[③]

一般而言,众筹平台采用这种模式的原因有三:一是为了规避我国《公司法》《证券法》对企业股东人数、投资者人数的限制。我国《公司法》第24条规定:"有限责任公司由五十个以下股东出资设立。"我国《证券法》规定向不特定的人发行股票人数不能超过200人。大家投在"领投+跟投"操作中,通过规定项目最低投资比例的方式,将项目最高投资人数控制在39人以内,能够使众筹项目的运作符合《公司法》和《合伙企业法》的规定。[④] 二是为了增强跟投者的投资信心和方便后续管理。这样既解决了线上企业融资困难问题,也保护了投资者,尤其是跟投者的合法权益。[⑤] 在法律基础缺位的情况下,为规避法律风险,不少股权众筹项目还加入了担保元素,寻找天使投资人或机构作为保荐人(担保人),如果项目在1年之内失败,则由保荐人赔付全额投资款。[⑥] 三是加强投资者保护。有学者认为,这一模式包含了双重代理,即普通合伙人与有限合伙人之间的一重代理关系以

---

① 参见《投资者投资指南》,载大家投网:http://www.dajiatou.com/help-17.html.,最后访问日期:2015年7月4日。

② 参见张莉:《天使客:"明星领投人"带队众筹投资》,载《中国证券报》2014年11月1日,第12版。

③ 参见郑若瀚:《中国股权众筹法律制度问题研究》,载《南方金融》2015年第1期。

④ 参见张新钰:《"大家投"网众筹融资模式分析》,辽宁大学2014年硕士学位论文,第26页。

⑤ 参见王守仁:《股权众筹的定位与模式》,载《中国金融》2015年第3期。

⑥ 参见钟维、王毅纯:《中国式股权众筹:法律规制与投资者保护》,载《西南政法大学学报》2015年第2期。

及有限合伙企业与目标公司之间的另一重代理关系。这种双重代理关系使领投者与目标公司(或创业者)之间容易涉及欺诈风险。同时,投资者还需面对不成熟市场中的不成熟投资者,大部分投资者在面对具有高风险属性的股权众筹项目时,仍然缺乏足够的风险判断能力。因此,加强投资者保护在监管制度构建中十分重要。[①]

(三)设立领投基金的投资模式

1. 领投基金投资模式的出现和发展

设立领投基金进行投资模式的实质是设立有限合伙企业进行投资的变式。有学者也将此模式称为基金间接股东模式,即投资者直接在众筹平台上浏览可投资项目并进行投资,但资金并不经过众筹平台,而是由专门的风投基金把投资资金注入项目公司。在这一模式下,投资者是众筹平台项目的基金持有者,是项目公司的间接股东。由于其投票权被基金代理行使,投资者对项目公司基本失去影响力,美国著名股权众筹平台 Fundersclub 就采用了此模式。[②]

在英国立法中,存在与该模式类似的"集体投资计划"模式(collective investment scheme model)。[③] 该模式通常将大量的个人资金集中在一个共有账户,进行各种形式的投资。[④] 这种类型的安排类似于根据《证券法》和《证券交易法》进行的"投资合同",英国金融服务管理局对该模式下投资计划发行的规定更加严苛。[⑤] 推进集体投资计划是特别困难的,对证券种类的限制有额外的要求,也就是说,集体投资计划可行,但对集体投资计划的管理授权主体须进行严格限制。[⑥]

中国市场中,在"领投+跟投"的众筹投资模式刚刚露出"庐山真面目"时,很多股权众筹平台就推出了"领投基金",亦称主投基金,即先由创投公司或人士在平台募集一只领投基金,发起机构出资 2%~10%,在基金成立后再以 10%~20%的资金去领投具体筹众项目。这一模式可顺利实现

---

① 参见郑若瀚:《中国股权众筹法律制度问题研究》,载《南方金融》2015 年第 1 期。

② 参见邱勋、陈月波:《股权众筹:融资模式、价值与风险监管》,载《新金融》2014 年第 9 期。

③ See Financial Services and Markets Act, 2000, c. 8, § 21 sched. 2. 8(Eng.).

④ See Ross S. Weinstein, "Crowdfunding in the U. S. and Abroad: What to Expect When You're Expecting", 46 *Cornell Int'l L. J.*, 2013, p. 427.

⑤ See Justin Aronson, "Note, Lessons For The United Kingdom: How Registration And Prospectus Requirements Have Inhibited Condo-hotel Investment Offerings", 35 *Syracuse J. Int'l. L. & Com.* 95, 114(2007).

⑥ 参见邱勋、陈月波:《股权众筹:融资模式、价值与风险监管》,载《新金融》2014 年第 9 期。

资金杠杆两次放大,资金杠杆高达上百倍。①

2. 领投基金投资模式利弊分析

该模式最大的风险在于,基金跟投者的风险并未有所规避,如果领投基金杠杆加大并过度,可能会导致基金公司以广撒网式的态度在项目筛选上松懈,此时项目的散户在单一投资某个项目时的风险反而增大,可能沦为"接盘侠"。② 事实上,在线下投资中,许多公司已采取这一模式,在"领投基金"参与项目众筹时,项目跟投者的风险和领投基金跟投者的风险是完全不同的。③ 但应当注意的是,一方面,领投基金能够快速募集大量资金,缓解创投企业的资金压力;另一方面,领投基金还能帮助跟投的散户投资者分散和降低投资风险,也有利于解决原来"领投+跟投"模式中优质领投人不足的问题。

(四)众筹平台作为领投人的投资模式

国内有些众筹平台认为,绝大部分跟投人不具备专业知识,无法对项目风险进行准确预估。所以,平台在为投融资双方提供信息互通服务之时,还在众筹投资基金中担任领投人和基金管理人。有学者认为,平台公司及管理团队熟练掌握互联网技术,有较丰富的创业投资经验,在行业内享有良好声誉,对大众投资者有较强的吸引力和信任度。这种有效的组织架构和运行机制,方便了平台承接大众投资者委托,提高了小微企业融资成功率,实现了投资人、筹资企业与平台的共赢。④

股权众筹平台参与领投的另外一个目的就是抢先投资具有良好发展前景的项目。实践中,已经有平台将投资触手伸向新三板业务。这些股权众筹平台抢滩新三板业务大致有两种方式:一是拟挂牌新三板的企业在众筹平台上直接出让部分公司股权,投资者参与认购。二是股权众筹平台设立专门针对新三板项目的基金,由众筹平台领投,个人投资者进行跟投,最后以有限合伙企业的方式参与项目。⑤

国外也存在开展业务的众筹平台。例如,美国的 AngeList 平台就在某些项目作为领投人,资金募集完成后,由领投人与项目融资方共同监管资

① 参见周文静:《股权众筹玩杠杆　领投基金百万撬动上亿投资》,载《中国证券报》2015 年 5 月 13 日,A06 版。

② 参见周文静:《股权众筹玩杠杆　领投基金百万撬动上亿投资》,载《中国证券报》2015 年 5 月 13 日,A06 版。

③ 参见周文静:《股权众筹玩杠杆　领投基金百万撬动上亿投资》,载《中国证券报》2015 年 5 月 13 日,A06 版。

④ 参见王守仁:《股权众筹的定位与模式》,载《中国金融》2015 年第 3 期。

⑤ 参见袁诚:《股权众筹"抱团"投资新三板》,载《新金融观察》2015 年 6 月,第 39 版。

金。这种模式不仅能够明确责任，而且能够让领投人为项目付出更多的精力。[①] 从事类似业务的平台还有 Indiegogo 和 Kickstarter。Indiegogo 使用的众筹模式与 JOBS 法案涉及的众筹模式以及 SEC 拟定的众筹规则中的模式是不一样的。在 SEC 公布最终规则之前，这样的行为可能是非法的，[②] 在 JOBS 法案颁布之后，这一行为已经被明确禁止，集资门户不得持有、管理、拥有或以其他方式处理投资者基金或证券。[③] 在国内，笔者在调研过程中发现，很多平台也是作为股权代持方，领投众筹项目投资，参与融资管理与后续企业治理。

OurCrowd 是风险投资和众筹两种方式的结合体。据工作人员介绍，其工作的基本模式是每年对两千多家公司进行考察，只筛选其中的部分，通常只占总数的 1%～2%。一旦这些公司被选择出来，OurCrowd 即首先把自己的钱投进去，不作局外人，“我们不是在旁边只给投资者建议，而是亲身参与其中，身先士卒参与风险。如果这种模式，我们的投资取得成功，就提供一个平台，把这些投资推荐给大众”。[④]

（五）股权众筹领投制度法律关系分析

在股权众筹领投制度中，相关主体法律关系的定性是该制度设计的基础。领投人与跟投人、平台与领投人、平台与跟投人之间法律关系的定性，值得探讨。现阶段，我国股权众筹实践乱象的根源，就在于对股权众筹的性质、领投制度法律关系界定不清，无法为具体制度设计提供有效的理论支撑。

1. 领投制度法律关系的应然状态与定性

从股权众筹立法本意出发，平台在众筹中主要起信息中介作用，且能对领投人和投资者的资质进行严格审核，保障众筹安全，这也是笔者在上文所述的标准化的“领投+跟投”模式，是股权众筹领投人制度的应然状态。众筹平台不参与投资和资金管理，仅作为一个信息中介平台，履行相关的监管和沟通职责。领投人要么源于筹资方的推荐，要么源于平台的推荐，但为了众筹平台的声誉、筹资者和投资者的共同利益，平台必须特别关注领投人的资质和能力。

若领投人由筹资方委托，则筹资方与领投人形成委托合同关系，领投

---

① 参见周振国：《股权众筹的法律风险》，载《首席财务官》2014 年第 13 期。

② See Joan M. Heminway & Shelden R. Hoffman, “Proceed at Your Peril: Crowdfunding and the Securities Act of 1933”, 78 *Tenn. L. Rev.* 879, 911-21(2011); at 906.

③ See Jumpstart Our Business Startups Act, § 304b-D.

④ 陈洋：《股权众筹将走出灰色地带》，载《中国证券报》2014 年 5 月 24 日，第 6 版。

人帮助筹资方进行筹资。平台必须做到对领投人资质的严格审核,确保跟投人的利益,平台和领投人之间形成监督和被监督的关系,二者之间不存在直接的经济利益关系。平台为筹资者、投资者提供信息中介、融资搭桥服务,平台与投资者、融资者关系的本质应该是居间合同关系,①平台仅收取居间服务费即可。股权众筹实际上是投资人与筹资人之间签订的投资合同,领投人与跟投人都是投资者,同属于众筹企业的股东,其相互之间的权利义务遵守《公司法》《合伙企业法》的相关规定即可。所以,有学者将领投人与跟投者的关系界定为代理关系,认为领投人是跟投人的代理人,②这种说法有欠妥之处。即使领投人由平台推荐,平台也只是帮助筹资者核查、确定领投人而已,其他法律关系不变。

股权众筹中,领投人之所以对筹资者或平台有价值,其凭借的基础是自身拥有的资产额度、市场信誉。筹资者和平台看重的也是领投人在市场上的号召力和宣传作用,以及由此给各方带来的经济利益。所以,领投人凭借自身资源获得众筹企业的股权奖励或额外报酬是理所当然的。但对跟投人来说,其与领投人之间不存在直接利益关系,跟投人是基于对领投人的信赖而跟随投资,跟投人本身也是投资者,应该对自己负责,认真考察投资的项目,领投人行为仅是一个示范作用,并不能为跟投人的投资责任"背书"。③ 项目投资失败之后,领投人也需要承担投资失败的风险,这也是笔者主张领投人不能按比例抽取跟投者投资收益的原因。领投人在投资过程中,是否对项目进行过严格的审核,审核结果如何,并不需要承担向跟投者披露的义务,仅需以投资或不投资的行为向跟投者作出示范即可。领投人的投资行为可以被筹资者和平台用于宣传,但是宣传行为与领投人没有关系。投资过程中,跟投人应该对自己的决策负责。美国 JOBS 法案要求每个投资者必须接受众筹门户的审查,须证明其理解亏损风险,知道投资新兴公司的高风险性。④

2. 领投制度法律关系的实然状态与反思

受现有立法、市场信用体系等的限制,股权众筹在中国出现异化发展,领投人制度的设计和操作脱离了应然发展状态。设立有限责任合伙投资的模式,或由众筹平台直接作为领投人的投资模式,因多方主体存在人格

① 参见褚葵花:《股权众筹的基本运营模式与法律风险研究》,载《经营管理者》2014 年第 30 期。

② 参见高寒、赵婧、李长银:《众筹融资的作用机制、风险与展望》,载《中国物价》2015 年第 2 期。

③ 参见海川:《众筹:创业融资新渠道》,载《新经济导刊》2015 年第 Z1 期。该文中指出,领投人一般投资经验比较丰富,在行业内也有一定知名度,他们投资一个项目就相当于为该项目"背书",让更多没有经验的投资者更加明确什么样的项目可以投、值得投。

④ See JOBS Act § 302. 126 Stat. 306.

混同,在操作中难免出现很多问题。

就设立有限责任合伙投资模式而言,领投人和跟投人共同成立合伙企业,领投人作为合伙企业的普通合伙人或法定代表人,介入被众筹企业的投资和日常经营。在法律意义上,跟投人和众筹企业其实已经没有关系。① 在这种状态下,领投人与跟投人的权利义务关系不需要通过股权众筹制度规范,在现有的《合伙企业法》框架下就可以调整有限合伙人和普通合伙人的权利义务关系。此外,在这种投资模式下,合伙企业成为股权众筹企业的投资者,领投人、跟投人与筹资者之间的关系性质也发生变化。领投人并非代表自己进行投资,而是代表新成立的有限合伙企业进行投资。严格地讲,领投人已经不是众筹企业的股东,而是合伙企业的合伙人——新设有限合伙企业的法定代表人。

这种模式打着保护跟投者利益的幌子,变相剥夺跟投人的股东资格。若跟投人连股东资格都没有了,何谈其权益保护呢?所以,这种模式并非股权众筹领投制度创设的本意。另需注意的是,原本作为众筹企业股东的领投人本应承担有限责任,但在此模式中,却成为了合伙企业的普通合伙人,与合伙企业共同承担投资失败后的无限连带责任,投资风险和责任大大增加。笔者相信,在现实运作中,应该有领投人能够看出其中存在的法律风险,但领投人仍"前赴后继"地充当合伙企业的普通合伙人,只能说明在表象下面,领投人与平台、筹资者存在共同利益关系,所以领投人甘愿承担如此大的风险。如此投资模式下,领投人如何能取得跟投者的长久信赖和追随呢?这种模式与股权众筹制度分散风险、促进全民创业的精神完全相悖,根本无法促进我国股权众筹的长久、健康发展。

在股权众筹平台作为领投人的投资模式中,平台集居间服务者、投资者、领投人、监督者于一身。平台不仅是运动员,而且是裁判员,若想获取不正当利益,便不会向跟投者披露项目的真实风险,这使股权众筹欺诈风险发生的可能性大大增加,并将阻碍股权众筹行业的长远发展。

3. 领投制度法律关系的应然回归与本土化

基于上文对股权众筹领投制度应然状态的分析,以及对股权众筹实然状态的论述与反思,笔者认为,我国现有的股权众筹融资模式存在巨大风险。从微观角度来说,现存模式不能有效监督和控制投资风险,无法保障跟投者利益;从宏观角度来说,现存模式将彻底破坏中国股权众筹行业。在缺乏法律规制的情况下,若多数平台采用现存模式融资,可能出现行业

---

① 参见罗东:《股权众筹"变质"》,载《二十一世纪商业评论》2014 年第 25 期。

性欺诈风险。我国市场对理性投资者的培育本来就欠缺，大范围的欺诈将会使大众对股权众筹彻底丧失信心，发展大众金融、实现万众创业将只会成为一种理想。我国后续股权众筹领投制度的设计，应该回归应然的发展状态，严格限制平台参与股权众筹投资。同时，应严禁采用先成立合伙企业，再专门进行众筹项目投资的方法，防范剥夺跟投人股东资格的情况发生。但我国相关法律的限制、信用体系的缺乏，使筹资者和平台欺诈的违法成本较低，陌生的投资者对筹资者的信用状况很难掌握，再加上我国股权众筹行业刚刚起步，需要多方面力量的促进。所以，在进行制度设计时，应充分考虑股权众筹领投制度的本土化。

第一，放宽股权众筹企业股东人数的限制，同时设置项目筹资额和个人投资额上限。现实中，有些平台（如大家投）通过规定项目中领投人和跟投人最低投资额度的方法，严格限制股东人数。[①] 这种方法虽然能够规避法律风险，但不利于行业发展。若我国立法放宽股权众筹投资人数的上限，投资者便会通过各种变相的方法规避200人的红线。至于后续的股权管理，则可以采用协商的方式，以向跟投者配给优先股的方式解决。同时，为了控制投资风险，我国还可以设置众筹项目融资额上限、单个投资者投资额上限，控制融资规模，分散风险。

第二，赋予领投人言论选择权，即领投人在众筹项目投资时，可以不发表意见，仅用投资行为对跟投者起示范作用，若投资失败，领投人无须对跟投者承担责任；领投人也可以发表言论，替筹资者和平台宣传，说明众筹项目的投资价值，鼓励大家投资。领投人的宣传言论必须是自愿作出，不能接受平台或筹资者的委托作出。领投人之所以自愿宣传，是基于其作为融资企业之核心股东对投资企业预期收益的追求，或本着促成某些有价值事物的良好意愿。若领投人进行了宣传，后期投资失败，领投人只要能证明自己的宣传没有夸大、虚假成分，通过举证责任倒置的方式即可摆脱合谋欺诈之责，否则应承担一定的赔偿责任，后续的投资行为也会受到限制。

① 参见彭冰：《非法集资行为的界定——评最高人民法院关于非法集资的司法解释》，载《法学家》2011年第6期。

第三章 股权众筹立法评析

第一节 国外股权众筹立法简介

一、美国

（一）《多德-弗兰克华尔街改革和消费者保护法案》开始重视小企业的融资问题

《多德-弗兰克华尔街改革和消费者保护法案》（以下简称《多德-弗兰克法案》）第四章赋予了金融改革委员会管理私募行为的权利。尽管该法案第四章多数内容涉及管理对冲基金、私募股权基金和投资顾问等内容，但部分新规定也对风险投资基金产生了影响，包括天使投资基金。① 《多德-弗兰克法案》豁免了很多投资登记和投资报告要求，但该法案授予了委员会定义“风险投资基金”的权利，这在风险投资基金圈内引起热议。② 在此过程中，美国国会意识到风险投资基金对小型企业和刚起步企业融资的重要性，且针对中小企业的投资基金不会对金融体系产生像大型私募基金一样的风险。③

（二）美国 JOBS 法案

2012 年 4 月，JOBS 法案经美国总统奥巴马签署后正式生效。法案目标是为初创企业敞开公共筹资渠道，为筹资者适用 D 条例减少限制，并拓

① See While Section 407 of the Dodd-Frank Act exempts an “adviser that acts as an investment adviser solely to 1 or more venture capital funds” from the registration and reporting requirements of the Dodd-Frank Act, Section 413 requires an adjustment and periodic review of the net worth standard for determining whether a prospective investor is an “accredited investor” under the Securities Act, which will affect who can invest in venture capital funds.

② See Section 407 of the Dodd-Frank Act directs the Commission to “issue final rules to define the term ‘venture capital fund’” no later than one year after enactment of the section.

③ See S. Rep. No. 111-176, at 74-75 (2010) (concluding that losses sustained from venture capital fund activities are borne by fund investors alone); See also Dodd-Frank Wall Street Reform and Consumer Protection Act: Law, Explanation and Analysis, Section 1515, CCH (2010) (explaining that Congress does not believe that venture capital funds pose the same risks as larger private funds, noting that their activities and potential losses do not significantly influence the global financial system).

宽 A 条例的适用范围。[①] 被签署成法律的 JOBS 法案是两党在经济衰退时为扩大小企业主的融资机会而采取的一部分措施。考虑到现有资金短缺的企业家只有有限的选择可能，为了筹集早期资本，JOBS 法案包含一项内容为允许中小企业主通过网络平台向公民个人发行少量股权(股票)的条款。[②] 这个概念通常被称为“投资众筹”。[③]

2012 年 4 月，奥巴马在众筹法案签署仪式上将其目标描述为：“现在，创业公司和小型公司只能向很有限的投资人——包括银行和富人——来融资。创业公司和小型公司现在可以通过一个大型潜在投资者池——也就是美国人民来进行融资。普通美国人第一次实现了在网上向他们信任的公司投资的愿望”。[④] 换句话说，众筹法案有两个主要目标：第一，法案旨在创造一个适用于创业公司、小型公司、农民等其他人[⑤]从“群众”(如公众)中每年最多融资 100 万美元的低成本方法。[⑥] 第二，法案旨在建设平等的投机性投资市场，允许资金有限的投资者进行那些过去仅向富有的所谓“合格”投资者发行的投资。法案通过在证券法注册要求中增加新的众筹豁免来实现上述目标。[⑦] 有学者认为，JOBS 法案实现了众筹合法化，其对美国的资本市场至少产生了两大积极影响：其一，众筹作为一种低成本筹集资金的方式，有利于繁荣市场，推动经济；其二，打破了合格投资者和非合格投资者这种人为划分的鸿沟，为后者提供了更多的投资机会。[⑧]

JOBS 法案旨在扩充通往资本市场的渠道，增加资本形成的多样性。[⑨] JOBS 法案减轻了联邦证券法施加的严格限制。[⑩] 这些法律以保护投资者

---

① See Alan R. Palmiter, “Pricing Disclosure: Crowdfunding's Curious Conundrum”, *Ohio State Entrepreneurial Business Law Journal*, vol. 7, 2012, p. 391.

② See 15 U. S. C. § 77a(2012) Part Ⅱ.

③ See 15 U. S. C. § 77a(2012) Part Ⅱ. A-C.

④ See Barack Obama, U. S. President, Remarks at JOBS Act Bill Signing, Accessed Apr. 5, 2012. http://www.whitehouse.gov/the-press-office/2012/04/05/remarks-president-jobs-act-bill-signing.

⑤ See Andrew A. Schwartz, Rural Crowdfunding, 13 U. C. DAVIS BUS. L. J. (forthcoming 2013).

⑥ See Jumpstart Our Business Startups Act § 302, 15 U. S. C. A. § 77d(a)(6)(A)(West Supp. 2012).

⑦ See Andrew A. Schwartz, “ROUNDTABLE: Keep It Light, Chairman White: SEC Rulemaking Under the CROWDFUND Act”, 66 *Vand. L. Rev. En Banc*, 2013, p. 43.

⑧ See Andrew A. Schwartz, “Crowdfunding Securities”, 88 *Notre DameLaw Review*, 2012, p. 1466.

⑨ See Jumpstart Our Business Startups Act, Pub. L. No. 112-106, 126 Stat. 306(2012)(hereinafter, “JOBS Act”).

⑩ See President Obama To Sign Jumpstart Our Business Startups(JOBS) Act, THE WHITE HOUSE, Accessed Apr. 5, 2012. http://www.whitehouse.gov/the-press-office/2012/04/05/president-obama-sign-jumpstart-our-business-startups-jobs-act.

和市场为目的，主要包括：美国《1933 年证券法》（修订版）[①]、美国《1934 年证券交易法》（修订版）[②]、2002 年《萨班斯-奥克斯利法案》（修订版）[③]、《多德-弗兰克华尔街改革和消费者保护法案》（修订版）[④]。

JOBS 法案包括一系列关于资本筹集和证券管理的条款，[⑤]特别是改变了部分 IPO 程序和对特定公司的披露要求，修订或新增了部分发行豁免及相关条款，提高了部分交易法中的登记标准。[⑥] JOBS 法案为新型股票发行者"初创企业"（Emerging Growth Companies，EGCs）创造了特殊的 IPO 规则。[⑦] 为了帮助初创企业上市，[⑧]JOBS 法案第一节减轻了《萨班斯-奥克斯利法案》中 404（b）有关披露的义务、消除内部控制的审计认证，消除了《多德-弗兰克法案》中高管薪酬投票要求，扩大了分析师和发表研究报告间的容许性沟通，提供机密登记声明草案，并允许 EGCs 证券在发行前"试水"（test the waters）。[⑨] 且 JOBS 法案为 EGCs 提供了最高 5 年的过渡期。[⑩] 这些改变随着 JOBS 法案的施行而生效。[⑪]

JOBS 法案给 EGCs 提供了很多好处，包括减少披露要求、提供更快更省钱的 IPO 程序等更有效的方法。[⑫] 因为"小型企业和初创企业是经济复苏和提供就业机会的主力"，JOBS 法案应该可以让"全国范围内的小型年轻的企业更快地成长，雇佣更多的员工"。[⑬] JOBS 法案中最受人关注的条款之一就是新创的众筹豁免，原规定在《1933 年证券法》的第四节（a）（6）。[⑭] JOBS 法案第三部分对新豁免制度进行了多方面的要求，如经纪人

---

① Securities Act of 1933，15 U. S. C. § § 77a-77aa（2013）.

② Securities Exchange Act of 1934，15 U. S. C. § § 78a-78pp（2013）.

③ Sarbanes-Oxley Act of 2002，Pub. L. No. 107-204，116 Stat. 745（2002）.

④ Dodd-Frank Wall Street Reform and Consumer Protection Act，Pub. L. No. 111-203，124 Stat. 1376（2010）.

⑤ See infra notes 9-221 and accompanying text.

⑥ See infra notes 9-221 and accompanying text.

⑦ See JOBS Act § 101（a）.

⑧ See President Obama To Sign Jumpstart Our Business Startups（JOBS）Act，THE WHITE HOUSE，Accessed Apr. 5，2012. http://www. whitehouse. gov/the-press-office/2012/04/05/president-obama-sign-jumpstart-our-business-startups-jos-act.

⑨ See JOBS Act § § 102-106.（n13，j2）.

⑩ See JOBS Act § 101（a）.

⑪ See JOBS Act § § 101-107.

⑫ See Supra notes 11-59 and accompanying text.

⑬ See President Obama To Sign Jumpstart Our Business Startups（JOBS）Act，THE WHITE HOUSE，Accessed Apr. 5，2012. http://www. whitehouse. gov/the-press-office/2012/04/05/president-obama-sign-jumpstart-our-business-startups-jobs-act.

⑭ See JOBS Act § 302（if adopted，to be codified as 15 U. S. C. 77d（a）（6））.

和基金门户、总发行和投资者的购买金额、免税资格、发行人行为和信息披露、转售的限制等。[①] 然而,国会没有自动执行机制(self-effectuating),这就要求 SEC 进行重要的规则制定。[②] JOBS 法案通过 18 个月后,也就是 2013 年 10 月,SEC 公布了公司根据《1933 年证券法》第四节(a)(6)通过的众筹发行证券规则(拟定众筹规则)。[③] 准确地说,Kickstarter 和 Indiegogo 现在使用的众筹模式与 JOBS 法案涉及的众筹模式和拟定众筹规则中的模式是不一样的。在 SEC 采纳关于众筹行为的最终规则之前,这样的行为可能是非法的。[④]

相较于简单的筹资,众筹涉及债务或股权融资的时候就会格外复杂。[⑤] 一些众筹模式——如涉及利润、收入或共享利益——可能会导致证券的供销行为违反联邦证券法。[⑥] 另外,购买者资格限制、SEC 对证券发行大规模筹资及广告行为的限制,使联邦证券法下的众筹行为更加复杂化。[⑦] 因此,JOBS 法案旨在通过豁免登记承认众筹行为,[⑧]使初创期企业能够在线通过

---

① See JOBS Act § § 301-305; see also James E. Bitter & Todd B. Skelton, Reforms for Hire: The JOBS Act Legislation, 14 Tennessee Journal of Business Law. 13, 21-27(2012).

② See JOBS Act § § 301-305.

③ See, e. g., Heminway & Hoffman, Crowdfunding, Securities Act Release No. 33-9470, 78 Fed. Reg. 66, 427, 66, 551(proposed Nov. 5, 2013). The Proposed Crowdfunding Rule contemplates adding the crowdfunding regulation as Part 227 in Title 17 of the Code of Federal Regulations.

④ See, e. g., & Shelden R. Hoffman, Proceed at Your Peril: Crowdfunding and the Securities Act of 1933, 78 *Tenn. L. Rev.* 879, 911-21(2011); James E. Bitter & Todd B. Skelton, Reforms for Hire: The JOBS Act Legislation, 14 Transactions: Tenn. J. Bus. L. 13, 14-27(2012). For instance, bank securities are exempt from the Securities Act because such issuers and offerings are monitored via other regulatory regimes. MICHAEL P. MALLOY, PRINCIPLES OF BANK REGULATION 274-75(3d ed. 2011).

⑤ See Joan M. Heminway, What Is A Security in the Crowdfunding Era?, 7 OHIO ST. ENTREPRENEURIAL BUS. L. J. 335, 356-57(2012); Heminway & Hoffman, Supra note 67, at 906.

⑥ See, e. g., Joan M. Heminway & Shelden R. Hoffman, Proceed at Your Peril: Crowdfunding and the Securities Act of 1933, 78 *Tenn. L. Rev.* 879, 911-21(2011); James E. Bitter & Todd B. Skelton, Reforms for Hire: The JOBS Act Legislation, 14 Transactions: Tenn. J. Bus. L. 13, 14-27(2012). For instance, bank securities are exempt from the Securities Act because such issuers and offerings are monitored via other regulatory regimes. MICHAEL P. MALLOY, PRINCIPLES OF BANK REGULATION 274-75(3d ed. 2011).; C. Steven Bradford, Crowdfunding and the Federal Securities Laws, 2012 Colum. Bus. L. Rev. 1, 5(2012).

⑦ See Crowdfunding, Securities Act Release No. 33-9470, 78 Fed. Reg. 66, 427, 66, 429(proposed Nov. 5, 2013). With regard to the broker registration obstacle, "a third party that operates a Web site to effect the purchase and sale of securities for the account of others generally would, under existing regulations, be required to register with the [SEC] as a broker-dealer and comply with the laws and regulations applicable to broker-dealers."

⑧ See JOBS Act § § 301-305.

向大量个人投资者发行证券，从而以更小成本募集到小额资金。① 因此，其增加进入美国资本市场的融资途径的做法，实质地改变了联邦证券法的内容。② 但是，JOBS 法案通过取消或豁免《萨班斯-奥克斯利法案》、《多德-弗兰克法案》、《1933 年证券法》以及《1934 年证券交易法》中某些关键规则，相对地减少了投资者保护措施。③

二、意大利

意大利众筹门户网站通过不同的组织形式来筹集资金。④ 大多数门户网站注册为 SRL 组织（类似于美国有限公司），只有两个注册为 SPA（相当于意大利公共公司），⑤还有一些小的非法律实体，这些平台都要在公开发布的全国公司登记册内列明。⑥ 2012 年 10 月，意大利议会通过了《增长法令》（Decreto Crescita 2. 0：Ricera，Assicu-razioni，Stat-up innovative），将股权众筹合法化。⑦ 立法之前，意大利金融市场监管局（CONSOB）审查了《增

① See President Obama To Sign Jumpstart Our Business Startups（JOBS）Act，THE WHITE HOUSE，Accessed Apr. 5，2012. http://www. whitehouse. gov/the-press-office/2012/04/05/president-obama-sign-jumpstart-our-business-startups-jobs-act.

② See President Obama To Sign Jumpstart Our Business Startups（JOBS）Act，THE WHITE HOUSE，Accessed Apr. 5，2012. http://www. whitehouse. gov/the-press-office/2012/04/05/president-obama-sign-jumpstart-our-business-startups-jobs-act.

③ See James E. Bitter & Todd B. Skelton，Reforms for Hire：The JOBS Act Legislation，14 Tenn. J. Bus. L. 13（2012），at 35. Todd Blakeley Skelton，"2013 JOBS Act Review & Analysis of Emerging Growth Company IPOS"，Transactions：Tennessee Journal of Business Law，15 Transactions 455. Spring，2014.

④ See Daniela Castrataro & Ivana Pais，"Analysis of Italian Crowdfunding Platforms 3（2012）"，Accessed Apr. 5，2012. http://twintangibles. co. uk/wp-content/uploads/2012/12/CrowdfundingInItaly1. pdf；See also Giancarlo Guidici et al.，"Crowdfunding：The New Frontier for Financing Entrepreneurship?，Politecnico di Milano：Dipartimento di Ingegneria Gestionale"，Accessed Apr. 5，2012. http://papers. ssrn. com/sol3/papers. cfm? abstract id=2157429.

⑤ See Daniela Castrataro & Ivana Pais，Analysis of Italian Crowdfunding Platforms 3（2012），Accessed Apr. 5，2012. http://twintangibles. co. uk/wp-content/uploads/2012/12/CrowdfundingInItaly1. pdf；See also Giancarlo Guidici et al.，"Crowdfunding：The New Frontier for Financing Entrepreneurship?，Politecnico di Milano：Dipartimento di Ingegneria Gestionale"，Accessed Apr. 5，2012. http://papers. ssrn. com/sol3/papers. cfm? abstract id = 2157429（highlighting Eppela，SiamoSoci，Boomstarter，Starteed，Kapipal，ProduzioniDalBasso，FundForCulture，Crowdfunding Italia，De Revolutione，and Zummolo，among others）.

⑥ See also Services：For the Public Administration，Italian Chamber Com. Registry，Accessed Apr. 27，2013. http://www. registroimprese. it/en/per-la-pubblica-amministrazione#page = registro-imprese-pa.

⑦ See Anton Root，"A Closer Look at Italy's Crowdfunding" Law，CrowdSourcing，Accessed Oct. 10，2012. http://www. crowdsourcing. org/editorial/a-closer-look-at-italys-crowdfunding-law/20096. See Decreto Legislativo 83/2012，in G. U. 187/2012.

长法令》,以便确定意大利股权众筹未来的发展方向。[①]

《增长法令》规定的众筹与美国众筹相比的一个关键区别在于,其仅允许"高新技术企业"通过众筹门户网站发行股权。[②] 根据《增长法令》的规定,众筹仅应该被公司应用于"高科技附加值产品或服务的发展和商业化"。[③] 意大利立法机关确定众筹模式且旨在优先发展科技行业的这一事实,并不必然意味着法律最终会限制其他商业形式中的众筹。[④] 大家普遍认为该立法首先是在意大利股权市场培养人们对众筹的兴趣。若第一家门户网站以及前期的融资进展顺利,众筹模式在日后才可以得到推广。[⑤] 允许一个特定行业使用股权众筹,能够使意大利全国公司和证券交易所监管委员会更明确地专注于投资者教育。[⑥]

除了这种基于行业的限制,《增长法令》还规定由 CONSOB 制定相应规则的普遍性指导原则。[⑦] 为了把众筹限制在最需要资金的小企业,该法案禁止存续期间超过 48 个月,以及(自运行的第二年起)年总产出超过 500 万欧元的企业通过股权众筹门户网站发行股权,[⑧]且众筹的轮次方式必须是由经验丰富的投资者共同签署,[⑨]因为任何公司都希望通过众筹门户网站发行股权,而不是向传统的成熟投资者或风险投资家发行股权来筹

---

① See Anton Root,"A Closer Look at Italy's Crowdfunding" Law, CrowdSourcing, Accessed Oct. 10,2012. http://www. crowdsourcing. org/editorial/a - closer - look - at - italys - crowdfunding - law/20096. See Decreto Legislativo 83/2012,in G. U. 187/2012.

② See Italy's Crowdfunding Law Has Many Similarities to the JOBS Act, CrowdForce, Accessed Oct. 19,2012. http://crowdforce. co/italys-crowdfunding.

③ Italy's Crowdfunding Law Has Many Similarities to the JOBS Act, CrowdForce, Accessed Oct. 19, 2012. http://crowdforce. co/italys-crowdfunding.

④ See Italy's Crowdfunding Law Has Many Similarities to the JOBS Act, CrowdForce, Accessed Oct. 19, 2012. http://crowdforce. co/italys - crowdfunding. Italy's Crowdfunding Law Has Many Similarities to the JOBS Act, CrowdForce, Accessed Oct. 19,2012. http://crowdforce. co/italys-crowdfunding.

⑤ See Italy's Crowdfunding Law Has Many Similarities to the JOBS Act, CrowdForce, Accessed Oct. 19,2012. http://crowdforce. co/italys-crowdfunding.

⑥ Italy's Crowdfunding Law Has Many Similarities to the JOBS Act, CrowdForce, Accessed Oct. 19, 2012. http://crowdforce. co/italys-crowdfunding.

⑦ See Italy's Crowdfunding Law Has Many Similarities to the JOBS Act, CrowdForce, Accessed Oct. 19,2012. ,http://crowdforce. co/italys-crowdfunding.

⑧ Italy's Crowdfunding Law Has Many Similarities to the JOBS Act, CrowdForce, Accessed Oct. 19, 2012. http://crowdforce. co/italys-crowdfunding.

⑨ See Italy's Crowdfunding Law Has Many Similarities to the JOBS Act, CrowdForce, Accessed Oct. 19,2012. http://crowdforce. co/italys-crowdfunding.

集初始资金。[①] 该条款旨在保护经验不足的投资者,使他们在有成熟投资者参与的集资环节中不受潜在伤害。[②]

三、英国

英国证券发行主要由英国金融行为监管局根据《2000 年金融服务与市场法》(FSMA)进行管理。[③] 英国《金融服务与市场法》并没有考虑众筹问题。尽管如此,它也确实包含了一些可以适用于众筹的规定。[④] 根据《金融服务与市场法》关于监管制度的规定,任何被邀请或被吸引来参与投资活动的行为都被认为是“金融促进”。[⑤] 类似于美国证券交易委员会规定的一般招标禁令,金融监管制度旨在防止未经授权或不被豁免的个人或组织通过广告给公众发行股票。[⑥] 然而,英国金融服务局允许融资者在成立前向朋友、家人或其他关联人(connected persons)寻求投资。[⑦] 以其他任何形式通过股权众筹门户网站进行融资活动,则必须获得英国金融服务管理局授权实体的特殊豁免。[⑧]

英国金融行为监管局于 2014 年 3 月 6 日发布了《众筹监管规则》,该规则已于 2014 年 4 月 1 日生效,且正式将股权众筹作为投资型众筹予以监管。

四、法国

法国“参与式金融”(finance participative)行为已发展为类似于“众筹”

---

① See Anton Root,“A Closer Look at Italy's Crowdfunding Law, CrowdSourcing”, Accessed Oct. 10, 2012. http://www. crowdsourcing. org/editorial/a - closer - look - at - italys- crowdfunding - law/20096; See Decreto Legislativo 83/2012, in G. U. 187/2012.

② See Anton Root,“A Closer Look at Italy's Crowdfunding Law, CrowdSourcing”, Accessed Oct. 10, 2012. http://www. crowdsourcing. org/editorial/a - closer - look - at - italys - crowdfunding - law/20096; See Decreto Legislativo 83/2012, in G. U. 187/2012.

③ See London Funding Conference,“Crowd Funding, Staying on the Right Side of the FSA Part 2, YouTube”, Accessed Apr. 6, 2011. http://www. youtube. com/watch? v = qWgKbewv7FY; Financial Services and Markets Act, 2000, c. 8, § 1(Eng.).

④ See Financial Services and Markets Act, ch. 8, § 1.

⑤ See Financial Services and Markets Act, ch. 8, § 1. § 21.

⑥ See Financial Services and Markets Act, ch. 8, § 1.

⑦ See Financial Services and Markets Act, ch. 8, § 1. ch. 8, § 1.

⑧ See Financial Serwces and Markots Act. ch. 8, § 1. ch. 8, § 1. London Funding Conference, Supra note 93.

的融资模式,尤其是在艺术领域。① 众筹在法国站稳脚跟是一件不足为奇的事情,因为法国社区式的投资和贷款(community-style investing and lending)系统已经存续了20多年。在互联网时代,莱斯西加运动(CIGALES movement)是法国众筹活动的思想先驱。②

"莱斯西加"是当地民主管理俱乐部的联盟,个人投资者通过他们的储蓄来支持小企业或微型企业。③ 莱斯西加俱乐部成员每月的个人贡献为7.50~450法郎,每个俱乐部由5~20名成员组成。④ 大多数俱乐部只投资地方小企业或有特定社会或文化目标的企业,他们一般不期望从他们的投资中收到回报。⑤ 重要的是,作为对投资地方或有社会意识的企业的一种激励,俱乐部会员可享受投资金额款项25%的所得税税前扣除[马德林法(Madelin law)],接受投资的小型和中型企业享受投资金额50%的所得税扣除(《公司法》)。⑥ 在法国,莱斯西加俱乐部(CIGALES clubs)在涉及

① See France Crowd Funding Restorations, Accessed Nov. 25, 2012. http://www.upi.com/Top News/World-News/2013/01/11/France-crowd-funding-restorations/UPI-42581357911935 (describing efforts by the French National Monuments Agency to raise money from the public to dedicate to restoration of cultural centers and national monuments). See also KissKissBankBank, Accessed Jan. 2, 2013. http://www.kisskissbankbank.com/en (providing descriptions of various arts-based crowdfunding projects based in France).

② See generally Arvind Ashta et al., "Social Innovation Lessons from Microangels? An Institutional Entrepreneurship Case Study of the CIGALES Movement in France", Accessed Nov. 25, 2012. http://papers.ssrn.com/sol3/papers.cfm? abstract id = 2031732 (describing the emergence and growth of the CIGALES movement).

③ See generally Arvind Ashta et al., "Social Innovation Lessons from Microangels? An Institutional Entrepreneurship Case Study of the CIGALES Movement in France", Accessed Nov. 25, 2012. http://papers.ssrn.com/sol3/papers.cfm? abstract id = 2031732 (describing the emergence and growth of the CIGALES movement).

④ See generally Arvind Ashta et al., "Social Innovation Lessons from Microangels? An Institutional Entrepreneurship Case Study of the CIGALES Movement in France", Accessed Nov. 25, 2012. http://papers.ssrn.com/sol3/papers.cfm? abstract id = 2031732 (describing the emergence and growth of the CIGALES movement).

⑤ See generally Arvind Ashta et al., "Social Innovation Lessons from Microangels? An Institutional Entrepreneurship Case Study of the CIGALES Movement in France", Accessed Nov. 25, 2012. http://papers.ssrn.com/sol3/papers.cfm? abstract id = 2031732 (describing the emergence and growth of the CIGALES movement).

⑥ See generally Arvind Ashta et al., "Social Innovation Lessons from Microangels? An Institutional Entrepreneurship Case Study of the CIGALES Movement in France", Accessed Nov. 25, 2012. http://papers.ssrn.com/sol3/papers.cfm? abstract id = 2031732 (describing the emergence and growth of the CIGALES movement).

“indivisions”的民法规定下合法运营。① “indivisions”与英国法律规定的共同租约相似。自20世纪70年代起,法国各大金融机构就根据莫诺里法律(允许员工拥有受聘公司的股份),使用“indivisions”来吸引大型机构客户的投资。② 莱斯西加运动的创始人抓住机会,通过建立以“indivisions”为基础的投资联盟,支持小企业发展,并考虑到具体的道德和社会责任,从整体上对法国的经济和社会起到了净化作用。③

由于在税收结构上改进了小型企业投资的管理,减弱了拓宽社会投资理念的兴趣,莱斯西加运动发展稍缓,给法国羽翼未丰的股权众筹产业提供了一些重要的教训。④ 莱斯西加俱乐部存在的一个最常见的问题就是对于退出的限制。⑤ 很多俱乐部成员认为,在投资一段时间后,从莱斯西加俱乐部成功取出金钱太难了。⑥ 尽管莱斯西加投资者不以获得利润为目的,但他们仍期望能够拿回他们的投资本金,如果不能保证退出渠道畅通,他们将不太可能再参与进来。⑦

① See generally Arvind Ashta et al. ,“Social Innovation Lessons from Microangels? An Institutional Entrepreneurship Case Study of the CIGALES Movement in France”, Accessed Nov. 25, 2012. http://papers. ssrn. com/sol3/papers. cfm? abstract id = 2031732(describing the emergence and growth of the CIGALES movement).

② See generally Arvind Ashta et al. ,“Social Innovation Lessons from Microangels? An Institutional Entrepreneurship Case Study of the CIGALES Movement in France”, Accessed Nov. 25, 2012. http://papers. ssrn. com/sol3/papers. cfm? abstract id = 2031732(describing the emergence and growth of the CIGALES movement).

③ See generally Arvind Ashta et al. ,“Social Innovation Lessons from Microangels? An Institutional Entrepreneurship Case Study of the CIGALES Movement in France”, Accessed Nov. 25, 2012. http://papers. ssrn. com/sol3/papers. cfm? abstract id = 2031732(describing the emergence and growth of the CIGALES movement).

④ See generally Arvind Ashta et al. ,“Social Innovation Lessons from Microangels? An Institutional Entrepreneurship Case Study of the CIGALES Movement in France”, Accessed Nov. 25, 2012. http://papers. ssrn. com/sol3/papers. cfm? abstract id = 2031732(describing the emergence and growth of the CIGALES movement).

⑤ See generally Arvind Ashta et al. ,“Social Innovation Lessons from Microangels? An Institutional Entrepreneurship Case Study of the CIGALES Movement in France”, Accessed Nov. 25, 2012. http://papers. ssrn. com/sol3/papers. cfm? abstract id = 2031732(describing the emergence and growth of the CIGALES movement). at 35.

⑥ See generally Arvind Ashta et al. ,“Social Innovation Lessons from Microangels? An Institutional Entrepreneurship Case Study of the CIGALES Movement in France”, Accessed Nov. 25, 2012. http://papers. ssrn. com/sol3/papers. cfm? abstract id = 2031732(describing the emergence and growth of the CIGALES movement).

⑦ See generally Arvind Ashta et al. ,“Social Innovation Lessons from Microangels? An Institutional Entrepreneurship Case Study of the CIGALES Movement in France”, Accessed Nov. 25, 2012. http://papers. ssrn. com/sol3/papers. cfm? abstract id = 2031732(describing the emergence and growth of the CIGALES movement).

法国专门针对众筹制定的《参与性融资条例》在2014年10月1日生效。该条例正式将源自英文的众筹(Crowdfunding)定义为“参与性融资”，并且将其分为三类，分别是：有息或无息借贷型、捐助型、证券认购型。该条例共有四卷：第一卷规定了金融证券模式，第二卷规定了借贷或捐助模式，第三卷规定了各种模式的共同之处，第四卷规定了法国海外省的变通之处。

根据规定，参与性融资监管制度可以分为两大类：一类是对证券模式的参与性融资的监管，即俗称的股权众筹；另一类是对借贷和捐赠模式的参与性融资的监管。前者要求从事股权众筹的平台注册为“参与性投资顾问”(CIP)，并对其可从事的服务和行为的范围进行了限定；同时，对在参与性融资范围内公开发行金融证券的条件进行了规定，并将对《说明书指令》下的说明书义务等相关豁免制定具体实施条件的权力，授予了法国金融市场监管局(AMF)。借贷和捐赠模式的参与性融资说明，银行对有息贷款的垄断被打破，P2P模式借贷实现了合法化，对此类模式的监管要求平台注册为“参与性融资中介”(IFP)。在这两类模式的共同问题方面，该条例对平台的诸如说明义务、项目推介和广告、资金收取与转账等问题进行了规定。此外，根据新条例进行注册的众筹平台可以在其网站上使用“参与性融资平台”标志，以表明其合法身份。

法令正式生效前日，即2014年9月29日，AMF和法国金融审慎监管局(ACPR，隶属于法兰西银行)发表了一份联合声明。该声明介绍了众筹监管框架，对各类众筹平台可能会受到的监管情况进行了说明。(见表3-1)而有关发起人融资总额上限等具体监管要求，仍待AMF通过制定法令进行明确。业内预计，该数额将高于美国现行限额，每个项目融资上限至少为100万欧元，年融资总额上限可能会达到500万欧元。

表3-1　众筹平台可能会受到的监管情况

平台所从事服务	注册或牌照类型	注册系统	监管主体
提供证券认购项目	CIP(参与性投资顾问)	ORIAS(法国金融中介人员登记机构)	AMF
	PSI(投资服务提供商)	获得ACPR的许可	AMF、ACPR
提供无息或有息贷款项目	IFP(参与性融资中介)	ORIAS	ACPR
提供捐助项目	无强制要求(但可注册为IFP并遵守相应规定)	—	—

续表

平台所从事服务	注册或牌照类型	注册系统	监管主体
代他人收取资金	EC(信用机构)或EP(支付机构)或EME(电子货币机构)等支付服务提供商	获得ACPR的许可	ACPR

法国的立法水平和质量目前属世界一流。《参与性融资条例》的突破性在于首次全面覆盖了三大众筹模式,并创造性地规定了两种不同法律地位的众筹平台及相应的注册制度。该条例的出台不仅有利于法国众筹市场的发展,对其他欧盟国家甚至是全世界也具有重要借鉴意义。

五、欧盟其他国家

2011年,在各种形式的众筹中,大约有占全球众筹市场1/4的数量是通过总部设在欧盟的众筹门户网站或欧盟域名的网站交易的。① 自2009年开始,众筹规模几乎每年都翻一番,估计在2011年和2012年间会再次翻一番,总计达到22亿。② 股权众筹几乎完全由欧洲市场驱动,特别是自2009年以来的114%的复合年增长率(CAGR)(已测定市场活动数量的市场规模)已证明其有强大的增长能力。③ 尽管如此,适用于整个欧盟的众筹法律尚不清楚,并且在大多数情况下,对于正在进行的股权众筹并没有明确的批准或不予批准的监管规定。④

在德国,尽管股权平台Seedmatch的创始人怀疑这种模式,即投资者与股票发行公司之间基于"所谓的'股东贷款'或一个利润参与贷款"合

① See Kristof De Buysere et al.,"A Framework for European Crowdfunding 21(2012)",Accessed Nov. 25,2012. http://www. europecrowdfunding. org/Resources/Documents/FRAMEWORK EU CROWDFUNDING. pdf.

② See Kristof De Buysere et al.,"A Framework for European Crowdfunding 21(2012)",Accessed Nov. 25,2012. http://www. europecrowdfunding. org/Resources/Documents/FRAMEWORK EU CROWDFUNDING. pdf.

③ See "CrowdSourcing, Crowdfunding Industry Report: Market Trends, Composition and Crowdfunding Platforms(2012)", Accessed Nov. 25, 2012. http://www. crowdsourcing. org/document/crowdfunding-industry-report-abridged-version-market-trends-composi tion-and-crowdfunding-platforms/14277.

④ See Ibid., Part Ⅱ. A-C.

同草拟一个安排,[①]但是德国金融管理局认可并接受了这种创新。[②] 2012年,德国金融管理局提供的咨询说明中,阐述了集资门户网站监管的几个重要考虑因素,但其并非新的或是与集资挂钩的专门的监管程序,只是对现有的可能限制或禁止特定类型群众募资平台或活动的法规进行了说明。[③]

六、澳大利亚

到目前为止,最有特色以及最发达的股权众筹系统是澳大利亚小规模发行委员会(ASSOB)。[④] 澳大利亚小规模发行委员会根据《澳大利亚公司法》第708条的规定,主管未上市澳大利亚公司股权的发行和转让。[⑤] 尽管该机构限制了每只股票每年只能向20个不成熟的投资者发行,并且要求公司通过"赞助者"(sponsors,典型的具有证券发行经验的专业人士)进行信息披露。该模式是一个有效集资的范例,但看起来与美国的众筹区别很大。[⑥]

七、日本[⑦]

日本2014年3月14日通过了《金融商品交易法修正案》,该修正案增设了投资型众筹(投資型クラウドファンディング),明确承认了股权众筹的合法性。众筹模式乃至P2P模式等互联网金融模式虽然很早就已经进入日本,但和中国的迅猛势头相比,日本的发展则较为迟缓。其原因和日本的社会背景有关。在众筹模式进入以前,日本各地已经形成了具有浓郁地方特色的地方金融架构,依托于人际交往方式的金融机构在地方渗透

---

① See Kristof De Buysere et al. ,"A Framework for European Crowdfunding 21(2012)",Accessed Nov. 12,2012. http://www. europecrowdfunding. org/Resources/Documents/FRAMEWORK EU CROWDFUNDING. pdf.

② See Kristof De Buysere et al. ,"A Framework for European Crowdfunding 21(2012)",Accessed Nov. 12,2012. http://www. europecrowdfunding. org/Resources/Documents/FRAMEWORK EU CROWDFUNDING. pdf.

③ See Jorg Begner,"Crowdfunding and Supervisory Laws,BaFin Q. ,3Q 2012,"8 Accessed Nov. 12, 2012. http://www. bafin. de/SharedDocs/Downloads/EN/Mitteilungsblatt/Quarterly/bq1203. pdf? blob=publicationFile.

④ See ASSOB,"Australian Small Scale Offerings Board",Accessed Jan. 10,2013. http://www. assob. com. au/about. asp? page=1.

⑤ See ASSOB,"Australian Small Scale Offerings Board",Accessed Jan. 10,2013. http://www. assob. com. au/about. asp? page=1.

⑥ See Jonathan Sandlund,"Exploring ASSOB:A $ 130 Million Crowdfunding Model that Works",Accessed Nov. 12,2012. http://www. thecrowdcafe. com/exploring-assob-a-crowdfunding-model-that-works.

⑦ 参见胡薇:《股权众筹监管的国际经验借鉴与对策》,载《金融与经济》2015年第2期。

得非常彻底,新兴的互联网平台很难取代已有的模式。

在日本,证券公司公开发行股票时,需要根据发行金额提交有价证券申报书,并且依据日本证券业协会的规定,证券公司不得对非公开股票投资进行劝诱式推销。在严格的金融管制之下,投资型的股权众筹模式还处于被禁止的状态,在实际操作方面存在很大的困难。所以,在日本,通过互联网进行集资的广义众筹目前还只能以捐赠和隐名合伙出资这两种形式进行。

日本政府为了对众筹的发展现状和市场需求进行回应,切实有效地推广普及众筹这一新兴融资模式,开始了对现行金融监管制度改革的探讨。在经过了6个月的审议之后,2013年12月25日,《金融审议会针对新创企业和成长企业的风险资本供应现状等的相关工作组报告》(以下简称《WG报告》)作为金融制度改革的准备工作的阶段性成果被正式公布,其中就提出了对股权众筹进行解禁的提案。此后,金融厅很快就依据《WG报告》对金融制度相关改革进行了更深入的研讨,并及时制定了相关改革方案。

《WG报告》对众筹的基本概念作了界定和说明,并根据对资金提供者的回报形式将众筹划分为"捐赠型""购买型""投资型"三种类型。在日本现行法律制度和金融监管框架下,这三种类型分别属于不同法律的监管范围:"投资型"众筹属于《金融商品交易法》的监管范围,可将其进一步划分为"股权形式"和"基金形式";"购买型"众筹属于特定商品交易相关法律的监管对象。为了促进风险资本供给,对于中介机构而言,设计一种尽可能有利于其参与的制度是最重要的,从这一观点出发,应当针对现行的第一种金融商品交易业和第二种金融商品交易业设置注册登记的特例制度。

从保护投资者的角度出发,在规定单个投资者的投资额和发行总额上限的同时,必须把中介机构不得从事有价证券买卖和受理等业务设定为前提条件,即在限定的范围内设定特例才是恰当的。具体而言,只有从事非上市股票或私募的发行并且是通过互联网进行小额项目的机构,才被认定为是"特例的第一种金融商品交易机构";只有从事基金份额或私募的发行并且是通过互联网进行小额项目的机构才被认定为是"特例的第二种金融商品交易机构"。仅针对这两类特例的机构才予以考虑放宽财产管制等。

目前,"发行总额不超过1亿日元且单个投资者的投资额在50万日元以下"是对特例认定条件中"小额"的认定标准。在采取这项措施时,还需要相配套地放宽日本证券业协会的现行自律监管对于非上市股票或私募的发行原则上作出的禁止性规定,通过对互联网进行的小额非上市股票的发行或私募发行项目解禁，使已有的第一种金融商品交易机构和特例的第一种金融商品交易机构可以从事该项业务。

众筹是一种借助于互联网渠道的融资方式，具有便利性、涉众性的特点，必须防范那些恶意利用众筹进行欺诈的行为，所以众筹监管制度的设计要更为谨慎和全面。就这点而言，现行的《金融商品交易法》还不够全面和谨慎，因为针对股票和基金份额发行或私募发行，通过互联网所进行的部分，该法并没有基于众筹的特性规定特别的监管制度和措施。对于通过互联网从事非上市股票和基金份额发行或私募发行的中介机构（已有的金融商品交易机构以及上述的特例机构）应规定相应的义务，包括完善体制的义务、通过互联网披露发行人和中介机构自身相关信息的义务。与此同时，还需要完善针对懈怠披露等情况的惩罚制度。在把通过互联网披露发行人信息等作为中介机构所负有的义务的同时，还需要注意避免信息重复，减轻中介机构负担，采取包括旨在实现签约前所提交资料的精简等在内的其他相关措施。

八、其他地区

有学者认为，在欧洲以外的地方，众筹平台更多处于萌芽状态，尽管有大量的资本参加，但只有不到5%的资金是基于美国或欧洲以外地方的众筹平台筹资所得。① 但笔者认为，中国股权众筹市场的发展应该已经改变了这种局面，成为了世界股权众筹市场中一支不可小觑的力量。而且中国已经于2014年年底制定了《私募股权众筹融资管理办法》，并广泛征求社会意见。韩国也在积极探索和制定本国的股权众筹规则，新西兰出台了《金融市场行为法》（Financial Market Conduct Act），加拿大等国也在考虑制定股权众筹的监管规则，南非则拟修订《金融投资服务和资本市场法》（FISCMA），将股权众筹纳入本国证券法的监管范畴。②

在中东地区，埃及根据《伊斯兰银行法》建立了一个股权众筹平台。③ 由于伊斯兰法律限制某些贷款行为和生息投资，Shekra 的开发者已经发明

---

① See Crowd Sourcing, "Crowdfunding Industry Report: Market Trends", Accessed Dec. 1, 2013. http://www.crowdsourcing.org/document/crowdfunding-industry-report-abridged-version-market-trends-composi tion-and-crowdfunding-platforms/14277.

② 参见安邦坤：《股权众筹在多层次资本市场中的定位概论》，载《现代管理科学》2015 年第 2 期。

③ See Ahmed Lofty, "Islamic Crowd Funding Portal Launched in Egypt", Accessed Nov. 12, 2012. http://www.reuters.com/article/2012/11/12/islamic-finance-egypt-id USL5E8MC7FN 20121112.

了一种纳入"信托出资",进而实现利润分享的类似于众筹的方法。[①] Shekra 可与其他投资者共同投资某一企业,并根据特定规则共享部分经营利润。[②]

第二节 我国与股权众筹相关的立法

我国至今虽无股权众筹专门立法,但是现有立法也间接对股权众筹行为进行了规制。一方面,现有立法限制了股权众筹的发展;另一方面,也为股权众筹设定了大致的边界,起到了一定的风险防范作用。例如,根据立法,目前中国股权众筹有 5 个绝对禁止行为和 1 个强制行为:不得向非特定对象发行股份;不得向超过 200 个特定对象发行股份;不得采用广告、公开劝诱和变相公开的方式发行股份;对融资方身份及项目的真实性进行严格核查,不得发布风险较大的项目和虚假项目;不得为平台本身公开募股;必须对投资方的资格进行审核,告知投资风险。[③]

一、《公司法》《证券法》《合伙企业法》对股权众筹的规制

(一)公开发行与广告劝诱限制

中国历来严格监管面向公众发行股票的行为。根据我国《证券法》第 9 条的规定,公开发行证券,必须符合法律、行政法规规定的条件,并依法报经国务院证券监督管理机构或者国务院授权的部门注册;未经依法注册,任何单位和个人不得公开发行证券。有下列情形之一的,为公开发行:(一)向不特定对象发行证券;(二)向特定对象发行证券累计超过 200 人,但依法实施员工持股计划的员工人数不计算在内;(三)法律、行政法规规定的其他发行行为。在我国现行法律框架下,向不特定对象发行证券或向超过 200 人特定对象发行证券,均须报经证监会批准,按照公开发行股票的制度体系刊登招股书,由证券公司发售。

只有面向不超过 200 人特定对象的私募发行,才不需要证监会批准,但这显然是不符合初创公司众筹需求的。非公开发行证券仍不得采用广

---

① See Ahmed Lofty, "Islamic Crowd Funding Portal Launched in Egypt", Accessed Nov. 12, 2012. http://www. reuters. com/article/2012/11/12/islamic - finance - egypt - id USL5E8MC7FN 20121112.

② See Ahmed Lofty, "Islamic Crowd Funding Portal Launched in Egypt", Accessed Nov. 12, 2012. http://www. reuters. com/article/2012/11/12/islamic - finance - egypt - id USL5E8MC7FN 20121112.

③ 参见魏来主编:《玩转众筹》,机械工业出版社 2014 年版,第 166 页。

告、公开劝诱和变相公开的方式,这同样与众筹的特点相背离。例如,诺米多所质疑的合伙人数量超过 50 人的问题,在股权众筹行业中,离法律红线或许仅半步之遥。① 在我国国内,淘宝上曾出现过美微基金公开销售其未上市公司的股份和 PE 基金份额的事件,由于其发行规模超过了 200 人,且向不特定对象公开推荐、发行了证券,没有事先报证监会审批,根据我国《证券法》的规定构成"非法证券活动",被证监会叫停。② 以点名时间为代表的国内多数众筹网站,明确投资回报不能是股权或资金,而天使汇和大家投等股权众筹网站为规避合规性风险,实行会员制,众筹项目不对普通公众开放,只向专业投资者募集资金,设立第三方资金托管账户,同时不承诺固定回报且投资人数不超过公开发行的下限(200 人)。③

(二)股东/合伙人人数对股权众筹的限制

股权众筹的主体一般是初创企业。初创企业在成立或注册的时候一般不会直接注册为股份有限公司。在实践中,其通常注册为有限责任公司和合伙企业。根据我国《公司法》和《合伙企业法》的规定,在这两种企业组织形式中,股东和合伙人的最高人数限额为 50 人。初创企业若要向 50 人以上的投资者融资,则必须注册为股份有限责任公司。这对股权众筹投资人数形成间接限制,实践时为规避这一问题,经常采用代持股份的形式进行募资。

(三)代持股份不受支持

因为参与投资的人众多,融资主体为了减少管理上的复杂性,一般都不会让所有参与众筹的人都成为公司的实名股东,往往是采用股权代持的方式,这也是实际操作的要求。在股权代持方式下,名义股东和实际出资人易就股权归属产生纠纷。此外,对股权代持进行公示和规范,又与投资人采用股权代持的目的相矛盾,投融资双方都面临着道德风险和法律风险,尤其是代持方(项目发起人)在双方合意过程中承诺收益的不慎表达,极易被定性为变相的非法集资。

通过成立专项投资的有限合伙企业,采取线上线下结合的方式,可以最大限度地减少"代持"问题,确保小额投资人的权益保障。但这种手段往往要求众筹投资最低额在万元以上,否则为了过于小额的股权投资,办理过于复杂的持股手续,也是得不偿失。④ 而且,有限合伙的形式并不能完

① 参见朱荻:《股权众筹业需应对三重风险》,载《东方早报》2015 年 5 月 18 日,A21 版。

② 参见胡吉祥、吴颖萌:《众筹融资的发展及监管》,载《证券市场导报》2013 年第 12 期。

③ 参见刘志坚、吴珂:《众筹融资起源、发展与前瞻》,载《海南金融》2014 年第 6 期。

④ 参见魏来主编:《玩转众筹》,机械工业出版社 2014 年版,第 169 页。

全保证投资者的股东权益,有限合伙方式虽然可以规避道德风险和部分法律风险,但将股权结构复杂化,易使实际运营公司发起人在公司特殊事项(如增资、减资、合并、分立、解散、修改章程、变更公司形式等)上的决定权变弱。①

二、刑事法律制度对股权众筹的规制

(一)非法集资类犯罪

非法集资,是指未经部门批准或借合法经营为由,通过媒介向社会公众(不特定对象)宣传,承诺未来给予一定货币、股权等作为回报的筹集资金的方式。② 根据现有法律,众筹网站若涉及股权、债券、分红、利息等财务回报,就有触及监管红线的风险。非法集资的行为具体体现在股权众筹领域,主要有三种形式:一是投资合同欺诈;二是股权众筹平台虚假发标;三是融资方使用虚假材料到众筹平台融资。实际上,这也正是股权众筹最主要的风险。③《刑法》中,非法集资类犯罪主要通过第 176、192、179、160 条规定的非法吸收公众存款罪、集资诈骗罪、擅自发行证券罪、欺诈发行证券罪来体现。

1. 非法吸收公众存款罪

《刑法》第 176 条规定:"非法吸收公众存款或者变相吸收公众存款,扰乱金融秩序的,处三年以下有期徒刑或者拘役,并处或者单处罚金;数额巨大或者有其他严重情节的,处三年以上十年以下有期徒刑,并处罚金;数额特别巨大或者有其他特别严重情节的,处十年以上有期徒刑,并处罚金。单位犯前款罪的,对单位判处罚金,并对其直接负责的主管人员和其他直接责任人员,依照前款的规定处罚。"

为了进一步明确非法吸收公众存款罪的定罪与量刑,最高人民检察院、公安部联合下发了《关于经济犯罪案件追诉标准的规定》。根据该规定,非法吸收公众存款或者变相吸收公众存款,扰乱金融秩序,涉嫌下列情形之一的,应予立案追诉:个人非法吸收或者变相吸收公众存款,数额在 20 万元以上的,单位非法吸收或者变相吸收公众存款,数额在 100 万元以上的;个人非法吸收或者变相吸收公众存款 30 户以上的,单位非法吸收或者变相吸收公众存款 150 户以上的;个人非法吸收或者变相吸收公众存款,给存款人造成直接经济损失数额在 10 万元以上的,单位非法吸收或者变相吸收公众存款,给存款人造成直接经济损失数额 50 万元以上的。

---

① 参见文静:《论股权众筹的法律性质及其运用的风险防范》,载《经济师》2015 年第 2 期。

② 参见王光岐、汪莹:《众筹融资与我国小微企业融资难问题研究》,载《新金融》2014 年第 6 期。

③ 参见叶龙招、姜鑫:《股权众筹走向阳光化》,载《北京商报》2014 年 11 月 21 日,第 6 版。

非法吸收公众存款罪的认定包括人数和金额两个要素：个人实施犯罪，只要金额在20万元以上或者人数在30户以上即可；单位实施犯罪，只要金额在100万元以上或者人数在150户以上即可。所以，关于此罪应避免一个误区：只要不公开、对象不超过200人就不算非法集资。另外，此罪的认定关键在于个人或单位吸收并且持有存款。

2. 集资诈骗罪

《刑法》第192条规定："以非法占有为目的，使用诈骗方法非法集资，数额较大的，处三年以上七年以下有期徒刑，并处罚金；数额巨大或者有其他严重情节的，处七年以上有期徒刑或者无期徒刑，并处罚金或者没收财产。单位犯前款罪的，对单位判处罚金，并对其直接负责的主管人员和其他直接责任人员，依照前款的规定处罚。"

本罪相较于吸收公众存款罪更加严重。客体是国家的金融管理制度和公司财产权。客观方面表现为行为人使用诈骗方法非法集资且数额较大的行为，包括三个方面的内容：一是集资靠诈骗方法实施，虚构资金用途，或者以虚假证明、虚假回报为诱饵骗取他人资金；二是违反法律，在社会上进行非法集资活动，至于行为人是否将资金据为己有，不影响本罪成立；三是非法集资行为必须达到数额较大，才构成犯罪。本罪的主体包括自然人和单位。主观方面必须是故意，且行为人必须以非法占有为目的。

3. 擅自发行股票、公司、企业债券罪

我国《证券法》第9条规定："公开发行证券，必须符合法律、行政法规规定的条件，并依法报经国务院证券监督管理机构或者国务院授权的部门注册。未经依法注册，任何单位和个人不得公开发行证券。证券发行注册制的具体范围、实施步骤，由国务院规定。有下列情形之一的，为公开发行：（一）向不特定对象发行证券；（二）向特定对象发行证券累计超过二百人，但依法实施员工持股计划的员工人数不计算在内；（三）法律、行政法规规定的其他发行行为。非公开发行证券，不得采用广告、公开劝诱和变相公开方式。"

《刑法》第179条规定了"擅自发行股票、公司、企业债券罪"：未经国家有关主管部门批准，擅自发行股票或者公司、企业债券，数额巨大，后果严重或者有其他严重情节的，处5年以下有期徒刑或者拘役，并处或者单处非法募集资金金额1%以上5%以下罚金。单位也能构成本罪，且此类犯罪入刑的门槛很低。根据2010年最高人民检察院、公安部《关于公安机关管辖的刑事案件立案追诉标准的规定（二）》和2010年最高人民法院《关于审理非法集资刑事案件具体应用法律若干问题的解释》的规定，未经国家有关主管部门批准,擅自发行股票或者公司、企业债券,发行数额在50万元以上的,或者虽未达到上述数额标准,但擅自向社会不特定对象发行致使30人以上的投资者购买了股票或者公司、企业债券的,或者向特定对象发行、变相发行累计超过200人的,便构成犯罪。① 因此,在我国开展众筹很容易触碰违法甚至犯罪的高压线。由此可见,我国现行法律制度体系严重制约着股权众筹的发展。

当创业项目募集额度达到目标并且投资人的人数在50人以内时,投资人成立合伙企业,依据相关法律和融资者签订股份转让协议,在一定程度上可以避免遭受非法发行股票的怀疑,但这种方式也无法回避项目具有公开宣传的性质,一旦股权转让信息在互联网公布,该信息就可以被不特定的人看到,也便满足了"信息公开"的要件。虽然目前我国金融创新监管环境还比较宽松,对"信息公开"的法律性质界定还未达成一致意见,但其中所反映出来的法律问题是不容忽视的。②

4. 欺诈发行证券罪

《刑法》第160条规定:"在招股说明书、认股书、公司、企业债券募集办法中隐瞒重要事实或者编造重大虚假内容,发行股票或者公司、企业债券、存托凭证或者国务院认定的其他证券,数额巨大、后果严重或者有其他严重情节的,处五年以下有期徒刑或者拘役,并处或者单处罚金;数额特别巨大、后果特别严重或者有其他特别严重情节的,处五年以上有期徒刑,并处罚金。控股股东、实际控制人组织、指使实施前款行为的,处五年以下有期徒刑或者拘役,并处或者单处非法募集资金金额百分之二十以上一倍以下罚金;数额特别巨大、后果特别严重或者有其他特别严重情节的,处五年以上有期徒刑,并处非法募集资金金额百分之二十以上一倍以下罚金。单位犯前两款罪的,对单位判处罚金,并对其直接负责的主管人员和其他直接责任人员,依照第一款的规定处罚。"

实践中,虽然众筹项目不太可能发行根本不存在的股份,但是夸大公

---

① 《关于公安机关管辖的刑事案件立案追诉标准的规定(二)》第34条规定:"未经国家有关主管部门批准,擅自发行股票或者公司、企业债券,涉嫌下列情形之一的,应予立案追诉:(一)发行数额在五十万元以上的;(二)虽未达到上述数额标准,但擅自发行致使三十人以上的投资者购买了股票或者公司、企业债券的;(三)不能及时清偿或者清退的;(四)其他后果严重或者有其他严重情节的情形。"《关于审理非法集资刑事案件具体应用法律若干问题的解释》第6条规定:"未经国家有关主管部门批准,向社会不特定对象发行、以转让股权等方式变相发行股票或者公司、企业债券,或者向特定对象发行、变相发行股票或者公司、企业债券累计超过200人的,应当认定为刑法第一百七十九条规定的'擅自发行股票、公司、企业债券'。构成犯罪的,以擅自发行股票、公司、企业债券罪定罪处罚。"

② 参见邱勋、陈月波:《股权众筹:融资模式、价值与风险监管》,载《新金融》2014年第9期。

司股份的价值、虚构或者隐瞒实际财务状况还是极有可能存在的，因此，有必要充分认识此类犯罪的本质。尤其是在股权众筹领域，对初创企业的知识产权评估和管理模式价值的评估尚无统一的标准，也没有权威的第三方机构对其价值进行准确的衡量，很多初创企业都是自己评估或依靠股权众筹平台对其价值进行衡量，故存在大量估值夸大的因素。初创企业和众筹平台在股权众筹操作中一定要重视此类问题。

5. 非法集资类罪名对股权众筹的限制

要判断股权众筹是否违反我国《证券法》，主要取决于其发行是否属于公开发行。我国《证券法》规定，向不特定对象发行证券的，属于公开发行。关于何为"不特定"，张明楷教授指出，"不特定性意味着出资者是与吸收者没有联系（没有关系）的人或单位"。① 由于股权众筹融资是通过互联网平台进行的，而互联网的公开性、交互性使股权众筹项目发起时总是面对不特定的投资者。众筹平台往往会通过一系列措施，如实名认证、投资者资格认证等方式，将不特定的投资者转化为特定且具有一定资质条件的投资者。然而，这一行为是否能够实现转化的效果意见不一。② 关于向不特定公众发行，我国《证券法》规定不能采用广告、公开劝诱和变相公开的方式，但该规定发布的时候网络等新媒体还没有那么发达，而现在微博、微信等已经十分发达。那么，现在通过互联网等平台发布众筹计划属不属于采用广告或变相公开的方式发布就成为了一个问题。众筹这种方式的本质就是"众"，它面向的范围比较广，同时它又是一个新生事物，以互联网等作为聚集人气的手段。如果法律对这些都进行强制性规制，无疑会扼杀这个新兴的具备活力的创业模式。③

即便股权众筹面向的是特定对象，其累计人数也不能超过 200 人。因此，在项目融资过程中还要控制投资者的人数。

通过对上述条件进行研究后发现，只有股权众筹项目对其运作模式的这两个方面进行严格的管控或采取特殊方式，才能规避我国《证券法》的限制，但是这种规避方式从法律解释的角度来看往往又是不可靠的。④

但在现实中，关于非法集资的认定并不十分准确：

---

① 张明楷：《刑法学》，法律出版社 2011 年版，第 686 页。

② 参见李有星、范俊浩：《非法集资中的不特定对象标准探析——证券私募视角的全新解读》，载《浙江大学学报（人文社会科学版）》2011 年第 5 期。

③ 参见周振国：《股权众筹平台的法律风险》，载《首席财务官》2014 年第 13 期。

④ 参见肖本华：《美国众筹融资模式的发展及其对我国的启示》，载《南方金融》2013 年第 1 期；杨东、苏伦嘎：《股权众筹平台的运营模式及风险防范》，载《国家检察官学院学报》2014 年第 4 期。

第一,合法集资与非法集资的界限不明确,导致“非法”的范围不断膨胀,“合法”更是无从谈起。笔者认为,法律解释要遵循立法目的,不能因为“合法”和“非法”的界限模糊就随意地定界限。非法集资类犯罪往往是为了保护国家的经济管理秩序及社会公众、法人的合法财产权益,所以只要不具有侵犯该客体的可能性,通过正当途径募集资金并用于合法的生产经营,都应该属于合法合理的集资行为。股权众筹是在一个相对而言公开的平台上进行的,并且募集的资金是用于生产经营而非进行资本再生性投资,因此不应当也没有必要将其纳入到“非法集资”的范畴中。①

第二,非法集资类犯罪的设定对规范我国的资本市场起到了积极作用,但也挤压了民间金融的合理空间。民间的生产经营活动所需要的资金,有时候很难通过正规的融资渠道获得满足,小微企业融资难的问题已经困扰管理层很多年,所以民间基于信任渐渐通过合意进行借贷和投融资,只要这些行为不具有损害国家管理的金融市场秩序和公共利益的目的和可能性,刑法就应当保持谦抑性,不应过多地干预。合意行为产生的风险和纠纷应按民事纠纷途径解决。

第三,非法集资类犯罪的可解释空间太大,容易导致司法实践中无意识地对非法集资类犯罪进行扩大解释,导致实际调整范围超越其应有的调整范围,在打击非法集资类犯罪的同时,也打击了不属于其调整范围的其他合法资金募集行为。②

股权众筹发展中的一大法律困扰就是可能触及公开发行证券或“非法集资”的法律红线。股权众筹使传统的线下筹资活动转战线上,冲击了传统的“公募”与“私募”界限的划分,单纯的线下私募也会转变为“网络私募”,从而涉足传统“公募”领域。③

从法理上推断,股权众筹与非法集资有本质的区别,项目融资人与众筹平台及投资者之间并不是存贷款的法律关系,投资者的投资并非以获得利息或高额投资收益为主,而是属于对其感兴趣的项目的资助,抑或捐款的性质。但是,由于法律对股权众筹融资并没有及时进行规定,因此对小微企业通过股权众筹获得融资这一道路造成了阻碍。

非法集资类犯罪由《刑法》第160条欺诈发行股票、债券罪,第176条非法吸收公众存款罪,第179条擅自发行股票、公司、企业债券罪共同构成。目前,该类犯罪没有明确的“合法”与“非法”的界限,缺乏周全的逻辑

---

① 参见杨东:《股权众筹的法律风险》,载《上海证券报》2014年7月31日,A01版。

② 参见杨东:《股权众筹的法律风险》,载《上海证券报》2014年7月31日,A01版。

③ 参见杨东:《股权众筹的法律风险》,载《上海证券报》2014年7月31日,A01版。

解释,而犯罪认定往往以结果为导向,已经难以适应突飞猛进的资本市场的变化。在互联网金融推动金融变革的时代背景下,非法集资类犯罪的范围界限须明确,调整范围须缩小,罪名表述须具体,才能给股权众筹等金融创新以合理的发展空间。①

具体到股权众筹,由于发行人与投资者之间是基于信任与合意进行融资活动的,筹集的资金用于生产经营,在不损害公共利益和金融市场秩序时,不应将其纳入非法集资范畴。所以,在《刑法》修订时应当结合我国金融改革的现状,合理考量非法集资类犯罪的设置,明确罪与非罪的标准,使"非法"界限更加清晰。同时还应当调整罪名表述,适当限缩调整范围。对股权众筹的风险防范应当监管先行,刑法应作为最后手段。②

《股权众筹管理办法》在制定中,若能调整一些刚性过大的条款和自由裁量权过大的条款,或许将更有利于股权众筹业的健康发展。具体而言,如何定义非公开发行和特定人群?如众筹公司的网站属于广播式传播,其在自己网站发布众筹项目是否会与非公开发行存在法理冲突。同时,投资者本身是非人格化群体,之前各方都不熟稔,是否只要在网站登记后就是特定人群。若如此,则该管理办法所设定的特定人群可能在实践中缺乏明确指向性。因为只要众筹网站不向非登记的投资者提供投融资中介服务,就可归类为特定人群,而特定与非特定人群的定义在法理上有些模糊。③《股权众筹管理办法》本身是一种格式化的社会契约,对应的是非特指性的、非人格化的经济社会行为,而适度调整和修正这一"特定人群"的指定,可能更有助于众筹业的健康发展。

(二)经营类犯罪

1. 非法经营罪

互联网金融还可能触及非法经营犯罪。最高人民法院《关于审理非法集资刑事案件具体应用法律若干问题的解释》第7条明确规定:"违反国家规定,未经依法核准擅自发行基金份额募集基金,情节严重的,依照刑法第二百二十五条的规定,以非法经营罪定罪处罚。"

2. 虚假广告罪

虚假广告在非法集资犯罪活动中起着推波助澜的作用,针对这种情况,最高人民法院《关于审理非法集资刑事案件具体应用法律若干问题的

---

① 杨东:《股权众筹的法律风险》,载《上海证券报》2014年7月31日,A01版。

② 参见李有星、李延哲:《股权众筹的逻辑困境与突破》,载《上海证券报》2014年12月24日,A01版。

③ 参见刘晓忠:《把握好股权众筹的方规之度》,载《21世纪经济报道》2014年12月22日,第4版。

解释》专门对此作出了明确的规定。该解释第 8 条规定:“广告经营者、广告发布者违反国家规定,利用广告为与非法集资活动相关的商品或者服务作虚假宣传,具有下列情形之一的,依照刑法第二百二十条的规定,以虚假广告罪定罪处罚:(一)违法所得数额在 10 万元以上的;(二)造成严重危害后果或者恶劣社会影响的;(三)2 年内利用广告作虚假宣传,受过行政处罚两次以上的;(四)其他情节严重的情形。明知他人从事欺诈发行股票、债券,非法吸收公众存款,擅自发行股票、债券,集资诈骗或者组织、领导传销活动等集资犯罪活动,为其提供广告等宣传的,以相关犯罪的共犯论处。”《刑法》针对虚假广告罪也作了专门的规定。《刑法》第 222 条规定:“广告主、广告经营者、广告发布者违反国家规定,利用广告对商品或者服务作虚假宣传,情节严重的,处二年以下有期徒刑或者拘役,并处或者单处罚金。”

三、《行政法》等行政规范对股权众筹的规制

(一)证券类违法行为

未经批准擅自公开发行股份,未达到刑事立案标准,构成行政违法,应承担行政违法责任,由证券监督机关给予行政处罚。具体规定在我国《证券法》第 180 条:“违反本法第九条的规定,擅自公开或者变相公开发行证券的,责令停止发行,退还所募资金并加算银行同期存款利息,处以非法所募资金金额百分之五以上百分之五十以下的罚款;对擅自公开或者变相公开发行证券设立的公司,由依法履行监督管理职责的机构或者部门会同县级以上地方人民政府予以取缔。对直接负责的主管人员和其他直接责任人员给予警告,并处以五十万元以上五百万元以下的罚款。”

(二)非法集资类违法行为

若非法集资行为未达到刑事立案标准,构成行政违法行为,由人民银行给予行政处罚。具体规定在《非法金融机构和非法金融业务活动取缔办法》(国务院令第 247 号)第 3、4、12、22 条:

第 3 条规定:“本办法所称非法金融机构,是指未经中国人民银行批准,擅自设立从事或者主要从事吸收存款、发放贷款、办理结算、票据贴现、资金拆借、信托投资、金融租赁、融资担保、外汇买卖等金融业务活动的机构。

非法金融机构的筹备组织,视为非法金融机构。”

第 4 条规定:“本办法所称非法金融业务活动,是指未经中国人民银行批准,擅自从事的下列活动:

(一)非法吸收公众存款或者变相吸收公众存款;

(二)未经依法批准,以任何名义向社会不特定对象进行的非法集资;

(三)非法发放贷款、办理结算、票据贴现、资金拆借、信托投资、金融租赁、融资担保、外汇买卖;

(四)中国人民银行认定的其他非法金融业务活动。

前款所称非法吸收公众存款,是指未经中国人民银行批准,向社会不特定对象吸收资金,出具凭证,承诺在一定期限内还本付息的活动;所称变相吸收公众存款,是指未经中国人民银行批准,不以吸收公众存款的名义,向社会不特定对象吸收资金,但承诺履行的义务与吸收公众存款性质相同的活动。"

第 12 条规定:"对非法金融机构和非法金融业务活动,经中国人民银行调查认定后,作出取缔决定,宣布该金融机构和金融业务活动为非法,责令停止一切业务活动,并予公告。"

第 22 条规定:"设立非法金融机构或者从事非法金融业务活动,构成犯罪的,依法追究刑事责任;尚不构成犯罪的,由中国人民银行没收非法所得,并处非法所得 1 倍以上 5 倍以下的罚款;没有非法所得的,处 10 万元以上 50 万元以下的罚款。"

(三)其他行政违法行为

1. 工商手续办理中的行政规范

在互联网上募资,必然会出现大量异地投资的现象。不少地方办理股份有限公司或者有限合伙企业时,要求所有股东到场见证和办理相关手续,这也给小额投资带来了过高的手续成本。目前通用的方法是用公证处公证和律师事务所见证的方式,将资料快递到成立有限合伙企业的城市,委托普通合伙人代办具体的入伙手续。如果将来公证处和律师事务所可以在网络上办理有关的公证和鉴证的手续,则委托机制就不再那么复杂,股东身份确认和办理手续也会比现在更加简单。

2. 虚假广告行政违法

互联网金融平台应知或明知项目存在虚假或扩大宣传,而未采取措施的违法行为,未达到刑事立案标准,应通过行政手段予以管理。

3. 非法经营类违法

若互联网平台未经批准擅自销售有关金融产品,但未达到刑事立案标准,应通过行政手段予以管理。

四、《民法总则》《合同法》等民事法律对股权众筹的规制

股权众筹除了可能会面临前面所说的刑事法律风险之外,由于其涉及的人数往往比较多,而人与人之间投资理念和诉求的差异,必然产生利益安排不一致、关切点不尽相同的问题,所以股权众筹往往也随着以下民事

法律风险：①

第一，合同违约纠纷。这是众筹最可能存在的民事法律风险，除了普通合同中也可能存在的产品质量不符合约定、交货期不符合约定、不能如期还款造成的债务纠纷之外，还可能存在不能如期提交约定汇报结果等具有众筹特点的合同违约情形。此外，还可能出现平台与融资者、投资者之间的居间合同、委托合同纠纷。

第二，股权争议。对于采取股权代持方式的股权类众筹，还可能存在股权代持纠纷等。

第三，公司纠纷和合伙纠纷。股权类众筹可能引发与公司治理有关的纠纷，如股东分红纠纷、股东知情权纠纷、董事会/股东会决议撤销及无效纠纷、公司解散与清算纠纷。对于采取合投模式的股权众筹，极有可能会在合伙企业合伙人、有限合伙人和普通合伙人之间发生纠纷。

第四，退出纠纷。股权类众筹还涉及一个退出问题，如果没有事先设计好退出机制或者退出方式设计不当，极容易引发大量的纠纷。

第五，知识产权纠纷。股权众筹中，需要对初创公司的技术和商业创新模式进行价值评估，以此确定企业的价值，确定出让股权的额度。知识产权纠纷最常见的情形发生在尚未设立公司的创业项目上，有些项目的信息容易被复制或者泄漏，从而引发知识产权纠纷。

第六，信息安全引发的纠纷。一是平台因技术风险导致账户资料泄露、客户资金流失引发的纠纷；二是因股权众筹平台故意泄露他人个人隐私或商业秘密引发的纠纷。这些都会影响平台的安全性、信誉、受信任度。

第七，民事诉讼程序上的问题。如诉讼主体资格确定问题、集团诉讼问题、电子证据认定问题、损失确定标准问题、刑民交叉及刑事附带民事诉讼问题、管辖权的确定等诸多程序问题。股权众筹涉及人数较多，且以互联网为载体和交易途径，加之股东地域分散，通过互联网签署的电子合同的效力、交易记录的效力认定也存在难度。因此，集团诉讼制度的创设显得很有必要，同时由于股权众筹各个市场主体分布于不同的地区，股权众筹的管辖问题也是诉讼中的一大难题。

第三节　中国股权众筹立法评析

《关于促进互联网金融健康发展的指导意见》规定的国内股权众筹的

---

① 参见郭勤贵：《股权众筹：创业融资模式颠覆与重构》，机械工业出版社 2015 年版，第 104～107 页。

概念等同于“通过互联网形式进行公开小额股权融资”的“公募股权众筹”。然而截至2020年3月,公募股权筹资仍因受到我国《证券法》公开发行条件的制约而尚难以落地。相比之下,私募股权众筹已开始进行相应的立法实践,相关立法实践包括2014年12月18日中国证券业协会发布的《征求意见稿》以及2015年9月机构间私募产品报价与服务系统(以下简称报价系统)发布试行的《私募股权融资业务指引(试行)》(以下简称《业务指引》)。

一、《私募股权众筹融资管理办法(试行)(征求意见稿)》

截至2020年3月,尚无《征求意见稿》正式出台的消息,且业界大多对此已不抱希望。虽然如此,2014年年底公开的《征求意见稿》涉及股权众筹的诸多基本制度,构建了股权众筹监管的基本框架,具有积极的研究价值。

《征求意见稿》共七章29条,具体规定如下:

一是进行了公募与私募股权众筹的划分。私募股权众筹融资,是指融资者通过股权众筹融资互联网平台,以非公开发行方式进行的股权融资活动。不得公开或采用变相公开方式发行证券,不得向不特定对象发行证券,即“只能向实名注册用户推荐项目信息,股权众筹平台和融资者均不得进行公开宣传、推介或劝诱”。

二是确立了股权众筹平台制度。将股权众筹平台的概念和性质明确为“通过互联网平台(互联网网站或其他类似电子媒介)为股权众筹投融资双方提供信息发布、需求对接、协助资金划转等相关服务的中介机构”,且《征求意见稿》还就平台的禁止性行为进行了规定。

三是设定了严格的投资者适当性要求。《征求意见稿》提出,股权众筹合格投资者应为具备相应风险识别能力和风险承担能力的单位和个人:(1)净资产不低于1000万元的单位;(2)金融资产不低于300万元或者最近3年个人年均收入不低于50万元的个人。

四是严格限制集资人数上限。“200人”仍是我国《公司法》规定的上限,即非上市公司的股东人数不能超过200人。根据我国《证券法》的规定,向不特定对象发行证券的、向特定对象发行证券累计超过200人的,都属于公开发行证券。在众多“雷区”中间,股权众筹平台一直小心翼翼,不敢跨越“200人”的红线,《征求意见稿》也没有突破这条集资红线。根据《征求意见稿》的规定,融资完成后,企业的股东人数累计不得超过200人。

五是设立平台信息报送制度。《征求意见稿》对于平台的信息报送制度进行了专章规定，但尚未对平台和筹资项目的信息披露标准进行规定。笔者认为，这是因为监管层还不能确定对股权众筹这一新鲜事物的监管标准，仍需要进一步观察和研究。并且监管层对监管标准的设定持慎重的态度，还要进行严谨的论证。

二、《私募股权融资业务指引（试行）》

报价系统曾于2015年2月就《股权众筹平台业务指引（试行）》公开征求意见。2015年9月，报价系统发布《业务指引》并于2016年3月、12月分别进行了修订。考虑到该指引的制修时间，该指引应较能反映目前对于私募股权众筹的监管方向。

报价系统采用的是“私募股权融资业务指引”这一概念，而非私募股权众筹，此应与《关于促进互联网金融健康发展的指导意见》对股权众筹“通过互联网形式进行公开小额股权融资的活动”的定义相区别。

《业务指引》共八章37条，主要内容包括：

一是在项目注册方面，推荐人应当与融资方签订融资服务协议，约定双方的权利与义务。融资方应当在报价系统挂牌，已设立企业应当在私募股权融资项目注册前完成挂牌，新设企业应当在工商登记后完成挂牌。推荐人应当与报价系统就融资项目进行预沟通，并提交相关材料，报价系统对材料齐备性进行核对。

二是在资金募集方面，募集期内，投资者应当通过向报价系统提交认购申报的方式认购融资项目股权。在报价系统当日收盘前可以撤回认购申报。融资方募集期内变更融资计划，应当取得已经提交认购申报并缴纳认购款项的投资者同意；投资者不同意变更的，推荐人应当申请报价系统退还其认购款项，并按照融资计划书中的约定予以补偿。同一融资项目，申请募集延期不得超过两次，募集期累计不得超过12个月。

三是在登记结算方面，通过报价系统参与人认购融资项目的，投资者应当在参与人处开立产品账户，用于记载其持有的融资项目权益；参与人应当在报价系统开立名义持有产品账户，并将投资者账户资料、账户代码等信息报送报价系统。通过报价系统认购融资项目的，投资者应当在报价系统开立产品账户，用于记载其持有的融资项目权益。

四是在投后管理方面，推荐人至少应当在融资方募集成功后每届满一年之日起10个工作日内，通过报价系统披露年度投后管理报告。代理合格投资者参与私募股权融资业务的参与人应当将推荐人在报价系统披露的相关信息及时向投资者披露。

第四章　股权众筹的发起

第一节　股权众筹融资者及准入条件

一、股权众筹融资者或发起者

股权众筹融资者是指能够通过股权众筹平台融资的适格主体。但股权众筹的适格主体到底该怎么确定呢？是根据其创始方式进行确定，还是根据其经营规模进行确定呢？目前，国外的现有立法和我国立法状况并不一致。

（一）国外现有立法中融资主体多为初创企业

国外现有立法大都认为，股权众筹发行人必须是初创企业，然而具体规定又有所不同。在股权众筹的发行人资格方面，大部分国家都要求公司在本国境内设立。一些国家对公司的形式有一定的要求，有的国家要求初创企业一定是公开公司，有的国家则禁止基金公司作为股权众筹的发行人。在这些方面有特别规定的国家是意大利和澳大利亚。

对发行人资格要求比较特别的是意大利，其股权众筹发行人只包括“创新性初创企业”（Innovation Startups），且要成为创新性初创企业，应当得到商业部的许可，必须投资研发活动或雇佣研究人员，以“高技术附加值产品或服务的开发和商业化”为公司的目标，且成立时间不超过48个月。

在澳大利亚，能进行股权众筹的只限于在国内成立的发行人，同时也必须是公开公司。需要明确的是，为了克服目前立法对发行人成立公司的限制，澳大利亚公司和市场顾问委员会（Companies and Markets Advisory Committee，CAMAC）建议组建一种新的公司即“豁免型公开公司”（Exempt Public Company）。合格的发行人可以选择成为公开公司或者豁免型公开公司。豁免型公开公司只存在于有限期间，但在存续期内可免去对公开公司的通常管制和义务。[①]

美国JOBS法案的众筹条款只适用于在美国设立的发行人,投资基金公司不包含在内。尽管英国对封闭公司的股东数量没有限制,但英国禁止封闭公司公开发行股票,所以英国的股权众筹实际上仅限于开放公司。因此,SEC建议众筹发行人在英国没有特定商业业务。

在加拿大,安大略省的合格股权众筹发行人必须在加拿大成立,总部设在加拿大,大多数董事必须是加拿大居民,加拿大安大略省证券监管委员会(Ontario Securities Commission,OSC)的建议也不包括投资基金、免除股权众筹招股说明书。

(二)中国目前融资主体混乱

在中国股权众筹行业中,通过股权众筹方式融资的公司绝大多数是初创企业。

根据创投圈网站上公布的投资分类情况可知,创投圈的初创企业似乎包罗万象。具体来说,网站将初创企业划分为传媒、娱乐、互联网产品、电子商务、金融旅游等共18类。天使汇平台上的初创企业则包括科技、新闻媒体和通信互联网、移动互联网等30类,[②]而大家投包含的项目主要包括PC互联网、移动互联网等10类。[③] 尽管网站对初创行业的分类五花八门,但实际上中国目前的股权众筹项目多为TMT(Technology,Media,Telecom)行业和高新技术行业,尤其是从有成就的融资项目来看,多为以App应用等电子互联网产品作为核心的融资。[④]

在我国也有平台为非初创企业融资。例如,人人投作为国内首家专注于实体店铺股权众筹网络服务平台,为了控制股权众筹融资风险,主要业务是为中小实体企业融资开店,旨在为投资人和融资人搭建一个公平、透明、高效的互联网金融投资服务平台。笔者在对人人投企业的调研过程中

---

① 例如,豁免型公开公司不需要任命审计师,年度财务报告不需要审计,直到它通过股权众筹方式筹集了100万澳大利亚元并且花费了50万澳大利亚元时为止。在豁免期间,公司也不需要召开年度股东大会。当下列情形之一出现时,豁免型公开公司的地位自动终止:(1)持续6个月企业资本达到了规定的标准,即500万澳大利亚元。(2)企业的收入达到了预期的最低,即年收入500万澳大利亚元。(3)公司作为豁免型公开公司已成立了3年。如果股东通过特别决议同意(公众股东此时作为单独的一类股东投票),未满足资本或收入标准的豁免型公开公司可以在3年的期限届满后再续展。续展可以做2次,每次12个月,必须由股东投票表决。

② 参见天使汇网:http://angelcrunch. com/ startup,最后访问日期:2019年1月15日。

③ 参见天使汇网:http://www. dajiatou. cn/index. php?m=project,最后访问日期:2019年1月15日。

④ 参见杨东、苏伦嘎:《股权众筹平台的运营模式及风险防范》,载《国家检察官学院学报》2014年第4期。

发现,该企业对已有店铺的审核,一般要求其在国内已经有一家或两家分店,并有年度盈利额的要求。如此,人人投平台上的股权众筹主体大多是非初创企业。

(三)中国股权众筹融资主体应确定为中小微企业

我国股权众筹主体是初创企业还是中小微企业呢?这是一个复杂的问题,因为两种企业形式迥然不同。股权众筹出现的根本原因是中小微企业融资渠道少,亟须获得帮助。

如果将股权众筹融资的主体界定为初创企业,就需要对企业盈利上限、存续期间作出具体的规定。同时还需要删除一部分内容,在社会资金有限的情况下,着力于保障资金实力不足、成立不久的企业优先取得融资,但在排除的企业中,也有公司需要融资。

若将股权众筹融资主体表述为中小微企业,可以避免上述问题。初创企业一般都是中小微企业,如果初创企业最初是大规模的,就说明其资金比较充足,自然不需要通过这种渠道获得融资。所以,笔者建议,将股权众筹主体表述为中小微企业。此外,还应考虑到是否应对中小微企业的存续时间有所限制等问题。

二、筹资企业发起人的资质要求

在股权众筹发行中,发起人的道德水平十分重要,因此,各国立法对发起人的资质都进行了非常细化的规定,目的是保护投资者的利益。

(一)与发起人相关的道德风险

当发起人通过股权众筹融资模式获得资金时,投资人面临着三种风险:发起人欺诈、发起人能力欠缺、投资人认识偏差。①

第一,发起人欺诈问题。美国联邦证券法律的目标是为了实现平衡:投资决定所涉及的重要信息与防止欺诈。对于众筹网站,筹款人不可避免地会故意欺骗投资者并进行众筹融资。由于投资者和筹款人之间的信息不对称,一些筹款人或赞助商也认购股权。在融资项目的名义下自我交易、滥用公司机会、稀释投资者股权等,因此投资者需要能够确定哪些才是真正的融资需求。股权众筹模式假设投资者可以通过在网站上收集和筛选自己投资项目的信息来作出明智的投资决策。由于股权众筹平台是一个开放的平台,广泛的参与将有助于保护投资者免受欺诈风险。通过互联

① 参见赵龙升:《美国股权众筹融资中投资者保护法律制度及对中国的启示》,对外经济贸易大学2015年硕士学位论文,第95页。

网,投资者可以交换有关发起人和相关披露的信息,以便识别哪些是错误的原始项目。减少信息不对称,可以有效地防止因信息垄断导致的欺诈的发生。①

第二,发起人缺乏能力的问题。为了使融资方能够成功筹集资金,该项目必须能够吸引投资者进行投资,因此必然会过多地描述该项目的前景。虽然这些描述与欺诈不同,但在未来极有可能发生争议。例如,一些初创企业,特别是高科技领域的初创企业,得到融资后虽然按照原计划开发了相关产品,但大多数产品的研发被推迟,甚至失败。当现实与预期偏差较大时,就引发了争议。

第三,投资人认识偏差问题。不成熟的投资者对项目过高的估计,进一步增大了进行投资的风险。

(二)美国 JOBS 法案关于初创企业资质的规定

根据美国 JOBS 法案的规定,为了满足 EGCs 的标准,发行人必须在“最近一年的财务年度内有不超过 10 亿美元的收入总额”。② 当 EGCs 出现下列情形之一时,即不再满足 EGCs 标准:(1)发行人在一个财务年度最后一天的收入总额达到或超过了 10 亿美元;(2)发行人 IPO 五年后的第一个会计年度;(3)发行人在之前的三年期间内发行不可转换债券的数额超过 10 亿美元的当天;(4)发行人被认定为“大型加速编报公司”之日。③ 法律在适用方面没有追溯力,发行人如果在 2011 年 12 月 8 日前进行了 IPO,则其不符合 EGCs 资格。④

为了判断是否满足 EGCs 的条件,SEC 发布了常见问题问答。⑤ 为了解释 EGCs 的上述要求,SEC 要求发行人“在提交保密登记声明材料之前满足 EGCs 的条件”并随时进行“测试用水”发布。此外,提交机密注册声明的时间不被视为“初步申请日期”。因此,如果公司正在对注册声明草案进行保密审查,则“应暂停 EGCs 的资格……公司应根据非 EGCs 发行人的适用条款报告注册声明”。因此,保密声明草案成为了登记声明的证据。

---

① See Ross S. Weinstein, "Crowdfunding in the U. S. and Abroad: What to Expect When You're Expecting", 46 *Cornell Int'l L. J.* Spring, 2013 p. 427.

② See JOBS Act § 101(a).

③ See JOBS Act § 101(a).

④ See JOBS Act § 101(d).

⑤ See Jumpstart Our Business Startups Act, "Frequently Asked Questions - Generally Applicable Questions on Title I of the JOBS Act, SEC. & EXCH. COMM'N (last updated Sept. 28, 2012)", Accessed Sept. 28, 2012. http://www.sec.gov/divisions/corpfin/guidance/cfjjobsactfaq-title-i-general.htm.

EGCs 不适用 JOBS 法案规定的经营条件，可以适用其他规则。① SEC 工作人员表示，EGCs“可以以后重新选择适用《1933 年证券法》第七节（a）（2）（B）提供的延长过渡期，只要它符合 JOBS 法案中第 107 条（b）（2）的要求”。选择适用 EGCs 公司规则的决定“应在公司作出决定以后，在第一期信息披露报告或登记声明中进行显著披露，而且这个决定是不可撤销的”。②

关于适用新会计准则，EGCs 可能不会选择豁免。③ 如果一个 EGCs 选择遵守《1933 年证券法》在第七节（a）（2）（B）中规定的新的或修改后的财务会计准则，则 EGCs“必须在公司第一次被要求提交注册声明、定期报告或其他报告材料之时作出这种决定”，④即使 EGCs 已经提交了保密登记声明草案。公司作出的遵守新的或修改后的财务会计准则的决定也是不可撤销的。⑤

（三）中国立法关于中小微企业的资质认定

根据一般法的规定，2011 年 6 月 18 日，一些部门联合印发了《关于印发中小企业划型标准规定的通知》，从从业人员、营业收入等方面规定了关于 15 个行业中小企业的划分标准。而且，从该通知中可以看出，涉及国有企业命脉和国民经济的重要行业均不在此列。

笔者认为，在股权众筹领域，应该借鉴世界其他国家或地区立法，对中小微企业的资质从多个方面进行规定。当企业出现下列情形之一时，不再符合股权集资领域中小微企业的标准：（1）企业职工人数超过《关于印发中小企业划型标准规定的通知》中的相关规定；（2）企业年营业收入超过《关于印发中小企业划型标准规定的通知》中的相关规定；（3）已经进行了首次公开发行；（4）持续时间已超过 5 年。对企业存续年限的规定，可以在立法中进行调整，5 年比较合理。原因是中小微企业发展 5 年之后，一般会有好的基础，若 5 年之后中小微企业依然居于资不抵债的状态，则说明其在整个经济体已处于非良性的存续状态，社会没有必要再为其创造融资机会，否则将损害社会投资资金，加大投资市场的风险。

---

① See JOBS Act § 107（a）.

② Jumpstart Our Business Startups Act，“Frequently Asked Questions-Generally Applicable Questions on Title I of the JOBS Act，SEC. & EXCH. COMM’N（last updated Sept. 28，2012）”，Accessed Sept. 28，2012. http://www.sec.gov/divisions/corpfin/guidance/cfjjobsactfaq-title-i-general.htm.

③ See JOBS Act § 107（b）.

④ See JOBS Act § 107（b）（1）.

⑤ See JOBS Act § 107（b）（3）.

在股权众筹领域，关于中小微企业的职责包括以下几点：(1)向股权众筹平台提供真实、准确、完整的用户信息；(2)确保融资项目真实合法；(3)发布真实准确的融资信息；(4)向投资者报告可能影响投资者权益的重大信息；(5)证券业协会规定的其他职责。同时，还应规定禁止行为：(1)欺诈性发行；(2)向投资者承诺投资本金不存在损失或承诺最低回报；(3)同时通过两个或两个以上的平台为同一个项目融资，并在股权众筹平台以外的公共场所发行融资信息；(4)证券业协会禁止的其他行为。

(四)股权众筹发起者的组织形式问题

中国有两种类型的公司：有限责任公司和股份公司。有限责任公司的股东人数不能超过50人，且不能公开发行股票。股权众筹通过互联网提供报价，投资者可能超过50人，且投资者并不特定。根据中国《证券法》的规定，向未指明对象公开发行股票的，需要经中国证监会批准。因此，有限责任公司不适用于在线股权众筹。

初创企业在公司发展初期无法获得银行贷款和风险投资，因此各国鼓励发展股权众筹。大多数初创企业都是有限责任公司，有限责任公司也是初创企业最适合的公司形式，但有限责任公司的股东不能超过50人，且不能公开发行股票，因此初创企业使用股权众筹来募集资金是矛盾的。

中国的一些众筹网站使用“有限合伙”作为发行公司与投资者之间的桥梁。通常的操作方式是，投资者首先要建立有限合伙企业，然后有限合伙企业作为股东持有发行公司的股权，从而规避有限责任公司的股东人数上限。但这种方法对某些公众投资者没有吸引力，因为一些公众投资者希望直接持有初创企业的股权。

此外，为了规避公开发行，众筹网站通常会对投资者进行认证。只有经过认证的投资者才能在众筹网站上设置账户并浏览网站上的项目，同时还要保证股东人数不超过200人。笔者认为，众筹网站认证的做法只是为了规避法律，其实质仍然是变相公开发行方式，应该被禁止。退一步讲，即使这种形式合法，投资者的数量限制在200人以下，股权众筹的优势也无法得到充分发挥。因此，为了在中国发展股权众筹，有必要对有限责任公司形式或公开发行方式进行变更规定。

对此，有以下两种选择。(1)允许有限责任公司公开发行股权。但这种做法有必要取消对有限责任公司股东数量的限制。否则即使有限责任公司可以公开发行股票，也没有多大意义。但这会使有限责任公司形式失去其本来特征，因为它将无法与股份公司区分开来。(2)股权集资发行人必须是股份有限公司，或者在成功筹款后改为股份有限公司。其优点如下:第一,仍然可以保持有限责任公司和股份公司之间的区别;第二,如果发行人是有限责任公司,那么融资成功后必须转换为股份公司,这样就无须改变公开发行方式;第三,成功筹款后只需要改为股份公司,不会给创业公司带来太多额外负担。

虽然中国法律对有限责任公司的监管与对股份公司的监管不同,但新《公司法》已经取消了有限责任公司和股份公司最低注册资本的限制。因此,中国没有必要为股权众筹创建一种新形式的公司。故笔者认为可以采取上述两种选择。

第二节　企业价值认定和《股权众筹意向书》

一、初创企业价值认定

(一)初创企业价值认定的意义

定价信息披露是保护投资者的另一个重要制度。[①] 对于刚刚成立的中小企业而言,其并没有通过市场运作形成相对公允的市场价值,尤其是对于那些基于某一知识产权和某一商业创意而采取股权众筹模式的初创企业,对其价值的认定难度很大。但初创企业价值认定是股权众筹的重要条件,只有在确定了企业的价值之后,才能确定通过众筹出让的股权比例,进而确定众筹股份份额的价值,并依此确定最终的股东人数和筹资总额。另外,众筹网站的投资者们在大多数情况下是"不成熟的",可疑的股份定价很容易被忽视。所以,初创企业价值认定问题是股权众筹中的核心问题之一,也是发起股权众筹的第一步。

(二)初创企业价值认定存在的问题

股权众筹的重点在于如何给软性的产品定价,如高新技术企业、软件产品、文化创意产品等众筹重点产品的定价。但目前,对初创企业价值的认定是普遍难点,在立法层面,对此问题也尚无规定。在发达国家,已经形成了比较完善的知识产权评估、转让市场,关于初创企业价值的认定可以通过专门的知识产权评价机构、第三方中介评级机构等实施。但是在我国第三方中介评级机构、知识产权评级市场尚未得到充分发展的情况下,对初创企业价值的认定,并没有市场化的、投资者可接受的认定标准和程序。

① See Alan R. Palmiter, "Pricing Disclosure: Crowdfunding's Curious Conundrum", 7 *Ohio St. Entrepreneurial Business Law Journal*, 2012, 373, 374.

在我国股权众筹实践中，初创企业的定价工作往往是由创业团队自身完成的。笔者在调研的过程中发现，有些股权众筹平台会对融资项目进行大概的价值评判和风险预估，有些股权众筹完全依照项目的经营需求预定融资额，然后除以预设的出让股权比例，最后形成自己的价值预估。甚至有互联网金融企业的负责人直言，中国暂时还没有形成规范的知识产权评估市场，互联网金融企业的价值评估是一句空话。此外，大量的中小企业根本无力负担知识产权评估的成本，大家现有的做法就是趁立法未完善之时，自己评估自己的实力，并尽可能多地融资，打好经营基础。这种定价的方式毫无科学性可言，直接造成了投资风险。

若存在一个开放的市场，专业的天使投资人会自己计算投资回报率，这时如果创业团队没有专业的财务顾问来决定众筹资金的多少，那么成交的概率很可能变小。加上国内用户大多习惯于给实体产品付费，并不愿意为概念、设计当中的产品付费，导致目前众筹还只有一小部分人使用，要扩大到大众层面还需要较多的时间。① 不过，对具有知识产权性质的价值评估是相当困难的，某项技术在未来的价值很难准确量化。所以，初创企业价值评估制度的缺失是限制股权众筹行业发展的“瓶颈”之一。

另外，初创企业价值不确定造成的另一个问题就是众筹行业的业绩承诺与对赌协议。在创业投资实践中，目标要求及目标不能实现时的对赌条款是常见的业绩承诺，投资人对投资标的的估值也是基于目标达成情况而设定的。而按照现行法律规定，股权众筹是不可以作目标承诺和业绩对赌的，因为创业投资是需要承担风险的股权投资，众筹如果不突破投资人与创业者之间的目标机制，一般也无法取得长足的发展。如何突破筹资法中不得作出业绩承诺与收益保障的问题，保证线下有限合伙企业与创业企业之间签订的对赌协议获得法律许可，也是股权众筹的一个目标突破点。②

（三）“荷兰式询价”方式的应用

由于项目估值越高，融资完成比率就越低，所以众筹平台可以改进项目估值的基本方式。目前，我国众筹平台是通过沟通的方式进行项目估值，这是一种非市场化的项目估值方法，并没有考虑这个市场中最基本的元素——投资者的相关意见。虽然前期会进行相关的调查，但对此估值结果也是可以质疑的，③且众筹平台本身在成立初期作为第三方中介平台的可信度不够高，因此估值结果得不到足够认可。在没有充足的信息获取、

① 参见盛佳等编：《互联网金融第三浪：众筹崛起》，中国铁道出版社 2014 年版，第 47 页。

② 参见魏来主编：《玩转众筹》，机械工业出版社 2014 年版，第 170 页。

③ 参见杨东、黄尹旭：《中国式股权众筹发展建议》，载《中国金融》2015 年第 3 期。

风险判别和风险定价能力的情况下,投资者自由投资的权利无法得到实现,领投人也享受不了议价的权利。[①]

为解决这种估价方式的弊端,目前一些平台采用的是"荷兰式询价"方式,但这种方式也未必合适。在股权众筹中,投资者的询价和创业者出让的股份比例都有所限制,并非所有的投资者都适合通过众筹进行股权买卖。[②]

二、起草《股权众筹意向书》

在股权众筹发起阶段,融资者并没有直接面向市场,所以并不需要承担过多的信息披露义务。《股权众筹意向书》也不同于股票发行说明书,其主要目的是发起人向股权众筹平台介绍自身的经营情况、发展计划、知识产权、初步融资计划等情况,并提交使股权众筹平台了解、审核其融资计划的材料。股权众筹平台可以以此决策是否允许融资者推进磋商融资计划。

(一)企业管理团队信息

由于各种风险的存在,有人直接对股权众筹制度的可行性提出质疑,并强调新创企业的核心在于管理团队的能力。例如,耶鲁管理学院教授大卫曾公开批评众筹模式并不会成功。小投资者在大多数情况下会损失掉所有的资金,而且并不会有很多初创企业能通过众筹建立且成功运行。立法者明显不理解成功企业投资的关键因素。初创企业最重要的是经营理念背后的管理团队的管理能力,而不是理念本身。创业者、企业家要想让理念变成现实,需要非常强有力的管理团队,管理不足容易导致新兴企业的失败。[③] 在股权众筹中,投资者并不能通过网络信息来判断管理团队的能力。真正的资本家不会在网上进行投资——他们会花很多时间去采访创业者/管理团队,小投资者也不能根据网络成功投资。[④]

但是,对股权众筹制度的运行而言,小投资者不可能去调查新创企业的团队管理能力,这也失去了互联网众筹降低融资成本进行快速融资的本

---

① 参见郑海超等:《创新项目股权众筹融资绩效的影响因素研究》,载《中国软科学》2015 年第 1 期。

② 梅俊彦、张莉:《平台估值一年涨 30 倍 股权众筹或迎井喷期》,载《中国证券报》2014 年 4 月 4 日,A06 版。

③ See Uriel S. Carni,"Comment:Protecting The Crowd Through Escrow:Three Ways That The SEC Can Protect Crowdfunding Investors",19 *Fordham J. Corp. &Fin. L.* ,2014,p81.

④ See David M. Cromwell,"Comments on Proposed Rule:Crowdfunding",*Release No.* 33-9470, Accessed,Oct. 27,2013. http://www.sec.gov/comments/s7-09-13/s70913.shtml.

意。上述学者的观点从侧面告诉了我们,股权众筹企业发起人或者管理层的信息披露对股权众筹投资决策的重要性。筹资人作为项目的直接发起者、资金筹集者以及日后项目的经营者,其主要工作内容是通过向外界展示一系列必要信息以吸引投资,利用所筹资金开展项目经营并将所获收益按约定回报给投资人。自股权众筹产生之初,筹资人的信用信息一直都是人们关注的焦点,主要是指筹资人向众筹平台申请发起项目时所提交的个人基本信息。

筹资人的基本信息、主要人员的资信状况、筹资人的经营能力等信息都需要股权众筹平台进行完善和确定。真实和全面的筹资人信息不仅有利于投资人作出相对理性的投资选择,防范不必要的投资风险,同时也有利于众筹平台更为全面和透彻地审核某项目是否适宜上线筹资,最大化尽到审慎督察义务,以避免自己为日后不可预测的风险承担责任。①

(二)企业价值评估报告

如上所述,企业价值评估报告在我国股权众筹操作中是一个难题。但对科技创新型企业而言,在《股权众筹意向书》中,应对与自身技术相关的知识产权信息进行调查,并判断其技术的新颖性、创新性,阐述该技术的应用条件和盈利前景。另外,在企业价值认定过程中,还需注意知识产权的权属和转让问题。初创企业的知识产权应是不存在纠纷的知识产权。若是通过他人授权、转让的知识产权,应保证其中不存在法律纠纷。对管理模式创新型企业而言,在《股权众筹意向书》中,则应明确其经营模式的创新之处、经营优势、盈利预期等信息。

(三)现有的经营情况

现有经营情况的核心内容包括对企业注册地、组织形式、员工人数、营业收入情况、存续期限等的说明,目的是衡量众筹企业是否满足股权众筹发起人的资质条件。

(四)初步融资计划

《股权众筹意向书》中的融资计划仅表达融资者的融资意愿,并没有法律约束力,其内容也可以与平台协商后进一步补充和完善。《股权众筹意向书》中融资计划的内容大致包括:融资额度、融资期限、资金使用计划、是否需要领投人、已经确定的领投人的情况及其投资意向书、投资人权益计划等。

---

① 参见武晋:《股权众筹中的信息对称性法律研究》,载《山东青年政治学院学报(法律研究版)》2015 年第 1 期。

第五章　股权众筹平台的选择

第一节　股权众筹平台的性质

股权众筹平台的性质一直存在争论。如果只将股权众筹平台定义为信息中介平台,该平台只为投融资方提供信息和中介渠道,从中收取中介费。在这种情况下,股权众筹平台与筹款人和投资者是居间合同关系。股权众筹平台无须对筹资方的融资项目的真实性进行尽职调查和实质审查,只需完成形式审查就足够了。可以说,确定股权众筹平台的性质是后续认定股权众筹平台责任的基础。

一、股权众筹平台性质基础理论

在金融交易中,中介机构往往有助于解决或平衡那些可能会在交易市场中产生负面影响的信息不对称问题。

信息中介(Information Intermediaries)可能会在证券交易中扮演不同的角色,可以作为中间人或是市场营销者。这些中介机构类似于证券交易市场中其他类型的中介机构,承担着保护投资者的任务,"中介机构在增加投资者福利中发挥着关键作用"。①

认证中介是一种特定类型的信息中介,也可以是一种声誉中介。认证中介以"可靠的评估和监测服务"的形式向潜在和实际的市场参与者提供信息。认证中介通常被称为"看门人"。在证券交易中,这些类型的中介机构主要包括:保险人公开募股评级机构、注册会计师和律师等。②

从广义上讲,声誉中介包括认证中介,其也是功能意义上的信息中介。

---

① Stephen J. Choi, "A Framework for the Regulation of Securities Market Intermediaries", 1 *BERKELEY BUS. L. J.* ,2004,pp. 46-47.

② See Jonathan M. Barnett, "Intermediaries Revisited: Is Efficient Certification Consistent with Profit Maximization?", 37 *Iowa J. Corp. L.* ,2012,pp. 477-478.

因此,声誉机构通常被视为“看门人”。[①] 中介负责监控、集中信息和质量问题,同时还提供身份验证功能,防止欺诈或其他交易摩擦(至少在理论上如此)。[②] 因此,中介机构具有集体化功能,保护投资者的利益,并建议投资者以不同方式验证或评估公司审计部门。

二、股权众筹平台性质种类

股权众筹平台是连接发行人和投资者的中间人。实践中,因众筹平台的运作模式不同和相关法律制度不同,世界各国对它的认识也不同。股权众筹平台性质主要分为以下五种:

(一)股权众筹平台为经纪人或承销商

采取此观点的主要有美国和加拿大。在美国,股权众筹平台需要在SEC注册为经纪人、交易商或专门的“集资门户”(Funding Portal)才能从事股权众筹交易。在加拿大,除安大略省以外的地方,目前均规定注册的交易商在通过互联网向公众出售证券时可以免于提交招股说明书,从事股权众筹活动的主要是注册交易商中的“豁免型市场交易商”(EMD),[③]而安大略省的众筹建议要求股权众筹平台注册为“受限交易商”(Restricted Dealer)。英国众筹立法也涉及了是否将众筹平台注册为与经纪人相类似的主体的内容。然而,英国根据金融服务管理局的“安排”以及相关的实施规定,对此问题的规定并不十分明确,[④]英国金融服务管理局也未就此作

---

① See Jonathan M. Barnett, “Intermediaries Revisited: Is Efficient Certification Consistent with Profit Maximization?”, 37 *Iowa J. Corp. L.*, 2012. pp. 477-478; John C. Coffee, Jr., “Understanding Enron: ‘It's About the Gatekeepers, Stupid’”, 57 *BUS. LAW.* 1403, 1405, 2002. Arthur B. Laby, “Differentiating Gatekeepers”, 1 *Brook. J. Corp. Fin. & Com. L.*, 2006, p. 129. Joseph K. Leahy, “The Irrepressible Myths of BarChris”, 37 *Del. J. Corp. L.*, 2012, p. 418.

② See Assaf Hamdani, “Gatekeeper Liability”, 77 *S. Cal. L. Rev.* 53, 2003, p. 113. Mark Klock, “Two Possible Answers to the Enron Experience: Will It Be Regulation of Fortune Tellers or Rebirth of Secondary Liability?”, 28 *Iowa J. Corp. L.* 69, 85, 2002. Joseph K. Leahy, “The Irrepressible Myths of BarChris”, 37 *Del. J. Corp. L.*, 2012, pp. 411, 418.

③ 参见 Section 2.9 of National Instrument 45-106-prospectus and Registration Exemptions。目前,加拿大注册交易商中的豁免型“市场交易商”和“投资交易商”(Investment Dealer)通过因特网向公众出售证券均可免予提交招股说明书,但主要是EMD从事股权众筹活动。See European Crowdfunding Network, “Review of Crowdfunding Regulation: Interpretations of Existing Regulation Concerning Crowdfunding in Europe”, North America and Israel, p. 35, 2013, Accessed Nov. 30, 2014. http://www.europecrowdfunding.rog/wp-content/blogs.dir/12/files/2013/12/ECN-Review-of-Crowdfunding-Regulation-2013.Pdf.

④ See London Funding Conference, Crowd Funding, Staying on the Right Side of the FSA Part 2, YouTube, Accessed Apr. 6, 2011. http://www.youtube.com/watch?v=qWgKbewv7FY. See also Financial Services and Markets Act, 2000, c. 8, § 1(Eng.).

进一步的解释。[①]

1. 股权众筹融资平台与经纪人、承销商的区别

在美国,根据《证券交易法》的规定,众筹平台是否需要注册为经纪人是一个悬而未决的问题。经纪人(Broker)是指任何为他人账户从事证券交易的自然人或法人。这个概念非常广泛,SEC 也对此进行了举例说明:经纪人,是指推荐投资者或客户投资于公司证券或者其他证券中介机构的自然人或法人,或者是运营或控制证券交易电子平台(Electronic Platforms)的自然人或法人。[②]

2. 美国"众筹门户"的含义

SEC 拟定的众筹法规中的"资金门户"是指在销售过程中作为中间机构的 Broker,其不对雇员或在其平台上销售或购买证券的人进行补偿,不能持有投资者的资金或证券,[③]且应当在 SEC 注册。[④] 平台是指"注册经纪商或注册资金门户可以在依第四节(a)(6)规定进行的与发行或销售证券相关的交易中,通过一个网站或其他类似的电子媒介扮演中介机构的地方"。[⑤]

美国众筹法案授权证券发行者(如公司)每年至多众筹 100 万美元。众筹交易不能在发行人和投资者之间直接进行,必须通过一个在 SEC 注册过的金融中介平台进行。[⑥] 中介平台可以注册为经纪自营商或者"融资门户",[⑦]这是法案创造的一种新的中介类别。[⑧] 这些金融中介平台有义务教育投资者投资的风险,包括全部损失的风险,还有非流动性的问题。[⑨] 同时,中介平台的董事、管理人员或者合伙人与发行人不能有任何经济利益关系。[⑩] 从性质上讲,筹资门户(Funding Portal)是众筹法案引进的一种新的证券中介机构形式。

---

① See Jake Green,"The Regulated Activities Order:Arranging Deals in Investments",Accessed June 17,2009. http://www.nabarro.com/downloads/the-regulated-activities-order - arranging-deals-in-investments.pdf.

② See JOBS Act:"Brokers can be entities or persons that find or refer investors or customers to investment companies or other securities intermediaries."

③ See Crowdfunding,78 Fed. Reg. at 66,556(to be codified at 17 C.F.R. § 227.300(c)(2)).

④ See Crowdfunding,78 Fed. Reg. at 66,559(to be codified at 17 C.F.R. § 227.400(a)-(g)).

⑤ Crowdfunding,78 Fed. Reg. at 66,552(to be codified at 17 C.F.R. § 227.100(d)).

⑥ See Jumpstart Our Business Startups Act § 302(a),15 U.S.C.A. § 77d(a)(6)(A)(West Supp. 2012).

⑦ See Securities Exchange Act of 1934 § 3(a)(4),(5),15 U.S.C. § 78c(a)(4),(5)(2006).

⑧ See Jumpstart Our Business Startups Act § 304(b),15 U.S.C.A. § 78c(a)(80).

⑨ See Jumpstart Our Business Startups Act § 302(b),15 U.S.C.A. § 77d-1(a)(3)to(a)(4).

⑩ See Jumpstart Our Business Startups Act § 302(b),15 U.S.C.A. § 77d-1(a)(11).

众筹投资中介这个概念源于众筹法案之前存在的众筹网站(通常也作为众筹平台被引用到文献中)。本质上讲,集资的门户网站是一个列出了众筹项目并为有兴趣的投资者提供配套服务的网站。这种小型发行人与潜在投资者之间的主动公告牌服务已经持续多年,如今有了一个正式的名称——法案将之定义为“资金门户”,并有义务在自律性组织中登记。①

在众筹法案中,众筹门户的想法源于在众筹法案颁布之前众筹业务的增长方式。早期的集资网站是信息分配渠道和信息中介,并且在一些情况下作为认证中介存在。它们将从种子企业或项目中得到的资金或其他利益回报给出资人,还将有关发行事项转达给出资人和企业或项目双方,以寻求能通过网站提供资金的信息。众筹网站有时会对欲通过网站寻求资助的企业和项目进行尽职调查,且通常以相对较低的成本和相对简单的操作方式进行调查从而寻求资金,但是众筹法案对平台规定了很多义务,很难想象其盈利模式将会是什么样的。②

3. 美国对“众筹门户”的定性

众筹门户网站是信息中介。根据众筹法案的规定,众筹门户负责向投资者和美国证券交易委员会提供某些信息并提供相关支持。③ 具体而言,作为众筹机构,众筹门户必须确保每个投资者:(1)以委员会规定的方式审查投资者教育信息;(2)确认投资者已经理解了整个投资的风险;(3)回答问题,表明投资者了解初创企业以及初创企业和小型证券发行人的一般风险水平、了解缺乏流动性的风险、了解委员会规则下的其他适当的有关事项。④

众筹门户网站还肩负着资质认证功能。众筹法案要求众筹门户采取措施以减少不当行为发生的可能性。SEC 规定,众筹门户需要获得股权众筹发行人、发行人的股东的背景信息以及执法监管记录。众筹投资者可以对众筹发行人和产品进行尽职调查,但众筹法案要求众筹门户网站代表他

---

① See Stuart R. Cohn, “The New Crowdfunding Registration Exemption: Good Idea, Bad Execution”, Accessed Nov. 20, 2012. http://ssrn.com/abstract=2066016.

② See Ryan Calbeck, “Why We are Picky: The Importance of Curation in Crowdfunding”, FORBES. COM, Accessed Nov. 20, 2012. http://www.forbes.com/sites/ryancaldbeck/2012/11/20/why-we-are-picky-the-importance-of-curation-in-crowdfunding/ (referring to this type of due diligence—the investigation that crowdfunding websites perform on potential issuers or projects and their promoters-and the resulting selection process as “curation”).

③ See C. Steven Bradford, “The New Federal Crowdfunding Exemption: Promise Unfulfilled”, 40 *SEC. REG. L. J.* 206-207, 2012. [hereinafter “Bradford Ⅱ”], Accessed Nov. 20, 2012. http://ssrn.com/abstract=2066088.

④ See 15 U.S.C. §§77d-1(a)(3),(4)&(6)(2012).

们履行职能。① 该规定可以降低投资者自身的尽职调查成本和交易风险。

众筹法案中规定的众筹门户的认证功能,将众筹门户转变为声誉中介,投资者可以根据众筹门户的存在和身份作出部分投资决策。与《1933年证券法》相比,JOBS 法案强制众筹股份在众筹门户网站上发布。② 众筹法案要求众筹门户网站进行尽职调查并加强信息交流,类似于承销商在公共注册中履行的职能。③ 这可以降低投资者的调查成本和投资信息不对称程度,也会使其对门户网站产生信任,门户网站需要对投资者承担信托义务。

然而,与证券承销商相比,众筹门户对发行人的依赖性较小,而众筹门户无法为某些证券承销商开展业务。具体来说,根据众筹法案的规定,门户网站不能"提供投资建议或建议",④"招揽(他人)购买、出售或发行门户网站上显示和发布的证券",⑤"基于招揽行为,向其员工、代理人或其他人提供补偿,或在其网站上显示已售出的证券",⑥或"持有、管理、拥有或以其他方式处理投资者的资金或证券"。⑦ 但证券承销商可以担任顾问、招揽投资(对员工和代理人的报酬),也可以作为渠道中介持有投资者的资金和证券。⑧ 换句话说,融资门户网站不能向投资者提供投资建议或建议,也不能指示他人购买、出售或发行可从其网站获取的证券,即不允许通过邮件、传真或其他方式进行营销。股权众筹平台之间也将存在竞争,以提高其服务质量并促进其优化股权众筹投资服务,但不鼓励其在网站上激励证券的发行或销售。

(二)股权众筹平台为投资咨询机构

法国的参与式融资法规将股权众筹平台注册为新的参与式投资咨询

---

① See Service, CROWDCHECK. COM, Accessed Apr. 7, 2013. http://www. crowdcheck. com/services.

② See Arthur B. Laby, "Differentiating Gatekeepers", 1 *Brook. J. Corp.*, *Fin. & Com. L.* 132, 2006. Joseph K. Leahy, "The Irrepressible Myths of BarChris", 37 *Del. J. Corp. L.*, 2012, p. 418.

③ See Joan Macleod Heminway, "The New Intermidiary on the Block: Funding Portalsunder the Crowdfund Act", *Business Law Journal*, *University of California*, *Davis*. 13 *U. C. Davis Bus. L. J.*, 2013, p. 117.

④ See 15 U. S. C. § 78c(a)(81)(A)(2012). C. Steven Bradford, "The New Federal Crowdfunding Exemption: Promise Unfulfilled", 40 *SEC. REG. L. J.* 220–221, 2012.

⑤ See 15 U. S. C. § 78c(a)(81)(B)(2012). C. Steven Bradford, "The New Federal Crowdfunding Exemption: Promise Unfulfilled", 40 *SEC. REG. L. J.* 221, 2012.

⑥ See 15 U. S. C. § 78c(a)(81)(C).

⑦ See 15 U. S. C. § 78c(a)(81)(D).

⑧ See 15 U. S. C. § 77b(a)(11). See also Stephen J. Choi, "The Unfounded Fear of Regulation S: Empirical Evidence on Offshore Securities Offerings", 50 *Duke L. J.* 663, 694 *n.* 106, 2000. Arthur B. Laby, "Differentiating Gatekeepers", 1 *Brook. J. Corp.*, *Fin. & Com. L.*, 2006, pp. 132–133.

机构(Adviser),由金融市场管理局监管,类似于金融投资建议机制。对咨询机构没有资本要求,但其不能参与其他活动。

(三)股权众筹平台类似于交易所

一些学者认为,股权众筹平台类似于交易性质的金融机构。在股权众筹中,中介机构控制着可以提供给发行人的大量融资机会,同时还控制了可以提供给投资者的大量投资机会。因此,中介可以被视为"交换"。根据澳大利亚现行《公司法》的规定,如果股权众筹平台以传统形式(通过邀请或被邀请)发行金融产品(股票、债券或计划股票),则此类股权众筹网站的运营商需要获得澳大利亚市场许可证(AML),而无须获得澳大利亚金融服务许可证(AFSL)。

(四)股权众筹平台为金融服务或投资服务提供者

根据现行澳大利亚《公司法》的规定,如果股权众筹平台没有以通常的方式参与要约或邀请,而更多是从事金融服务的中介组织,则需要获得AFSL。①

此外,法国众筹法规允许股权众筹平台注册为投资服务提供商(PSI),并且还允许其注册为参与式投资咨询机构。当然,投资服务提供商和参与性的投资咨询机构提供的服务不同,则其监管事项和要求也不同。

(五)股权众筹平台为特殊的专门机构或提供特殊的专门服务

虽然美国允许在美国证券交易委员会注册的经纪交易商从事股权众筹,但毕竟股权众筹平台与一般经纪交易商不同。因此,美国JOBS法案创建了一个新的股权众筹组织——"资金门户",作为股权众筹机构。新西兰的众筹法规要求中介机构获得参与众筹服务的许可,该服务定义了"众筹服务",为公司的股票发行提供了便利,主要目的是促进筹集资金的公司与寻求投资的投资者的匹配。除了允许投资公司和银行作为股权众筹平台运营外,意大利还允许在金融市场监管局注册的某些公司运营股权众筹平台和其他合格公司,通过在线平台为初创企业提供资金。

各国对股权众筹平台的性质有不同的理解,这些平台与一个国家的金融或证券法以及众筹平台的不同运作模式有关。然而,无论如何定义,股权众筹平台从事的是金融业务或证券业务,或至少涉及金融业务或证券业务。事实上,股权众筹只是一种基于互联网的融资模式,其实质仍然是金

① See 15 U.S.C. § 77b(a)(11). See also Stephen J. Choi, "The Unfounded Fear of Regulation S: Empirical Evidence on Offshore Securities Offerings", 50 *Duke L. J.* 663, 694 *n.* 106, 2000. Arthur B. Laby, "Differentiating Gatekeepers", 1 *Brook. J. Corp.*, *Fin. & Com. L.*, 2006, pp. 132-133; Section 766A, Section 911A of Corporations Act 2001.

融活动。

三、股权众筹平台的性质分析及中国立法

(一)股权众筹平台性质分析

基于世界上已有的股权众筹立法分析,我国有学者认为,股权众筹平台具有证券承销商、股票经纪人、证券发起人、证券交易所和股权众筹服务机构的性质,并指出定位股权众筹平台会影响平台参与股权众筹的积极性。这位学者具体讨论了如下内容:

无论股权众筹平台的运作模式如何,发行人都必须在平台上展示其融资项目,并为公众提供公开报价。因此,从发行人的角度来看,该平台基本上扮演着向公众推广发行人股票的角色,类似于证券承销商,即利用他们自己的渠道和网络帮助发行人向投资者出售股票。此外,一些平台根据发行人筹集的金额按比例收取费用,这与证券代理销售佣金类似。因此,可以说,股权众筹平台类似于证券承销商。

从投资者的角度来看,投资者需要在众筹平台上开设账户。平台接受投资者的指示后,就要帮助他们购买股权并将资金转移到发行人的账户或委托第三方机构保管。此时,股权众筹平台类似于证券经纪人的角色,即作为投资者购买股权的代理人。

由于众筹平台注重持续的声誉,平台不接受所有人在其网站上公开报价。通常对发行人要求一定的标准,所以平台会对发行人进行尽职调查,并在一定程度上确保发行人信息的真实性。当股权众筹平台类似于证券发起人的角色时,只选择一些发行人的在线促销项目来进行股权发售也可以被视为向公众推荐发行人。

如果众筹平台被视为发行人转让股权及投资者购买股权的地方,那么股权众筹平台也具有与证券市场类似的特征。如果平台选择发布者的标准被视为“营销条件”,则也可以说众筹平台是某种形式的“交换”。

该学者还认为,虽然股权众筹平台具有证券承销商、证券经纪人、证券发起人甚至证券交易所的某些特征,但与它们仍存在很大差异,因此中国可以像美国和新西兰一样,将股权众筹平台视为专门从事“股权众筹服务”的组织。

另一位学者认为,股权众筹平台可以利用互联网优化资金和投资者之间的剩余资本配置,提高剩余资本的利用效率,解决信息不对称造成的资金浪费问题。股权众筹平台的这种功能性作用表明它是独立于交易各方存在的第三方实体,它促进而不是直接参与交易。从这种运作模式来看,

它类似于中介合同中的中间人。①

股权众筹平台除了调查企业家基本情况外，还对投资者资格进行核实和分类。项目完成后，一些众筹平台也参与基金管理和投资后管理。这些事情显然超出了中介的范围。众筹平台及其多功能属性等特点，在专业性和全面性方面表明了现代经济中商业主体的身份属性。法律关系的范围一般可以放在合同中，但除了一般市场实体的理性或“计算”能力之外，越来越难以将其转化为某种合同关系。② 换言之，该学者认为，很难对股权众筹平台进行唯一定性，契约规则的适用也不具有唯一性。

笔者认为，上述对股权众筹平台性质的分析反映了股权众筹平台的本质和法律属性，但立法应该引导、规范实践行为，应为社会行为给出相对明确的指引。所以，在我国立法中，应该就股权众筹的性质进行较为明确的规定。从立法技术上讲，也可以不明确说明平台的性质，而是通过细化股权众筹平台权利义务的方式实现其立法引导功能。

（二）案例分析：股权众筹平台的定性对实践的影响

“飞度公司诉诺米多餐饮公司案”被称为“中国股权集资第一案”。本案中，一审原告飞度公司是运营“人人投”的股权众筹平台，被告诺米多公司与其签订《委托融资服务协议》，委托飞度公司在该平台融资。在融资期内，飞度公司成功为诺米多公司融资 70.4 万元，共有 86 位投资人认购投资。为履行融资合同，诺米多公司选定位于东城区金宝街的一处房屋作为经营用房。但飞度公司认为该房屋性质、店铺租金均与实际情况不符，可能涉及违建。在诺米多公司拒绝提供房屋真实产权信息的情况下，飞度公司诉至法院，请求解除与诺米多公司的协议，并要求诺米多公司支付融资费、违约金、经济损失共计 10 万余元。

北京市第一中级人民法院审理认为，《委托融资服务协议》系双方当事人的真实意思表示，其内容并未违反国家法律、行政法规的禁止性规定，合法有效。关于违约责任问题，诺米多公司提供的《房屋租赁合同》显示其所租房屋系平房，而现有证据能够确认该房为楼房，故该房可能存在违建等隐患。即使该房是合法建筑，但房屋所有权人是否允许案外人进行转租等问题直接关系到众多投资人的核心利益，并有可能加大投资人的风险。飞度公司及投资人要求诺米多公司进一步提供房屋产权证及转租文件等属于维护自身的正当权益。同时，飞度公司对诺米多公司融资信息的

① 参见郑若瀚：《中国股权众筹法律制度问题研究》，载《南方金融》2015 年第 1 期。

② 参见郑若瀚：《中国股权众筹法律制度问题研究》，载《南方金融》2015 年第 1 期。

真实性负有审查义务,以此降低投资人的风险。在诺米多公司提供的相关证件仍难以完全排除可能存在交易风险的情况下,飞度公司认为诺米多公司存在信息披露不实具有相应的事实依据。因此,导致双方融资协议解除的主要责任在于诺米多公司。

笔者认为,本案争议的关键问题是股权众筹平台的定性,即股权众筹平台是否被定性为信息中介平台或股权众筹项目的主体。但本案审理的最大难点在于众筹法律的缺位导致对股权众筹平台性质的无法界定。

1. 案件判决没有直接法律依据

2014 年 12 月 18 日,中国证券业协会公布了《征求意见稿》。但是,此《征求意见稿》的正式文本迟迟未能公布,导致上述案件在判决时并没有直接的法律依据。案件判决时只能依据《合同法》有关违约责任的条款,但在双方都出现违约事实的情况下,违约程度的确定、违约责任的划分又需要根据案件本身的特性来确定。本案中,违约责任划分的依据是股权众筹平台的性质以及股权众筹中各方权利义务关系的确定。

2. 股权众筹平台的性质不明,双方合同性质无法确定

在此案审理中,需要解决的基本问题就是对平台性质的界定。从股权众筹模式出现,对股权众筹平台性质的争论就一直在持续,股权众筹平台是服务类的信息中介平台还是审核平台,也是立法在探讨的问题。

如果只将股权众筹平台定义为信息中介平台,则该平台只负责为投融资方提供信息和中介渠道,并从中收取中介费。在这种情况下,股权众筹平台无须对募集资金提供的融资项目的真实性进行尽职调查和实质审查。如果坚持这样的原则,平台就没有义务进行尽职调查,即不需要关注诺米多公司租来的房子。

但如果股权众筹平台具有实质性审查义务,在尽职调查方面,平台需要审查投资者的资格、项目的盈利前景、融资计划、资金使用、业务审核,并向投资者告知尽职调查的结果。如果案件坚持这种实质审查原则,平台就有义务进行尽职调查,平台需要提出存在的非法建筑问题和房屋没有房产证的问题。本案一审和二审法院均支持了原告飞度公司的主张。由此可见,法院认为众筹平台应承担一定的实质审查义务。

3. 立法完善与司法建议

针对这种情况,有学者建议修改股权众筹平台的尽职调查义务。该学者指出,中国金融业面临的一个重要问题是金融消费者知识的不足,因此,对金融消费者的保护和教育尤为重要。为应对金融消费者保护,监管层应

鼓励行业创新和自由竞争,制定规范,促进平台提升专业能力,要求平台履行监督职责,对投资项目进行尽职调查,审查适当性,并独立管理资金,以确保投资者的资金用于承诺事项。平台尽职调查有助于减少信息不对称,促进行业健康和可持续发展。目前,许多众筹平台都主动从提高自身声誉和防范风险的角度对项目融资进行尽职调查,这体现了良性发展趋势,应予以巩固和发展。因此,有学者建议在正式管理方法中明确界定尽职调查义务,并完善相应的标准,制定更多的操作规范。[①]

但在本案中,海淀区人民法院最终以居间合同纠纷立案,似乎已经给出了一个迎合监管层政策制定需求的信号,即将股权众筹平台定性为中介机构。笔者支持这种做法,原因有二:一是从股权众筹发展的应然性出发。平台的主要功能是负责信息交换,为投融资方提供相关的信息,并收取相应的费用。如果平台在股权众筹中担任项目审核职能,那么平台与融资者基于相应的利益关系,在一定程度上会发布虚假信息、诱骗投资者投资,然后卷钱跑路,发生合谋欺诈,而股权众筹投资者具有地域分散、投资金额小等特点,维权又相当困难。所以,从立法或者司法角度将平台定性为中介机构,将会促进整个股权众筹行业的发展。二是股权众筹项目的融资周期一般都很短,为 3~6 个月,对于之前已经实质参与审核的项目,若没有纠纷出现,后续也不用担心纠纷的大规模爆发。相反,现有的司法判决可以对正在进行的股权众筹项目起到示范、教育和引导作用,这也是司法的目的之一。

第二节 股权众筹平台的准入与管理

一、股权众筹平台的准入

(一)准入的必要性与域外立法

根据上文论述可知,立法必须界定股权众筹平台的性质,对股权众筹平台实行准入制度。第一,股权众筹平台是连接发起人和投资者的桥梁,为初创企业的证券发行提供中介服务。它的作用类似于证券交易所和证券经纪人,但与证券交易所和证券经纪人的不同在于,这是一个二级交易市场,现行的适用于证券交易所和证券经纪人的法律法规不能适用于众筹平台,故有必要为股权众筹平台建立独特的访问系统。第二,众筹平台建

① 参见杨东、黄尹旭:《中国式股权众筹发展建议》,载《中国金融》2015 年第 3 期。

设和运营的标准化不仅关系到保护投资者的合法权益,也影响到整个众筹产业的发展。因此,赋予众筹平台法律明确的主体地位并给出相应的监管规则是当前众筹业务监管的重要组成部分。第三,众筹参与者对众筹持续信心的基础使中介机构可随时以专业的方式开展活动。因此,世界上所有国家都要求从事股权众筹业务的中介机构参与金融监管或者证券监管机构完成注册或取得许可。

目前,实施登记制度的国家主要包括美国、加拿大和意大利。在美国,从事股权众筹的"中间人"必须在美国证券交易委员会注册为经纪交易商或"集资门户";加拿大股权众筹必须通过注册为限制交易商的在线中介机构;意大利股权众筹要通过股权众筹门户经营机构这一实体经营股权众筹平台进行。该类平台与此前的银行和投资公司经营网络平台的主要区别在于股权众筹平台门户经营机构会在 CONSOBEG 持有的特殊登记册上注册。

实施许可证制度的国家包括英国和新西兰。英国中介机构必须获得 FCA 许可,才能通过互联网或其他方式向合格投资者出售非货币化证券。新西兰要求申请人提供"众筹服务",并且必须向金融市场管理局(FMA)申请许可。澳大利亚公司和市场顾问委员会(CAMAC)认为纯粹依赖注册和行业自律不足以确保发行人和公共投资者对中介机构的持续信任,因此建议中介机构使用澳大利亚证券和投资委员会(ASIC)许可证在其网站上进行股权投资,并建议为股权众筹提供特殊的许可系统作为众筹的先决条件。

(二)中国股权众筹平台的准入

无论世界各国如何定位其股权众筹平台,从事股权众筹操作的中介机构都需要在相关政府部门进行注册或获得许可。注册或许可是防止众筹平台欺诈的工具,有利于促进众筹平台公平、高效运行。有些国家的注册或许可部门是证券监管机构,有些是金融监管机构。在我国,股权众筹属于证监会的监管范围。关于中国股权众筹平台的准入制度,一些学者提出了许可制度,并提出建立股权众筹"豁免机制"。

值得讨论的是,股权众筹平台是否应采用备案制度或许可制度。由于股权众筹具有高风险性,股权众筹平台应该以专业的方式运作,远离可能对其中立性造成负面影响的利益冲突。中介机构最好对发行人进行一定的尽职调查,同时确保投资者认识到与众筹相关的风险,并对投资者的投资设定限制。因此,笔者认为,中介要想能够正确、恰当地履行职责,应具备一定的资金、人力和技术条件。为了检查中介是否具备此类条件,相关监管机构必须进行审查。

有必要强调的是,中国也应该像大多数国家一样,建立股权众筹的“豁免机制”。筹资公司借助互联网股票众筹来发行股票,如果符合规定的条件,可不必通过证监会审计,减轻证监会的监管负担,但前提是筹资公司必须经股权众筹平台同意发行股票。证监会只需通过对股权众筹平台许可和监管,即可监督和管理整个股权众筹业务。股权众筹平台负责监督发行人和投资者,最大限度地实现股权众筹行业的自律,促进股权融资、众筹业务的发展。

有鉴于此,中国应实施中介经营股权众筹平台的许可制度。该许可的关键条件包括:(1)中介经营股权众筹平台必须具有最低注册资本要求,其董事和高级管理人员应符合工作要求。最低注册资本要求是保护投资者利益的必要手段;由于股权众筹平台运作的特殊性,必须要求其董事和高级管理人员具备相关资质和能力。(2)众筹平台是股权众筹业务的核心,平台必须制定有发行人和投资者获得服务的程序、匹配发行人和投资者的程序、处理投资者资金和投资者的支付程序等,且这些关键程序必须公平、有序、透明。(3)为了防范法律风险,确保及时准确地披露信息,众筹平台及其运营商必须有界定和管理发行人欺诈风险的制度和措施以及反垄断措施,以及信息披露能够使投资者快速获得及时且易于理解的信息,帮助投资者决定是否购买股票。(4)为了充分保护投资者的利益,众筹平台还应满足技术安全等方面的要求,特别是在中介服务终止时保护相关发行人和投资者利益的计划。

与上述学者的观点相比,笔者更加确信股权众筹平台应在证券业协会注册,并申请成为证券业协会会员。证券业协会对股权众筹平台的注册登记并不构成对内部控制水平的认可和股权众筹平台的持续合规,也不作为对客户资金安全的保证。换言之,不应严格控制股权众筹平台。第一,股权众筹平台只是一个法人实体,它不能取代证监会相应的监管职责,也不可能建立“实施反洗钱的充分制度和程序”。第二,证监会行政监督权的实施不是通过许可或登记进行的,也不可能同时委托所有股权众筹平台进行监管。在相关立法中,可以适当规定融资人和投资者股权集资平台的审计责任,但有些行政监督权不能通过许可的形式转移给大量的法人实体。第三,股权众筹平台是一个有利可图的单位,不能承担过多的审计责任,且该平台不太可能具备对所有行业众筹项目进行实质性审查的能力。因此,笔者认为,立法应注重股权众筹平台的中介功能,并适当要求其承担项目审查职责,但不能赋予其行政监督职能。

一些学者认为,目前中国有两类实体可以成为众筹平台:一类是传统证券公司,类似于美国经纪人;另一类是非证券公司的专业众筹平台公司。对于第一类公司,它们已有自己完善的监管体系,且可以根据众筹的特点进行修改和补充,并不需要重新检查。对于第二类公司,它们应该包括在监管体系中。因此,众筹平台需要由中国证券业协会、中国证券监督管理委员会和中国证监会直属协会注册登记。同时,在协会层面也制定了若干规则来监督其运作,并要求其在基础设施、人员资格、交易规范、交易记录保存、内部控制、利益冲突、信息披露、投资者保护和发行人的尽职调查等各个方面进行规范。众筹平台作为投资者筹集资金和保护投资者的双重角色,应当在未来的众筹市场中发挥核心作用。[①] 笔者认为,在我国股权众筹立法中,若将已有的证券公司纳入股权众筹平台范围内,可以无须规定这类平台的准入条件。但按照我国目前的实践和立法进程,将已有证券公司纳入股权众筹平台主体范围的可能性不大。

二、股权众筹平台的准入条件

无论注册或许可,除了美国证券交易委员会不建议为门户网站融资设置条件外,通常还要求股权众筹平台或其运营机构具备一定的条件,包括适当性、能力、运营基础设施、财务资源、治理结构和赔偿保险要求。例如,在适当性和运营基础设施方面,新西兰立法要求中介机构必须拥有公平、有序和透明的服务提供系统和程序,必须提供反欺诈政策和公平贸易政策并予以实施;系统和程序必须有充分的披露安排,以确保投资者及时获得信息。在财务资源和保险赔偿方面,加拿大安大略省 OSC 建议中介机构的最低净资本为 5 万美元,至少 5 亿加拿大元的富达债券,以防止可能的投资者财务损失。[②] 在治理结构和能力方面,意大利要求众筹门户的控股股东(如果控股股东是公司组织,则指董事、总经理和控制公司的自然人)必须是正直的(诚信性要求)。[③] 除此之外,意大利对在中介机构中履行业

① 参见张雅:《股权众筹法律制度国际比较与中国路径》,载《西南金融》2014 年第 11 期。

② 例如,中介机构或其高管或董事违背了禁止持有、管理、处理投资者资金或证券的义务而给投资者带来损失时,该保险将予以赔偿。

③ 正直性表现为:(1)没有被禁止或取消担任公职或受到禁止担任公职的处罚。(2)没有被司法机构采取强制性的措施。(3)没有因触犯银行、金融、证券和保险或证券市场和证券或支付工具方面的立法被判处刑罚,没有因公共管理、公共信任、公共遗产、公共秩序或公共经济或税收方面的犯罪而被判处不少于 1 年的刑罚,没有因任何故意犯罪被判处不少于 2 年的刑罚。

务管理和监督职能的人员也有专业性要求。[①]

证券业协会对股权众筹平台的门槛相对宽松,仅包括不低于500万元的净资产、人员、基础设施、业务管理系统等基本要求,以及相应的禁令。[②]其中,有人质疑股权众筹平台的“净资产不低于500万元”是否过于苛刻,因为在中国取消最低注册资本制度的背景下,“500万元”的初始要求实际上是对众筹产业的压制,这也违背了互联网经济的潮流和国家鼓励的精神。同时,众筹平台仅作为中间人提供中介服务,不涉及自有资金的使用;此外,在建立第三方资金保管的情况下,众筹平台所要求的资金保障功能被降低到极致。

三、股权众筹平台的管理

(一)股权众筹平台的备案管理

股权众筹平台实施备案系统管理,股权集资平台应在成立后5个工作日内向证券业协会申请备案和交付有关资料。此外,证券公司、基金公司进行的众筹业务,可在相关业务启动后5个工作日内向证券业协会报告。证券机构作为传统的直接融资中介,在企业融资服务方面具有一定的经验和优势。[③]

提交备案文件包括:(1)股权众筹平台备案申请表。(2)营业执照副本。(3)最新审计的财务报告或验资报告。(4)互联网平台的备案证书(Internet Content Provider,ICP)复印件。(5)股权集资平台的组织结构、人员配备和职业资格证书。(6)股权众筹平台业务管理系统。(7)投资者保护、资金监管、信息安全、防欺诈、利益冲突解决、风险管理和投资者纠纷解决等内部控制制度。(8)证券业协会要求的其他材料。此外,股权众筹平台应确保申请提交的文件和信息的真实性、准确性和完整性。证券业协会可以通过采访股权众筹平台的高级管理人员、专家评审和现场检查来查看备案材料。

备案程序具体包括:备案验收程序、备案确认程序、备案终止程序。(1)备案验收:如果股权集资平台提供的备案申请材料齐全,证券行业协

---

① 职业要求包括在下列行业具有至少2年的经验:(1)担任公司的董事、监事会成员或高级经理。(2)从事与信贷、金融证券或保险有关的专业活动。(3)高校的法律或经济学科的教师。(4)在与信贷、金融、证券或保险有关的公共或私人组织或政府部门担任行政管理或经营管理职能,或者在公共组织或政府部门从事与这些方面无关的但却涉及经济金融资源管理的职能。

② 参见清华集团报告:《解读股权众筹办法五看点》,载《国际融资》2015年第2期。

③ 参见清华集团报告:《解读股权众筹办法五看点》,载《国际融资》2015年第2期。

会将接受申请材料。申请材料不完整或者不符合要求的,股权众筹平台应当按照证券业协会的要求及时更正。申请提交期间,如果备案发生重大变化,股权众筹平台应当及时通知证券业协会,申请变更备案内容。(2)备案确认:对于私募股权众筹业务的备案申请,如果审查符合要求,证券业协会应当自受理之日起 20 个工作日内提出确认。(3)备案终止:备案股权众筹平台被依法撤销、解散或者宣告破产后,证券业协会终止股权众筹平台备案程序。

(二)信息报送管理制度

股权众筹平台信息报告系统包括三个方面。第一,提交融资计划书。股权众筹平台应当在众筹项目自发布融资方案、融资计划书之日起 5 个工作日内将融资计划书报告市场监测中心备案。第二,提供年报备。股权众筹平台应当在每年 4 月 30 日前完成上一年度的年度报告和年报鉴证报告,并保存原始文件,以备日后参考。第三,信息报告范围股权众筹平台应在 5 个工作日内向证券业协会报告:(1)记录变更。(2)股权众筹平台不再提供私募股权融资服务。(3)股权众筹平台由于管理不善而存在重大操作风险。(4)股权集资平台或高级管理人员严重违反法律法规。(5)股权集资平台被起诉涉嫌非法经营,包括涉嫌违反国内外证券、保险、期货、商品、金融或投资相关法律法规。(6)股权集资平台因商业欺诈被起诉,包括虚假担保、错误举报、伪造、欺诈、资金和证券处理不当。(7)股权集资平台内部人员违反国内外证券、保险、期货、商品、金融或投资相关法律法规。(8)证券业协会规定的其他情形。

(三)股权众筹平台自律管理制度

证券业协会依照有关法律法规对股权众筹行业进行自律管理。股权众筹平台应当在证券业协会注册登记,申请成为证券业协会会员。证券业协会将对股权众筹业务备案和后续监管进行日常管理,备案管理信息系统将加入证监会的中央监管信息平台。股权众筹数据将与证监会及其派出机构和证券相关行业协会分享。

股权众筹平台自律管理系统包括以下三个方面:(1)记录管理信息系统:市场监测中心应建立记录管理信息系统,包括但不限于金融家、主要管理人员、股权股东、有关平台及其员工从事股权众筹活动的信息。记录管理信息系统应接入证监会中央监管信息平台,股权众筹相关数据应与中国证监会及其派出机构和证券行业协会共享。(2)自律检查和处罚:证券业协会对股权众筹平台进行自律检查,对违反自律规则的单位和个人实施纪律处分,有关单位和个人应当配合。(3)自律管理措施和纪律处分:如果股权众筹平台及其员工违反这些规则和相关的自律规则，证券业协会应当根据情节的严重性，采取措辞，警告和命令组织处理或下令整改等自律管理措施，以及批评、公开谴责、暂停执业、取消会员资格等纪律处分。涉嫌违法违规的，由证券业协会依法移送中国证监会和其他授权机构查处。

第三节　股权众筹平台的权利与义务

一、股权众筹平台的权利

（一）对股权众筹的监管权

众筹平台能起到为投资者筹集资金和保护投资者的双重作用。虽然我国的众筹平台很多，但是中国尚未建立规范的众筹体系，这对未来众筹的健康发展构成了潜在风险。根据其他国家的经验，中国应将众筹平台纳入规范管理。这需要制定一系列规则，监督众筹平台的运作，并在基础设施、人员资格、交易规范、交易记录保存、内部控制、利益冲突、信息披露、投资者保护、发行人尽职调查等方面对众筹平台提出要求。

有学者认为，众筹平台应该承担一定的监督责任，赋予其一定的监管职责。

股权众筹的监管权在美国立法中又被称为“门户网站的预检查权”。美国证券交易委员会拟定的规则禁止门户网站提供“投资建议或意见”。[①] 所以，美国证券交易委会应该澄清何种行为构成建议或意见，SEC 也应给予以股权为基础的众筹门户网站类似的预先检查欺诈行为的自由裁量权。[②] 为了达到此目的，门户网站可以聘请专业投资人士评估拟议项目，从而使投资者提交真实的投资项目。[③] 除了检查欺诈发行以外，门户网站还被允许筛查不切实际的项目。[④]

但是，笔者始终认为，可以赋予股权众筹平台对投资者适格性的审

① See Crowdfunding，78 *Fed. Reg.* 66，427，66435，proposed Jan. 2013.

② See Compare Seed Invest，Accessed Mar. 20，2014. https://www. seedinvest. com/about，with Beth Potter，Funding Launchpad Changes Name，Focus，Boulder County Bus. Rep.，Accessed Aug. 22，2013. http://www. bcbr. com/ article/20130822/NEWS/130829972.

③ See Marielle Segarra，“The JOBS Act：Crowdfunding and Emerging Businesses”，Accessed Oct. 22，2013. http://ww2. cfo. com/growth-companies/2013/10/the-jobs-act-crowdfunding-and-emerging- businesses.

④ See Perry Chen，Yancey Strickler & Charles Adler，“FAQ：Guidelines for Hardware and Product Design Projects”，Accessed Sept. 24，2012. http://www. kickstarter. com/ blog/faq-guidelines-for-hardware-and-product-design-pro.

查权，但不应要求其对融资项目进行实质性的审查，加重其经营负担。而且，基于专业限制，众筹平台不可能对所有项目进行实质性审查，但为了招揽业务，可能做出错误的审查决定，这反而会增加股权众筹的融资风险。

（二）盈利和收费的权利

股权众筹平台的盈利权利是其经营和存在的基本目的。一般而言，外国众筹平台的盈利能力来自三个部分：交易费、增值服务费、流量引入和营销费用。相比之下，中国股权众筹平台主要依靠交易费用，与当前主流众筹平台的主要利润来源基本相同，但缺乏其他利润来源，缺乏增值服务能力。[①] 股权众筹平台的主要盈利模式是将总融资的5%作为佣金，一些平台在未来项目退出后将获得一些超额回报。但目前，由于整个行业仍处于市场发展的早期阶段，许多平台实施免费系统以抢占市场。[②] 另外，由于平台用户量一般很小，加之很多众筹项目融资金额不大，股权众筹平台很难收取佣金，即便收取，意义也不大。[③]

在我国，股权众筹平台为了增加盈利，普遍采取了各种投资性质的行动：

第一，一些股权众筹平台将受益人资源扩展到项目权益本身，并开始以收取融资方的股权作为回报，但这可能会损害平台在引入项目过程中的公平性。

第二，采用“跟投”方式是很多股权众筹平台主要的盈利模式。例如，天使汇 CEO 兰宁羽曾表示：“我们的盈利来源分三部分。某一轮融资的服务费、跟投以及用持续到上市的 FA 服务（财务管理服务）换取创业公司少量股份作为酬劳。第三类使这些企业的成长可以直接转化为我们平台成长的动力。股权酬劳对于我们所服务的创业公司也是一种保障，将他们的利益和我们绑定在一起。”[④]其实，很多股权众筹平台都有跟投的计划。互联网项目的边际成本低、潜力大。只要有一个取得了胜利，投资方就能获得多倍收益。如此便不难理解为何众筹平台更加专注于互联网项目。

第三，依托于众筹平台孵化产业链进行自我投资。原始汇相关负责人

---

① 参见张荣希等：《我国股权众筹现状与发展障碍》，载《上海证券报》2014 年 12 月 13 日，第 7 版。

② 参见宁广靖：《股权众筹期待一个好故事》，载《新金融观察》2014 年 12 月 1 日，第 32 版。

③ 参见张荣希等：《我国股权众筹现状与发展障碍》，载《上海证券报》2014 年 12 月 13 日，第 7 版。

④ 参见宁广靖：《股权众筹期待一个好故事》，载《新金融观察》2014 年 12 月 1 日，第 32 版。

陶烨表示,原始汇未来不会以"收取佣金"来取得利益,其规划是做一条完整的产业链,"我们现在拥有一个股权众筹平台,未来将有种子基金和孵化器。我们使用众筹平台筛选出优质项目,投资自己,并通过项目的发展进行讨价还价。股权众筹平台和孵化器本身并不盈利。随着公司的发展,我们的品牌将积累一定程度的影响力和知名度,相当于拥有流量,并且有很多方法可以实现流程"。

第四,平台参与项目收益分配。有些众筹平台并不仅仅提供居间服务,同时还参与收益分配。在大家投模式中,平台将总投资收益的20%作为管理收益。其中,领投人10%、平台6%、投资经理2%、风险补偿基金2%。①

笔者认为,股权众筹平台参与融资项目投资会给行业带来很大的风险。将平台的利益和融资者的利益捆绑在一起,必然会引发平台和融资者的合谋欺诈行为,更容易损害投资者的利益,有违股权众筹制度中平台、融资者、投资者相互制衡的本意。

二、股权众筹平台的审核义务

为了发展股权众筹,我们不仅要发挥在线平台的中介作用,还要考虑律师事务所、会计师事务所和资产评估公司等中介机构的作用。如果没有这些中介机构的参与,公众投资者将很难建立对股权众筹的信任或信心。《征求意见稿》规定,股权众筹平台的净资产不得低于500万元人民币。仅仅依靠净资产这个指标来树立投资者信心是不足的,会计师事务所、资产评估公司等中介机构的专家,客观公正地对众筹项目进行评估,能够有效建立起投资者对众筹项目的信任。②

股权众筹平台的审核义务包括对融资方、投资者和项目的审查,及时相应审核责任的承担。在这个阶段,中国的股权众筹平台定位在投资项目和投资者之间提供中介服务。因此,众筹平台应承担起审核和跟踪项目的角色,应审查保荐人的资格和融资公司的信息。在融资公司和投资者达成投资意愿后,众筹平台还应跟踪融资方使用这些资金的方式。③

(一)对融资者的审核

美国法律规定,中介机构必须有合理理由相信发行人遵守《1933年证

---

① 参见大家投网:http://www.dajiatou.com/index.php? m=content & c=help&catid=17,最后访问日期:2019年1月21日。

② 参见熊锦秋:《公开发行的股权众筹更让人期待》,载《上海证券报》2014年12月29日,第12版。

③ 参见徐迪:《我国股权众筹的发展及风险提示》,载《赤峰学院学报》2014年第10期(下)。

券法》第四节 A(b)的要求,且必须"建立可精确记录证券持有人交易、出售证券的平台"。[①] 如果平台认为发行人或相关人员符合取消资格的规定,或认为发行人的发行行为构成欺诈,损害投资者权益,平台就必须拒绝发行人使用其平台或取消已经发生的众筹。[②]

关于平台对融资者资质的审核,有如下几方面要求:(1)对投融资双方进行实名认证,对用户信息的真实性进行必要审核。(2)采取措施防止欺诈,若发现危害投资者利益的欺诈行为或其他情形,应及时宣布和终止相关的众筹活动。(3)对投融资信息、融资记录和投资者适用性的管理等,有关资料应妥善保管,保存期限不少于 10 年。该办法对融资者的规定比较简单,也缺乏对融资者资质的认定。(见表 5-1)

表 5-1　我国股权众筹平台对融资者的审核

股权众筹平台	资质要求	融资人限制	行业限制
大家投	(1)项目具备高技术性、商业模式创新、市场高成长性特征; (2)项目尚未引入 A 轮 VC 投资,融资金额为 20 万~1000 万元人民币	以下几种禁止进入平台融资: (1)融资者属于融到资金后就辞职的在职工作人员; (2)融资者属于自己不投资全靠融资的创业者; (3)融资者同时有几个创业项目; (4)融资者没有详细的项目介绍文件,也没有自己的创业团队; (5)融资者对项目融资预算没有成熟规划,属于能融多少算多少的创业者	传统行业+TMT
人人投	中小实体企业	全部人人投项目必须具备有 2 个店以上的实体连锁体验店,融资者最低投资 10%	实体店铺股权众筹

① See Crowdfunding, 78 *Fed. Reg. at* 66, 556(to be codified at 17 C. F. R. § 227. 301(a)(b)).

② See Crowdfunding, 78 *Fed. Reg. at* 66, 556(to be codified at 17 C. F. R. § 227. 301(c)). Thus, "an intermediary must, at a minimum, conduct a background and securities enforcement regulatory history check on each issuer whose securities are to be offered by the intermediary and on each officer, director or beneficial owner of 20 percent or more of the issuer's outstanding voting equity securities."

续表

股权众筹平台	资质要求	融资人限制	行业限制
京东	中小微企业或其发起人、经平台实名认证的注册用户	融资人的禁止行为： (1)利用虚假信息募集资金； (2)向投资者承诺投资本金不受损失或者承诺最低收益； (3)同一时间通过两个或两个以上的股权众筹平台就同一融资项目进行融资，在股权众筹平台以外的公开场所发布融资信息； (4)融资人不得公开或采用变相公开方式发行证券，不得向不特定对象发行证券，融资完成后，融资人或融资人发起设立的融资企业的股东人数累计不得超过 200 人； (5)法律法规和证券业协会规定的其他禁止行为	以 TMT 项目为主
众筹网（网信金融）旗下原始会	(1)作为项目发起人的单位应为依法成立并登记备案的企业法人或其他组织； (2)作为项目发起人的个人，应为年满 18 周岁并具有完全民事行为能力的自然人，如项目发起人未满 18 周岁，应由其监护人代为履行相应的权利和义务	—	科技、公益、出版、娱乐、艺术、农业、商铺等 7 个品类的项目

（二）对投资者的审核

1. 投资者审核的必要性

不完善的投资者审核制度可能造成三类风险：(1)不完善的投资者审查可能会给投资者本身带来风险。股权众筹具有广泛的公众覆盖范围，包括具有某些投资知识、经验和能力的个人和组织，以及更多没有任何金融风险意识和判断能力的个人。因此，在中国的法律体系下，只有拥有强大资本和信誉的上市公司才有能力公开募集股票。股权众筹平台主要面向种子阶段的初创企业。这些公司的投资风险强于其他公司,为了保护投资者的利益,必须审查其资格。(2)不完整的投资者审查也可能给初创企业带来风险。如果允许任何人访问创业公司的项目构想、业务计划和运营概况,则更有可能导致商业秘密泄露。(3)不完善的投资者审查也可能给平台带来风险。只有通过合格的资格审查,才能使有经验的投资者和企业家不因害怕信息泄露而气馁。①

目前,我国各个股权众筹平台对投资者的审查标准差距很大,亟须立法进行统一规范。明确规定众筹平台对投资者的审查责任在相关国家的立法中也有相应规定,目的在于规避股权众筹中出现的风险,保护投资者。

2. 平台应对投资者进行形式审查

在我国股权众筹实际操作中,股权众筹流程中的首要环节是对投资者的审核。平台对外宣传时一般都声称通过审核的投资人都是"具有丰富投资经验的天使投资人"②,或宣称网站是"唯一顶级天使投资人真正使用的平台"③。那么,实际上平台对投资者的审核或认证究竟是如何进行的呢?

这要看一般投资者对每个平台的认证要求。从网站要求投资者提供的注册信息来看,"人民投票"具有最低的投资者审计标准,主要是为了验证投资者的真实身份,只需要提供身份证号码、手机号码、手机验证码。投资者可以查看网站上公布的众筹项目的所有信息,包括项目的业务计划、股东团队的出资、项目的当前损益、融资金额及项目转让股份。和其他关键信息一样,投资者可以直接投票给任何项目。这种简单的认证方法使大家投成为融资项目最少但投资者数量最多的平台。人人投更接近"众筹"定位,因此,不能保证投资者有相当程度的风险判断和风险承受能力。

天使汇的审核标准相较于人人投有一定的提高。投资圈审计标准与天使交易所类似,还要求投资者上传名片,并提供投资案例的项目名称、投资金额、投资时间、行业和公司简介、项目联系人姓名和项目联系电话等其他信息。如果缺少必要信息,则无法成功注册平台账号。

从股权众筹的融资效率角度来看,众筹平台还应该为投融资方和投资者提供一个相对及时、便捷和安全的交易平台。因此,如果对众筹投资者的资格进行实质性审查,不仅会增加众筹平台的审计负担和成本,还会极

① 参见杨东、苏伦嘎:《股权众筹平台的运营模式及风险防范》,载《国家检察官学院学报》2014年第4期。

② 参见天使汇网:http://angelcrunch.com/home/faq.html,最后访问日期:2019年1月22日。

③ 参见创投圈:http://blog.ctquan.com/? p=294,最后访问日期:2019年1月22日。

大地影响众筹的融资效率，降低融资服务的及时性和便利性。

平台应采用形式的审核方法对投资者进行资格审查，并在此基础上严格控制投资者的审计标准，且要求平台进行一定的审计工作。投资者应对其提交的资产证书的真实性负责，并如实告知其在众筹平台上的投资经验，否则应为自己不真实的行为承担相应的责任。

现实中，我国各个股权众筹平台对投资者审查标准的规定差距很大，亟须立法进行统一规范。

（三）对融资项目的审核

1. 股权众筹平台审核的必要性

众筹平台的权力过度集中。决定一个项目能否通过股权众筹平台融资的主体，不是投资者和企业家，而是众筹平台。

在股权众筹发展的早期阶段，所有平台都在追求项目融资的成功率。为了确保众筹成功，平台自然会提供项目筛选的标准。[①] 这也是平台维护经营信誉的需要。行业人士宋菁表示："在信息披露方面，平台需要督促主要投资机构发布投资项目和进度，以便投资者及时了解。"

以众投邦为例，首先，在投资机构门槛设置中，平台要求基金管理公司成为 Zero2IPO 的前 50 名或在某一行业中具有良好的投资业绩，并加强对公司和团队的把握。其次，平台筛选投资项目，所选项目有两个主要渠道，一个是平台团队正在寻找的优质项目，另一个是基金管理公司推荐的项目。这些项目必须放在平台上并由投资者审核，该平台通过这种方式对项目进行审核，确保融资安全，维护平台信誉。

2. 股权众筹平台对项目的审核标准

一般而言，项目审核是股权众筹流程的第二步。根据每个平台的要求，在线项目评审主要审核三个部分：项目基本介绍、项目团队信息和业务计划。从所要求的信息来看，目前的项目审查主要是形式审查，不涉及实质审查。[②] 但是在具体的细节标准要求方面，各个股权众筹平台的要求并不完全一致。

以 WeFunder 为例，该平台连接投资者、初创企业及其创始人，平台不会向投资者推荐项目。相反，该平台会设定一定的标准来评估公司是否可以在平台上筹集资金，但投资者应该自己进行尽职调查。项目信息由筹款人提供，平台不保证其真实准确性。当项目成功时，该企业只有一个直接

---

① 参见无笔秀才：《创业者，想玩股权众筹并不容易》，载《证券时报》2015 年 4 月 29 日，A03 版。

② 参见大家投网：http://www.dajiatou.cn/ccmtent-14-82-1.html，最后访问日期：2019 年 1 月 22 日。

投资者 WeFund,其他投资者享有基金利益,而不是直接持有该公司的股票。WeFund 相当于独立的基金对初创企业进行控股,充当投资者的管理投资顾问,投票权和知情权由其代为行使。AngeList 与 WeFunder 的模式仅仅有一个不同点,即不成立 WeFund,投资者通过投资获得初创企业的股权。①

也有学者认为,平台需要从多方面做好降低风险的工作。应加强对创业项目和投资的审计管理,以进一步明确行业规则。平台应积极参与筹资企业的调查,努力使项目真实、完整、可靠。在投融资过程中,平台应使项目信息透明开放。平台不过度包装项目,不鼓励投资者投资,确保投资者可以根据自己的判断自由投资。从表 5-2 中可见我国各个股权众筹平台对融资项目的审核情况。②

表 5-2　我国股权众筹平台对融资项目的审核

股权众筹平台	项目类型	项目阶段	信息披露	融资期限
大家投	传统行业+TMT(项目具备高新技术、创新商业模式、市场高成长性特征)	种子轮、天使轮(项目尚未引入A轮VC投资,融资金额在20万~1000万元人民币)	(1)项目信息完整; (2)团队全职专注经营本项目,团队成员就学、工作简历清晰、明确(具体到时间节点、单位、职务); (3)商业模式或技术方案清晰、聚集、有市场可行性; (4)融资额度合理(项目12~18个月开支),用途清晰,分期付款方式合理; (5)股东出资、历史财务数据清晰明确、逻辑合理	无限制
人人投	线下实体连锁店	种子轮、天使轮、A轮	人人投财务监管系统	30天

① 参见盛佳等编:《互联网金融第三浪:众筹崛起》,中国铁道出版社 2014 年版,第 75~76 页。

② 参见刘海:《网络股权众筹融资模式效率与保护分析》,载《吉林工商学院学报》2015 年第 1 期。

续表

股权众筹平台	项目类型	项目阶段	信息披露	融资期限
京东	TMT项目为主	天使轮、A轮、B轮	(1)公司基本情况; (2)公司董事、监事、高级管理人员、核心技术人员基本信息及其持股情况; (3)公司业务和技术(含知识产权)情况; (4)公司治理情况; (5)公司财务会计信息(需经第三方审计,如有); (6)募集资金的目的及用途; (7)其他需对外披露的信息	60天
众筹网(网信金融)旗下原始会	TMT+传统行业+实体店	天使轮、A轮	—	31天
天天投	目前专注手机游戏领域,对其他领域的项目不做限制	项目尚未引入B轮VC投资	—	无限制
中证众筹	三农、互联网,钢铁、水泥、电解铝等暂时不支持	—	—	无限制
天使汇	TMT项目为主	种子轮、天使轮、A轮	—	30天
创投圈	TMT项目为主	天使轮、A轮	—	无限制

3. 股权众筹平台应对项目进行形式审查

在尽职调查方面,有些国家规定了实质审查方式,例如,加拿大安大略省的OSC建议众筹平台对发行人及其董事、高管、赞助商和控制人进行背景调查,以确认他们的资格、荣誉和业绩,并在门户网站上提交给发行人。审查信息以确保信息充分列举证券的一般特征和结构,发行人的特定风险,涉及的各方以及可识别的利益冲突和资金使用。

笔者认为,众筹平台具有承销商、经纪人和交易所的一些特点,但其实质仍然是向双方提供投融资信息的信息中介，立法不应要求股权众筹平台对项目进行实质性审查，原因有三个：

第一，股权众筹平台没有能力对项目进行实质性审查。股权众筹项目包罗万象，涉及众多行业。如果股权众筹平台对项目进行实质审查，则意味着该平台不仅需要了解各行业的发展趋势、发展前景和技术发展，还需要掌握各行业独有的运营规则，以判断项目融资计划的可行性。从人力、物力、财力各方面来看，这对股权众筹平台都是一种挑战。

第二，股权众筹平台在进行实质审查的时候，非常容易做出错误的决策，既误导投资者，又给自己增加压力。有时候，平台为了获得众筹项目，可能会铤而走险，允许没有发展前景的项目上线融资，投资者成为最终的受害者。

第三，众筹平台也可能受到融资者的欺诈，从而无法完成对项目的实质审核。因为在股权众筹中，平台对项目进行审核的材料来源于融资方，平台根据融资方提供的线索对项目的可行性进行审查。如果融资方故意隐瞒、歪曲、伪造关键信息，并阻碍众筹平台通过各种手段获取真实信息，则众筹平台无法对项目进行实质性审查。若仅要求众筹平台对项目进行形式审查，不仅会减少平台的运行成本，而且会促使投资者保持警惕心理和慎重对待的心态。

三、股权众筹平台的其他义务

有学者认为，众筹平台的服务可以根据流程分为投资前阶段、投资阶段和投资后阶段。在投资前阶段，在收集合适的创业项目后，平台需要开展大量的产品化工作，包括尽职调查、融资计划设计、项目产品发布等，将这些项目从普通的商业解决方案转变为停靠资本市场的产品。在投资阶段，在创业项目与资本市场联系的过程中，众筹平台需要提供及时的保障服务，保障投资者优化策略、投入资金、获取股权，使资金和股权可以成功转换。在投资后阶段，众筹平台通过开通特殊渠道，为投资者提供风险控制和资源交换等服务，为创业项目的持续运营提供激励，为投资者的投资价值提供保障。①

以“云筹”为例，其投资后管理系统允许众筹项目的股东通过在线操作随时查看项目的开发和资金流动。它还可以随时提供指导和资源支持，

① 参见谢宏中：《股权众筹助力“大众创业、万众创新”》，载《证券时报》2015年1月28日，A03版。

使企业家、创业项目和投资者在平台上实现动态对接。自股权众筹平台发展以来,它已不仅是信息对接的平台。平台运营商已将具有核心价值属性的服务移植到众筹业务中,以提高平台的竞争力。依靠这些创业服务,企业家也可以获得更多的支持和帮助。

笔者认为,上述描述也是现阶段大多数股权众筹平台的操作流程,此类操作流程并无不妥。但是,平台在此操作中,仍需注意法律红线,避免形成资金池。另外,平台是否要进行严格的审核和尽职调查、能否参与投资,在立法未明的情况下,仍是一个值得商榷的问题。平台除了承担对融资者资质、投资者资质和众筹项目的审核责任之外,还应承担其他的义务。

对于股权众筹平台或其运营机构,各国还规定了信息披露、尽职调查、投资者警告和教育、保密、记录保存和禁止利益冲突的义务或行为要求。例如,在信息披露方面,意大利要求众筹运营商提供有关门户运营,创新型初创企业投资和每次发布的信息。此外,意大利和加拿大还规定了股权众筹平台上的文件保管期,但每个国家规定的时间长短不同。例如,意大利要求平台保管文件 5 年,安大略省 OSC 建议平台保管文件 7 年。在禁止利益冲突方面,各国基本上要求股权众筹平台不得持有或处理投资者的资金或证券,不得投资或拥有发行人的股权。

(一)信托责任

有学者认为,美国证券中介机构类似于机构代理人,该机构可以基于其代理事实承担相应的信托责任。① 信托义务通常包括忠诚义务(如避免利益冲突或侵占客户利润机会的努力)和注意义务(包括按照既定标准采取行动)。众筹门户作为声誉中介为他们提供了他们信任的属性。证券承销商在许多方面与众筹门户相类似,有时被赋予对公开发行的投资者负有信托义务。然而,与公共承销商相比,适用于众筹门户的法定要求以及比证券承销商更加独立的地位,使他们与传统的委托代理关系越来越不同,受托人在众筹门户活动中对其责任的承担是既不稳定也不确定的。②

美国众筹法案没有明确规定众筹门户的信托责任,但美国证券交易委员会已根据众筹法案和颁布的规则拓展了该义务。③ 有人猜测美国证券交

---

① See Arthur B. ,"Laby,Differentiating Gatekeepers", 1 *BROOK. J. Corp. ,Fin. & Com. L.* ,2006, p. 176.

② See Joan Macleod Heminway, "The New Intermidiaryonthe Block: Funding Portals under the Crowdfund Act",13 *U. C. Davis Bus. L. J.* ,2013,p. 177.

③ See 15 U. S. C. § §77d-1(a)(12)&(c)(2012),77s,78c(a)(81)(E),78w(a)(1).

易委员会会在实际中要求众筹门户加强对投资者的信托责任,[①]这一责任的实现可以通过制定规则、执法或法庭活动完成。根据代理法律的规定,在相同的代理法律原则下,众筹门户是发行人的代理人。[②]

(二)投资者的教育与保护

作为一种新兴的互联网金融模式,众筹通过长尾效应带来了大量资金,但面临着很多风险。提供投资前教育可确保投资者了解初创企业的一般风险水平,揭示融资模式中流动性不足的风险,并通过鼓励投资者实现投资多元化来降低投资的系统性风险。进行风险评估可以筛选出具有合理风险承受能力的投资者进入市场并防止盲目投资。[③]

众筹平台最基本的义务是信息披露义务。发行人和主要投资者需要披露的信息应当向平台披露,并验证发行人、投资者和项目的基本信息(如用户信息的真实性和项目的合法性)。此外,为了避免不公平竞争问题,应禁止众筹网站进行项目推荐。在引入合格投资者制度的前提下,受教育者将仅限于普通投资者。投资者教育将是众筹认购的前置程序,其具体形式建议采用"风险提醒+问答"的形式。具体而言,普通投资者将在众筹认购之前在网站上完成相对较短的学习任务。第一部分是风险警告,众筹网站将通过视频或文字告知投资者股权众筹的风险。第二部分是问答,投资者完成调查问卷,调查问卷主要包括投资者对股权众筹的理解以及对拟投项目的理解。完成上述过程后,投资者将获得整体评估,以确定其是否适合继续认购。众筹平台对资金的监管主要通过第三方监管(如银行)来实现。在众筹项目成功筹集之前,众筹平台必须将投资者已经支付的资金托管给第三方。基金监管还需要考虑风险补偿和股票回购的问题。风险补偿的成本应由各方共同承担。发行人提供适当比例的保证金,并以投资者的查询和诚意基金作为补充。众筹平台根据运营策略自愿提供额外资金。三者共同构成风险补偿基金。股票回购的资金应由发行人承担一定比例的保证金加上自有资金。[④]

---

① See Adrienne Burke,"Questions Remain About Equity Crowdfunding Rules",Accessed Nov. 16, 2012. http://smallbusiness. yahoo. com/advisor/blogs/smallbiz-vote/questions-remain-equity-crowdfunding-rules-231339623. html. See also Craig Denlinger,"Speculation on New SEC Chairman's Implications to Crowdfunding",Accessed Nov. 30,2012. http://crowdfundcpa. com/blog--industry-insights. html? goback=%2Egde_4382493_member_191331770.

② See Joan Macleod Heminway,"The New Intermidiaryonthe Block: Funding Portals under the Crowdfund Act",13 *U. C. Davis Bus. L. J.*,2013,p. 177.

③ 参见蓝俊杰:《我国股权众筹融资模式的问题及政策建议》,载《金融与经济》2015 年第 2 期。

④ 参见郑若瀚:《中国股权众筹法律制度问题研究》,载《南方金融》2015 年第 1 期。

在投资者警示和教育方面，新西兰要求众筹平台网站的主页上，或者投资者购买金融产品之前的页面上要显示出警示投资者的申明并从投资者处取得投资者看到该警示并了解其中风险的确认，还要求平台与投资者签署客户协议，并对客户协议的必备条款作出规定。[①] JOBS 法案要求融资平台承担向投资者提供教育的义务，以便投资者能够更好地了解众筹所带来的风险，包括向投资者提供各种书面材料。一些学者还建议美国证券交易委员会应该将众筹投资者的教育“标准化”，即确保投资者能够获得投资和投资风险的统一培训，并要求他们通过相应的测试以参与股权投资。[②]

JOBS 法案规定，股权众筹平台必须确保每个投资者都能获得投资者—教育信息，并且每个投资者都被告知他们了解股权众筹中的初创企业和流动性风险。在投资者投资之前，SEC 要求他们观看 SEC 编制的投资者教育视频，或进行相关测试，以证明投资者已清楚了解他们投资该项目的风险。当投资者首次注册股权众筹网站时，他们需要观看教育视频或进行测试以继续浏览网站。虽然它不能确保投资者观看视频，但它至少为不成熟的投资者提供了学习和理解股权众筹投资的机会。这将有助于 SEC 监督和掌握投资者教育的内容和方法，更好地保护投资者的利益。[③]

美国证券市场拥有相对完整的投资者教育体系。美国最初的投资者教育由消费者组织和证券中介机构进行。自 20 世纪 90 年代以来，监管机构逐渐认识到，提高投资者保护自己的能力可以降低监管成本。为了确保投资者教育的公正性和客观性，美国证券交易委员会于 1994 年成立了投资者教育和援助中心，以协调和直接在全国范围内开展投资者教育活动。相比之下，在我国，投资者的教育历史不长，缺乏经验。如今，证券交易业务部门是教学点，主要经纪人是赞助商。从实际情况来看，教学内容结构和课堂安排不合理，教育重点不对。因此，在股权众筹的投资者教育体系中，它已成为中国的“软肋”。此外，证券纠纷解决机制是“短板”，需要加强自律组织在证券业中的作用。这些支持股权众筹的系统总是提醒我们，新系统的实施需要各方的合作和审查。在过去，与之相关的许多系统都在说法律本身并不足以做到这一点。[④]

---

① 参见樊云慧：《股权众筹平台监管的国际比较》，载《法学》2015 年第 4 期。

② See Jacques F. Baritot, “Increasing Protection for Crowdfunding In-vestors under the JOBS Act”, *UC Davis Business Law Journal*, Vol. 13, 2012, pp. 275-276.

③ See Andrew A. Schwartz, “ROUNDTABLE: Keep It Light, Chairman White: SEC Rulemaking Under the CROWDFUND Act”, 66 *Vand. L. Rev. En Banc*, 2013, p. 43.

④ 参见李尚桦：《论股权众筹的法律规则——以美国 JOBS 法案为借鉴》，载《行政与法》2015 年第 3 期。

在对投资者的保护方面，各国还规定了以下措施：(1)设置了投资者投资最高限额制度和项目最高融资额限额制度，以及投资者年收入额和可用于股权众筹投资的份额，以减少投资者投资风险。(2)个人信息保护。根据众筹法案，众筹网站需采取措施确保投资者信息私密性。① 众筹法案要求中介平台"采取美国证券交易委员会认为适当的措施来保护从投资者那里收集的信息的隐私"。② 这个规则应当越简单越好。③ (3)众筹法案排除特定种类的发行者：公众公司、投资公司以及其他证券监管委员会通过规则和规章决定的其他发行者。④ 制定众筹法案的目的是发行者提供更多的交易机会，所以 SEC 不能更多的限制发行主体。⑤

(三)防止欺诈

防止欺诈是股权众筹制度设计的核心，它反映在防止发行人、众筹平台和投资者之间出现欺诈的风险。股权众筹平台需要采取措施降低欺诈风险，包括对发行人的经理、董事进行背景调查。如果平台有理由相信发行人可能根据中国证监会的规定被取消资格，或者该发行存在潜在的欺诈风险，则有权禁止发行人将其项目上传至股权众筹平台融资。⑥

美国《1934 年证券交易法》对证券欺诈行为进行了规定，根据这些规定，承担欺诈责任的前提是明知与购买或出售证券有联系而使用操纵或欺骗手段(包括通过遗漏重大事实和误导性虚假陈述)。⑦ 证券中介机构通常不是证券交易的主要参与者(买方或卖方)，而且中介机构除了关心自己的交易服务和补偿之外，通常不具备初级披露义务。其结果是，根据适用法律的情况，不能期望众筹门户网站会为证券欺诈行为承担责任。⑧

然而，美国众筹法案要求众筹门户在某些方面成为主要参与者。比如，该法令要求众筹门户网站，以"委员会根据规则确定的适当形式与规范

① See 15 U. S. C. § 77d-1(a)(3)-(5) &(9).

② See 15 U. S. C. § § 77d-1(a)(3),(4) &(6)(2012).

③ See Joan Macleod Heminway, "The NewIntermidiaryonthe Block: Funding Portals under the Crowdfund Act", 13 *U. C. Davis Bus. L. J.*, 2013, p. 177.

④ See Service, crowdcheck. com, Accessed Apr. 7, 2013, www. crowdcheck. com/services.

⑤ See Service, crowdcheck. com, Accessed Apr. 7, 2013, www. crowdcheck. com/services.

⑥ See Gregory D. Deschler, "Wisdom of the Intermediary Crowd: What the Proposed Rules Mean for Ambitious Crowdfunding Intermediaries", 58 *St. Louis L. J.*, 2014, p. 1145.

⑦ See Joan Macleod Heminway, "Martha Stewart Saved! Insider Violations of Rule 10b-5 for Misrepresented or Undisclosed Personal Facts", 65 *Md. L. REV*, 2006, pp. 380-382.

⑧ See Stoneridge Inv. Partners, LLC v. Scientific-Atlanta, Inc., 552 U. S. 148, 153(2008). Cent. Bank, N. A. v. First Interstate Bank, N. A., 511 U. S. 164, 191(1994). Jennifer J. Johnson, "Secondary Liability for Securities Fraud: Gatekeepers in State Court", 36 *DEL. J. CORP.*, 2011, pp. 463-465. Note 3.

为客户提供信息披露，包括有关的风险和其他投资者的教育材料等”。[①]因此，根据第十节(b)和规则10b-5，众筹门户可能面临因误报、遗漏披露信息或必须进行但未完成的其他知识而产生的证券欺诈责任。

根据美国众筹法案的规定，中介平台有义务“采取措施降低交易中出现欺诈的风险，根据SEC的规定，包括获取每个管理人员、董事的背景情况，并调查证券法规在监管方面的历史”，以及每个发行证券的发行人的前20%的股东。[②] 这对于SEC来说是一种权力的扩张，SEC可以涉及几乎任何反欺诈的法律法规。但是这些附加条款很容易导致众筹价格变高。法案已经要求对所有想要参与众筹的发行人中重要的人进行背景调查和“证券法规监管历史”调查。每个背景调查可能花几美元，这看起来并不多，但是把发行人的每个管理人员、董事和主要股东加起来，调查费用会非常巨大。所以，有学者认为，SEC不应加上额外的反欺诈条款使得成本增加，SEC应当依赖事后监管，以年度投资上限来保护投资者免受伤害。市场力量也鼓励中介平台采用其他低成本的能够降低众筹中欺诈风险的低成本措施。比如，像eBay的“星级”评价这种声誉评价系统在证券众筹中可能会发挥出很好的作用。[③] 证券市场中介人的责任包括欺诈和虚假陈述的责任，以及因违反职责的赔偿责任，或根据适用的法律或法规承担的其他义务。[④] 美国众筹法案明确规定了众筹发行人的法定责任，而对资金门户网站的责任保持沉默，但规定了SEC保留执法机关对众筹门户网站的处罚权力。[⑤]

根据美国《1933年证券法》第十二节(a)(1)裁决的最高法院的一个判例，[⑥]将赔偿责任的可能性与作为发行代理的中介机构的地位相联系。[⑦]虽然根据众筹法案，众筹门户网站不允许争取投资，[⑧]但信息披露和尽职调

---

① See 15 U. S. C. § 77d-1(a)(3).

② See Jumpstart Our Business Startups Act § 302(b), 15 U. S. C. A. § 77d-1(a)(5).

③ See “What Does the Star Next to a Feedback Score Mean?”, Accessed Apr. 5, 2013. http://pages.ebay.com/help/feedback/questions/star.html.

④ See Poonam Puri, “Taking Stock of Taking Stock”, 87 *Cornell L. Rev.*, 2001, pp. 99, 147-152.

⑤ See 15 U. S. C. § 77d-1(c)(2012). 15 U. S. C. § 77 r(c)(1)(B)(2012). C. Steven Bradford, “The New Federal Crowdfunding Exemption: Promise Unfulfilled”, 40 *SEC. REG. L. J.* 209-210, 2012. [hereinafter “Bradford Ⅱ”], available at http://ssrn.com/abstract=2066088.

⑥ See 15 U. S. C. § 77l(a)(1). (j15-n126)

⑦ See Pinter v. Dahl, 486 U. S. 622, 646(1988). (j15-n127)

⑧ See 15 U. S. C. § 78c(a)(81)(B). C. Steven Bradford, “The New Federal Crowdfunding Exemption: Promise Unfulfilled”, 40 *SEC. REG. L. J.* 195, 198, 2012. [hereinafter “Bradford Ⅱ”], available at http://ssrn.com/abstract=2066088.

查的责任,将作为发行人询价过程的一个组成部分。第十二节(a)(2)的规定以及众筹平台性质的不明确,导致众筹环境下的行为的不确定性。① 另外,“发行人”一词在《1933年证券法》第二节(a)(4)中的定义是“每个发行或拟发行任何有价证券的人”,这一定义比较宽泛和模糊。

(四)实现发行目标

众筹发行人应当为其发行设置一个明确的价值目标,而中介平台可能只有在筹集资本达到或者超过目标数额的时候才会向发行人交付资金。美国众筹法案要求SEC起草规则使这一程序生效,这些规则可以并且应当非常简单直白。② 如果发行没有筹集到目标金额,投资者可能会取消投资并且收回资金。除了法律明确规定取消投资以外,众筹法案授权SEC制定额外的依据使投资者可以撤销投资:“中介平台应当允许所有投资者以法律规定的、SEC认为合适的方式取消投资。”③

(五)资金池限制以及资金管理

在保持中立性方面,众筹平台不得持有投资者资金,投资者资金由合格的第三方机构管理,第三方承诺在发行完成后将管理的资金转入发行人。如果项目被撤销,第三方则将资金转移给投资者。同时,众筹平台应避免利益冲突,禁止平台在发行人中拥有股权或其他经济利益,包括接受发行人的权益作为发行人支付的众筹费用。

JOBS法案规定,当融资金额达到或超过保荐人的预期融资目标时,股权众筹平台只应将资金交给融资公司,并允许投资者在此之前取消投资承诺;股权众筹平台有义务确保投资者投资金额不超过JOBS法案允许其投资的金额;平台还受三个星期的销售期限制约,这需要平台在交易开始前向SEC和潜在投资者披露必要信息。④ SEC对投资者使用的付款方式(如信用卡)没有限制,允许各种付款方式,但也允许平台制定规则,禁止投资则会使用信用卡和其他付款方式。

四、股权众筹平台的禁止性行为

众筹平台的禁止性行为也是投资者保护的核心制度之一。根据《征求意见稿》第9条规定,股权众筹平台具有以下禁止行为:(1)通过本机构的

---

① See Joan Macleod Heminway, “The NewIntermidiaryonthe Block: Funding Portals under the Crowdfund Act”, 13 *U. C. Davis Bus. L. J.*, 2013, p. 177.

② See Andrew A. Schwartz, “ROUNDTABLE: Keep It Light, Chairman White: SEC Rulemaking Under the CROWDFUND Act”, 66 *Vand. L. Rev. En Banc*, 2013, p. 43.

③ See Jumpstart Our Business Startups Act § 302(b), 15 *U. S. C. A.* § 77*d*-1(a)(7).

④ See Andrew A. Schwartz, “Crowdfunding Securities”, 88 Notre Dame L. Rev., 2013, p. 1457.

互联网平台为自身或关联方融资；(2)对众筹项目提供对外担保或进行股权代持；(3)提供股权或其他形式的有价证券的转让服务；(4)利用平台自身优势获取投资机会或误导投资者；(5)向非实名注册用户宣传或推荐融资项目；(6)从事证券承销、投资顾问、资产管理等证券管理机构业务，具有相关业务资格的证券经营机构除外；(7)兼营个体网络借贷(P2P 网络借贷)或网络小额贷款业务；(8)采用恶意诋毁、贬损同行等不正当竞争手段；(9)法律法规和证券业协会规定禁止的其他行为。

《征求意见稿》第 9 条对平台的禁止性规定，有利于加强众筹平台的中介功能。但是，如上所述，股权众筹平台禁止“提供股权或其他形式的有价证券的转让服务”。天使街联合创始人刘思宇表示，这一规定可能不利于提高投资者的积极性。“目前，投资者有三种退出方式：第一种方式是项目每年有稳定的现金流；第二种方式是退出下一轮融资；第三种方式是股权转让。禁止股权众筹平台提供股权或其他形式的有价证券转让服务意味着减少投资者的退出渠道。”刘思宇建议，在股权众筹规则的框架下，应鼓励增加股权流动性，试点非公开上市公司股权交易市场，并提供证券转让服务。① 目前，中国股权众筹产业的退出案例很少，包括股权转让在内的退出机制仍在探索中。2014 年 5 月，原股权众筹平台与天津产权交易所达成合作意向，原始会议的融资项目可以推荐到天恒交易所进行股权转让，以及天骄上市的中小企业交易所也可以通过原始会进行股权众筹。② 因此，如果监管层最终真正禁止股权众筹平台的股权转让，实际上可能促进股权众筹平台与场外交易市场之间的“结婚”，这与市场参与者自发探索的发展路径是一致的。

第四节　现有股权众筹平台的运营模式及评析

初创企业股权众筹融资的流程基本相似，包括“注册账号—填写个人信息—创建项目—发送商业方案—投资人线下约谈—约谈成功投资人投资—线下增资手续”七个阶段。③ 但是，各个股权众筹平台又各有自己的经营模式和经营特色。下文中，笔者将举例进行说明。

---

① 参见王菲：《股权众筹“新规”引争议》，载《上海金融报》2014 年 12 月 26 日，B16 版。
② 参见丁正威：《散户不应被拒股权众筹门外》，载《新金融观察》2014 年 12 月 29 日，第 46 版。
③ 参见天使汇网：http://angelcrunch.com/user/leadinvestor，最后访问日期：2019 年 1 月 22 日。

一、青橘和筹道:递进式众筹

青橘(Green Orange)和筹道(ChouDao)是上海众牛网络旗下的两个创新型众筹平台。他们采用“递进式众筹”的方式,可以降低初创企业股权融资风险。所谓递进式是指创意项目首先通过众筹平台的市场验证,通过数据系统跟踪分析和门槛筛选,以及资源竞争机制,形成一个高质量的项目漏斗,然后再进入股权众筹平台。该模式让平台能够预先了解创始团队和项目产品,投资用户和创始团队也有一个互动过程。先前的市场验证和数据积累,可以全面判断项目和产品的发展潜力,这可以在一定程度上降低风险。

该模型的另一特征是双平台的互补发展。青橘专注于产品众筹,是产品的市场孵化器。筹道侧重于股权众筹,主要针对创业企业的第一和第二阶段,即种子和天使阶段的企业。这些企业融资渠道较少,资金获取量小,希望通过互联网众筹来获得前期发展资金。通过数据挖掘和分析,青橘主要培养创意和创意产品,并计划扩大潜在项目,促进创业公司的进一步发展和扩张,两个平台之间能够互补发展。

利用开放式数据管理系统,在线平台的所有项目细节均以数据形式呈现,并通过数据跟踪和分析实现了向融资方和投资方的交付。项目进度也由数据库算法生成,自动推送给支持者的标准数据表和趋势图。同时,用户可以在手机上启动项目,浏览商业计划书(Business Plan),下订单以支持项目,以及通过第三方进行订阅和付款。

与私募股权基金和风险投资一样,众筹也有投资后管理,包括在投资后筹集项目并获得下一轮融资,协助信息披露和维护投资者关系。为了建立“虚拟服务提供商系统”,平台将为融资方和投资者提供第三方服务资源,如律师事务所、财务管理、创业服务和营销推广。推广成功的众筹项目将在合理合规的条件下运营。

“领导+后续”和“联合投资”模式是业内两种主流众筹模式。青橘和筹道支持自由选择融资项目。有些项目所有权结构简单,更具倾向性,适合“领导+后续”模式;“联合投资”则希望尽可能多的用户和资源加入,更适合网民。由于风险较高,股权众筹对投资者的要求也相对较高。平台将对投资者的个人年收入和金融资产进行认证,根据不同的项目划分可以参与的投资者，对机构投资者实施分级管理。①

二、协同工场："互联网+高校科研+孵化器"式股权众筹

协同工场是由北京协同创新研究院和广州汇垠天粤共同发起创立的股权众筹平台，成立于2015年3月。平台致力于通过搭建企业家、投资者和大学资源的创业产业平台实现新技术产品化的目标，引导创业团队科技化，促进投资专业化。这种结合生产、研究以及股权众筹的完整金融生态系统引起了业界的关注。

天使联盟和企业孵化器能够为企业家提供相对完整的创业孵化服务。天使联盟将联合数千名投资者和企业家教师，为企业家提供财务、法律、科学研究以及其他方面的支持和指导。企业孵化器是一种基于大量研究和数据验证之上的新型企业孵化生态系统。孵化器由在线孵化平台和离线实体孵化器组成。企业孵化器平台将为企业家、创业团队和具有企业家理想的优秀人才找到创业项目，在创业过程中进行指导，并提供专业的启动服务。平台将为创业服务公司寻找长期合作伙伴，并为投资者寻找投资项目。协同工场致力于建立全国最大的股权众筹平台，基于大学资源的整合，帮助企业家实现创业梦想，协助科学研究成果步入工业化道路，实现创新和创业、在线和离线、孵化和投资结合。②

三、差异化竞争模式

股权众筹的竞争有自身的特点和模式。第一类是利用传统金融机构的优势，创建整个连锁和闭环风险投资服务生态系统的发展模式。例如，受益于母公司先锋金融(Pioneer Finance)拥有的40多个金融许可，包括银行、证券、基金、融资租赁等，众筹网络(Crowdfunding Network)希望将股权众筹服务转变为风险资本服务生态系统的全方位服务链，将对高质量项目从孵化期开始介入，直到被送到上市或合并阶段。

众筹网CEO孙洪生认为，要服务于风险投资行业的多个阶段，而不是关注其中一个阶段。主要有两个原因：一方面，传统投资机构继续跨越障碍的各个阶段，在整个链条上寻求优质项目；另一方面，最优质的创业项目一般不直接寻求股权众筹平台，这决定了平台只能通过更多的参与，才能提高优质项目的成功率。对于股权众筹平台，只有从风险投资中获利才能

---

① 参见包惠：《股权众筹：新五板还是下一个纳斯达克?》，载《21世纪经济报道》2015年4月3日，第10版。

② 参见殷鹏：《股权众筹平台现新思路》，载《中国证券报》2015年5月18日，第3版。

进入精品企业和精品投资银行。

第二类是利用电子商务转移,集团的内部资源来推动优质项目的模式。京东股权融资主管金麟表示,“京东股权众筹平台可以有效地连接融资供需双方,不仅可以为企业家带来资金和战略资源,还可以降低投资门槛,让更多的投资者分享奖金。京东股权众筹已成为京东整个生态系统和创业生态系统建设的重要环节,同时也改善了京东金融业的布局。”

第三类是在某一领域创造绝对优势的模型。众投邦在推出时即定位于“第一个新的三板股票平台”,并有一个特殊的新三板企业数据库。官方网站显示,该企业库已预留了 1938 个项目。众投邦后又在官方网站上推出了“主要投资基金”模式,允许专业投资者作为基金经理发起主要投资基金,并以其专业能力引导投资者选择项目进行主要投资,同时进行投资后管理、资源对接等。主要投资基金与原主投资者设置机制形成互补优势,提高项目投融资效率。①

四、其他模式

大多数众筹平台是在项目方实现融资后,获得项目服务费。平台收取服务费这种方式“跳单”的机率比较大,一次性收取服务费这种服务方式会降低众筹平台的服务能力。

众筹平台可以从以下几个方面着手:一是做资源平台,将投资创意产业链更深地结合起来,加强平台的服务能力;②二是做孵化器,如深圳的大家投。

从表 5-3 中可见我国现有股权众筹平台的运营模式。

---

① 参见徐文擎:《股权众筹成投融资重要战场》,载《中国证券报》2015 年 5 月 4 日,第 4 版。

② 参见盛佳等编:《互联网金融第三浪:众筹崛起》,中国铁道出版社 2014 年版,第 112 页。

表 5-3　我国现有股权众筹平台的运营模式

项目	京东	天使汇	大家投	人人投	天天投	创投圈	原始会	中证众筹
项目定位	TMT项目为主	TMT项目为主	TMT项目为主	线下实体连锁	目前专注手机游戏领域，对其他领域的项目不做限制	TMT项目为主	TMT+传统行业+实体店	重点三农、互联网、钢铁、水泥、电解铝等暂时不支持
融资期限	90天	30天	无限制	30天	无限制	无限制	31天	无限制
运营模式	领投+跟投	领投+跟投、快速合投、闪投	合伙企业	合伙企业	领投+跟投	众筹平台作为领投人	领投+跟投	合伙企业
项目阶段	天使轮、A轮、B轮	种子轮、天使轮、A轮	项目尚未引入A轮VC投资	种子轮、天使轮、A轮	项目尚未引入B轮VC投资	天使轮、A轮	天使轮、A轮	—
平台盈利模式	向创业者收取服务佣金	向项目收取1%股权	向创业者收取服务佣金	向创业者收取服务佣金	—	领投	向创业者收取服务佣金	—
是否自有跟投	否	否	否	否	否	有	否	否
投资人认证	投资人资格认证	有且唯有资产认证	无资产认证，有实名认证限制	有且唯有资产认证	注册后进入“个人中心”进行投资认证	有资产认证限制	有资产认证限制，但是可由其他认证替代	符合私募股权众筹管理办法
特色	设有冷静期	—	—	人人投财务监管系统	—	—	—	—

续表

项目	京东	天使汇	大家投	人人投	天天投	创投圈	原始会	中证众筹
投资退出方式	一般有 IPO，收购兼并退出以及等待下一轮融资	—	并购、回购、IPO、股权转让、清算	IPO、下轮融资、收购并购、项目回购、有限合伙企业内部股份转让	—	IPO，并购，回购，清算，股权转让，新三板上市	—	—
项目信息披露	投资品级包装，信息较全	投资品级包装，信息较全	投资品级包装，信息较全	无明显包装，信息较全	—	投资品级包装，信息不全	投资品级包装，信息不全	—

第六章　股权众筹合格投资者的认定

互联网降低了绝大多数行业的准入门槛,众筹也不例外。但也大量出现投资者缺乏专业知识,投资者识别、抵御风险能力有限的问题。因此众筹行业协会应当发挥其教育作用,防范风险。作为众筹活动开展基础的众筹平台应当借助各种形式进行风险提示,一方面要规范融资者的信息发布;另一方面在交易过程中,要尽到信息披露、风险提示的义务。最重要的是政府监管部门的介入,为投资者的权益提供制度性的保护。[①] 政府监管制度的重点是确定合格投资者的范围和认定标准。

关于合格投资者的表述,各国立法不尽相同,而且有时候各国不同立法文件中对合格投资者的认定标准也不尽相同。比如,美国立法中直接使用了"有资信投资者"(accredited investors)这一概念。英国、日本、欧盟立法根据投资者的资产额度将投资者进行了不同类型的区分。[②] 中国在立法中使用了合格投资者的概念,但是在不同立法文件中,合格投资者的范围有所不同。本书重点介绍了美国合格投资者制度,以及中国股权众筹领域合格投资者制度问题。

第一节　美国立法对合格投资者的认定

一、JOBS 法案颁布之前美国的证券法关于有资信投资者的认定

在美国,有资信投资者制度的初衷是防止非法集资。美国 JOBS 法案颁布之前,在美国立法关于投资者适格性的规定中,出现了有资信的投资者、有经验的投资者的概念,并对两个概念有不同的界定标准。

从我国现状来看,无论是证券监督管理部门准备实行的"合格投资人

---

① 参见徐迪:《我国股权众筹的发展及风险提示》,载《赤峰学院学报(自然科学版)》2014 年第 20 期。

② 参见王斐民、樊富强:《金融消费者:界定标准与立法确认》,载《首都师范大学学报(社会科学版)》2013 年第 6 期。

制”还是平台“备案制”，都是为了防范类似的风险。①

（一）美国的证券法关于合格投资者的规定

对于有资信的投资者，美国的证券法做了以下描述：特定的金融机构②，或“在金融方面老练的、有资产净值的、有知识的并且在财务方面有经验的人，或者管理的资产数额达到了国会相关规则和规章规定的人。”③ SEC 设定了认定专业投资人的标准：（1）个人资产净值或与配偶共有资产净值超过了 100 万美元。（2）近两个年度，每个年度的个人收入总计 20 万美元以上（或者加上其配偶共计 30 万美元及以上），并且“有理由相信在接下来的年度内其收入会达到相同的程度。”④

美国《多德-弗兰克法案》颁布之前，美国对有资信的投资者标准定义为（1）连续两年，个人年收入大于 20 万美元（或与其配偶收入总计大于 30 万美元）或者（2）个人或与其配偶的资产总值超过 100 万美元，包括投资者主要住房。⑤

（二）《多德-弗兰克法案》对有资信投资者认定标准的调整

美国国会认为，通货膨胀和房产增值使自然人的资金池扩大。在现有情况下，根据 1982 年颁布的有资信投资者的认定标准，即使缺乏金融专业知识的人也会符合有资信投资者的标准。⑥ 只有少量言论认为有资信投资者的标准需要进行额外调整。⑦ 北美证券管理者协会在给美国证券交易委员会的信中，反复强调它支持投资者主要房产不应算入个人或与其配偶的总资产中的立场，并力劝委员会对“所有的资产”制定额外的标准，从而更

---

① 搜狐证券：《中科招商抢滩互联网 PE 月底将推股权众筹平台》，载微信公众号“云投汇”2015 年 7 月 16 日，http://mp. weixin. qq. com/s? __biz = MzA4NTkyNzM4OA = = & mid = 244642123 & idx = 3 & sn = 209b4f7a5812d 9d6b50f 74aef8a3e7be & scene = 1 & key = c76941211a49ab58e7c 762ff32d031d310d4049 f198f8e12e 892da371a9cfc4d91f 374abe24 cdb54f 916ab4a3b20c771 & ascene = 1 & uin = NjY3 OTU4NTQz & devicetype = webwx & version = 7000000 1 & pass_ticket = qF 6h2hxu 87 tEBSE %2BoGC8kk 8KQ1btWe2 ELiTLtT76501d 4Oqnu CJs7Vh6cvntTVzp。

② See Benjamin P. Siegel, “Title Ⅲ of the Jobs Act: Using Unsophisticated Wealth to Crowdfund Small Business Capital or Fraudsters’bank Accounts?”, 41 *Hofstra L. Rev.* 2013, p. 777.

③ 15 *U. S. C.* § 77*b*(*a*)(15)(*i*).

④ Benjamin P. Siegel, “Title Ⅲ of the Jobs Act: Using Unsophisticated Wealth to Crowdfund Small Business Capital or Fraudsters’bank Accounts?”, 41 *Hofstra L. Rev.* 2013, p. 777.

⑤ See Nikki D. Pope, “Crowdfunding Microstartups: It’s Time for the Securities and Exchange Commission to Approve a Small Offering Exemption”, 13 *U. Pa. J. Bus. L.* 2011, p. 973.

⑥ See Nikki D. Pope, “Crowdfunding Microstartups: It’s Time for the Securities and Exchange Commission to Approve a Small Offering Exemption”, 13 *U. Pa. J. Bus. L.* 2011, p. 973.

⑦ See Nikki D. Pope, “Crowdfunding Microstartups: It’s Time for the Securities and Exchange Commission to Approve a Small Offering Exemption”, 13 *U. Pa. J. Bus. L.* 2011, p. 973.

准确地评估一个潜在投资者在做投资决策时的经验能力。[1]

《多德-弗兰克法案》以调整个人或与其配偶资产值的估算方法，排除投资者的主要住所，同时规定委员会每四年对该认定标准进行重新审查，从而决定这种标准是否需要进一步的调整。[2]《多德-弗兰克法案》最初的版本要求提高有资信投资者的收入标准及资产门槛，[3]但是在风险投资圈的强烈抗议下，高资金门槛被否决了，取而代之的是证券交易委员会通过定期审议来确定是否需要对有资信投资者的认定标准进一步的调整。[4]

二、美国关于有资信投资者概念的评析

如上文所述，在原有美国的证券法中，有资信投资者被定义为某人的资产净值至少 100 万美元（个人或有配偶的共同资产净值）或者过去两年每年的年收入至少 20 万美元或共同收入至少 30 万美元，并且今年合理预期收入将会持平或有所增长。[5] 在 2010 年《多德-弗兰克法案》修订中，有资信投资者标准规定，在计算个人资产净值时禁止考虑个人主要居所。该法案也要求 SEC 每四年定期审查有资信投资者标准，并且在委员会认为在保护投资者的情况下，为了公共利益，根据经济发展情况作出调整。[6]

（一）有资信投资者与有经验投资者的区别

有学者认为，有资信投资者与有经验的投资者（accredited and sophisticated investors）存在一定的区别。成熟投资者是指某人对于金融和商业活动有足够的知识和经验，有能力评估预期投资优势和风险。[7] 法院将个人财富、年纪、教育背景、专业状况、投资经验和商业背景等若干因素

---

① See Nikki D. Pope, "Crowdfunding Microstartups: It's Time for the Securities and Exchange Commission to Approve a Small Offering Exemption", 13 *U. Pa. J. Bus. L.* 2011, p. 973.

② See Nikki D. Pope, "Crowdfunding Microstartups: It's Time for the Securities and Exchange Commission to Approve a Small Offering Exemption", 13 *U. Pa. J. Bus. L.* 2011, p. 973.

③ See Nikki D. Pope, "Crowdfunding Microstartups: It's Time for the Securities and Exchange Commission to Approve a Small Offering Exemption", 13 *U. Pa. J. Bus. L.* 2011, p. 973.

④ See Nikki D. Pope, "Crowdfunding Microstartups: It's Time for the Securities and Exchange Commission to Approve a Small Offering Exemption", 13 *U. Pa. J. Bus. L.* 2011, p. 973.

⑤ See Larissa Lee, "The Ban Has Lifted: Now Is the Time to Change the Accredited - Investor Standard", *Utah L. Rev.* 2014, p. 369.

⑥ See Larissa Lee, "The Ban Has Lifted: Now Is the Time to Change the Accredited - Investor Standard", 2014 *Utah L. Rev.* 2014, p. 369.

⑦ See Larissa Lee, "The Ban Has Lifted: Now Is the Time to Change the Accredited - Investor Standard", 2014 *Utah L. Rev.* 2014, p. 369.

作为决定投资者是否有经验的衡量标准。[①] 例如,法官时常将金融领域的内行认定为成熟投资者。[②] 又如,某法官认为符合联邦证券法规定的投资者为合格投资者,他必须是在金融和证券活动中有经验且具有专业知识。[③] 然而,因为法律仅仅规定了合格投资者的金钱标准,所以他是否在金融领域有经验,或是否具有专业知识就不必要了。

但是,某金融学教授认为,拥有一定资产净值总额,属于合格投资者范畴的人可能在他们的领域是聪明且成功的,但是这些人中的大多数也会被投资和管理金钱的基础理论迷惑。[④] 结论就是,富有的投资者并非总是有经验的投资者。将合格投资者标准和有经验投资者的标准混为一谈会损害联邦证券法保护的投资者利益。正如大法官威廉·奥威尔·道格拉斯(William O. Douglas)所提出的著名反对意见:"证券法案自身无法说明在证券交易中成熟的人与非成熟的人相异。巨人们玩耍时遵守的规则应与侏儒们遵循的规则相同。"[⑤]

还有学者认为,有资信投资者的定义忽略了很多实际上能够衡量风险和掌握投资策略的成熟的个体。富人,并不意味着经验丰富甚至是聪颖。[⑥] 经验表明,富人并不一定具有获得实质信息或者权衡投资的利益与风险的经验。实际上,他们经常不能够得到专业性的建议,特别是在他们关注与投资的直接税收后果的情况下。[⑦] 唐纳德·朗格沃特(Donald Langevoort)和罗伯特·汤普森(Robert Thompson)教授指出"大量的证据表明,机构投资人和富裕的个体投资者的自我保护程度并不高。"[⑧]霍华德·弗里德曼(Howard Friedman)教授认为,富裕的、专业的、单一的投资者是很脆弱的,证券法对其的保护并不够。[⑨]

(二)有资信投资者标准未考虑投资者经验

有学者认为,"有资信投资者标准"仅仅是依靠财富标准对投资者做

---

① See Larissa Lee, "The Ban Has Lifted: Now Is the Time to Change the Accredited-Investor Standard", *Utah L. Rev.* 2014, p. 369.

② See Larissa Lee, "The Ban Has Lifted: Now Is the Time to Change the Accredited-Investor Standard", *Utah L. Rev.* 2014, p. 369.

③ See, e. g., Poth v. Russey, 99 *F. App'x* 446, 455 (4th Cir. 2004) (citation omitted) (quoting Foremost Guar. Corp. v. Meritor Sav. Bank, 910 F. 2d 118, 123-24 (4th Cir. 1990)).

④ See Pollman, Supra note 66, at 182.

⑤ See Pollman, Supra note 66, at 182.

⑥ See Usha Rodrigues, "Securities Law's Dirty Little Secret", 81 *Fordham L. Rev*, 2013, p. 3389.

⑦ See Usha Rodrigues, "Securities Law's Dirty Little Secret", 81 *Fordham L. Rev.*, 2013, p. 3389.

⑧ Usha Rodrigues, "Securities Law's Dirty Little Secret", 81 *Fordham L. Rev.*, 2013, p. 3389.

⑨ See Usha Rodrigues, "Securities Law's Dirty Little Secret", 81 *Fordham L. Rev.*, 2013, p. 3389.

出的认定。在这样的情况下，此种标准对于合格的投资者的评估是不充分的，因为它无法将投资者的丰富经验和其他因素考虑进来，如年龄。这些考虑表明 SEC 可能忽略那些最容易遭遇严重金融损失的投资者。仅仅以资产净值或年收入作为有资信投资者判断标准，没有调查潜在投资者所拥有的有关证券交易、风险交易或特定交易方面的知识。[①] 因此，某人拥有财富但毫无金融行业经验，可以投资高风险的私募产品；相反地，拥有金融博士学位的大学教授，若不符合合格投资者的资金标准，则不能进行投资。资产净值为 100 万美元的投资者可能将其全部财产投入某一公司，并且一下损失其毕生积蓄。这些标准是有关投资者是否能够承担投资财产风险的不完整指标。[②]

SEC 规定依个人投资者的地位决定是否由规章来监管，而不考察投资者在金融行业的参与状况。[③] 为证明标准合理性，SEC 推定富有的投资者是成熟的或不论他们如何缺乏经验，都不需要《1993 年证券法》注册条款的保护。[④] 这种推论是有瑕疵的，因为它将投资者看作非黑即白，要么 SEC 保护，要么不必。现实是，投资者有不同程度的金融经验和成熟度。有一部分人是拥有大量资源、接受过顶尖商业学院的教育，且有实质投资经验的机构投资者或专业人员，也有资源缺少、缺乏教育或没有接受教育，在证券市场欠缺经验的个人投资者。[⑤]

伯尼·麦道夫(Bernard Madoff)丑闻是有资信投资者标准不完善的绝佳例子。麦道夫拥有一家著名投资咨询公司，并且他本人是纳斯达克的前主席。[⑥] 他经营了一家对冲基金，因为这种基金声称有两位数的回报预期，所以非常受欢迎。然而，此对冲基金是历史上最大的庞氏骗局之一，[⑦]投资者为此损失了两千万美元。[⑧] 其中，许多投资者是富有的投资人或机构投

---

① See Larissa Lee, "The Ban Has Lifted: Now Is the Time to Change the Accredited - Investor Standard". 2014 *Utah L. Rev.* 2014, p. 369.

② See Manning Gilbert Warren Ⅲ, "A Review of Regulation D: The Present Exemption Regimen for Limited Offerings Under the Securities Act of 1933", 33 *Am. U. L. Rev.* 355, 382(1984).

③ See Supra. note 3.

④ See Supra. note 3.

⑤ See C. Edward Fletcher, Ⅲ, Sophisticated Investors Under the Federal Securities Laws, 1988 *Duke L. J.* pp. 1081, 1124.

⑥ See Supra. note 3.

⑦ See Robert Lenzner, Bernie Madoff's $50 Billion Ponzi Scheme, Forbes (Dec. 12, 2008, 6: 45 PM), Accessed Dec. 12, 2008. http://www.forbes.com/2008/12/12/madoff-ponzi-hedge-pf-ii-in_rl_1212c roesus_inl.html.

⑧ See Supra. note 3.

资者,但是他们大多数都没有财富敏感度,麦道夫也因此损失了其毕生财富。[①] 麦道夫经营了对冲基金,其投资者是(也应当是)专业投资者。[②] 但是专业的投资者也并不能从金融危机中幸免。[③]

当然,有钱人更有能力聘请助手来管理财产,包括聘用经纪交易商。雇佣金融领域富有经验的人可以弥补投资者的不成熟。然而,这里存在两个问题:投资者过于自信和其他偏见。2007 年普林斯顿大学的一项研究表明,[④]投资者对于预期收益过于自信:人们常常对于预期的金融财富表现出不现实的乐观。结果是,他们所做的投资决策的风险超过他们的承受能力,并且他们常常没有足够的积蓄来退休。[⑤] 投资者也有其他若干偏见(biases)。这些偏见包括盲点,即投资者们可以看到其他人在判断时的偏见或影响,但其无法看到他们自己对某事的偏见。[⑥] 另一偏见是光环效应(Halo Effect),即投资者在不知道是否给予特定人正面评价的情况下,常常以更为正面的角度看待他们。[⑦] 研究表明这种偏见可能是有破坏性的,它使人们在投资之前过于重视对经纪人背景的调查,使其投资超过他们所应当投资的数额。[⑧] 因此,由于投资者过于自信和偏见,雇佣金融领域内行人来完全弥补投资者本身的不成熟是不大可能的。

(三)有资信投资者认定标准已经不能满足现实需要

使用有资信投资者认定标准作为清除需要证券法保护的潜在投资者的方法有若干缺点。首先,最为突出的缺点是这类标准没有把投资者的金融经验纳入考虑,仅以投资者的财富累积总额为判断标准。其次,此类标

---

① See Martin, Supra note 87, at 52.

② See Smith, Supra note 175, at 215.

③ See Usha Rodrigues, "Securities Law's Dirty Little Secret", *Fordham Law Review*, 81 *Fordham L. Rev.* 3389, May, 2013.

④ See Larissa Lee, "The Ban Has Lifted: Now Is the Time to Change the Accredited - Investor Standard", 2014 *Utah L. Rev.* 2014, p. 369.

⑤ See generally FINRA Investor Educ. Found., "Overcoming Biases to Promote Wise Investing (2007)", Accessed June 7, 2007. http://www.finrafoundation.org/web/groups/foundation/@foundation/documents/foundation/p118416.pdf.

⑥ See generally FINRA Investor Educ. Found., "Overcoming Biases to Promote Wise Investing (2007)", Accessed June 7, 2007. http://www.finrafoundation.org/web/groups/foundation/@foundation/documents/foundation/p118416.pdf.

⑦ See generally FINRA Investor Educ. Found., "Overcoming Biases to Promote Wise Investing (2007)", Accessed June 7, 2007. http://www.finrafoundation.org/web/groups/foundation/@foundation/documents/foundation/p118416.pdf.

⑧ See generally FINRA Investor Educ. Found., "Overcoming Biases to Promote Wise Investing (2007)", Accessed June 7, 2007. http://www.finrafoundation.org/web/groups/foundation/@foundation/documents/foundation/p118416.pdf.

准会带来概念的混乱,投资者是有资信的还是有经验的,容易产生误解,尤其是在法院交替使用两个词语的情况下。最后,因为此标准,最有可能遭遇不可挽回的财产损失的群体是最应当保护的投资者,如老人们,有资信投资者认定标准伤害了长者和大部分需要保护的人。

有资信投资者认定标准并非等同于投资者的实际财富和重大金融风险承受能力。① 富有投资人包括孤儿寡母,保护他们是 SEC 的神圣职责。但他们通常不具有获得重要信息的能力,无法评估预期投资的优势和风险,也没有相应的投资经验。② 在某些情况下,某人拥有 100 万美元的资产净值,但这可能源于保险理赔或退休金。100 万美元似乎是一笔不少的钱,但是这笔钱是某人得以维持接下来 20 多年生活的资金,如果考虑到通货膨胀,该笔钱会变得更少。在生命的后期,这笔钱若损失,将更难以赚回。③ 然而,基于有资信投资者认定标准的现实,老人们却成为投资公司寻求的主要目标。④ 有资信并不等同于有金融经验。阿吉拉尔(Aguilar)断言老年人投资者作为有资信的投资者将不会得到应有的保护,实际上还会因为现有保护制度而变得更加脆弱。⑤

SEC 对于并不成熟的专业投资者的投资风险并非视而不见。实际上,在 2007 年 SEC 就提高了认定专业投资者的门槛。1982 年又规定,那些在私人募股投资中,能够评估投资利益和风险的投资者,可以进行投资。⑥ 该委员会还认为,在房价膨胀和飙升中,许多先前没有投资资格的个体,也可以进行投资。SEC 为提高门槛进行了两项独立的改革,但是都未能有效实施。⑦

---

① See generally FINRA Investor Educ. Found. , "Overcoming Biases to Promote Wise Investing (2007)", Accessed June 7, 2007. http://www. finrafoundation. org/web/groups/foundation/@foundation/documents/foundation/p118416. pdf.

② See generally FINRA Investor Educ. Found. , "Overcoming Biases to Promote Wise Investing (2007)", Accessed June 7, 2007. http://www. finrafoundation. org/web/groups/foundation/@foundation/documents/foundation/p118416. pdf.

③ See generally FINRA Investor Educ. Found. , "Overcoming Biases to Promote Wise Investing (2007)", Accessed June 7, 2007. http://www. finrafoundation. org/web/groups/foundation/@foundation/documents/foundation/p118416. pdf.

④ See generally FINRA Investor Educ. Found. , "Overcoming Biases to Promote Wise Investing (2007)", Accessed June 7, 2007. http://www. finrafoundation. org/web/groups/foundation/@foundation/documents/foundation/p118416. pdf.

⑤ See Luis A. Aguilar, Comm'r, Sec. & Exch. Comm'n, Facilitating General Solicitation at the Expense of Investors (July 10, 2013), Accessed July 10, 2013. http://www. sec. gov/News/Speech/Detail/Speech/1370539684712#. Umm9zZG-9jR.

⑥ See Usha Rodrigues, "Securities Law's Dirty Little Secret", 81 *Fordham L. Rev.* May, 2013, p. 3389.

⑦ See Supra. note 2.

三、合格投资者标准对中小企业融资的影响及变革

(一)合格投资者标准对中小企业融资的影响

对于寻求小额发展资金的微创企业而言,合格投资者标准的改变可能会排除那些实际上可能参与众筹的投资者。在众筹中界定投资者的标准的需要也取决于个人投资的规模。例如,为了保护投资者而规定个人投资众筹的金额过低,其金额甚至远低于美国人每月在娱乐和外出就餐上花费的金额,则该标准便不能实现其目的了。①

在股权众筹领域,通过股权众筹平台进行融资的企业是初创企业(有些国家将其规定为中小微企业),初创企业大多数也是中小微企业。中小微企业的融资额一般都很低,比如,美国 JOBS 法案就将初创企业的融资额限定在 500 万美元以下。而且,股权众筹制度的核心是公众参与。因此,国家立法对投资者数量的限制相对宽松,美国 JOBS 法案将投资者数量限制从 500 人改为 2000 人。至此,分摊到每个人身上的投资金额会很小,有资信投资者的认证标准显然已经与社会实践不相适应。此外,在中国公募股权融资试点中,中国只规定了金额的上限,并没有限制投资者的数量。此时,为合格投资者设定的原始资产标准将严格限制股权众筹行业的发展。

(二)美国可持续经济法律中心提出小额发行豁免制度

《多德-弗兰克法案》将个人房产排除出个人投资净资产总额,这种变化会使一些个人更难满足有资信投资者标准。但是,《多德-弗兰克法案》对如何在亲朋好友间进行首轮融资方面并没有影响,无论这种融资是通过一对一的方式还是通过互联网的方式。② 对于众筹发行,证券监管委员会只需要对小型发行中的微量购买者创造一个有资信投资者认定标准的豁免即可。"微量"(De Minimis)定义为投资者在发行中购买发行产品或一系列产品总额不超过 1000 美元。

可持续经济法律中心(Sustainable Economies Law Center, SELC)在给委员会的信中建议道,委员会为小型证券发行创造一种新型豁免制度(小型发行豁免),委员会应该制定此项豁免的主要原因是任何投资者都可承受少量投资资金的风险。③ 下列小型发行豁免可免除登记义务:任何发行额

---

① See Nikki D. Pope, "Crowdfunding Microstartups: It's Time for the Securities and Exchange Commission to Approve a Small Offering Exemption", 13 *U. Pa. J. Bus. L.* Summer, 2011, p. 973.

② See Nikki D. Pope, "Crowdfunding Microstartups: It's Time for the Securities and Exchange Commission to Approve a Small Offering Exemption", 13 *U. Pa. J. Bus. L.* Summer, 2011, p. 973.

③ See Nikki D. Pope, "Crowdfunding Microstartups: It's Time for the Securities and Exchange Commission to Approve a Small Offering Exemption", 13 *U. Pa. J. Bus. L.*, 2011, p. 973.

不超过 10 万美元的发行,并且任一投资者投资金额不超过 100 美元,同时保证所有要约人都是自然人,是美国公民或美国合法居住者。① 另外,要约人可以在一个时间内只公开一个要约,但是其必须在所有的通信中附上免责声明,清晰陈述投资者可能损失他或她所有的投资,并且建议投资者认真评估要约人的可信性。②

如果每位投资者最高可以投资 100 美元,那么筹集到 10 万美元需要 1000 名投资者,但这个数量又超过了《1934 年证券交易法》(修订版)中第十二章(g)(1)的规定。③ 如果发行者发展到了下一个阶段,吸引到了传统的风险投资,而他又没有达到第十二章(g)(1)中规定的总资产标准的话,它超越这个标准也只是时间的问题,到那时就需要向委员会登记。这个问题最简单的解决方法就是提高个人投资最高额。将每个投资者的最高投资规定为 1000 美元,这个金额不过等同于购买笔记本电脑、平板电脑或高清电视的开销。但它可以在减少投资者数量的同时保持一个合理的数额,如果投资失败,对投资者来说不至于是一场毁灭性的灾难。

小型发行豁免要求发行额不得超过 10 万美元。天使投资者对处于萌芽期的企业投资平均金额为 50 万美元。④ 如果对萌芽期企业的天使投资额持续降低的话,企业家将会另寻其他风投。另外,委员会对小型发行豁免已经制定了 100 万美元的最高额度。⑤ 将小型发行豁免的总额限定在不超过 25 万美元将会使小型发行 10 万美元对 SELC 来说成为一种豁免,同时也使自我筹资和天使筹资的差距缩小。

小型发行豁免的要约人必须为个人,即美国公民或合法居住者。SELC 的目的在于让投资者有能力查询要约人的身份,最大程度上减少欺

---

① See Letter from Jenny Kassan, "Co-director, Sustainable Economies Law Ctr., to Elizabeth M. Murphy, Sec'y of the Comm'n", Accessed July 1, 2010. http://www.sec.gov/rules/petitions/2010/petn4-605.pdf.

② See Nikki D. Pope, "Crowdfunding Microstartups: It's Time for the Securities and Exchange Commission to Approve a Small Offering Exemption", *University of Pennsylvania Journal of Business Law* 13, 2011, p. 973.

③ See Nikki D. Pope, "Crowdfunding Microstartups: It's Time for the Securities and Exchange Commission to Approve a Small Offering Exemption", *University of Pennsylvania Journal of Business Law* 13, 2011, p. 973.

④ See Nikki D. Pope, "Crowdfunding Microstartups: It's Time for the Securities and Exchange Commission to Approve a Small Offering Exemption", *University of Pennsylvania Journal of Business Law* 13, 2011, p. 973.

⑤ See Nikki D. Pope, "Crowdfunding Microstartups: It's Time for the Securities and Exchange Commission to Approve a Small Offering Exemption", *University of Pennsylvania Journal of Business Law* 13, 2011, p. 973.

诈的风险。如果要约人是个人而不是某种实体,要约人会通过他控制的实体向投资者出售股份并且转售。这种转售行为可能不被证券规则或公司章程允许。① 反观证券发行的要约人应该是实体。为了保证投资者有足够的信息了解发行者的管理情况,规则 S-K 要求披露发行者高级职员和董事的身份证明和个人简历信息。这些信息应该在发行者网站上免费获得,并作为股份发行材料的一部分。② 另外,关于自然人美国国籍和合法居住的相关推论是证券发行的一项要求。要约人是证券的发行者这条要求没有对企业家施加个人责任,但是个人责任可以通过规则 S-K 中的条款第 601 条对高级职员的证明来施加,本条款要求向委员会提交定期报告。

小型发行豁免要求要约人同一时间只能进行一次要约行为,这并不能充分保护投资者不受欺诈发行的影响。如果要约人想要欺骗潜在的投资者,他会在"时间结束之前"向投资者施压。然后,一旦欺诈性的发行结束,要约人又可以开始另外一场欺诈发行。当然最高投资限额给每位投资者提供了保证,使他们不会经历灾难性的财务危机,但是这种只能进行一次要约行为的规定也是值得商榷的。

在规则 504 规制下,委员会需要通过对 12 个月内销售总和与规则 504 中的 100 万美元的限额进行比较,看发行的价值是否达到或超过了这个标准。③ 此外,规则 502(a)规定发生在 6 个月之内的销售行为必须共同地符合规则 D 的豁免要求,并且说明判断发行是否应该被整体认定为规则 D 豁免条款项下的五因素测试已通过。整体性问题是不久的将来参与天使投资的发行者非常关心的问题。《1933 年证券法》中的规则 505 和规则 506 限制了豁免发行中非有资信投资者的数量,即小于 35 人。大多数在小型发行豁免规定下的发行行为都很有可能超过 35 个非有资信投资者这个数量要求,如果再加上天使投资,规则 505 和规则 506 将会打击豁免规定。④ 在这种情况下,要约人需要在小型发行完成天使投资之后等待 6 个月的时间,这 6 个月的时间将会决定企业的存亡。因此,小型发行的限制

---

① See Nikki D. Pope, "Crowdfunding Microstartups: It's Time for the Securities and Exchange Commission to Approve a Small Offering Exemption", *University of Pennsylvania Journal of Business Law* 13, 2011, p. 973.

② See Nikki D. Pope, "Crowdfunding Microstartups: It's Time for the Securities and Exchange Commission to Approve a Small Offering Exemption", *University of Pennsylvania Journal of Business Law* 13, 2011, p. 973.

③ See Nikki D. Pope, "Crowdfunding Microstartups: It's Time for the Securities and Exchange Commission to Approve a Small Offering Exemption", 13 *U. Pa. J. Bus. L.*, 2011, p. 973.

④ See Nikki D. Pope, "Crowdfunding Microstartups: It's Time for the Securities and Exchange Commission to Approve a Small Offering Exemption", 13 *U. Pa. J. Bus. L.*, 2011, p. 973.

应该以6个月内整体发行价格为基础。

在通过《多德-弗兰克法案》的时候,国会发出了一个信号,表明它想要通过修改有资信投资人的标准来保护没有经验的投资者,防止他们做出错误的投资决策。① 假设国会认为不超过1000美元的投资不会给投资者带来毁灭性的风险,那么有资信投资者标准作为小型发行的修正案应该被免除。免除《1933年证券法》第四章第(2)条对于非公开发行的要求:就像Kiva和Kickstarter这类有效融资组织解释的一样,因特网和在线社区对于众筹来说是必不可少的。企业家应该有能力使用在线社交和特定的网络通信方式,并依据小额发行豁免来进行众筹。为了达到这一目的,委员会需要免除第四章第(2)条关于非公开发行的要求,或者定义"非公开"这一概念,将在线社交和网络通信方式纳入到这个概念之中以便适用第三部分提到的小型发行豁免制度。② 可以理解的是,认定其是公开发行还是非公开发行需要依赖每种发行的具体事实和情形。

(三)美国JOBS法案关于合格投资者的规定

同样是为了保护投资者,美国JOBS法案采取了另一种方法。根据该法第302条,如果投资者的年收入或资产净值低于100000美元,则每年可投资的金额为年资产净值的5%或2000美元,以较高者为准;如果投资者的年收入或净资产价值大于或等于100000美元,则可以使用年收入或资产净值的10%作为投资,但年投资额不得超过100000美元。它不是采用最小资产限额法,而是根据不同资产或收入的不同投资比率来确定合格投资者。这并不排除低收入或低资产个人的投资机会,但由于投资比例不同,控制投资的风险很大。相比之下,美国的JOBS法案更容易接受。③

2012年6月,《1933年证券法》下规章D中的规则506(c)和规则144A关于发行的大规模募资和广告行为的禁令被解除,SEC采纳了一项最终规则[募资规则(the Solicitation Rule)]来实现这一目的。④ SEC在2012年8月首先发布了提案供大家讨论。⑤ 根据募资规则,如果证券购买

① See Nikki D. Pope, "Crowdfunding Microstartups: It's Time for the Securities and Exchange Commission to Approve a Small Offering Exemption", 13 *U. Pa. J. Bus. L.*, 2011, p. 973.

② See Nikki D. Pope, "Crowdfunding Microstartups: It's Time for the Securities and Exchange Commission to Approve a Small Offering Exemption", *University of Pennsylvania Journal of Business Law* 13, 2011, p. 973.

③ 参见陈健:《股权众筹:制度构建与疑义相析——评〈私募股权众筹融资管理办法(试行)(征求意见稿)〉》,载《福建金融管理干部学院学报》2014年第4期。

④ See Todd Blakeley Skelton, "2013 JOBS Act Review & Analysis of Emerging Growth Company IPOS", *Transactions: Tennessee Journal of Business Law* 15, 2014, p. 455.

⑤ See Todd Blakeley Skelton, "2013 JOBS Act Review & Analysis of Emerging Growth Company IPOS", *Transactions: Tennessee Journal of Business Law* 15, 2014, p. 455.

者在规则506(c)和规则144A中分别满足合格投资人或合格机构投资者(Qualified Institutional Buyers,QIBs)的话,大规模募资行为和广告行为就是允许的。[①] 更清楚地讲,除了规则506(c)的豁免以外,依据《1933年证券法》第四节(a)(2)和规章D关于发行的大规模筹资和广告行为的禁令依然有效。[②]

JOBS法案突破了《1933年证券法》的限制,但为了使符合一定条件的大规模募资行为符合506(c)规则,[③]JOBS法案限定了一些条件,包括:(1)必须满足规则501、规则502(a)和(b)。(2)证券购买者必须为合格投资者。(3)发行者必须经过合理的步骤来检验购买者是合格投资者。[④] 对于合格投资者的认定,规则506(c)(2)(ii)中的募资条款进行了如下规定:发行者使用非排他性的、非强制性的方法进行判断之后,认为"发行者没有理由认为此投资者不是有资信投资人"[⑤],这时发行者就会被认为"进行了合理的步骤"[⑥]。(见表6-1)

表6-1 合格投资者认定方法

方法	步骤
收入	(1)审查"所有近两年美国国家税务局有关购买者收入的表格"并且 (2)取得"购买者的书面表示,说明他或她在当年有理由期待自己达到有资信投资者的收入标准"
资本净值	(1)审查以下3个月内的各类文件:关于资产,审查银行对账单,佣金声明和其他有价证券持有总量声明,存款凭证,税收金额和独立第三方发布的评估报告;关于责任,至少一家全国性的消费者报告机构出具的消费者报告 (2)获得"购买人的书面声明,证明所有用以确定责任必要的净资产都已经被披露"

① See Todd Blakeley Skelton, "2013 JOBS Act Review & Analysis of Emerging Growth Company IPOS", *Transactions: Tennessee Journal of Business Law* 15, 2014, p. 455.

② See Todd Blakeley Skelton, "2013 JOBS Act Review & Analysis of Emerging Growth Company IPOS", *Transactions: Tennessee Journal of Business Law* 15, 2014, p. 455.

③ See Solicitation Rule, 78 *Fed. Reg. at* 44,804-05(to be codified at 17 *C. F. R.* §230. 506(*c*)).

④ See Solicitation Rule, 78 *Fed. Reg. at* 44,804-05(to be codified at 17 *C. F. R.* §230. 506(*c*)(1),(2)).

⑤ JOBS Act §201(a)(1); Solicitation Rule, 78 *Fed. Reg. at* 44,804-05(to be codified at 17 *C. F. R.* §230. 506(*c*)(2)(*ii*)).

⑥ Solicitation Rule, 78 *Fed. Reg. at* 44,804-05(to be codified at 17 *C. F. R.* §230. 506(*c*)(2)(*ii*)).

续表

方法	步骤
特定书面确认	发行人取得"下列之一的书面确认函以证明发行人进行了合理的步骤来证明某人或某个实体在3个月前是否为有资信投资者： (1)注册的经纪自营商； (2)向SEC注册过的投资顾问； (3)品行良好的、授权在一定范围内执业的律师；或者 (4)已经按时登记并有良好品行的、在他或她的住所地或主要经营地执业的注册会计师"
优先合格投资者地位	按规则506(b)发行的证券的购买者在2013年9月23日之前是有资信的投资者，并且持续持有此种证券"，若取得类似的证明，即可证明此购买者在购买同一发行者证券时，即是资信投资者

注：1. Solicitation Rule, 78 *Fed. Reg. at* 44, 804-05 (to be codified at 17 *C. F. R.* § 230. 506 (*c*) (2) (*ii*)).

2. Solicitation Rule, 78 *Fed. Reg. at* 44, 804 (to be codified at 17 *C. F. R.* § 230. 506 (*c*) (2) (*ii*) (*B*)).

3. Solicitation Rule, 78 *Fed. Reg. at* 44, 804-05 (to be codified at 17 *C. F. R.* § 230. 506 (*c*) (2) (*ii*) (*C*)).

4. See Solicitation Rule, 78 *Fed. Reg. at* 44, 804-05 (to be codified at 17 *C. F. R.* § 230. 506 (*c*) (2) (*ii*) (*D*)).

一个人是否能够成为有资信投资者取决于他和他的配偶的共同收入或净资产，发行者应该审查可适用的表格并向"投资者及其配偶"取得书面声明。① 最后，筹资规则修改了表格D，表格D是根据规章D需要由公开发行者填写的通知，包含了一个检验框，发行者可以根据规章D中规则502(c)表明他确实信赖这些信息。②

第二节　中国股权众筹合格投资者认定

我国对合格投资者没有统一的规定，也没有统一的认定标准。我国《证券法》中也没有对合格投资者进行规定。从我国证监会颁布的《私募投资基金监督管理暂行办法》（以下简称《办法》）第三章第12条和第13

① See Solicitation Rule, 78 *Fed. Reg. at* 44, 805 (to be codified at 17 C. F. R. § 506 (c) (providing instructions)).

② See Solicitation Rule, 78 *Fed. Reg. at* 44, 805 (to be codified at 17 C. FR. pt. 239 (Form D)).

条对私募基金合格投资者有具体的规定。[①] 2014 年的《征求意见稿》曾参照上述《办法》,对合格投资者在股权众筹领域的认定标准作出了规定。

一、众筹合格投资者立法实践

在投资者范围方面,私募股权众筹融资的投资者应当符合下列条件之一:(1)《办法》规定的合格投资者;(2)投资单个融资项目的最低金额不低于 100 万元的单位和个人;(3)社会保障基金、企业年金等养老基金、慈善基金等社会公益基金,以及依法设立并向中国证券投资基金协会备案的投资计划;(4)净资产不低于 1000 万元人民币的单位;(5)金融资产不低于 300 万元人民币或者最近三年平均收入不低于 50 万元人民币的个人。[②]

针对此《征求意见稿》,有学者指出,该规定过于狭隘,特别是对于自然人投资者而言,例如,其要求个人投资者"金融资产不低于 300 万元人民币或最近三年个人年均收入不低于 50 万元人民币",并且须具备识别抗风险能力。为了规避金融风险性,要求投资者量力而为,设立合格投资者标准的目的便在于此:筛选不合理的投资者的范围。但这种筛选应当是符合实践需求的。[③]

股权众筹有利于拓宽社会融资渠道,促进资金流通,发挥闲散资金的资本作用,也是提升民众投资能力和水平的重要方式。基于互联网的股权众筹,能够发挥最广大"草根"的作用,是对以往的精英投资的颠覆。由于股权众筹金额并不巨大,且参与人数众多,因此通过风险分配,风险对于每个投资者来说已经处于可接受范围。《征求意见稿》对于合格投资者过于狭隘的认定标准,排除了社会"草根"力量的涌入,一方面,不利于资金的利用;另一方面,出于父母关爱主义限制了中小投资者。[④]

---

① 《办法》第 12 条规定:"私募基金的合格投资者是指具备相应风险识别能力和风险承担能力,投资于单只私募基金的金额不低于 100 万元且符合下列相关标准的单位和个人:(一)净资产不低于 1000 万元的单位;(二)金融资产不低于 300 万元或者最近三年个人年均收入不低于 50 万元的个人。前款所称金融资产包括银行存款、股票、债券、基金份额、资产管理计划、银行理财产品、信托计划、保险产品、期货权益等。"第 13 条规定:"下列投资者视为合格投资者:(一)社会保障基金、企业年金等养老基金,慈善基金等社会公益基金;(二)依法设立并在基金业协会备案的投资计划;(三)投资于所管理私募基金的私募基金管理人及其从业人员;(四)中国证监会规定的其他投资者。以合伙企业、契约等非法人形式,通过汇集多数投资者的资金直接或者间接投资于私募基金的,私募基金管理人或者私募基金销售机构应当穿透核查最终投资者是否为合格投资者,并合并计算投资者人数。但是,符合本条第(一)、(二)、(四)项规定的投资者投资私募基金的,不再穿透核查最终投资者是否为合格投资者和合并计算投资者人数。"

② 具体内容参见 2014 年的《私募股权众筹融资管理办法(试行)(征求意见稿)》。

③ 参见陈健:《股权众筹:制度构建与疑义相析——评〈私募股权众筹融资管理办法(试行)(征求意见稿)〉》,载《福建金融管理干部学院学报》2014 年第 4 期。

④ 参见陈健:《股权众筹:制度构建与疑义相析——评〈私募股权众筹融资管理办法(试行)(征求意见稿)〉》,载《福建金融管理干部学院学报》2014 年第 4 期。

因此，有学者认为，我国股权众筹的投资者不应仅面向成熟投资者，因为我国资本市场的发展时间短，成熟投资者的群体不大，投资者经验不足，而且股权众筹模式起步晚，因此他们质疑该标准在实践中能够在何种程度上发挥作用。只有允许大众投资者投资股权众筹，才能真正发挥股权众筹的作用，才是真正给了大众投资者一个新的投资机会。为了减少并分散股权众筹的风险，建议我国对投资者投资股权众筹的资金数额作出限制。而且投资者的认定不应选择与投资者的收入和净资产相挂钩的模式，原因在于我国没有一套系统能真正获知公民的收入或净资产；也不建议选择限制投资者一年内能投资的全部股权众筹发行人的数量或总金额，因为如果发行人通过不同的众筹平台发行、投资者通过不同的众筹平台认购股权的话，在我国现行体制下也很难做到准确掌握投资者的投资总额。故建议选择限制投资者投资于每一股权众筹发行人每一次发行的资金数额，这种限制在实践中较容易做到，同时也能起到分散风险的作用。至于这个限额规定多少合适，应经过细致的调查再作决定。①

二、我国众筹平台对投资者的认定

我国立法中没有对合格投资者的统一规定，也没有正式公布股权众筹监管办法，各个股权众筹平台规定了不同的合格投资者认定标准。（见表6-2）有些平台区分了自然人、机构投资人的合格标准，有些平台并没有自然人和机构投资者的区别，标准各自不一，亟须立法进行统一规定。

表6-2　不同平台合格投资者认定标准

股权众筹平台	自然人投资人	单位（机构）投资人	其他投资人
京东	（1）最近三年个人年均收入不低于30万元人民币；或 （2）金融资产不低于100万元人民币；本条所指的金融资产包括银行存款、股票、债券、基金份额、资产管理计划、银行理财产品、信托计划、保险产品、期货权益等	（1）投资单个融资项目的最低金额不低于10万元人民币；或 （2）社会保障基金、企业年金等养老基金，慈善基金等社会公益基金，以及按照金融监管部门要求设立或备案的投资计划，前述投资者豁免穿透核查和合并计算投资者人数	—

① 参见樊云慧：《股权众筹平台监管的国际比较》，载《法学》2015年第4期。

续表

股权众筹平台	自然人投资人	单位(机构)投资人	其他投资人
天天投	(1)注册后进入“个人中心”进行投资人认证,即可取得项目和投资者; (2)每个由个人投资者参与的众筹项目都会由创业者选择一个领投人,跟投人可以在领投人尚未确定时参与投资; (3)对一个项目的投资额度最低(非领投人)为项目融资额度的2.5%; (4)对一个项目认领份额投资后,创业者有权拒绝投资人的认投		
中证众筹	(1)《私募投资基金监督管理暂行办法》规定的合格投资者;或 (2)投资单个融资项目的最低金额不低于100万元人民币的单位或个人;或 (3)社会保障基金、企业年金等养老基金,慈善基金等社会公益基金,以及依法设立并在中国证券投资基金业协会备案的投资计划;或 (4)净资产不低于1000万元人民币的单位;或 (5)金融资产不低于300万元人民币或最近三年个人年均收入不低于50万元人民币的个人。金融资产包括银行存款、股票、债券、基金份额、资产管理计划、银行理财产品、信托计划、保险产品、期货权益等。上述个人除能提供相关财产、收入证明外,还应当能辨识、判断和承担相应投资风险;或 (6)证券业协会规定的其他投资者		—
天使汇	(1)投资者个人年收入在最近两年内每年收入超过100万元人民币或者夫妻双方合计收入在最近两年内每年收入超过200万元人民币,且能提供相关收入证明;或 (2)投资者本人名下现金及其前一交易日日终证券类资产市值100万元人民币以上。证券类资产包括客户交易结算资金、股票、基金、债券、券商集合理财产品等,信用证全账户资产除外;或 (3)投资者本人名下固定资产市值1000万元人民币以上,其中不包括主要居所,且能提供相关财产证明	(1)银行、保险公司注册的投资公司; (2)公司、企业等机构总资产超过3000万元人民币; (3)股东是全部由合格投资者组成的商业机构; (4)总资产超过3000万元人民币的投资基金,包括天使投资基金、风险投资基金、私募股权基金,并有专业人士负责投资	专业投资人: (1)拥有不低于3000万元人民币投资的自然人(包括与其配偶共同拥有); (2)任何拥有不低于3000万元人民币投资的公司; (3)任何为其自身账户、或为其他专业投资人账户进行投资管理,合计投资不低于1亿元人民币的自然人

续表

股权众筹平台	自然人投资人	单位(机构)投资人	其他投资人
创投圈	(1)最近三年个人年均收入不低于50万元人民币； (2)金融资产不低于300万元人民币(本项所称金融资产包括银行存款、股票、债券、基金份额、资产管理计划、银行理财产品、信托计划、保险产品、期货权益等)	(1)投资单个融资项目的最低金额不低于10万元人民币； (2)净资产不低于1000万元人民币； (3)社会保障基金、企业年金等养老基金，慈善基金等社会公益基金，以及按照金融监管部门要求设立或备案的投资计划，前述投资者豁免穿透核查和合并计算投资者人数； (4)相关法律法规中其他关于合格投资人的规定	—
原始会	年收入不少于50万元人民币，净资产不低于1000万元人民币		

三、股权众筹合格投资者的认定

鉴于《征求意见稿》制定的关于合格投资者认定标准规定过于严格，与股权众筹立法理念有较大的差距，所以，从《征求意见稿》公布以后，很多学者对合格投资者的认定标准提出了批评，并提出了一些改进的建议。

有学者认为《征求意见稿》第14条对合格投资者范围的规定存在巨大问题。政府出于保护投资者，从防范金融风险的角度出发，对该标准进行规定无可厚非，但是过于狭隘的标准设置反而将多数人排除在外，有违股权众筹制度设置的初衷。

从完善投资者适当性的角度，该学者提出以下建议：根据不同投资者的收入能力，规定其在一定投资数额范围内是合格投资者。就个人投资者而言，年收入12万元以下的，投资金额不得超过年收入的10%；年收入12万元至50万元的，不得超过15%；年收入50万元以上的，不得超过20%；并且根据其投资表现，可上浮或下调3%~5%。就单位而言，净资产不低于1000万元。①

① 参见杨东、黄尹旭：《中国式股权众筹发展建议》，载《中国金融》2015年第3期。

因此，该学者以量力而行的方式，划定合格投资者的认定标准，以达到控制投资者损失、稳定金融市场的目的。一方面，标准要考虑投资者的抗风险能力；另一方面，标准要努力实现中小微企业的融资目标。在此基础上，才能够最大程度上调动其积极性，实现股权众筹制度的价值目标。

将社会保障基金、企业年金等养老基金，慈善基金等社会公益基金认定为合格投资者是该《征求意见稿》的创新之处。不同于个人投资者，此类投资者具备较强的专业性，并且资金雄厚，其进入股权众筹不失为对股权众筹的肯定，这也会调动整个社会对众筹的积极性。①

另有学者认为，可以根据投资者自身的风险判断能力、风险承受能力来制定差异化保护措施。差异化的保护措施也能够在最大限度上实现众筹，就具体措施而言，年纯收入并不能代表其金融风险的识别能力。因此，可以从投资者的金融类资产数额和投资经历这两方面来设置差异化的保护措施，并且强调风险教育的重要性。②

上述两位学者的观点从本质上并无太大差异，都是根据投资者资产状况所表现出来的识别和承受风险的能力，进而具体规定投资者的出资额，规避股权众筹融资风险。其不同之处在于设定的资金限额不同。笔者认为，这种划分方法有其合理之处，但是仍有不足。在股权众筹领域，合格投资者的资质认定的基础已经不同于传统领域。股权众筹具有大众性、小额性、普惠性，所以，股权众筹合格投资者标准的设置必然修正传统领域合格投资者的认定标准。股权众筹合格投资者的资金要件标准应该大大降低，彻底体现股权众筹的理念。因此，笔者比较赞同上述第一位学者的观点。另外，笔者建议将个人主要居住所用房产从其净资产中排除。

笔者认为在股权众筹领域，无须对投资者经验进行过多考虑。我国股权众筹立法中是否区分公募和私募尚不明确。若我国立法区分公募和私募股权众筹，在私募股权众筹领域，合格投资者可以根据上述资产条件进行认定，足以控制交易风险。在公募股权众筹中，由于对投资者人数不进行限制，必然会对投资者的投资上限进行更加严格的规定，也足以防止大规模的投资风险。尤其在公募众筹中，笔者认为应该大胆地将没有投资经验，但是有一定投资热情的人纳入其中，最广泛地吸收小额和闲散资金，促进社会创新。若不区分公募和私募，将二者统合立法，投资者适格性方面，资产条件的设置和投资额度的限制也完全可以防范投资风险。

---

① 参见杨东、黄尹旭：《中国式股权众筹发展建议》，载《中国金融》2015 年第 3 期。

② 参见郑若瀚：《中国股权众筹法律制度问题研究》，载《南方金融》2015 年第 1 期。

四、股权众筹领投人适格性的认定

有专业人士认为，作为股权众筹投资引领者，其经验至关重要。因此，领投人需具备投资基金管理等相关投资经验。领投人的义务也是基于其身份和行为而产生，旨在保证判断的客观性，以及领头行为的独立性。因此，对于领投人的制度设计，应当从两方面考虑：一方面，使领投人具备独立思考与判断的动机——动机必然源于对自身利益的关切，因此设置投资最低额度便是最稳妥的办法；另一方面，须防范领投人与创业者合谋，这种防范的实现必然来自信息的充分披露，从而使利害关系显现。信息披露不充分，领头者也应当承担相应的不利后果。①

另有专业人士认为，最优秀的领投人一定是创业者的合伙人，能互相充分信任，无论别人怎样，都会非常确定地对创业者进行投资，会帮助创业者确定价格和条款，协助创业者完成本轮融资，完成融资后也会不断地帮助并鼓励创业者，是创业者在商量公司重要事项时第一个可以随时沟通的人。天使汇副总裁陈斌表示，大多数优秀的领投人会要求董事席位，能够从自身经验出发，帮助董事会作出有利于公司的决策，同时也能够基于其自身经验，协调创业者与投资者之间的关系。②

例如，天使汇平台规定：领投人不仅需要符合一般投资者的认证标准，还需要拥有足够的投融资经验（包括成功投资经历），较强的风险承担能力，并要求领投人协助创业者完成领投人的投融资。2013 年 10 月 31 日，天使汇和中国天使众筹第一人王利杰及其他著名天使投资人和天使投资组织共同发布《中国天使众筹领投人规则》，该规则对领投人进行了定义，但要求领投人符合较为明确的数量指标。指标中有些是基于投资者在天使汇平台上的投融资记录，有一定的可操作性。我们相信，如果严格按照本规则对领投人进行审核，能够在一定程度上保护创业者、便利其他投资者、促进股权众筹的发展。

① 参见郑若瀚：《中国股权众筹法律制度问题研究》，载《南方金融》2015 年第 1 期。

② 参见张鹏：《试水股权众筹　电商发力互联网金融》，载《中国高新技术产业导报》2015 年 4 月 13 日，第 10 版。

第七章　融资方案的确定与信息披露

在股权众筹过程中，融资方案的磋商和确定环节是继融资企业确定融资意向（股权众筹发起）、选择股权众筹平台之后的第三个重要环节。这个环节中，融资企业与股权众筹平台通过协商，确定股权众筹的融资数额、融资期限、确定领投人的人选，以及后续的资金管理、股权发行等问题，并对相关信息进行披露，为下一阶段开始的股权众筹发行工作做好准备。

第一节　私募股权众筹融资方案的确定

一、融资方案的磋商方式

融资方案的磋商，应在融资者、平台和领投人之间进行，原则上不应将所有的投资人纳入进来。但是，由于我国股权众筹市场刚刚起步，众筹平台往往通过其他方式网罗平台认定的合格投资者，然后和所有的合格投资者、融资者共同协商融资方案。之所以出现这种情况，也与我国《公司法》和《证券法》对企业股东的限制有关系，初创企业或中小企业的组织形式一般是有限责任制或者合伙制企业，股东一般不能超过 50 人，并且由于股权众筹融资金额一般较低，大多股数权众筹平台直接邀请投资者共同协商。有的平台，对一些前景比较好的项目，或者融资金额比较小的项目，可能会在线下直接敲定融资方案和最终的融资额度，再将该融资项目通过线上渠道展示。

我国实践中，通过线下方式促使投资者和创业者达成投融资合意，是一种比较常见的方式。例如，天使汇提供“Demo Day + 私密对接”的线下活动。在这项免费活动中，创业者可以就项目进行展示，展示时间为 8 分钟，嘉宾点评时间为 12 分钟。创投圈提供了更多种类的线下活动，如“创投圈挑战 120 秒”，以求迅速打动投资人。首轮 120 秒由创业者演示产品，介绍完毕后进行 4 分钟的产品展示和 3 分钟投资人问答。另外，还有“天使晚宴”形式：五个由创投圈推荐的项目创业者可以与同一名超级天使投资人共进晚餐，展示项目并与超级天使投资人交流项目发展，目前创投圈已经开展了四期活动，分别有著名天使投资人徐小平、邓峰、蔡文胜参与其中。另外还有“天使问答”“私密对接会”等活动帮助创业者与投资者进行对接。其他平台还有类似的活动，促进投融资方的接触和洽谈。

这种方式的好处是高效快捷，能够使投资者迅速了解项目的优势和缺陷，比较准确地做出风险评估，判断投资价值，做出投资决定。对于创业者来说，降低了其进行项目宣传的费用。但是，这种方式仅仅适用于融资金额小的项目，或者有单笔大额投资的项目，不可能大面积推广。

二、融资方案的内容

股权众筹需要融资方案作为整体计划，融资方案是股权众筹中进行信息披露的基础，是约定各方权利义务的基础性文件，内容应该翔实、清晰。具体而言，应包括以下几类信息：

融资者基本信息，融资者应当向证券监督管理机构申报如下信息：第一，融资者的名称、法律身份、地理位置和网站地址。第二，融资企业董事和高管（及任何具有相似职位或履行相似职能的人）以及任何拥有超过20%股权的股东姓名。第三，融资者的业务介绍和未来商业计划。第四，融资者的财务状况介绍。第五，对融资者的股权和资本结构的介绍。上述信息也应向投资者和众筹平台提供，并使潜在投资人了解。[①]

股权众筹平台方面：第一，股权众筹融资方案中应包括股权众筹平台对上述融资者信息真实性的审核意见，以及融资者提交的相关材料。第二，平台与融资者就融资形式的磋商结果及相关协议，即磋商确定采取直投模式或采用“领投+跟投”的模式，是采用线上形式、线下形式还是二者结合的形式。第三，若采用“领投+跟投”的模式，平台与融资者协商确定的领投人标准。第四，平台与融资者就中介费用、投资收益分配、融资期限等达成的初步协议。

若采用“领投+跟投”模式，领投人确定后，领投人方面应包括以下信息：第一，领投人员名单，以及众筹平台与融资者对领投人资质的审核意见。第二，三方签署的投资协议，包括各自的权利义务、投资收益分配等信息。

众筹项目基本信息：第一，项目类型介绍，使投资者对项目有直观的了解。第二，项目风险提示，使投资者初步了解项目存在的风险。第三，项目估值，包括估值方法、价值总额等。第四，项目融资时间。第五，针对目标

① See Securities Act of 1933, Section 4A(b).

发行额,募资者对发行收益的目的和使用规划的明确介绍。第六,目标发行额、目标发行额截止日期,以及融资者集资目标进展情况的定期更新。第七,募集股权的价格或定价方法,并且在发售前应向每位投资者以书面形式提供最终价格和所有应披露的信息,确保其拥有撤销购买股权承诺的合理机会。①

各方的权利和义务:明确融资者、平台、领投人、投资者在股权众筹中享有的权利和承担的义务,这也是日后纠纷产生之后,各方赖以解决的基础性文件。

纠纷解决方案:对纠纷发生后的解决途径进行约定。

投资者交易方案:平台应提供投资者教育材料,各方设计投资者风险测试方案。

第二节　股权众筹发行前的信息披露理论

股权众筹中信息披露的理论基础在于信息不对称产生的合同欺诈,以及传统证券法中的强制信息披露义务。本节中,笔者将论述在股权众筹发行中,各方主体应该承担的信息披露义务和不实陈述的责任,并以美国证券监管立法和 JOBS 法案为借鉴,为中国股权众筹信息披露制度提供建议。

一、股权众筹信息披露的基础

(一)信息不对称与合同欺诈风险

信息不对称使得在融资发生之前,市场会先进行逆向选择。倘若资金的富余方具有较高的风险识别能力,能对融资方、资金短缺方做出准确的风险定价,此时交易就能够发生。但是实际上大多数人并不具有这种风险识别能力,因而大部分资金富余方会以社会平均风险程度来要求风险溢价,导致的结果就是逆向选择:只有具有最高风险的人才会来借钱,比社会平均风险溢价低的人就会离开这个市场,然后这些离开市场的人会继续寻找那些能够识别他、给出更准确定价的人。这就是逆向选择的结果,也导致市场上存在的是那些风险程度越来越高的融资者,而在融资之后道德风险也将随之产生,即资金短缺方是否将从富余方处获得的资金按照最初约定的用途使用,这需要富余方对此时刻关注与监控。但是绝大多数富余方

① See Securities Act of 1933, Section 4A(b).

对此有心而无力，因为没有人有这样的时间和监控能力。①

由于存在强制信息披露制度，以及有证券公司、会计师事务所、律师事务所等信誉中介机构的尽职调查及信誉担保，在传统的证券交易市场中，这些制度和设计确保了投资者能够了解证券的真实质量，也确保了证券价格能真实反映证券市场的相关信息，整个市场趋向于有效。但是，传统的直接融资法律仍不能完全解决信息不对称的问题。我国《证券法》尽管规定了强制信息披露制度，赋予了融资者披露充分信息的义务，但实际上并没有解决信息不对称问题。因为投资者（资金富余方）可能不具备风险识别能力，其可能看不懂融资方提供的各种信息。证监会主席肖钢曾在一次会议上讲话时提道："据统计，中国股票市场上只有2%的投资者能看懂上市公司披露的财务信息，这意味着大部分投资者都看不懂上市公司披露的信息。"所以我国《证券法》并没有完全解决信息不对称的问题，证券市场依然需要一些中介机构来分析和整合这些信息，然后为投资者提供一个简单的答案：股票是买还是卖，是买这一只股票还是买那一只股票，等等。我国《公司法》通过规定公司高管的信义义务以解决监控问题，让高管在获得应有的工资后全心全意为全体股东创造利润。事实上，我国《公司法》在对信义义务的规定上仍有缺憾，目前信义义务仍然还是处于发展过程中。这两部法律为解决直接融资法律问题做出过努力，但其效果目前看来都不明显。这就是为什么直接融资市场在很多国家都没能得到很好的发展，导致很多国家只能依赖于间接融资。②

在股权众筹融资模式中，既没有严格的强制信息披露制度，也没有传统证券发行时那些信誉中介机构的服务，造成了信息不对称的情况。投资者虽然在股权众筹市场的投资是自由的，但因为其无法判别信息的真实

① 参见彭冰：《股权众筹的法律建构》（主讲部分），深圳法治论坛第八期讲稿，载微信公众号"蓝海现代法律"2015年7月21日，http://mp. weixin. qq. com/s? __biz = MzA5MDcxNjgxMQ = = & mid = 210239049 & idx = 1 & sn = 51c111dc34ae 092490 c43d2bd313ee6d & scene = 1 & key = c76941211a49ab 5847b4266b 50900bd59c7476144 b325ba1ba8c 02872a75eed8e2874e59c 713893961 a27ae689b6ae3c & ascene = 1&uin = NjY3OTU 4NTQz &devicetype = webwx&version = 70000001 & pass_ticket = 8MNY65% 2 FrmHqRMgoJ 36glQ%2BcduYtTIEgd Dwowh CMMojqNRH 7YQMmHjfGYliYgVGul。

② 参见彭冰：《股权众筹的法律建构》（主讲部分），深圳法治论坛第八期讲稿，载微信公众号"蓝海现代法律"2015年7月21日，http://mp. weixin. qq. com/s? __biz = MzA5 MDcx Njgx MQ = = &mid = 210239049 & idx = 1 & sn = 51c111dc 34ae092490 c43d2bd313ee6d & scene = 1&key = c76941211 a49ab5847 b4266b5 0900b d59c7476144 b325ba 1ba 8c02872a 75eed 8e 2874e59c713893961a27ae689b6ae3c&ascene = 1 & uin = NjY3OTU4NTQz&devicetype = webwx&version = 70000001&pass _ ticket = 8MNY65% 2FrmHqRMgoJ36glQ%2BcduYtTIEgdDwowhCMMojqNRH7YQMmHjfGYliYgVGul。

性,依靠自身力量证实信息的成本又过高,这使投资者在投资活动中处于明显的信息劣势地位,无法有效识别风险和做出正确的投资决定。股权众筹借助于互联网平台,通过简化初创企业与小微企业的融资程序,直接对接募资者与投资者,不仅降低了募资与投资的门槛,而且也降低了融资成本,从而提升了融资效率。然而,这种借助于互联网平台直接对接募资者与投资者的模式仍无法解决资本市场中交易成本过高的问题。

在信息不对称的情况下,产生合同欺诈的风险也大大增加。欺诈是众筹模式饱受诟病的重要原因。对众筹模式提出批评的人认为,与传统的风险投资和天使投资不同,在众筹平台上,投资者之间一般不存在个人联系,其对拟投资的项目或企业也往往缺乏实际的了解,募资者与投资者的地理分隔也使投资者难以监督所投项目的业务运营状况,这就大大增加了诈骗的风险。①

此外,“领投+跟投”的投资模式被我国很多众筹平台予以采用。此种投资模式的运作模式为:由平台认定的“专业投资者”作为领投人,帮助普通投资者对项目进行尽职调查,并在项目估值上作出专业判断,在领投人对项目进行一定投资后,普通投资人再对该项目跟进投资。然而,在这一模式中,领投人对项目所做的尽职调查的可信度受到了质疑。一旦领投人与募资人恶意串通,跟投人将面临合同欺诈的巨大风险,而其通过法律程序维护受损利益的成本也比较高。众筹平台大多没有可行的制度来识别募资者是否在平台上虚设了领投人,并与领投人恶意串通损害跟投人的利益。即使有的平台规定募资人与投资人不能为亲属关系,但如果这两者之间具有其他关系,几乎没有平台能有效实现此种情形下的领投人的回避,领投人的尽职调查行为依然没有受到有效监督和规制,不能不说是一种遗憾。

(二)证券法强制信息披露制度

在证券市场中,所谓保护投资者,实际上保护的是投资者的知情权,而公开作为保护投资者的手段,是证券法的核心和灵魂。在股权众筹领域,投资者所面临的信息不对称以及合同欺诈风险等,皆因相关的交易信息未能被真实、准确、完整地公开所引起。对投资者利益的保护,必须通过赋予募资者强制性的信息披露义务来实现,强制信息披露制度在股权众筹的法律规制中居于核心地位。信息披露的主体包括募资者和众筹平台,其中最关键的是募资者的信息披露。

---

① 参见胡吉祥、吴颖萌:《众筹融资的发展及监管》,载《证券市场导报》2013 年第 12 期。

二、传统证券法与众筹立法信息披露制度协调——以美国为例

(一)传统证券法与众筹立法信息披露制度协调的原因

一项有效的众筹监管制度面临的挑战是:最大限度地减少欺诈并最大限度地提高透明度,同时仍然保持小型企业股票发行交易的低成本。为了遵守美国证券交易委员会针对防止欺诈的所有一般规定,企业必须花费大量的时间和金钱认真制作文件披露其组织的运作过程,在某种程度上他们已经把这些方法资本化了。[①] 如果没有这种形式的披露,要获得一个有关特定类型投资风险大小的描述,对很多潜在投资者来说是很难的。[②] 众筹法案包括很多披露要求,并且 SEC 附加了更多的要求。但是,SEC 规定的大量额外披露规则并不适用于众筹,原因如下:

第一,IPO 市场的发行经验表明,强制披露很容易导致小额发行的证券发行成本过高。[③] 而众筹能够得以存在和运作的唯一优势就是其过程异常低价。对于法案授权的小额发行(100 万美元以下),过度披露显然不是一个经济可行的选择。

第二,大多数众筹投资者不管在什么情况下都不可能去阅读或者注意那些被披露的信息。对于已注册和公开交易的公司,职业证券分析师先阅读、分析并整合这些公司披露的信息,再用通俗易懂的语言将这些经过处理的信息传递给投资者。但是由于众筹公司太小而不能保证有相关的职业分析时,则需要投资者自己去阅读和理解那些被披露的信息。此外,消费合同经验告诉我们,几乎每一个人都忽视了网站的披露信息(如必须点击"我同意"的"服务条款")。[④]

根据上述两个原因,SEC 应当避免走通常的道路,不要发布众筹证券冗长的披露事项要求。众筹完全依赖于一个非常简单和廉价的发行证券的过程,因此 SEC 不给众筹法案中加入更多规则尤为重要,只要保留绝对必须的信息。这就产生了传统证券立法信息披露制度与众筹立法信息披

---

① See "Small Business and the SEC: A Guide for Small Businesses on Raising Capital and Complying with the Federal Securities Laws", SEC, Accessed Dec. 21, 2012. http://www.sec.gov/info/smallbus/qasbsec.htm (describing the extent to which small business owners must disclose the same types of information that larger companies must provide).

② See Ross S. Weinstein, "Crowdfunding in the U.S. and Abroad: What to Expect When You're Expecting", 46 *Cornell Int'l L. J.* 46., 2013, p. 427.

③ See Joan MacLeod Heminway & Shelden Ryan Hoffman, "Proceed at Your Peril: Crowdfunding and the Securities Act of 1933", 78 *Tenn. L. Rev.* 879, 881(2011), 931-32.

④ See Jumpstart Our Business Startups (JOBS) Act, Pub. L. No. 112-106, § 301 et seq., 126 Stat. 306, 315-23(2012).

露制度的不同，在立法中需要进行协调。

（二）美国 JOBS 法案与证券法的协调

为了减少伴随披露而来的高成本，新 JOBS 法案的规定修改了《1933年证券法》的第四章，包括一些用以减少众筹投资固有风险的替代措施。[①]在 JOBS 法案的第三章中列举的这些措施中，最主要的是对个人在任何众筹企业投资数额的严格限制，以及任何企业通过众筹融资数量的限制。[②]JOBS 法案中，国会开创了发行人的新类型，[③]称为“新生企业”（EDC）。[④]新生企业是指年度收入总额不超过 10 亿美元的企业。[⑤] 新生企业可以享受对 IPO 的宽松管理优势。

首先，JOBS 法案降低了对新生企业的信息披露要求，在 JOBS 法案颁布前，《多德-弗兰克法案》[⑥]就修改了 1934 年的《证券交易法》[⑦]中要求企业遵循“say-on-pay”[⑧]，“say-on-pay-frequency”[⑨]and “say-on-golden-parachute”[⑩]的要求。2012 年 JOBS 法案又修改了《1933 年证券法》[⑪]和《1934 年证券交易法》的相关规定，[⑫]使新生企业不受该要求的约束。[⑬]

其次，JOBS 法案通过了两项重要的放宽措施，促进了信息共享和新生企业与潜在投资者的对话。JOBS 法案允许经纪人和经销商公布关于对新生企业的“研究报告”，[⑭]该报告包括“关于对新生企业及其证券发行中的

① See Jumpstart Our Business Startups Act, Pub. L. No. 112-106, § 302, 126 *Stat.* 306(2012).

② See Jumpstart Our Business Startups Act, Pub. L. No. 112-106, § 302, 126 *Stat.* 306(2012).

③ See With some exceptions not relevant to this Note, an issuer is defined as “any person who issues or proposes to issue any security” 15 *U. S. C.* § 78*c*(*a*)(8).

④ Jumpstart Our Business Startups Act § 101(codified as amended in sections of 15 U. S. C.).

⑤ See Jumpstart Our Business Startups Act § 101(codified as amended in sections of 15 U. S. C.).

⑥ See Dodd-Frank Wall Street Reform and Consumer Protection Act, Pub. L. No. 111-203, 124 Stat. 1376(2010).

⑦ See Securities Exchange Act of 1934, 15 U. S. C. § § 78a-78pp(2012).

⑧ The “say-on-pay” provision under the Dodd-Frank Act requires a public company to give its shareholders an advisory vote on executive compensation. SEC Adopts Rules for Say-on-Pay and Golden Parachute Compensation as Required Under Dodd-Frank Act, Sec. & Exch. Comm'n(Jan. 25, 2011), http://www.sec.gov/news/press/2011/2011-25.htm.

⑨ The “say-on-pay-frequency” provision under the Dodd-Frank Act requires a public company to give its shareholders “an advisory vote on the desired frequency of say-on-pay votes.”

⑩ See The “say-on-pay-frequency” provision under the Dodd-Frank Act requires a public company to give its shareholders “an advisory vote on the desired frequency of say-on-pay votes.”

⑪ See Securities Act of 1933, 15 *U. S. C.* § § 77*a*-77bbbb.

⑫ See Securities Exchange Act of 1934, 15 *U. S. C.* § § 78*a*-78pp.

⑬ See Jumpstart Our Business Startups Act § 102, Pub. L. No. 112-106, 126 Stat. 306, 308-10 (2012).

⑭ Jumpstart Our Business Startups Act § 105(codified as amended at15 *U. S. C.* § 77*b*).

书面的、电子的或者口头证据”,[①]SEC 不对该报告进行监管,即使经纪人或经销商参与了新生企业的募股。[②] JOBS 法案明显放宽了对研究信息共享的监管。[③]

该法案另一项明显的变化是,允许新生企业和一定的潜在投资者-合格机构投资者或者机构认可的投资者(institutional accredited investors)进行沟通。[④] 此项重要变化为新生企业提供了有价值的内容,使其能够在公开募股发行前对市场利益进行“试水”(test the water)。[⑤] JOBS 法案也改变了一些在发行过程中对发行人通信的限制条件。《1933 年证券法》禁止在申请登记声明之前进行与证券发行有关的口头或书面的要约行为,限制条件基于申请表上的信息内容、时间和登记声明的生效日期适用。[⑥] 这些被称为“抢跑”规则(“gun jumping” rules),旨在避免发行之前影响市场的行为。[⑦] 然而,根据 JOBS 法案,EGCs 和获授权人可以“与合格的购买机构或合格投资人这样的潜在的投资者进行口头或书面的沟通”,[⑧]这些沟通让 EGCs 可以在提交登记声明之前进行发行的“试水”。[⑨] 但重要的是,JOBS 法案并未豁免 EGCs 或其他发行者的潜在责任。[⑩]

而且,JOBS 法案允许新生企业在首次募股发行日期前向 SEC 提交机密草案登记声明,[⑪]该项重要变化使新生企业可以提交“敏感或者保密”信息,而不必担心在其未有足够确信发行成功前向公众披露信息。

---

① Jumpstart Our Business Startups Act § 105(codified as amended at 15 *U. S. C. § 77b*).

② See Jumpstart Our Business Startups Act § 105(codified as amended at 15 *U. S. C. § 77b*).

③ See Gibson Dunn, Supra note 30, at 6. Before the JOBS Act, a broker or dealer could not distribute or publish research on a security where it was participating in the offering.

④ See Jumpstart Our Business Startups Act § 105(codified as amended at 15 *U. S. C. § 77e*).

⑤ Jumpstart Our Business Startups Act § 105(codified as amended at 15 *U. S. C. § 77e*).

⑥ See, e. g. , Memorandum, Securities Offerings and Gun Jumping: What you Can and Cannot Do, Skadden Arps SlateMeagher & Flom LLP(Nov. 2012), Accessed Nov. 10, 2012. http://www.skadden.com/sites/default/files/publications/Corporate_Finance_Alert_Securities_Offerings_and_Gun_Jumping_What_You_Can_and_Cannot_Do.pdf(hereinafter, “Skadden Gun Jumping Memorandum”).

⑦ *See, e. g.* , Memorandum, Securities Offerings and Gun Jumping: What you Can and Cannot Do, Skadden Arps SlateMeagher & Flom LLP(Nov. 2012), Accessed Nov. 10, 2012. http://www.skadden.com/sites/default/files/publications/Corporate_Finance_Alert_Securities_Offerings_and_Gun_Jumping_What_You_Can_and_Cannot_Do.pdf(hereinafter, “Skadden Gun Jumping Memorandum”).

⑧ JOBS Act § 105(c).

⑨ JOBS Act § 105(c); see, e. g. , Skadden Gun Jumping Memorandum.

⑩ See JOBS Act § 105(c).

⑪ See Jumpstart Our Business Startups Act § 106(codified as amended at 15 *U. S. C. § 77f*).

(三)美国 JOBS 法案与 SOX 法案的协调

2002 年《萨班斯-奥克斯利法案》(Sarbanes-Oxley Act,SOX)和 JOBS 法案的协调问题,主要在于对融资公司财务审计制度和财务信息披露方面的不同。在分析 JOBS 法案 103 条前,简要介绍了 SOX 法案 404(b)条和 JOBS 法案 103 条的内容,以明晰不同立法的初始动机。

美国国会在 2002 年通过了 SOX 法案,该法案颁布于著名的公司丑闻之后,比如安然公司和世界通讯公司丑闻,这些丑闻使市场股价暴跌,极大挫伤了投资者信心。因此 SOX 法案背后的动机是保护投资者和改进公司治理。2012 年,在全球金融危机导致的萧条的背景下,国会通过了 JOBS 法案。因此,JOBS 法案背后的动机是活跃经济。① 通过理解不同立法背后的动机,可以更好地分析 JOBS 法案对 SOX 法案规定的公司治理排除,能更好实现证券管理利益的平衡。

2000 年,引起轰动的安然公司和世界通讯公司丑闻,②要求对公司内部财务实施更严格的管理。③ 企业丑闻极大地挫伤了投资者的信心并造成股市的跌停,道琼斯工业股票下跌了 25%,标准普尔 500 指数(Standard & Poor's 500 Index,S & P500 Index)和纳斯达克指数(National Association of Securifies Dealers Automated Quotations, NASDAQ)分别下降了 40% 和 70%。④ 因此,国会通过了 SOX 法案以保护投资者,通过证券法律的规定提高公司披露信息的准确性和可靠性。⑤

SOX 法案关于内部财务控制有三个主要方面。⑥ 首先,302(a)(2)条要求公司的 CFO 保证向 SEC 提交的报告“不包含对重要事实的不真实陈述或省略称述”,⑦其次,906(a)条对 CFO 规定了刑罚处罚,适用于“在其知晓附随陈述的周期报告与要求不一致”的情形。⑧ 最后,还有最受争议

---

① See Jumpstart Our Business Startups Act, 126 Stat. at 306(stating the purpose behind the Act).

② See generally Lynne W. Jeter, Disconnected: Deceit and Betrayal at WorldCom(2003)(describing the corporate scandal at WorldCom); Bethany McLean & Peter Elkind, The Smartest Guys in the Room: The Amazing Rise and Scandalous Fall of Enron(2003)(describing the corporate scandal at Enron).

③ See Prentice, "Sarbanes-Oxley: The Evidence Regarding the Impact of SOX 404", 29 *Cardozo L. Rev.* 703, 705(2007), at 705-06.

④ See Prentice, "Sarbanes-Oxley: The Evidence Regarding the Impact of SOX 404", 29 *Cardozo L. Rev.* 703, 705(2007), at 705-06.

⑤ See Sarbanes-Oxley Act of 2002, Pub. L. No. 107-204, 116 Stat. 745, 745.

⑥ See Prentice, Supra. note 7, at 705-06(describing SOX's regulations for internal financial controls).

⑦ Sarbanes-Oxley Act of 2002 § 302(a)(2), 15 *U. S. C.* § 7241(*a*)(2)(2012).

⑧ See Sarbanes-Oxley Act of 2002 § 906(a), 18 *U. S. C.* § 1350(*c*)(1)(2012).

的 404 条规定,[①]404(a)条要求公司的内部财务经理报告“包含对公司内部管理结构和程序效益的评估”,[②]404(b)条要求外部审计“证实并报告发行人的估价”。[③]

404(b)条的反对者认为该规定的执行费用太高,国会 404(b)条对内部财务管理的规则应放宽。[④] 对 404(b)条中关于快速申报(公众持股量超过 7500 万)[⑤]和非快速申报公司(公众持股量不超过 7500 万)[⑥]执行期限应放宽。国会在 2010 年《多德-弗兰克法案》通过了对非快速申报公司的永久豁免。[⑦] 随着 2012 年 JOBS 法案的通过,国会对 SOX 法案的规定作出了很大的变动。[⑧]

2012 年 4 月 5 日,奥巴马总统签署了 JOBS 法案,并成为证券业管理的重要法律规定。[⑨] JOBS 法案通过放宽对公开上市的规定以促进就业。[⑩]其中一项放宽内容删除了 2002 年 SOX 法案中最受争议的 404(b)条的规定,该条款要求外部审计“证实并报告发行人的估价”。[⑪] 国会声明 JOBS 法案的目的是“通过对新生企业拓展公共资本市场的渠道以增加美国就业

---

① See Sarbanes - Oxley: “A Price Worth Paying?”, Economist (May 19, 2005), http://www.economist.com/node/3984019(calling section 404 “the law's most complained-of provision”).

② Sarbanes-Oxley Act of 2002 § 404(a)(2),15 *U. S. C.* § 7262(*a*)(2).

③ Sarbanes-Oxley Act of 2002 § 404(b),15 *U. S. C.* § 7262(*b*)(j14-n22).

④ See Sec. & Exch. Comm'n, Study and Recommendations on Section 404(*b*) of the Sarbanes-Oxley Act of 2002 for Issuers with Public Float Between $ 75 and $ 250 Million, 14-25(2011), Accessed Nov. 10, 2012. http://www.sec.gov/news/studies/2011/404bfloat-study.pdf.

⑤ See A “public float” is “the portion of a company's outstanding shares that is in the hands of public investors, as opposed to company officers, directors, or stockholders that hold controlling interests”, Accessed Nov. 17, 2013. http://us.practicallaw.com/6-382-3723.

⑥ See Sarbanes-Oxley Act of 2002 § 302(a)(2),15 *U. S. C.* § 7241(*a*)(2)(2012).

⑦ See Dodd-Frank Wall Street Reform and Consumer Protection Act, Pub. L. No. 111-203, § 989G, 124 Stat. 1376, 1948(2010).

⑧ See Supporters of the JOBS Act include the Small Business & Entrepreneurship Council, the National Small Business Association, the United States Chamber of Commerce, the International Franchise Association, and the Biotechnology Industry Organization. Rena S. Miller & Gary Shorter, Cong. Research Serv., U. S. Initial Public Stock Offerings and the JOBS Act 11(2012)(released on Mar. 23, 2013).

⑨ See Jumpstart Our Business Startups Act, Pub. L. No. 112-106, 126 Stat. 306(2012)(codified as amended in scattered sections of 15 U. S. C.).

⑩ See 85 of 157 DOCUMENTS Copyright(c) 2014 *The University of Iowa Law Review* January, 2014 *Iowa Law Review* 99 Iowa L. Rev. 893 Part Ⅱ. B(discussing the JOBS Act's motivations, purpose, and provisions).

⑪ Sarbanes-Oxley Act of 2002 § 404(b),15 *U. S. C.* § 7262(*b*)(2012).

和促进经济增长”。[①] JOBS 法案有七项条款的通过，极大地放宽了监管以实现以上目标，[②]这主要涉及 JOBS 法案第 103 条。

JOBS 法案减少了对新生企业进行财务报告和审计的要求。在法案实施之前，《1933 年证券法》和《1934 年证券交易法》都要求公司起草三年财务审计声明文件并向 SEC 提交五年特定财务数据。[③] 而且，在该法案前，SOX 法案要求公司外部审计对公司的内部管理结构进行评估和报告，[④]如今，JOBS 法案只要求新生企业提交两年财务审计报告，并免除适用上市公司会计监管委员会的规定，[⑤]除非“委员会认为使用该附加的规定对维护公共利益确有必要并且合理”。[⑥] JOBS 法案也使新生企业免除适用 SOX 法案要求的外部审计。[⑦] JOBS 法案通过后，年收入额达到 1 亿美元的公司（新生企业）可以免除适用 SOX 法案 404(b)条的外部审计规定，除非他们不再是新生企业。[⑧] 此项立法的转变引起了支持者与反对者的争议。

外部审计的作用在于：提高效率、增加收益、准确财务报表、减少资本损失并加强内部管理。内部管理的加强能够使得公司治理、管理预测与水平的提升。因此反对者认为排除外部审计极为错误，因为小企业亟须外部审计带来的利益，特别是该利益价值远远超过执行费用的下降。反对者对第 103 条最明显的担忧是潜在欺诈。国会通过 SOX 法案就是为了防止欺诈并保护投资者。该法案对外部审计的排除将会导致欺诈的增加并破坏 IPO 市场。

另外，EGCs 受益于之前《多德-弗兰克法案》关于管理层薪金改革和较少薪酬信息披露的规则（reduced compensation disclosure requirements），

---

① See Sec. & Exch. Comm'n, Study and Recommendations on Section 404(b) of the Sarbanes-Oxley Act of 2002 for Issuers with Public Float Between $ 75 and $ 250 Million, 14-25(2011), Accessed Nov. 10, 2012. http://www.sec.gov/news/studies/2011/404bfloat-study.pdf.

② See This passage acknowledges that deregulation can stimulate business and job creation through decreased administrative and compliance costs. However, the deregulation must be weighed against any increase in fraud and corruption, among other risks, to determine whether the deregulation's benefits outweigh its costs.

③ See Describing the provisions of the JOBS Act, including how the provisions changed other legislation.

④ See Sarbanes-Oxley Act of 2002 § 404(b), 15 *U. S. C.* § 7262(*b*).

⑤ See Jumpstart Our Business Startups Act § 102(b) codified as amended at 15 *U. S. C.* § 77*g*.

⑥ See Jumpstart Our Business Startups Act § 102(b) codified as amended at 15 *U. S. C.* § 77*g*.

⑦ See Jumpstart Our Business Startups Act § 102(b) codified as amended at 15 *U. S. C.* § 77*g*.

⑧ See Jumpstart Our Business Startups Act § 102(b) codified as amended at 15 *U. S. C.* § 77*g*. For a list of the various ways EGCs can lose their status, see Jumpstart Our Business Startups Act § 101 and accompanying text.

原来适用于更小型的申报公司管理层薪金水平的要求(The scaled executive compensation requirements)现在也适用于EGCs。[①] 此外,EGC不用遵守内部薪酬平等制度(make internal pay equity)或《多德-弗兰克法案》规定的"金降落伞"披露("golden parachute" disclosures)要求。[②]

第三节 股权众筹各主体信息披露义务

一、融资者的信息披露义务

融资者即初创公司,融资者的信息披露义务占据十分重要的地位。股权众筹过程中存在两次信息披露:第一次信息披露是确定初步的融资方案之后,在选择股权众筹平台的时候,向平台披露基本的信息;第二次信息披露是股权众筹发行中的信息披露,是对投资者的信息披露。第一次信息披露的范围小于第二次信息披露的范围。

(一)美国初创公司信息披露规则

1. 美国初创公司信息披露的内容

对于进行股权众筹发行的公司的信息披露要求,由美国证券监督委员会拟定的众筹监管细则规定。[③] 包括融资者基本信息、有关该发行公司(融资公司)的业务和所有者权益。

发行者(融资者)需提供如下材料:(1)公司信息,如名称、地址、法律地位、所有权、资本构成、任何负债、财务状况和数据的重要材料;(2)职员和董事的名称和商业经历;(3)公司20%以上股东的名称;(4)对公司业务的说明和商业计划;(5)对风险因素的讨论;(6)发行的目标金额和截止时期;(7)公司是否会接受超出目标发行的金额并且超出的部分如何分配;(8)在"合理程度"(reasonably detailed description)内,说明计划所得款项的用途;(9)关于结束交易和取消承诺的有关信息;(10)证券发行的价格、条件和估价方法;(11)中介赔偿的细节信息;(12)近三年来豁免交易的信息;(13)关联交易(certain related-party transactions);(14)根据近12个月其他发行量,产生的公司纳税申报单,公司财务报表复印件或由独立会计

---

① See JOBS Act § 102(c); 17 *C. F. R.* § 229. 402(2013). In general, "smaller reporting companies" are issuers with a public float of less than $ 75 million, or, if the issuer's float is zero, annual revenues less than $ 50 million. 17 *C. F. R.* § 229. 10(*f*)(1)(2013).

② See JOBS Act § 102(a).

③ See Crowdfunding, 78 *Fed. Reg. at* 66,552-54[to be codified at 17 C. F. R. § 227. 201(a)-(v)].

师或审计师审查或审计的公司财务报表;①(15)在最终众筹规则生效之日或之后,任何可能引发发行者不适格的事项。② 发行人不能自己宣传发行,任何劝诱必须通过中介平台。③ 一轮众筹后,发行人必须每年向 SEC 提交能够使投资者知悉的财务报表和关于运行结果的报告。④

有关该发行公司的业务和所有者权益的信息,包括三部分:高级管理人员、受益所有人(beneficial owner)和公司业务信息。(1)针对高级管理人员,SEC 提议,通过股权众筹方式发行证券的公司中,高管的信息披露应依据《1933 年证券法》第 405 条规则(Rule 405)和《1934 年证券交易法》第 3b-2 条规则(Rule 3b-2)来进行界定。发行人应该披露其董事长、副董事长、秘书、会计或主要财务负责人、审计人员等的信息。其他类型的证券发行中,需要公布上述人员前五年内的基本信息,但是通过股权众筹融资的企业,要求披露其高级管理人员前三年的相关信息。另外,SEC 把两年作为一种折中方案,对小型发行人来说,披露一年的信息不够,披露三年的信息又负担太重,但其目的是披露公司的历史经营状况,若先前没有经营历史,发行人就需要披露公司的运营状况、流动性或者其他风险。(2)受益所有人,是指在该公司通过股权众筹融资方式发行证券之前,就已经拥有公司股份的主体,即该法案所规定的发行人必须披露所有持有该发行公司股份份额超过 20%的股东姓名。(3)对公司业务的说明,以商业计划书的形式表现出来,但是为保护该初创企业或小微企业的所有权,SEC 允许该商业计划书可以不包括内部管理文件或用于证券发行的市场文件。

对于投资者而言,与上市有关的信息披露尤其关键,公司的财务状况和资本结构亦十分重要,须保证投资者在了解所有相关信息的基础上,作出投资决定。表格 C(发行声明)中应该能体现前述信息,发行公司必须向

---

① See For an offering, including all other offerings of the issuer under Section 4(a)(6) in the preceding twelve months, the following information is required: (i) income tax returns for the most recent year and any financial statements for offerings amounts of $100,000 or less; (ii) financial statements reviewed by an independent accountant for offering amounts more than $100,000 but less than $500,000; and (iii) audited financial statements for offerings amounts greater than $500,000. Crowdfunding, 78 Fed. Reg. at 66,553 (to be codified at 17 C. F. R. § 227. 201(t)).

② See Crowdfunding, 78 Fed. Reg. at 66,552-54 (to be codified at 17 C. F. R. § 227. 201(a)-(v)).

③ See Jumpstart Our Business Startups Act § 77d-1(b)(2).

④ See Jumpstart Our Business Startups Act § 77d-1(b)(4).

SEC 提交并且向投资者和发行中介机构(众筹平台)提供。[①] 而且,SEC 有权扩大这个清单。[②]

最新变革事项信息披露:SEC 要求融资公司提交最近事项的披露文件的时间为自该事项发生之日起 5 日内。[③] 只要发行行为还在持续,任何材料的更改、增加和更新都必须通过表格 C(发行声明)向潜在投资者提供,表格 C 也称修正表(表格 C-A)。[④] 值得关注的是,“如果修正表反映了材料的改变,增加或更新……投资者必须在 5 个工作日内重新确认他的投资承诺,否则投资者承诺即被认定撤销”。[⑤] 另外,当发行者募集的资金相当于它目标的一半或 100%时,发行者需要在 5 个工作日内向 SEC、投资者和中间商用表格 C 披露他们已经募集的资金数额,此时表格 C 也称进度更新表(表格 C-U)。[⑥]

融资公司金融状况的披露要求根据发行规模不同而异。JOBS 法案规定发行 10 万美元及以下,需要提供上一会计年度的所得税纳税申报单,以及经过主要管理人员证明的准确的未经审计的财务报表。[⑦] 发行 10 万美元以上 50 万美元以下,需要提供经独立公共会计师审核的财务报表。[⑧] 发行 50 万美元以上 100 万美元以下,需要提供经审计的财务报表。[⑨]

2. 后续信息披露规则

JOBS 法案对于 EGCs 的信息披露要求并不随着 IPO 的完成而结束。[⑩] 依《1933 年证券法》第四部分(a)(6)的规定,证券的发行者有持续报告义

---

① See Crowdfunding, 78 *Fed. Reg. at* 66,554(to be codified at 17 C. F. R. § 227. 203(a)(1)). The information must be available on the intermediary's platform for at least twenty-one days before any securities are sold and must remain available until offering is completed or cancelled. Crowdfunding, 78 *Fed. Reg. at* 66,557(to be codified at 17 C. F. R. § 227. 303(a)).

② See Jumpstart Our Business Startups Act § 77d-1(b)(1).

③ See Stuart Evan Smith, "The SEC's Proposed Regulations under the Crowdfund Act Strike a Necessary Balance Between the Burden of Disclosure Placed on Issuers of Securities and Meaningful Protection for Unsophisticated Investors", *University of Baltimore Law Review*, 44 U. Balt. L. Rev. 127, Winter, 2014.

④ See Crowdfunding, 78 *Fed. Reg. at* 66,554(to be codified at 17 C. F. R. § 227. 203(a)(2)).

⑤ Crowdfunding, 78 *Fed. Reg. at* 66,554, -58(to be codified at 17 C. F. R. § § 227. 203(a)(2)), 227. 304(c).

⑥ See Crowdfunding, 78 *Fed. Reg. at* 66,555(to be codified at 17 C. F. R. § 227. 203(a)(3)).

⑦ See Jumpstart Our Business Startups Act § 77d-1(b)(1)(D)(i).

⑧ See Jumpstart Our Business Startups Act § 77d-1(b)(1)(D)(ii).

⑨ See Jumpstart Our Business Startups Act § 77d-1(b)(1)(D)(iii).

⑩ See Todd Blakeley Skelton, "2013 JOBS Act Review & Analysis of Emerging Growth Company IPOS", *Transactions: Tennessee Journal of Business Law*, 15 *Transactions*, 2014, *p*. 455.

务,应向 SEC 提交年度报告表(表格 C-AR),并发布在发行人的网站上。[①] 报告必须涵盖的信息包括经营成果、财务状况、财务报告,外加一些上述披露范围中应该披露的特定信息,这些信息需符合特定要求。[②] 发行者要受这些要求的制约直到:(1)初创公司变为了《1934 年证券交易法》中的申报公司。(2)所有依《1933 年证券法》第四部分(a)(6)发行的证券都被发行人或第三方回购,或者(3)发行人清算或解散了。[③]

JOBS 法案还规定,发行人应"至少每一年以 SEC 认可的合适的方式向 SEC 提交发行人的运作情况和财务报表,除非 SEC 有例外规定或规定了终止日期,同时需要向投资者提供相关信息"。[④] 由此,SEC 对于决定年度报告的要求具有宽泛的自由裁量权。比如,SEC 可以完全取消年度报告要求,也可以只要求提交一份或两份年度报告。有学者认为,对于 SEC 来说,取消对初创公司提交年度报告的要求,可能是一个合适的选择,因为强制初创公司提交年度报告,对于许多发行人(初创公司)来说是麻烦的。

众筹法案对于发行人规定了一个"喇叭"条款(Blunderbuss Clause),要求发行人"遵守 SEC 依法律规定的为保护投资者和公众利益制定的其他要求"。有论者指出,SEC 被授予宽泛的自由裁量权力可能是合理的,但 SEC 不宜拥有向已有法规中添加新的规则的权力。

3. 美国 JOBS 法案信息披露制度评析

在 JOBS 规则刚公布时,由于其内容规定过于琐碎、复杂,因此可能会与该法案的初衷相背离。[⑤] 证券监管的目标是平衡融资优势与防范证券投资者的损失。[⑥] 当证券发行者进行充分且公平的信息披露时,投资者才会得到充分的保护。[⑦] 信息披露并不专注于投资的优点,而在于通过信息提

---

① See Crowdfunding, 78 *Fed. Reg. at* 66,554-55(to be codified at 17 C. FR. § § 227. 202(a), 203(b)).

② See Crowdfunding, 78 *Fed. Reg. at* 66,555(to be codified at 17 C. F. R. § 227. 203(b)(1)).

③ See Crowdfunding, 78 *Fed. Reg. at* 66,554(to be codified at 17 C. F. R. § 227. 202(a)). An issuer must file a Form C: Termination of Reporting(Form C-TR) within five days of becoming eligible to cease filing annual reports.

④ Jumpstart Our Business Startups Act § 77d-1(b)(4).

⑤ See JOBS Act, Pub. L. No. 112-106, 126 Stat. 306(2012).

⑥ See Bradford, "The New Federal Crowdfunding Exemption: Promise Unfulfilled", 40 Sec. Reg. L. J. 195, 197(2012), at 197-98.

⑦ See Hazen, "Crowdfunding or Fraudfunding? Social Networks and the Securities Laws-Why the Specially Tailored Exemption Must be Conditioned on Meaningful Disclosure", 90 *N. C. L. Rev.* 1735, 1740(2012), at 1741.

供，为潜在投资者提供决策所需信息。[①] 另外，信息披露复杂琐碎，会使股权众筹中公司方发行成本过高。[②] 不同于传统公司，SEC 放宽了对初创公司的披露的要求，即使如此，仍然提高了初创公司的运营成本。[③] 因此，这可能导致股权众筹市场萧条。[④]

而且，针对信息披露的严格要求对于融资成功与否影响有限，披露的信息对于投资者作出决策影响有限。[⑤] 由于初创公司披露的信息很容易被忽略，因此年度投资额限制将为众筹投资者提供重要保护。[⑥] 众筹企业存在固有的投资风险，在线发行提高了投资者对欺诈行为的担忧。[⑦] 另外，众筹中不成熟投资者也广为存在。[⑧] 这也凸显了股权众筹中，年度投资额限制对投资风险的防范作用更大。

(二)我国关于融资者信息披露规定

1. 我国《证券法》信息披露内容

我国《证券法》第五章规定了发行人和上市公司的信息披露制度，具体包括：

"第七十八条　发行人及法律、行政法规和国务院证券监督管理机构规定的其他信息披露义务人，应当及时依法履行信息披露义务。

信息披露义务人披露的信息，应当真实、准确、完整，简明清晰，通俗易懂，不得有虚假记载、误导性陈述或者重大遗漏。

证券同时在境内境外公开发行、交易的，其信息披露义务人在境外披露的信息，应当在境内同时披露。

第七十九条　上市公司、公司债券上市交易的公司、股票在国务院批

---

① See Justice Brandeis said it best: "Sunlight is said to be the best of disinfectants..." Louis Brandeis, "What Publicity Can Do", *Harper's Weekly*, Dec. 20, 1913, Accessed Apr. 3, 2012. http://www.law.louisville.edu/library/collections/brandeis/node /196.

② See Schwartz, Andrew A. Schwartz, "Keep it Light, Chairman White: SEC Rulemaking under the CROWDFUND Act", 66 *Vand. L. Rev.* (*En Banc*) 43, 44-45(2013), at 46.

③ See Supra. note 5, at 49.

④ See Richard Waters, "Start-ups Seek the Wisdom of Crowds," *Financial Times*, Accessed Apr. 3, 2012. http://www.ft.com/intl/cms/s/0/c1f1695c-7da8-11e1-9adc-00144feab49a.html.

⑤ See Data from consumer contracting research suggests that online disclosures are largely ignored, similar to "Terms & Conditions." See Schwartz, "SEC Rulemaking under the CROWDFUND Act", 66 *Vand. L. Rev.* (*En Banc*) 43, 44-45(2013), p. 46.

⑥ See Data from consumer contracting research suggests that online disclosures are largely ignored, similar to "Terms & Conditions." See Schwartz, "SEC Rulemaking under the CROWDFUND Act", 66 *Vand. L. Rev.* (*En Banc*) 43, 44-45(2013), p. 46.

⑦ See Schwartz, "SEC Rulemaking under the CROWDFUND Act", 66 *Vand. L. Rev.* (*En Banc*) 43, 44-45(2013), at 45.

⑧ See Supra. note 10, pp. 50-51.

准的其他全国性证券交易场所交易的公司,应当按照国务院证券监督管理机构和证券交易场所规定的内容和格式编制定期报告,并按照以下规定报送和公告:

(一)在每一会计年度结束之日起四个月内,报送并公告年度报告,其中的年度财务会计报告应当经符合本法规定的会计师事务所审计;

(二)在每一会计年度的上半年结束之日起二个月内,报送并公告中期报告。

第八十条　发生可能对上市公司、股票在国务院批准的其他全国性证券交易场所交易的公司的股票交易价格产生较大影响的重大事件,投资者尚未得知时,公司应当立即将有关该重大事件的情况向国务院证券监督管理机构和证券交易场所报送临时报告,并予公告,说明事件的起因、目前的状态和可能产生的法律后果。

前款所称重大事件包括:

(一)公司的经营方针和经营范围的重大变化;

(二)公司的重大投资行为,公司在一年内购买、出售重大资产超过公司资产总额百分之三十,或者公司营业用主要资产的抵押、质押、出售或者报废一次超过该资产的百分之三十;

(三)公司订立重要合同、提供重大担保或者从事关联交易,可能对公司的资产、负债、权益和经营成果产生重要影响;

(四)公司发生重大债务和未能清偿到期重大债务的违约情况;

(五)公司发生重大亏损或者重大损失;

(六)公司生产经营的外部条件发生的重大变化;

(七)公司的董事、三分之一以上监事或者经理发生变动,董事长或者经理无法履行职责;

(八)持有公司百分之五以上股份的股东或者实际控制人持有股份或者控制公司的情况发生较大变化,公司的实际控制人及其控制的其他企业从事与公司相同或者相似业务的情况发生较大变化;

(九)公司分配股利、增资的计划,公司股权结构的重要变化,公司减资、合并、分立、解散及申请破产的决定,或者依法进入破产程序、被责令关闭;

(十)涉及公司的重大诉讼、仲裁,股东大会、董事会决议被依法撤销或者宣告无效;

(十一)公司涉嫌犯罪被依法立案调查,公司的控股股东、实际控制人、董事、监事、高级管理人员涉嫌犯罪被依法采取强制措施;

（十二）国务院证券监督管理机构规定的其他事项。

公司的控股股东或者实际控制人对重大事件的发生、进展产生较大影响的，应当及时将其知悉的有关情况书面告知公司，并配合公司履行信息披露义务。

第八十一条　发生可能对上市交易公司债券的交易价格产生较大影响的重大事件，投资者尚未得知时，公司应当立即将有关该重大事件的情况向国务院证券监督管理机构和证券交易场所报送临时报告，并予公告，说明事件的起因、目前的状态和可能产生的法律后果。

前款所称重大事件包括：

（一）公司股权结构或者生产经营状况发生重大变化；

（二）公司债券信用评级发生变化；

（三）公司重大资产抵押、质押、出售、转让、报废；

（四）公司发生未能清偿到期债务的情况；

（五）公司新增借款或者对外提供担保超过上年末净资产的百分之二十；

（六）公司放弃债权或者财产超过上年末净资产的百分之十；

（七）公司发生超过上年末净资产百分之十的重大损失；

（八）公司分配股利，作出减资、合并、分立、解散及申请破产的决定，或者依法进入破产程序、被责令关闭；

（九）涉及公司的重大诉讼、仲裁；

（十）公司涉嫌犯罪被依法立案调查，公司的控股股东、实际控制人、董事、监事、高级管理人员涉嫌犯罪被依法采取强制措施；

（十一）国务院证券监督管理机构规定的其他事项。

第八十二条　发行人的董事、高级管理人员应当对证券发行文件和定期报告签署书面确认意见。

发行人的监事会应当对董事会编制的证券发行文件和定期报告进行审核并提出书面审核意见。监事应当签署书面确认意见。

发行人的董事、监事和高级管理人员应当保证发行人及时、公平地披露信息，所披露的信息真实、准确、完整。

董事、监事和高级管理人员无法保证证券发行文件和定期报告内容的真实性、准确性、完整性或者有异议的，应当在书面确认意见中发表意见并陈述理由，发行人应当披露。发行人不予披露的，董事、监事和高级管理人员可以直接申请披露。

第八十三条　信息披露义务人披露的信息应当同时向所有投资者披

露,不得提前向任何单位和个人泄露。但是,法律、行政法规另有规定的除外。

任何单位和个人不得非法要求信息披露义务人提供依法需要披露但尚未披露的信息。任何单位和个人提前获知的前述信息,在依法披露前应当保密。

第八十四条　除依法需要披露的信息之外,信息披露义务人可以自愿披露与投资者作出价值判断和投资决策有关的信息,但不得与依法披露的信息相冲突,不得误导投资者。

发行人及其控股股东、实际控制人、董事、监事、高级管理人员等作出公开承诺的,应当披露。不履行承诺给投资者造成损失的,应当依法承担赔偿责任。

第八十五条　信息披露义务人未按照规定披露信息,或者公告的证券发行文件、定期报告、临时报告及其他信息披露资料存在虚假记载、误导性陈述或者重大遗漏,致使投资者在证券交易中遭受损失的,信息披露义务人应当承担赔偿责任;发行人的控股股东、实际控制人、董事、监事、高级管理人员和其他直接责任人员以及保荐人、承销的证券公司及其直接责任人员,应当与发行人承担连带赔偿责任,但是能够证明自己没有过错的除外。

第八十六条　依法披露的信息,应当在证券交易场所的网站和符合国务院证券监督管理机构规定条件的媒体发布,同时将其置备于公司住所、证券交易场所,供社会公众查阅。

第八十七条　国务院证券监督管理机构对信息披露义务人的信息披露行为进行监督管理。

证券交易场所应当对其组织交易的证券的信息披露义务人的信息披露行为进行监督,督促其依法及时、准确地披露信息。"①

根据我国《证券法》适用对象并结合相关具体规定不难发现,我国《证券法》规制的是上市公司,体量大、运行机制完善。但是股权众筹中的企业多为初创企业,公司架构不够完善,运营模式不够规范,从运营成本角度考虑,也不能和上市公司进行同样的披露。因此,应当重新设计针对众筹企业的信息披露制度。

2. 我国股权众筹信息披露规则的现状与完善

在实践中,对于信息披露内容的规定差异很大。因此,《征求意见稿》也未进行详细规定,仅对披露信息真实性、准确性,以及披露信息的必要性

① 《证券法》第78~87条。

进行了原则性规定。

2015 年 7 月由中央部委多部门联合下发的《关于促进互联网金融健康发展的指导意见》也仅进行了原则性的规定："（九）……股权众筹融资方应为小微企业，应通过股权众筹融资中介机构向投资人如实披露企业的商业模式、经营管理、财务、资金使用等关键信息，不得误导或欺诈投资者……（十五）……从业机构应当对客户进行充分的信息披露，及时向投资者公布其经营活动和财务状况的相关信息，以便投资者充分了解从业机构运作状况，促使从业机构稳健经营和控制风险。从业机构应当向各参与方详细说明交易模式、参与方的权利和义务，并进行充分的风险提示……"①

虽然股权众筹是一种小额、大众融资方式，投资额上限制度比信息披露制度更能防范投资风险，但是我国立法不应该忽视股权众筹中的信息披露内容。笔者认为，美国信息披露制度有如下四大优点，我国可以借鉴美国信息披露制度，并在其基础上简化相关披露内容，形成我国相对较为完善的信息披露制度：

第一，内容翔实，包括融资者基本信息、有关发行公司（融资公司）的业务信息和已有股东信息。发行者（融资者）基本信息包括：（1）公司的基本信息；（2）公司董事的相关履历；（3）公司大股东名单；（4）对公司业务的说明和商业计划；（5）对风险因素的讨论；（6）发行的金额和截止时期；（7）公司对融资超出部分的分配方案；（8）融资所得款项的用途；（9）证券发行的价格、条件和估价方法；（10）纠纷赔偿方案；（11）公司近 1 年的其他融资；（12）公司自成立之日起的纳税记录等。有关该发行公司的业务和所有者权益的信息，包括三部分：高级管理人员、已有股东和公司主要业务的信息。

第二，根据融资额的差异设置有差异的信息披露要求。JOBS 法案的这一信息披露规则主要针对财务报表审核的严格程度和真实程度。但是，这一规定体现了一个立法思想，就是融资金额越大，风险越大，对融资公司的信息披露要求应该越高。我国在股权众筹信息披露的规定中也可以借鉴这一思想，设置差异化的信息披露制度。

第三，最新信息的变更及公布是美国 JOBS 法案信息披露制度的另一亮点。最新发生的、变更的信息应该及时向投资者和平台进行披露，还规定了严格的公布期限，以便投资者及时了解公司的运营状况，作出投资决定。

---

① 参见中国人民银行等多部门联合下发的《关于促进互联网金融健康发展的指导意见》。

第四,美国立法为SEC关于信息披露的监管留下了空间,规定SEC有权利扩大以前信息披露的范围。这种类似于兜底条款的规定,为SEC对股权众筹市场的监管提供了预留空间,具有一定的灵活性。

二、股权众筹平台的信息披露义务

股权众筹平台的信息披露内容与融资者的信息披露内容有很大的重合性,都包括融资者的基本信息、融资项目的基本信息、以及融资者的基本业务情况。我国股权众筹平台在运作过程中,基本都有对融资者基本信息、融资项目基本信息的披露。(见表7-1)

表7-1 股权众筹平台的信息披露内容

股权众筹平台	融资者基本信息	融资项目基本信息
大家投	项目商业计划书	(1)项目信息完整; (2)团队全职专注经营本项目,团队成员就学、工作简历清晰、明确(具体到时间节点、单位、职务); (3)商业模式或技术方案清晰、聚集、有市场可行性; (4)融资额度合理(项目12个月至18个月开支),用途清晰,分期付款方式合理; (5)股东出资、历史财务数据清晰明确、逻辑合理
人人投	—	人人投通过其财务监管系统对具体项目的详细信息、资金使用情况进行展示、披露
京东	包括但不限于融资人姓名、公民身份信息(如身份证号码或护照号码)、联系方式、学历证明(可选)、工作履历证明(可选)等	(1)公司基本情况; (2)公司董事、监事、高级管理人员、核心技术人员基本信息及其持股情况; (3)公司业务和技术(含知识产权)情况; (4)公司治理情况; (5)公司财务会计信息(需经第三方审计,如有); (6)募集资金的目的及用途; (7)其他需对外披露的信息
众筹网	包括但不限于身份证、护照、学历证明等的认证	—

续表

股权众筹平台	融资者基本信息	融资项目基本信息
中证众筹	包括但不限于注册信息、申报项目信息等	—

与融资者信息披露内容不同,众筹平台应注重以下几方面的信息披露:(1)对于融资者信息真实性审查的程序意见。之所以如此规定,是因为笔者认为平台并不具备实质审查的能力与义务,因此,只需公布审核程序与方法,具体真实性判断则应当由政府机构以及投资者去判断,其审核方法与程序只要尽其义务,就不应该对因融资者提供虚假信息而承担责任。(2)对领投人基本情况的审核。若股权众筹采用"领投+跟投"的模式,基于对投资者负责,其必然负担起审查的责任。(3)其他披露事项中未涉及,但会影响到投资人切身利益的信息。

三、领投人的信息披露义务

领投人是否承担信息披露义务,取决于未来立法对领投人职责的定位,即领投人是否需要在股权众筹中,独立或协助股权众筹平台对融资者、融资项目进行实质的或形式的审查。若未来立法中将领投人的权利义务纳入立法范围,则其信息披露义务由其和股权众筹平台协商确定。

不过,笔者始终主张,股权众筹领投人不应该对投资者和项目承担审核义务,尤其是不应该承担实质性的审核义务。领投人对筹资者或平台的存在意义在于其拥有的资产额度、市场信誉。筹资者和平台看重的也是其给各方带来的经济利益。因此,领投人获取报酬理所当然。跟投人是基于对领投人的信赖而跟随投资,跟投人作为投资者,应该对自己负责,尽到谨慎合理的义务,领投人行为仅仅是一个示范作用,并不能为跟投人的投资责任"背书"。① 项目投资失败之后,领投人也需要承担投资失败的风险,领投人在投资过程中,是否对项目进行严格的审核,审核结果如何,并不需要承担向跟投者披露的义务,仅需以投资或不投资的行为向跟投者作出示范即可。

另外,我国立法中,可以给领投人言论选择权,即领投人在众筹项目投

① 参见海川:《众筹:创业融资新渠道》,载《新经济导刊》2015 年第 Z1 期。该文中指出,领投人一般投资经验比较丰富,在行业内也有一定知名度,他们投资一个项目就相当于为该项目"背书",让更多没有经验的投资者更加明确什么样的项目可以投、值得投。

资时,可以保持缄默,仅以行为带动跟投者。若投资失败,领投人无须负责。领投人可以积极对众筹项目进行宣传,鼓励大家投资。领投人的宣传言论必须是自愿做出,不能接受平台或筹资者的委托做出,将领投人的中立地位不可改变。领投人作为投资企业的核心股东,可以进行宣传,进而追求投资企业带来预期收益。若宣传过后,后期投资失败,领投人只要能证明其不存在虚假陈述,便可摆脱合谋欺诈之责,否则应承担一定的赔偿责任,并对其后续的投资行为有所限制。

然而,在现实操作中,很多股权众筹平台都要求领投人承担相当一部分的审核义务(见表7-2),而且,在立法缺乏的情况下,这些都是通过协议的方式进行的。如果领投人接受了众筹平台达成要求,对相关事项承担审核责任,那么,领投人就应该就其审核事项进行公开,并对其审核结果的真实性承担责任。

表7-2 领投人的权利和义务

股权众筹平台	领投人权利和义务
大家投	(1)领投人担任成立的有限合伙企业的普通合伙人; (2)代表(母)有限合伙企业担任项目方公司的董事
京东	(1)优先查看融资项目; (2)领投人在确认领投后有3天冷静期,可在冷静期内无条件放弃; (3)跟投人应向领投人支付融资项目退出分成的20%; (4)领投人的投资成绩和回报情况将会成为该投资人在相关领域的投资记录,并向跟投人展示; (5)领投人可以在平台上对个人进行合理的宣传推广; (6)领投人不对项目投后管理成果及项目收益承诺保底
创投圈	项目选择:创投圈专业基金甄选项
天天投	(1)领投人职责:①负责项目分析、尽职调查、项目估值议价、投后管理等事宜;②向项目跟投人提供项目分析与尽职调查结论,帮助创业者尽快实现项目成功融资;③帮助创业者维护协调好融资成功后的投资人关系。 (2)领投规则:①一个项目只能有一个领投人,领投人认投项目须经创业者确认同意后方可有效;②领投人对单个项目领投最低额度为项目融资额度的10%。 (3)激励方式:领投人收取有限合伙企业收益的10%作为激励

续表

股权众筹平台	领投人权利和义务
天使汇	(1)领投人将在天使汇上成为加"V"投资人； (2)优先看到候选项目(包括未审核通过的项目源)和领投人微信群推荐项目； (3)领投项目可以优先进入快速合投服务； (4)协助项目完成跟投融资,获得项目1%的股权奖励； (5)领投人代表跟投人对项目进行投后管理,出席董事会,获得5%~20%的利益分成(Carried Interests),具体比例根据项目和领投人共同决定； (6)对某个细分领域领投的成绩和回报情况将会成为这名投资人在本领域的投资记录(Track Record),将会成为其他投资人进行跟投的重要参考

第四节　股权众筹发行虚假陈述的责任及救济

一、美国股权众筹虚假陈述的责任及救济制度

(一)美国《1933年证券法》与JOBS法案有关不实陈述责任制度的变化

美国众筹法案中第4A(c)条对重大信息虚假和遗漏的法律责任进行了规定。① 直接源于美国《1933年证券法》第12(a)(2)条,②关于众筹法

---

① 参见JOBS法案第4A(c)条的主要规定中重大信息虚假和遗漏的法律责任:1. 授权行为。(A)一般规定——按照第(2)段落,在第4(6)条规定豁免的交易中购买证券的个人,可以在任何有管辖权的法院对第(2)段落中所述证券发行人依普通法或衡平法提起诉讼,退回该证券,以追回因购买该证券所支付的对价和相应利息(扣除持有该证券时所获得的任何收入),或者在该个人不再持有证券的情况下诉请损害赔偿。(B)责任——根据本段规定提起的诉讼,应符合第12(b)条和第13条的规定,并视作等同于第12(a)(2)条规定的责任。2. 适用范围。发行人应对第(1)段落中所述诉讼负有责任,如果该发行人:(A)在第4(6)条规定的拥有豁免权的证券发行或销售交易中,通过州际商务或信件中使用任何交通或通信手段或工具,以任何书面或口头交流形式,对重大事实作出了不实陈述或者遗漏了要求披露的重大事实,或根据陈述时的具体情况,遗漏了为避免误导而本应陈述的某一重大事实,且购买人对该不实陈述或漏报不知情;并且(B)不能举证证明该发行人确实不知晓,以及在尽到合理注意义务后仍然不知晓该不实陈述或遗漏的。

② See Tretter,"Crowdfunding Small-business Incubator or Securities Fraud Accelerator?" 18 *WL J. Sec. Litig. & Reg.*, no. 8, Aug. 21, 2012 at 1, Accessed Aug. 13, 2013.

案中第4A(c)条的适用须从了解第12(a)(2)条的规定开始。① 众筹法案中4A(c)赋予了投资者对因发行人做出对重大事项的错误陈述或在口头和书面的内容中省略该内容的行为提起诉讼的权利。② 原告提起诉讼需要出示以下初步证据:(1)发行或者销售的证券;(2)在商业交往中使用的邮件或者其他任何方式的交流方式;(3)口头或者书面证明;(4)根据订立的情形,对重要事实的虚假陈述和遗漏的证明。③

美国《1933年证券法》第12(a)(2)条主要构成要件比较明确,特别是与10b-5的规定相比,④10b-6是美国《1933年证券法》中最广泛最主要的责任条款⑤。第一,第12(a)(2)条规定的归责原则是过失责任,而不是10b-5规定的故意。⑥ 第二,即使原告从未读过或听过相关的不实陈述,根据第12(a)(2)条的规定,发行人依旧要承担责任。⑦ 最后,股价的下跌有多种原因,一旦作出虚假称述,发行人就需要承担责任。⑧ 然而,原告需证明在其购买证券时并不知晓虚假陈述或者遗漏的事实情况。⑨ 即使第12(a)(2)条规定的责任相较于第10b-5条"更容易发生",但在使用范围上大大缩小,因为虚假陈述或遗漏的事实情况必须有书面或口头的证明,并与公开募股说明书相关。⑩

在对古斯塔夫森诉阿洛伊德公司(Gustafson v. Alloyd Co.)案件中,法院的意见极具争议,高级法院基本上重新定义了"招股说明书"的含义以

---

① 该条的内容是:任何人如果通过包含有重大虚假陈述或遗漏的"招股说明书或口头传达方式"而进行证券的邀约或出售,应对其购买者负有撤销合同或赔偿金的责任。参见[美]莱瑞·D.索德奎斯特:《美国证券法解读》,胡轩之、张云辉译,法律出版社2004年版,第184页。

② See Securities Act of 1933 § 12(a)(2),15 U.S.C. § 77l(a)(2)(2012).

③ See Securities Act of 1933 § 12(a)(2),15 U.S.C. § 77l(a)(2)(2012).

④ To state a claim under Rule 10b-5, a plaintiff must show the following six elements: (1) the defendant made a materially false statement or omission(2) with scienter(3) in connection with the purchase or sale of a security (4) upon which the plaintiff justifiably relied (5) that caused the plaintiff to suffer economic loss, and (6) there exists a causal connection between the material misrepresentation and the loss. See Tad E. Thompson, "Recent Development, Messin´ with Texas: How the Fifth Circuit's Decision in Oscar Private Equity Misinterprets the Fraud-on-the-Market Theory", 86 *N. C. L. Rev.* 1086, 1087-88(2008).

⑤ See Robert A. Prentice, "The Future of Corporate Disclosure: The Internet, Securities Fraud and Rule 10b-5", 47 *Emory L. J.* 1, 4(1998).

⑥ See In re Wachovia Equity Sec. Litig., 753 F. Supp. 2d 326, 367-68(S. D. N. Y. 2011); 1 Stuart R. Cohn, Securities Counseling for Small and Emerging Companies § 19:4(2012).

⑦ See Currie v. Cayman Res. Corp., 835 F. 2d 780, 782(11th Cir. 1988).

⑧ See In re Wachovia, 753 F. Supp. 2d at 367.

⑨ See Securities Act of 1933 § 12(a)(2),15 U.S.C. § 77l(a)(2)(2012).

⑩ See Gustafson v. Alloyd Co., 513 U.S. 561, 567-68, 584(1995).

及第12(a)(2)条在公开募股中的适用。[①] 古斯塔夫案件之后,该限制解释意味着在私人募股中,购买股票的投资人——比如,在规章D第144A条和第506条规定的投资人,[②]不再有因发行人虚假陈述和遗漏事实而提起个人诉讼的权利。[③] 但是,国会高度重视众筹中出现欺诈的可能性,并在法案中规定了受欺诈投资者的个人诉权,同时保留了SEC和国家监管者对违法者的公共诉权。[④]

在古斯塔夫案之前,法院普遍认为第12(a)(2)条应当适用于所有的证券募股中,包括二次销售和首次销售,[⑤]并且第12(a)(2)条中"招股说明书"的定义包括任何"通过广播或者电视发出的书面或者口头交流的内容"。[⑥] 但在古斯塔夫案件中,多数法官认为对"招股说明书"的扩张解释将"平添大量额外的责任",因为它"增加了撤回诉讼的成本,而无需证明卖方欺诈或者买方依此行事。"然而,《众筹法》第4A(c)条的规定中,国会将用"通过书面或者口头交流内容"来代替"招股说明书"的表述,增加了初创公司在股权众筹中的责任,[⑦]该范围远远超过了第12(a)(2)条规定中关于公司公开募股的规定。[⑧]

在古斯塔夫案之前,根据第12(a)(2)条提起的诉讼"显著增长"。[⑨] 在古斯塔夫案之后,私人募股投资者不能再适用该条提起该诉讼,对第12(a)(2)条的适用和根据该规定提起的诉讼案件明显下降。[⑩] 法院也通过

---

① See Gustafson v. Alloyd Co. ,at 569.

② However,Section 12(a)(2) specifically applies to the new "small" offering exemption created by the JOBS Act,referred to as Regulation A+,which permits exempt offerings up to $ 50 million. See Jumpstart Our Business Startups Act,Pub. L. No. 112-106, § 401(a),126 Stat. 306,324(2012)

③ See Natasha S. Guinan Note, "Nearly a Decade Later: Revisiting Gustafson and the Status of Section 12(A)(2) Liability in the Courts - Creative Judicial Developments and a Proposal for Reform",72 *Fordham Law Review* 72,2014,p. 1053,1075.

④ See Jumpstart Our Business Startups Act § 77d(a)(6)(B).

⑤ See Cohn,In re Wachovia Equity Sec. Litig. ,753 F. Supp. 2d 326,367-68(S. D. N. Y. 2011);1 Stuart R. Cohn,Securities Counseling for Small and Emerging Companies § 19:4(2012).

⑥ See *Cf.* Gustafson,513 U. S. at 585-87(Thomas,J. ,dissenting).

⑦ See Gustafson,513U. S. at 571. 12(a)(2)仅规定了因招股说明书中虚假陈述而产生的责任。招股说明书是书面文件,而在众筹法案中,若发行人的口头交流内容存在虚假,也应该承担责任,所以说,众筹法案扩大了发行人的信息披露责任。

⑧ See Securities Act of 1933 § 12(a)(2),15 U. S. C. § 771(a)(2)(2012);Jumpstart Our Business Startups Act,Pub. L. No. 112-106, § 302(b),126 Stat. 306,315,319(2012).

⑨ See Bainbridge,Cf. Gustafson,513 U. S. at 585-87(Thomas,J. ,dissenting),at 1234.

⑩ See Sale,1933 Securities Act,75*Wash. L. Rev.* 429,440(2000),at 431-32;Guinan,Supra note 184,at 1069.

古斯塔夫案对股东提起该诉讼提出更严格的"追踪"要求。[1] 这要求股东需要答辩或者证明,其是"在"或者"根据"公开募股的活动购买股票,并且招股说明书对重要事实作出虚假陈述。[2] 该要求有效地将能够根据第12(a)(2)条提起诉讼的人限制为"与虚假招股说明书有直接联系并购买股票的买方"。[3] 因为该限制,大部分根据第12(a)(2)条提出的诉讼被撤回和因缺乏"追踪"要求而被驳回。[4] 由于该规定的严格限制,有经验的证券欺诈诉讼的律师通常会援引10b-5的规定。[5] 第12(a)(2)条规定就变得更为次要或者只具有形式意义。[6]

概括而言,关于融资公司信息披露中的虚假陈述和遗漏陈述责任制度,JOBS法案与美国《1933年证券法》的不同主要有两点:一是诉讼主体范围的扩大,在《1933年证券法》中,规章D第144A条和第506条规定的投资人不再享有因发行人虚假陈述和遗漏事实而提起个人诉讼的权利。但是,JOBS法案规定了受欺诈投资者的个人诉权,同时保留了SEC和国家监管者对违法者的公共诉权。二是提起诉讼依据范围的扩大,在《1933年证券法》中,投资者只能依据"招股说明书"等书面文件提起诉讼,而在JOBS法案中,规定"通过书面或者口头交流内容"若存在不实或信息遗漏的情况,都可以作为进行诉讼的依据,增加了初创公司在股权众筹中的责任。

(二)JOBS法案关于不实陈述责任的规定不利于初创公司发展

上述限制也严格地限制了第12(a)(2)条在民事诉讼中的"威慑和救济的目的"。[7] 然而,上述限制皆未在《众筹监管法案》第4A(c)条的规定出现。因为国会将"招股说明书"的表述替换为"任何书面或者口头交流",第4A(c)条将包括发行人向SEC递交或提供给投资者的披露文件,也涵盖所有与募股和证券销售有关的其他陈述报告。[8] 由于第4A(c)条适用宽泛和构成要件较少,在股权众筹纠纷中,原告律师现在更倾向于根

---

① See Sale, 1933 Securities Act, 75 *Wash. L. Rev.* 429, 440(2000), at 432.

② See Sale, 1933 Securities Act, 75 Wash. L. Rev. 429, 440(2000), at 441.

③ See Sale, 1933 Securities Act, 75 Wash. L. Rev. 429, 440(2000), at 441-42.

④ See Sale, 1933 Securities Act, 75 Wash. L. Rev. 429, 440(2000), at 482-83.

⑤ See 1 Harold S. Bloomenthal & Samuel Wolff, Going Public Handbook § 10:38(2012).

⑥ See 1 Harold S. Bloomenthal & Samuel Wolff, Going Public Handbook § 10:38(2012).

⑦ See Sale, 1933 Securities Act, 75 *Wash. L. Rev.* 429, 440(2000), at 431.

⑧ See Securities Act of 1933 § 12(a)(2), 15 *U. S. C.* § 77*l*(a)(2)(2012); Jumpstart Our Business Startups Act, Pub. L. No. 112-106, § 302(b), 126 *Stat.* 306, 315, 319(2012). and accompanying text.

据第4A(c)条提起诉讼,而并非依照10b-5的规定。① 姑且不说其可以刺激集体诉讼,第4A(c)条规定比以往任何规定更有可能使原告具有简要的诉请理由。

然而,第4A(c)条的诉讼理由太过简要而不适用于众筹环境。初创公司通过众筹发行募股将会面临多种相关责任,并且众筹方式会增加因疏忽而对重要事实的不实报告和遗漏的可能性,原因如下:

初创公司和众筹本身的特性增加了众筹募股中不实披露或者遗漏的可能性,也使众筹发行人承担了更多责任。众筹是为初创公司创设的融资方式,②但初创公司在人力、信息、财务等方面与成熟公司相比较存在诸多劣势,通过众筹方式募股的初创公司并没有足够资源聘请专家,甚至其不会意识到聘请专家的必要性。并且,初创公司面临着以下问题:(1)企业破产风险。(2)新技术产品发展问题。(3)创业者的心理因素。(4)第4A(c)条关于"任何书面或者口头交流"规定的广泛适用。③ (5)众筹独特的推销策略。(6)投资者未完全履行尽职调查。以上六个特点也正是众筹中容易出现不实披露或者信息遗漏的原因所在。

第一,初创公司更有可能使得投资者面临损失,也因此增加了投资者根据第4A(c)条提起诉讼的风险。④ 研究显示,初创公司通过众筹方式融资的失败率较高,而无法返回投资人的资本。初创公司对财务和项目的不实披露更是令人警醒,戈什(Ghosh)教授发现95%的风险投资支持的初创公司明显感到资金不足或收入增长比率低下。⑤ 即使投资者在投资前进行了尽职调查,然而通过详细审查的公司也依旧会面临着失败的风险。这些数据都为企图通过众筹开创公司或者进行投资的人以警示,因为使用众筹方式的发行人有时可能是被审慎的天使投资人或者风投企业拒绝投资的

① See Sale, 1933 Securities Act, 75 *Wash. L. Rev.* 429, 440(2000), at 469.

② See Technically, any company that satisfies the Crowdfund Act's requirements can use crowdfunding. However, Section 4A(f) disqualifies reporting companies, meaning any company that is required to "file reports pursuant to section 13 or section 15(d) of the Securities Exchange Act of 1934," which effectively limits the size of crowdfunding companies. See Jumpstart Our Business Startups Act § 302(b).

③ Jumpstart Our Business Startups Act § 302(b)(emphasis added).

④ See Keith Paul Bishop, "Crowdfunding - There Will Be Investor Losses", Cal. Corp. & Sec. L.

⑤ See Deborah Gage, "The Venture Capital Secret: 3 Out of 4 Start-ups Fail", Wall St. J., Sept. 20, 2012, at B1.

企业。[①]

第二,特别是高技术行业的初创公司,面临着新技术产品发展方面的风险。[②] 这使投资人在产品出现不符合承诺时,因不满情绪而提起诉讼的概率增大,也使发行人更容易面临责任风险。伊桑·马利克(Ethan Mollick)教授的研究显示,75%的 Kickstarter 投资者面临着"延迟交付产品"的情况,33%的项目根本无法交付产品。[③] 失败率偏高并不只是初创公司企业家的原因,他们通常具有一定的能力,并且能够谨慎行事,但是产品风险是由多种因素共同造成的,包括产品设计、测试和制造中的问题,还有产品比例问题、市场变化都会阻碍产品发展进程。[④]

第三,创业者的心理因素也会使众筹面临着更多风险。创业者本身与风险紧密相关。[⑤] 约翰·斯图尔特·米尔(John Stuart Mill)指出:"创业家"成为当今社会的通常用法,根据"承担的风险"将"创业者"与企业的"管理者"相区分。[⑥] 诺特(Knott)教授认为:尽管创业者面临着诸多传统风险,但是对待"自身创业能力"方面却又过于自信。[⑦] 也就是说,创业者在预估风险时,可能会出现对自身能力的错误预估,并不认为他们面临着巨大的经济风险。[⑧] 创业者的投资对国家经济增长具有深刻影响。[⑨] 然而,拥有此种心态的创业者进行众筹,要比相对保守的管理者经营的企业面临更大的风险。

---

① See Daniel Isenberg, "The Road to Crowdfunding Hell, HBR Blog Network", Accessed Apr. 23, 2012. http://blogs. hbr. org/cs/2012/04/the_road_to_crowdfunding_hell. html and accompanying text.

② See Perry-Smith & Vincent, Jill Perry-Smith & Leslie H. Vincent, "The Benefits and Liabilities of Multidisciplinary Commercialization Teams: How Professional Composition and Social Networks Influence Team Processes", at 36.

③ See Ethan Mollick, "The Dynamics of Crowdfunding: An Exploratory Study, J. Bus. Venturing (forthcoming 2013)(manuscript at 1-2, 12)", Accessed Apr. 3, 2013. http://dx. doi. org/10. 1016/j. jbusvent. 2013. 06. 005.

④ See Robert Prentice, "Vaporware: Imaginary High-Tech Products and Real Antitrust Liability in a Post-Chicago World", *Ohio* 57 *State Law Journal*. , 1163, 1175. (1996).

⑤ See Brian Wu & Anne Marie Knott, "Entrepreneurial Risk and Market Entry", 52 Mgmt. Sci. 1315, 1315-16(2006).

⑥ See Robert H. Brockhaus, Sr. , "Risk Taking Propensity of Entrepreneurs", 23 Acad. Mgmt. J. 509, 509(1980).

⑦ See Wu & Knott, Brian Wu & Anne Marie Knott, "Entrepreneurial Risk and Market Entry", 52 Mgmt. Sci. 1315, at 1315.

⑧ See Brian Wu & Anne Marie Knott, "Entrepreneurial Risk and Market Entry", 52 Mgmt. Sci. 1315, 1315-16(2006). at 1317.

⑨ See President Barack Obama, "Remarks by the President After Roundtable with Local Business Leaders in Seattle", Accessed Aug. 17, 2010, ar13 and accompanying text.

第四，由于《众筹监管法案》4A(c)条对信息披露形式范围的扩大，为发行人增加了更多民事责任。① 《众筹监管法案》第4A(c)条规定的“任何书面或者口头交流”的形式标准，使披露风险不只限定于向SEC或大众披露的正式文件，也包括大量的非正式文件。即使第4A(c)条不扩大信息披露的形式范围，由于初创企业向SEC和大众披露的正式文件数目众多，不实披露或者遗漏的可能性是十分大的。

第五，众筹方式涉及独特的营销策略，使发行人面临更多的额外责任风险。初创公司通过众筹不仅是在寻找融资渠道，也为推广产品打下了客户基础。② 该双重目标使创业者需要显示资金的雄厚和计划的完美，说服成百上千的潜在投资人也成为客户。③ 众筹的营销策略显示其旨在吸引不成熟的散户而不是机构投资者、管理者和经纪公司。在以回报为基础的众筹中，该销售策略通常采用营销录像的形式。④ 根据第4A(c)条的规定，由于不实陈述与“任何书面或者口头交流”有关，网络内容和销售证券的录像也潜藏着责任风险。企业通常根据网页和录像的内容进行预测，而不会将之打印或者写入招股说明书中。⑤ 隐性问题是，创业者很有可能通过社交平台推进募股，社交平台是发挥众筹的社会效益的主要阵地。⑥ 即使是随意的交流也有可能导致第4A(c)条规定的责任，因为它们属于书面的交流形式。⑦ 当然，考虑到审查费用和众筹募股资金数目较少，委员会将所有的交流内容进行审查的可能性极小。

第六，因为众筹中对尽职调查的要求程度很低，过分乐观的表述在众筹中经常会发生，很容易导致虚假陈述和遗漏信息。⑧ 如上所述，创业者对

---

① See Supra Gustafson v. Alloyd Co., 513 *U. S.* 561, 567-68, 584(1995)-88 and accompanying text.

② See Slava Rubin, "The Wisdom of Crowdfunding", Accessed Oct. 22, 2012, Forbes, at 62.

③ In some ways, this is a more difficult sale than pitching to angel investors or venture capital firms where the entrepreneur simply needs to convince the investor that customers exist regardless of whether the investor sees himself or herself as a customer.

④ On Kickstarter, for example, projects featuring videos "succeed [at raising funds] at a much higher rate than those without.", Accessed Aug. 13, 2013. http://www.kickstarter.com/help/school#making_your_video.

⑤ See Prentice, Robert A. Prentice, "The Future of Corporate Disclosure: The Internet, Securities Fraud, and Rule 10b-5", 47 *Emory L. J.* 1, 4(1998) at 33.

⑥ Telephone Interview with Jim Cummings, Member, Ornana, LLC(Sept. 27, 2012).

⑦ See Jumpstart Our Business Startups Act, Pub. L. No. 112-106, § 302(b), 126 Stat. 306, 317, 319 (2012).

⑧ See Daniel Isenberg, "The Road to Crowdfunding Hell, HBR Blog Network", Accessed Apr. 23, 2012. http://blogs.hbr.org/cs/2012/04/the_road_to_crowdfunding_hell.html.

回报通常会过分高估,这也会不可避免地体现在披露的信息、商业计划和财务目标中。天使投资人和风投公司进行投资时,会履行尽职调查的责任,进行详尽和全面的审查。[①] 成熟的投资者试图通过尽职调查发现当中的错误,然而众筹却未给一般投资人同样的调查机会。众筹的投资人依赖于发行人的销售策略和其披露的财务和项目的内容,而无法自己进行调查。[②] 一些学者和法律实践者一直困惑于究竟信息披露到何种程度才可以使散户也受益的问题,因为多数散户不懂这些文件,也不愿去查阅。[③] 另外,由于众筹金额较少,发行人要为尽职调查买单,[④]费用高昂的长期尽职调查并不实际。[⑤] 该事实也增加了文件隐藏错误的可能性——根据第4A(c)条,在新公司破产时发行人需要担责的错误情形。

(三)JOBS法案赋予发行人的抗辩理由

《众筹法案》第4A(c)条对任何发行人都施加了责任,包括通过"任何书面或者口头交流,对募股和在除了第4(6)条规定的交易场合进行销售"中有重大虚报和误报以及漏报的发行人,[⑥]且适用于所有初创企业高管和董事长,都需承担个人责任。[⑦]《众筹法案》第4A(c)条如第12(a)(2)条一样,列明了三项归责基础:(1)对事实信息的错误表述。(2)遗漏应披露的信息。(3)对于为防止误导的信息、事实情况的遗漏。[⑧] 责任条款规定,众筹中原告为对"不实或遗漏"情况不知情的买者。[⑨]《众筹法案》第4A(c)条规定如第12(a)(2)条,为发行人提供了两种抗辩理由:

首先,发行人可以试图证明"不知晓,并且在履行了合理审慎义务后仍

---

① Telephone Interview with Brian Batchelor, Associate Attorney, formerly with Atlanta Technology Angels(Sept. 28,2012).

② See Daniel Isenberg,"The Road to Crowdfunding Hell, HBR Blog Network", Accessed Apr. 23, 2012. http://blogs. hbr. org/cs/2012/04/the _ road _ to _ crowdfunding _ hell. html - 77 and accompanying text.

③ See Bradford, C. Steven Bradford, "Crowdfunding and the Federal Securities Laws", 2012 *Columbns Business Law Rereiw*. 1,30(2012), at 112.

④ See Even if some funding portals cover the up-front cost of due diligence, this cost will ultimately be passed along to the issuer in higher hosting fees.

⑤ See Isenberg, Daniel Isenberg, "The Road to Crowdfunding Hell, HBR Blog Network", Accessed Apr. 23, 2012. http://blogs. hbr. org/cs/2012/04/the_road_to_crowdfunding_hell. html.

⑥ Presumably, "materiality" will continue to mean a substantial likelihood that a reasonable investor would consider the misstatement or omission significant in deciding whether to invest. See Basic Inc. v. Levinson, 485 U. S. 224, 231-32(1988).

⑦ See Jumpstart Our Business Startups Act § 302(b).

⑧ See Jumpstart Our Business Startups Act § 302(b); 17A J. William Hicks, Civil Liabilities: Enforcement & Litigation Under the 1933 Act § 6:133(2013).

⑨ See Jumpstart Our Business Startups Act § 302(b).

对该不实或遗漏信息不知晓。"[①]该抗辩——以"合理注意"或者"尽职调查"抗辩——使发行人承担了较重的举证责任,因为它是一种推定,由其自身证明在履行了合理注意义务之后,但仍然不能知晓不实或者遗漏的信息。[②] 如果发行人或者其员工确有过失,该种抗辩便不能成立。[③] 其次,如果能够证明损失并非由于不实信息而是因为其他原因造成的,发行人可以避免部分或者全部损失。[④] 这与10b-5的规定相反,10b-5规定原告必须证明损失的原因,[⑤]但某种程度也和第12(a)(2)条一致。[⑥]

(四)JOBS法案并未赋予投资者有效的权利救济途径

尽管第4A(c)条规定的构成要件很少,但是众筹法的责任条款未赋予投资人有效的救济权利。在获取赔偿方面,第4A(c)条规定的救济与第12(a)(2)条相同,如果原告向发行人偿付了证券,原告可以将免于"对该类证券的考虑"审查,并对之加收利息若原告"不再拥有证券",[⑦]原告可以提起损害赔偿诉讼,[⑧]尽管制定法未写明如何计算该损失。[⑨] 原告通常倾向等价偿还,比如可以通过第12(a)(2)条或者第4A(c)条要求的损失赔偿,而不是10b-5规定的实际损失,因为等价赔偿已经足够。[⑩]

相较于传统公开募股,众筹中的发行人在信息披露中面临更多的风

---

① See Securities Act of 1933 § 12(a)(2),15 *U. S. C.* § 77*l*(a)(2)(2012);Jumpstart Our Business Startups Act § 302(b).

② See Hicks,Jumpstart Our Business Startups Act § 6:165.

③ See Cohn,In re Wachovia Equity Sec. Litig. ,753 F. Supp. 2d 326,367-68(*S. D. N. Y.* 2011); 1 Stuart R. Cohn,Securities Counseling for Small and Emerging Companies § 19:4.

④ See,e. g. ,Lee Harris,"A Critical Theory of Private Equity",35 *Del. J. Corp. L.* 259,261(2010), at 261.

⑤ See Lydie N. C. Pierre-Louis,"Hedge Fund Fraud and the Public Good",15 *Fordham J. Corp. & Fin. L.* 21,44. (2009); Larry Swedroe,"Hedge Funds Lag Traditional Asset Classes",Accessed Oct. 12,2012. http://www. cbsnews. com/8301-505123_162-57529997/hedge-funds-lag-traditional-asset-classes/. and accompanying text.

⑥ See Stout,Uncertainty,Dangerous Optimism,and Speculation,"An Inquiry into Some Limits of Democratic Governance",97 *Cornell L. Rev.* 1177,1179(2012),at 1184.

⑦ See Choi & Pritchard,"Stephen J. Choi & A. C. Pritchard,Behavioral Economics and the SEC",56 *Stan. L. Rev.* 1,15(2003),at 15.

⑧ See Gubler,Zachary J. Gubler,"Public Choice Theory and the Private Securities Market",91 *N. C. L. Rev.* 745(2013);See also Smith et al. ,The SEC's "Fair Value" Standard for Mutual Fund Investment in Restricted Shares and Other Illiquid Securities,6 *Fordham J. Corp. &Fin. L.* 421,471 (2001).

⑨ See Smith et al. ,"The SEC's 'Fair Value' Standard for Mutual Fund Investment in Restricted Shares and Other Illiquid Securities",6 *Fordham J. Corp. &Fin. L.* 421,471(2001),at 421-22.

⑩ "The SEC's 'Fair Value' Standard for Mutual Fund Investment in Restricted Shares and Other Illiquid Securities",6 *Fordham J. Corp. &Fin. L.* 421,471(2001). at 427,471-72.

险。并且众筹法对第12(a)(2)条的采纳,不实陈述只适用于公开募股内容说明书的责任而不适用于私人募股。同样的,个人投资的数目有限和集体诉讼的高门槛使众筹的投资者在因实际欺诈受损后无法得以救济。

众筹的有限投资金额也使虚假陈述责任条款的实施效果不佳,因为没有单独个人愿意耗费于此类诉讼中。① 根据众筹法案,一个年收入或者净资产不超过10万美元的个人可以将超过2000美元或者是个人收入和净资产的5%进行投资;如果投资人的年收入或者净资产超过10万美元,通常会对10%进行投资。该数额限制也限制了集体诉讼的进行。② 然而,即使提起集体诉讼,由于诉讼费用较低,律师更愿意在庭审前达成快速的解决方式以节省诉讼成本。

虽然大多数证券诉讼都是以集体诉讼的形式出现,以平衡诉讼成本和受益。③ 然而,相较于IPO,众筹提供的投资平台较小,众筹法限制募股期限为12个月,募资上限为100万美元。④ 林登·特雷特(Lyndon Trette)担忧:"即使是投资数目增加也不足以吸引集体诉讼"。⑤ 诉讼过程中,原告律师必须承担诉讼费用,并希望诉讼的回报足以冲抵支出。律师希望获得30%的回报,⑥但是考虑到会有败诉的风险,回报也会大打折扣。⑦ 根据这样的推算,刺激律师提起诉讼需要大量的资金。一项关于IPO的研究显示:小规模的募股中几乎不会发生关于证券欺诈的诉讼,只有不到1%不超过500万美元的融资才可能导致集体诉讼。⑧ 另外一项研究表明,在经济的角度上,只有2000万美元损害赔偿的集体诉讼,才会对原告律师具有吸

① See Hazen, "Crowdfunding or Fraudfunding? Social Networks and the Securities Laws – Why the Specially Tailored Exemption Must Be Conditioned on Meaningful Disclosure", 90 *N. C. L. Rev.* 1735, 1767-69(2012), at 1759.

② See "Sullivan & Ma, Crowdfunding: Potential Legal Disaster Waiting to Happen", Accessed Oct. 22, 2012. http://www.forbes.com/sites/ericsavitz/2012/10/22/crowdfunding-potential-legal-disaster-waiting-to-happen/.

③ See Hicks, Supra note Jumpstart Our Business Startups Act § 302(b) § 6:48.

④ See Jumpstart Our Business Startups Act § 302(a).

⑤ Tretter, "Crowdfunding or Fraudfunding? Social Networks and the Securities Laws – Why the Specially Tailored Exemption Must Be Conditioned on Meaningful Disclosure", 90 *N. C. L. Rev.* 1735, 1767-69(2012).

⑥ See 1 Alba Conte, Attorney Fee Awards § 2:8("Common-fund fees in complex class action and shareholder derivative suits normally constitute 20 to 30% of the class recovery... ").

⑦ See Coffee, Jr., Reforming the Securities Class Action, "An Essay on Deterrence and Its Implementation", 106 *Colum. L. Rev.* 1534, 1536(2006), at 1543.

⑧ See Coffee, Jr., Reforming the Securities Class Action, "An Essay on Deterrence and Its Implementation", 106 *Colum. L. Rev.* 1534, 1536(2006), at 1543.

引力。[①] 根据众筹法案,其最高损害赔偿额为100万美元,提起集体诉讼的经济因素是存在问题的,但是提起诉讼的可能性不能够完全被排除,因为律师可以通过提起个人或者集体诉讼以寻求快捷的解决方法。

《众筹法案》第4A(c)条对原告规定的负担很小,诉讼方式不再具有任何益处。对于纠纷的解决,通过快速方式解决将多于通过诉讼方式。1995年,美国国会通过了《证券私人诉讼改革法案》(PSLRA),以减少无益的和烦琐的诉讼,[②]这就是通常指的"strike suits"。[③] 然而,《1933年证券法》第12(a)(2)条关于过失和非欺诈行为举证的规定,却与PSLRA规定的不一致。[④] 因此,原告并不需要"说明所有的事实情况",[⑤]大体而言,由第4A(c)条规制的案件也同样不受诉讼高标准的限制,也就是说,原告不必举出发行人进行误导性陈述的证据。[⑥] 另外,第4A(c)条规定的尽责抗辩——合理注意和消极的致害原因——意味着被告将承担举证责任和费用。[⑦]

当然,根据《众筹法案》第4A(c)条提起的诉讼也有益处,特别是诉讼具有明显事由的,对于原告的举证负重并不多。公众公司会花费成百上千美元来准备招股说明书和登记注册声明,[⑧]尽管这些材料经过了认真的准备,许多公司,比如高科技公司,在公开募股后也会遭到集体诉讼或个人诉讼。[⑨] Groupon 和 Facebook 提供了鲜明的例子,有投资者起诉 Groupon,指

---

① See Crowdfunding, 78 *Fed. Reg. at* 66,558(to be codified at 17 C. F. R. § 227. 304(a)). at 1544 n. 28.

② See Coffee, Jr., Reforming the Securities Class Action, "An Essay on Deterrence and Its Implementation", 106 *Colum. L. Rev.* 1534, 1536(2006), at 1534 n. 1[quoting H. R. Rep No. 104-369, at 31(1995)].

③ See William S. Feinstein, "Pleading Securities Fraud with Particularity -*Federal Rule of Civil Procedure* 9(*b*) in the Rule 10b-5 Context: Kowal v. MCI Communications Corporation", 63 *Geo. Wash. L. Rev.* 851, 864(1995).

④ See Rombach v. Chang, 355 F. 3d 164, 170-71(2*d Cir.* 2004).

⑤ See Rombach, 355 F. 3d at 170-71.

⑥ See Gorga & Halberstam, Supra note 166, at 6(stating that Congress enacted the PSLRA to prevent strike suits that threatened defendant corporations with "costly discovery").

⑦ See Securities Act of 1933 § 12(a)(2), 15 U. S. C. § 77l(a)(2)(2012); Jumpstart Our Business Startups Act § 302(b) and accompanying text.

⑧ See Bradford, "Crowdfunding and the Federal Securities Laws", 2012 Columbia Business Law Review, 1. 30 (2012, at 42; Burkett, "A Crowdfunding Exemption? Online Investment Crowdfunding and U. S. Securities Regulation", 13 Transactions: Tenn. J. Bus. L. 63, 71(2011), at 82. and accompanying text.

⑨ See Johnson, Supra note 24("[A] rite of passage for any publicly traded tech company is its first securities class action or derivative suit.").

出其"内部管理存在重大缺陷",若事实如此,则会导致登记声明和招股说明书中的内容存在误导投资者的情形。[①] Facebook 在 2012 年惨淡上市后,投资者对其提起了 42 起诉讼,指控其在上市前公布的信息不实。[②] 这些诉讼不可避免,因为公开上市是"最吸引原告律师的一类诉讼",如哥伦比亚法学教授约翰 · 考菲(John Coffee)所言,[③]除发行股票的货币价值外,众筹的募股和 IPO 十分相似,因此,它们都会吸引原告律师。[④] 尽管此类诉讼的频繁出现并不能保证众筹诉讼的发展,但是至少表明原告律师在通过此类诉讼寻求利益,也意味着发行人必须将此种成本考虑到众筹的交易中。

尽管《1933 年证券法》10b-5 的规定可以适用于众筹交易,[⑤]但网络众筹的欺诈风险需要新的责任条款规制。PSLRA 要求原告根据 10b-5 的规定提起诉讼时,需掌握一定的事实情况,[⑥]原告需证明该规定中的六项构成要件,并承担一定数额的花费,因此也降低了该条款对于受欺诈投资者适用的有效性。尽管众筹中存在融资风险,但是许多人认为,PSLRA 的要求标准过高阻碍了诉讼,会使合理的法律规定形同虚设。[⑦] 因此,对第 4A(c)条的合理完善,即通过降低发行人的交易成本,着重防止发行人的欺诈行为,可以避免 PSLRA 对诉讼形成障碍。

(五)对 JOBS 法案股权众筹诉讼条款的修正建议

首先,该条款可以降低众筹前期的潜在交易成本。SEC 在发行人和投

---

① See Sam Gustin, "Groupon Faces SEC Probe, Investor Lawsuit as Stock Hits New Low", Accessed Apr. 5, 2012. http://business. time. com/2012/04/05/groupon - faces - SEC - probe - investor - lawsuit-as-stock-hits-new-low/.

② See Nate Raymond, "Judge Names Lead Plaintiffs in Facebook Litigation", Accessed Dec. 6, 2012. http://newsandinsight. thomsonreuters. com/SECurities/News/2012/12 _ - _ December/Judge _ names_lead_plaintiffs_in_Facebook_litigation/.

③ See Aaron Lucchetti, "Facebook's Next Fight: Suits, and More Suits", *Wall St. J.*, Sept. 26, 2012. at C1.

④ See Securities Act of 1933 § 12(a)(2), 15 *U. S. C.* § 77*l*(a)(2)(2012) and accompanying text.

⑤ See Hanks, JOBS Act Crowdfunding Provisions Await Clarification by SEC, in44 *Sec. Reg. & L. Rep.* (*BNA*) 1710, 1710 (Sept. 17, 2012); See Thomas Lee Hazen, "Crowdfunding or Fraudfunding? Social Networks and the Securities Laws - Why the Specially Tailored Exemption Must Be Conditioned on Meaningful Disclosure", 90 *N. C. L. Rev.* 1735, 1767-69(2012) at 1757 and accompanying text.

⑥ See Michael A. Perino, "Did the Private Securities Litigation Reform Act Work?", 2003 *U. Ill. L. Rev.* 913, 925 (2003); Rombach v. Chang, 355 *F. 3d* 164, 170 - 71 (2*d* *Cir.* 2004) and accompanying text.

⑦ See Jane Bryant Quinn, Madoff Victims Face Grim Prospects in Court, Accessed Feb. 11, 2009. http://www. bloomberg. com/apps/news? pid = newsarchive&refer = columnist _ quinn&sid = axkhffRnncpI(discussing how the PSLRA acts as a barrier to recovery for victims of Bernard Madoff scam).

资者之间扮演信息平衡的角色。然而，众筹法案为实现法案的目的设置了一定的条件。① 众筹募股中的不实披露或者遗漏的现象屡见不鲜，②增加了对律师的需求，也增加了使用众筹融资的成本。毫无疑问，在第4A(c)条中增加"故意"标准可能会使一些发行人因过失而免责。然而，发行人免责的限制，是减少初创企业资金成本，实现经济效益的权宜之计。

其次，对第4A(c)条的修改将使有责的发行人——那些参与明显和严重欺诈行为的发行人——得到法律制裁。③ 根据第4A(c)条的规定，原告律师只是在发行人未谨慎进行财务陈述时提起诉讼，若增加"故意"标准，将会增加对故意或者肆意滥用众筹破坏市场的发行人的规制。并且，该修改将避免PSLRA的高标准要求。最后，该变化也会降低诉讼的可能性，提高寻求快速解决方案的预期，因为原告律师面临着不仅仅是证明过失还包括故意的举证责任。

除了增加故意的标准外，第4A(c)条应当允许胜诉方能够实现诉讼费用转移。如果在民事案件中能逐步形成律师费用转移，也可为受到欺诈的原告提供有力的救济，因为集体诉讼的经济因素使其起诉受到限制。④ 允许费用转移也将改变原告律师的费用计算方式。律师将更关注于胜诉而不是因回报甚少而踌躇，如果庭审胜诉他们将获得足够的补偿金。⑤ 法庭可以根据特定的公式进行回报费用的计算，按照律师每小时的合理费用乘以时间得出总额，并根据其他相关因素进行调整，比如律师的经验、问题的复杂程度、案件的"不可预料性"等因素。⑥

该费用转移条款将使实施欺诈行为的发行人承担原告律师费用，也从一定程度上防范了潜在的欺诈行为，特别是那些出现抽回筹集资金而意图

---

① See 61 of 157 Documents Copyright(c),2013 *Emory L. J. Emory Law Journal* 63,*Emory L. J.* 127 Part II.

② See 61 of 157 Documents Copyright(c),2013 *Emory L. J.* 63 *Emory L. J.* 127 Part III. B. 1.

③ To further this end, plaintiffs' attorneys and the courts should first look to culpable corporate insiders for the payment of any judgment instead of initially seeking recovery from the corporation, which would just impoverish the remaining shareholders. See Jennifer H. Arlen & William J. Carney,"Vicarious Liability for Fraud on Securities Markets:Theory and Evidence",1992 *U. Ill. L. Rev.* 691,719(1992)(discussing how enterprise liability for securities fraud "simply replaces one group of innocent victims with another" while "a large percentage of the plaintiffs′ recovery goes to their lawyers").

④ See 61 of 157 Documents Copyright(c),2013 Emory L. J. 63,*Emory L. J.* 127Part III. B. 2.

⑤ If the defendant settles the case, any fees should come from the common fund and not through attorney fee-shifting to avoid encouraging strike suits.

⑥ See Theodore Eisenberg & Geoffrey P. Miller,"Attorney Fees in Class Action Settlements", An Empirical Study,J. Empirical Legal Stuq. 27,30-31(2004)(internal quotation marks omitted).

实施欺诈的发行人。① 当然,建立费用转移规则可能会威吓发行人进行众筹,然而其威慑作用对于那些利用众筹进行合法融资的发行人并非那么大,因为第4A(c)条增加的"故意"条款将使发行人尽量避免发行责任。

发行人需要意识到,应在众筹成本中计算潜在的责任成本和其他因素造成的成本,特别是初创公司和高科技企业。若公司面临着披露不实和遗漏信息的风险,②应当在众筹时三思而行,否则,快捷而便利的融资方式可能会迅速演变为既耗费时间又耗费财力的诉讼。

二、我国股权众筹虚假陈述的责任及救济制度的完善

在信息披露与虚假陈述方面,各方主体具体责任的制定,可以参考我国《证券法》中对证券市场主体责任的规定。

(一)我国《证券法》对虚假陈述责任制度的规定

1. 我国《证券法》关于虚假陈述的相关规定

我国《证券法》对虚假陈述的规定如下:

"第五十五条　禁止任何人以下列手段操纵证券市场,影响或者意图影响证券交易价格或者证券交易量:……(五)利用虚假或者不确定的重大信息,诱导投资者进行证券交易。

第五十六条　禁止任何单位和个人编造、传播虚假信息或者误导性信息,扰乱证券市场。

禁止证券交易场所、证券公司、证券登记结算机构、证券服务机构及其从业人员,证券业协会、证券监督管理机构及其工作人员,在证券交易活动中作出虚假陈述或者信息误导。

各种传播媒介传播证券市场信息必须真实、客观,禁止误导。传播媒介及其从事证券市场信息报道的工作人员不得从事与其工作职责发生利益冲突的证券买卖。

编造、传播虚假信息或者误导性信息,扰乱证券市场,给投资者造成损

---

① Of course, the SEC and state enforcement agencies can also levy monetary sanctions and suspensions against fraudulent issuers. However, statistics show that from 2000 to 2002, private action awards amounted to more than twice those imposed by the SEC and more than all those imposed by the SEC, state regulatory authorities, the National Association of Securities Dealers Exchange, and the New York Stock Exchange combined. See Coffee, Supra Jr., Reforming the Securities Class Action, "An Essay on Deterrence and Its Implementation", 106 *Colum. L. Rev.* 1534.

② See 61 of 157 DOCUMENTSCopyright(c), Emory Law Journal Emory Law Journal, Emory L. J. 63, 127 Part Ⅲ. B. 1.

失的，应当依法承担赔偿责任。

第九十三条　发行人因欺诈发行、虚假陈述或者其他重大违法行为给投资者造成损失的，发行人的控股股东、实际控制人、相关的证券公司可以委托投资者保护机构，就赔偿事宜与受到损失的投资者达成协议，予以先行赔付。先行赔付后，可以依法向发行人以及其他连带责任人追偿。

第一百六十三条　证券服务机构为证券的发行、上市、交易等证券业务活动制作、出具审计报告及其他鉴证报告、资产评估报告、财务顾问报告、资信评级报告或者法律意见书等文件，应当勤勉尽责，对所依据的文件资料内容的真实性、准确性、完整性进行核查和验证。其制作、出具的文件有虚假记载、误导性陈述或者重大遗漏，给他人造成损失的，应当与委托人承担连带赔偿责任，但是能够证明自己没有过错的除外。

第一百八十一条　发行人在其公告的证券发行文件中隐瞒重要事实或者编造重大虚假内容，尚未发行证券的，处以二百万元以上二千万元以下的罚款；已经发行证券的，处以非法所募资金金额百分之十以上一倍以下的罚款。对直接负责的主管人员和其他直接责任人员，处以一百万元以上一千万元以下的罚款。

发行人的控股股东、实际控制人组织、指使从事前款违法行为的，没收违法所得，并处以违法所得百分之十以上一倍以下的罚款；没有违法所得或者违法所得不足二千万元的，处以二百万元以上二千万元以下的罚款。对直接负责的主管人员和其他直接责任人员，处以一百万元以上一千万元以下的罚款。

第一百八十二条　保荐人出具有虚假记载、误导性陈述或者重大遗漏的保荐书，或者不履行其他法定职责的，责令改正，给予警告，没收业务收入，并处以业务收入一倍以上十倍以下的罚款；没有业务收入或者业务收入不足一百万元的，处以一百万元以上一千万元以下的罚款；情节严重的，并处暂停或者撤销保荐业务许可。对直接负责的主管人员和其他直接责任人员给予警告，并处以五十万元以上五百万元以下的罚款。

第一百九十三条　违反本法第五十六条第一款、第三款的规定，编造、传播虚假信息或者误导性信息，扰乱证券市场的，没收违法所得，并处以违法所得一倍以上十倍以下的罚款；没有违法所得或者违法所得不足二十万元的，处以二十万元以上二百万元以下的罚款。

违反本法第五十六条第二款的规定，在证券交易活动中作出虚假陈述或者信息误导的，责令改正，处以二十万元以上二百万元以下的罚款；属于国家工作人员的，还应当依法给予处分。

传播媒介及其从事证券市场信息报道的工作人员违反本法第五十六条第三款的规定，从事与其工作职责发生利益冲突的证券买卖的，没收违法所得，并处以买卖证券等值以下的罚款。

第一百九十七条　信息披露义务人未按照本法规定报送有关报告或者履行信息披露义务的，责令改正，给予警告，并处以五十万元以上五百万元以下的罚款；对直接负责的主管人员和其他直接责任人员给予警告，并处以二十万元以上二百万元以下的罚款。发行人的控股股东、实际控制人组织、指使从事上述违法行为，或者隐瞒相关事项导致发生上述情形的，处以五十万元以上五百万元以下的罚款；对直接负责的主管人员和其他直接责任人员，处以二十万元以上二百万元以下的罚款。

信息披露义务人报送的报告或者披露的信息有虚假记载、误导性陈述或者重大遗漏的，责令改正，给予警告，并处以一百万元以上一千万元以下的罚款；对直接负责的主管人员和其他直接责任人员给予警告，并处以五十万元以上五百万元以下的罚款。发行人的控股股东、实际控制人组织、指使从事上述违法行为，或者隐瞒相关事项导致发生上述情形的，处以一百万元以上一千万元以下的罚款；对直接负责的主管人员和其他直接责任人员，处以五十万元以上五百万元以下的罚款。

第二百一十一条　证券公司及其主要股东、实际控制人违反本法第一百三十八条的规定，未报送、提供信息和资料，或者报送、提供的信息和资料有虚假记载、误导性陈述或者重大遗漏的，责令改正，给予警告，并处以一百万元以下的罚款；情节严重的，并处撤销相关业务许可。对直接负责的主管人员和其他直接责任人员，给予警告，并处以五十万元以下的罚款。

第二百一十三条　……证券服务机构违反本法第一百六十三条的规定，未勤勉尽责，所制作、出具的文件有虚假记载、误导性陈述或者重大遗漏的，责令改正，没收业务收入，并处以业务收入一倍以上十倍以下的罚款，没有业务收入或者业务收入不足五十万元的，处以五十万元以上五百万元以下的罚款；情节严重的，并处暂停或者禁止从事证券服务业务。对直接负责的主管人员和其他直接责任人员给予警告，并处以二十万元以上二百万元以下的罚款。”

2. 归责原则

从上述规定可以看出，我国《证券法》对虚假陈述责任采取过错推定责任的认定方式。例如，我国《证券法》第163条规定，证券服务机构……但是能够证明自己没有过错的除外。这种归责原则有利于减轻投资者在诉讼中的举证责任，能够更有效地保护投资者的利益，还可以促使信息披露主体在披露过程中勤勉尽责。

3. 处罚方法

从上述规定可以看出,我国《证券法》对虚假陈述行为实行民事处罚和行政处罚相结合的处罚方法。民事责任一般有损害赔偿以及连带赔偿责任。行政处罚有警告、罚款、没收违法所得、撤销相关业务许可、责令关闭等处罚措施。

(二)股权众筹虚假陈述的责任及救济制度的完善

我国股权众筹中,有关信息披露和虚假陈述责任制度及救济制度的完善,也可参考我国《证券法》中的相关规定,并根据股权众筹的特点适当变通。

1. 归责原则和处罚方法

我国《证券法》实行过错推定责任原则,既可以减轻投资者的举证责任压力,也可以促使证券市场中的信息披露主体尽职勤勉,全面地披露交易信息,避免遭受过错推定责任的追责。在股权众筹中,由于投资的小额性、投资者地域的分散性和互联网的虚拟性等原因,投资者受到欺诈后,进行举证的难度将更大。相反地,股权众筹中的非投资方则可以更容易地利用互联网的虚拟性、投资者的“搭便车”心理、“羊群效应”等特征对投资者实施欺诈。所以,笔者认为,我国股权众筹立法,可以承袭《证券法》中的过错推定原则,以保护投资者的利益。

2. 诉讼主体

我国《证券法》第 95 条规定:“投资者提起虚假陈述等证券民事赔偿诉讼时,诉讼标的是同一种类,且当事人一方人数众多的,可以依法推选代表人进行诉讼。”说明我国的诉讼主体是投资者,若融资方违反刑法,则由公诉机关提起公诉。而对于投资者范围,则没有明确的限制。这一点与美国证券法的规定不同,在美国《1933 年证券法》中,规章 D 第 144A 条和第 506 条规定的投资人不再有因发行人虚假陈述和遗漏事实而提起个人诉讼的权利。意思是说,只有不实陈述的直接受害者才有权利提起诉讼。但是,美国 JOBS 法案不仅规定了受欺诈投资者的个人诉权,同时保留了 SEC 和国家监管者对违法者的公共诉权。

3. 诉讼依据(书面和口头)

在美国立法中,关于信息披露不实的诉讼中,JOBS 法案与美国《1933 年证券法》在提起诉讼的依据范围上有所不同。在美国《1933 年证券法》中,投资者只能依据“招股说明书”等书面文件提起诉讼,而在 JOBS 法案中,规定“通过书面或者口头交流内容”中若存在不实或信息遗漏的情况,都可以作为投资进行诉讼的依据,增加了初创公司在股权众筹中的责任。而且,这些规定都只适用于公开募股,不适用于私人募股。

我国《证券法》中,关于信息披露不实的诉讼中,在提起诉讼的依据上虽然没有明确规定,但是通过立法文本的字里行间的表述,投资者也主要依披露信息的书面文件提起诉讼。我国《证券法》第 85 条规定:"信息披露义务人未按照规定披露信息,或者公告的证券发行文件、定期报告、临时报告及其他信息披露资料存在虚假记载、误导性陈述或者重大遗漏,致使投资者在证券交易中遭受损失的,信息披露义务人应当承担赔偿责任……"在这条中,列举的信息披露的依托全部是书面文件,而且,这里的"其他信息披露资料"到底是什么形式,在整个法律文本也没有相应的验证。

虽然我国《证券法》新增的第 84 条有扩大提起诉讼的依据的倾向:不履行公开承诺给投资者造成损失,也应当依法承担赔偿责任。这个公开承诺可能是口头的。但是公开承诺还是需要经过书面文件的披露后才能作为诉讼的依据。

笔者建议,我国关于信息披露不实的诉讼中,在提起诉讼的依据上应该借鉴美国 JOBS 法案的做法,将口头交流的内容也作为诉讼的依据,理由有三:一是股权众筹相较于传统证券发行中,投资者的利益更容易受到损害,应加强对投资者的保护;二是由于股权众筹具有通过网络、电话等虚拟环境进行募资的特点,同时也会通过频繁的路演活动进行宣传,使很多信息披露的形式难以形成有效的书面文件;三是通过互联网发布的相关通知等文件,很容易被篡改、删除,其性质到底是不是书面文件,在我国法律没有明确的界定。所以,笔者认为,立法应该扩展股权众筹诉讼依据的范围,为投资者提供更广泛的维权依据。

4. 股权众筹在诉讼程序方面存在的问题

除去股权众筹存在的法律漏洞与风险,其程序亦不够完善。诉讼主体的确定,证据认定,以及损害确认等均存在不同程度的问题,但最为突出的应为以下三类程序问题:①

(1)集团诉讼程序问题。因股权众筹涉及人数较多,一旦发生纠纷,往往是群体性的案件。从节约司法资源、提高诉讼效率角度,允许同类案件提起集团诉讼则可有效地解决这个问题,然而,我国民事诉讼法虽经多

① 参见郭勤贵:《股权众筹——创业融资模式颠覆与重构》,机械工业出版社 2015 年版,第 106~108 页。

次修改，但直到目前为止仍未确立集团诉讼制度，仅有的人数众多的代表诉讼人不能够有效地解决群体诉讼的问题，有必要借鉴美国的集团诉讼制度，建立中国式集团诉讼制度或体系。

（2）电子证据问题。由于交易行为的发生以互联网为载体，因此其稳定性不如线下签署合同。对于以互联网为载体产生的交易。其交易记录以及电子合同是以数据的形式储存的。而在我国司法实践中，虽然最新修订的最高人民法院《关于民事诉讼证据的若干规定》（2019 年修正）明确了电子证据的种类，并就电子证据的使用要求、保全、真实性认定和公证效力等问题进行了说明，但是，互联网股权众筹平台交易流程不够完善，对于数据效力的声明亦缺乏。由此便可能导致争议发生时，证据提取存在较大的困难。

（3）管辖问题。股权众筹的相关交易大都在线完成，投资方可能分散于全国各地，实际借款人或融资方也可能分散于全国各地，而平台的公司注册地、服务器存放地，以及各方当事人交易时的终端也可能在不同的地区，一旦发生纠纷，案件该如何管辖也是一个难题，如果简单地套用互联网有关案件的司法解释，对互联网金融这个崭新的业态而言，也可能不妥当。如何管辖，这需要研究讨论。

另外，对我国主要股权众筹平台对领投人的资格条件进行了梳理研究也有助于了解我国股权众筹现状。（见表 7-3）

表 7-3　我国主要股权众筹平台对领投人的资格条件

股权众筹平台	领投人的资格条件
大家投	（1）两年以上天使基金、早期 VC 基金经理级以上岗位从业经验；或 （2）两年以上创业经验（只限第一创始人经验）；或 （3）三年以上企业总监级以上岗位工作经验；或 （4）五年以上企业经理级岗位工作经验；或 （5）两个以上天使投资案例
京东	（1）应充分认同平台的发展原则及方向； （2）在某个行业或领域有丰富的经验，独立的判断力，丰富的行业资源和影响力，很强的风险承受能力； （3）具有投资管理能力以及投后管理能力； （4）领投人至少有 1 个过往非上市股权投资项目已退出，或领投人具有自主成功创业的经验； （5）勤勉尽职，乐于分享

续表

股权众筹平台	领投人的资格条件
天使汇	(1)领投人应符合天使汇的合格投资人要求; (2)领投人为在天使汇上活跃的投资人(半年内投资过项目、最近一个月约谈过项目); (3)在某个领域有丰富的经验,独立的判断力,丰富的行业资源和影响力,很强的风险承受能力; (4)一年领投项目不超过5个,有充分的时间可以帮助项目成长; (5)至少有1个项目退出; (6)能够专业地协助项目完善BP、确定估值、投资条款和融资额,协助项目路演,完成本轮跟投融资; (7)有很强的分享精神,乐意把自己领投的项目分享给其他投资人
创投圈	平台作为领投人,创投圈股权众筹平台上的项目一律由创投圈管理拓璞基金领投
天天投	领投人资质要求,满足以下任一条件即可: (1)两年以上天使基金、早期VC基金经理级以上岗位从业经验; (2)两年以上创业经验(只限第一创始人经验); (3)三年以上企业总监级以上岗位工作经验; (4)五年以上企业经理级岗位工作经验; (5)两个以上天使投资案例

从表7-3中可以看出,国内主要股权众筹平台对领投人适格性的认证,主要着眼于其投资经验和创业经历,并为其规定了不同的审核责任。这种适格性认证方法有其可取之处。笔者在前文论述中,认为可以仅根据投资者的资产条件判断其适格性,不需要注重投资经验。领投人的本质仍是投资人,但是,股权众筹平台更看重领投人对项目的风险判断能力、在投资中对其他投资者的领导和号召能力。所以,对于领投人的适格性而言,其投资经验就显得比较重要。然而,在立法缺失的情况下,各个众筹平台对领投人适格条件的规定没有统一标准,应该统筹于股权众筹立法中,或者由股权众筹行业协会制定统一的参考标准。

第八章　股权众筹的发行豁免制度

第一节　股权众筹发行豁免的理论分析

一、公司监管执法负成本理论

上市公司监管法的法律成本是指：实施上市公司监管法所付出的人、财、物等成本，具体包括监管机构履行监管职责所耗费的资源和上市公司因遵守监管法律而耗费的资源。前者可称为行政成本或者执法成本，后者则称为守法成本或者奉行成本（Compliance Cost）。前者如调查内幕交易行为时执法者投入的人员、资金、资源；司法机关在对证券违法的裁判中付出的成本。后者如上市公司为了公司运行合规需要培训公司高管或聘请法律顾问而产生的费用。这种成本笔者称为法律付出的正成本，或者称为法律的有效成本。与之相对，法律的负成本或无效成本是指：上市公司监管法的实施与立法宗旨背离时带来的非合理成本及负效应。故从以下方面细化证券监管法的法律负成本，以此作为证券监管法实施效果的评估标准：（1）执法负成本。公共选择学派认为，一个经正当程序由公共选择制定，集中体现社会公共利益的法律也不能保证执行中将其原利益宗旨自始至终一而贯之。这主要是因为执行者基于自身利益干扰法律实施，从而弱化法律实施效果。如在上市公司的证券发行审核过程中，证券是否得以发行可能会受到拥有很大权力的监管者个人好恶的影响。一般的证券监管执法者可能受此影响，连经过严苛专业训练的法官也摆脱不了因自身利益带来的局限。美国监管理论的权威学者波斯纳认为：“经济学家们假设，法官像其他人一样，寻求的是包括金钱和非金钱因素（后者包括闲暇、声望和权力）在内的效用函数最大化。但我们已认识到，司法程序规则的目标就在于防止法官在审理一个特定的案件时，以这样或那样的方法取得金钱报酬，并使有政治作用的利益集团对其判决所产生的影响最小化。这些隔离规则的有效性有时是值得怀疑的。”①法官可能经常“设法将其个人的偏好和价值加于社会”，②而不是纯粹按照法律的公平和正义来审案。因此，因自身利益带来的局限引发执法负成本就集中表现为法律规则的低效乃至无效，而“法律的低效率规则将会被当事人之间的明示协议所废除，如果司法判决不断地无视经济逻辑，那么契约当事人就会用私人手段代替司法方法以解决契约争端”，③从而造成法律条文形同虚设。(2)守法负成本。即证券市场上被监管的主体为遵守有关监管规定而额外承担的成本。④例如，现实中存在本身不合理或无公平性的法律，如所得税征税比率不一，同股不同权同利等一系列法律，当被监管对象遵守这些证券法律、法规或政策（参见本章节前述有关证券市场的非公平性）时，因为遵守带来了不公平待遇，因此，他们所付出的守法成本，就是一种负成本。为了避免这种守法负成本，政府的干预应该保持中性，避免“恶法”带来的守法成本。(3)上市公司监管立法宽严失度时所产生的负效应。在证券市场上，监管法过于严苛就会压缩上市公司的成长空间。因为监管过于严苛，一方面会遏制新兴的和富有竞争力的公司竞争及成长；另一方面，落后低效企业会因制度红利无法被市场排除，市场新陈代谢变慢，缺乏活力。再者，金融创新、改革行为和违法行为的模糊边界，导致创新者和改革者创新意愿不足，不利于上市公司跨越式发展。所以，加强监管的势态下监管自身的直接成本和由此带来的负效应增强，这限制了金融机构以更低廉、更富创新性和丰富多样的产品与服务增强自身竞争力，最终将有损于这些产品和服务的消费者。⑤

在现行 A 条例和 D 条例下，股权众筹难以得到注册豁免，只能通过公开方式发行注册。但众筹主要为低成本融资方式，这会带来高额成本，大大削弱股权众筹成本优势。由此造成的成本包括：(1)合规成本。发行人除要向 SEC 提交《1933 年证券法》规定的申请上市注册报告，包括申请人的财务状况资料、发行股票用途及其他有关资料外，另要按照《1934 年证

① ［美］理查德·A. 波斯纳：《法律的经济分析》（下册），蒋兆康译，中国大百科全书出版社 1997 年版，第 694 页。

② ［美］理查德·A. 波斯纳：《法律的经济分析》（下册），蒋兆康译，中国大百科全书出版社 1997 年版，第 694、695 页。

③ ［美］理查德·A. 波斯纳：《法律的经济分析》（下册），蒋兆康译，中国大百科全书出版社 1997 年版，第 694 页。

④ 参见贝多广主编：《证券经济理论》，上海人民出版社 1995 年版，第 148 页。

⑤ 转引自张忠军：《金融监管法论——以银行法为中心的研究》，法律出版社 1998 年版，第 73 页。

券交易法》附加呈递其他说明文件。① 需要高薪聘请律师、审计师和承销商等中介机构花费巨额工时撰写注册文件。2006 年《塞班斯法案》的施行给发行人带来了更频繁的信息披露义务和遵循更严格的会计审计制度,这大大增加了合规成本。如在整个过程中,首席执行官(CEO)将为此消耗40%的工作时间,首席财务官(CFO)将为此消耗 75%的工作时间。② 监管力度加强导致上市成本变高。在 2012 年之前的近十年中,美国公司首次公开募股的速度远不及上市公司的退市速度,截至 2011 年又创历史新低。③ 甚至有人评论:“由于过高的合规成本,美国上市公司正在濒临灭绝。”④(2)路演成本。路演发行人为了促销证券,需要支付公关、餐饮、雇用专业人士等的支出,同时,这也会导致发行人忙于路演,在一定程度上将分散其对项目的专注度,不利于项目本身的发展。⑤ 因此,高昂的合规费用及路演成本削弱了股权众筹成本优势。因此,基于股权众筹与美国证券法的不可调和,传统框架下的注册豁免与履行完全注册皆不可能,至此 JOBS 法案应运而生。其最大功用,在于缓解股权众筹与美国现行证券法规制下的不可调和的地方。⑥

二、股权众筹豁免的出现及成因⑦

美国《1933 年证券法》中强制信息披露制度给发行人带来了巨大成本,因为为了保证信息披露合规,发行人需要专业人士的协助。为了促进市场效率,美国《1933 年证券法》不得不创设出一些豁免,即对不涉及公众利益的发行豁免其强制信息披露要求,如私募豁免。又如国外实践而中国

---

① See Andrew A. Schwartz, “Crowdfunding Securities”, *Notre Dame Law Review*, Vol. 88, 2012, p. 1469.

② See C. Steven Bradford, “Securities Regulation and Small Busi-ness: Rule 504 and the Case for an Unconditional Exemption”, *The Journal of Small & Emerging Business Law*, Vol. 5, 2001, p. 25.

③ See Darian M. Ibrahim, “The New Exit in Venture Capital”, *Van-derbilt Law Review*, Vol. 65, 2012, pp. 11-13.

④ The Endangered Public Company, http:// www. economist. com / node/ 21555562.

⑤ See Andrew A. Schwartz, “Crowdfunding Securities”, *Notre Dame Law Review*, Vol. 88. 2012, p. 1470.

⑥ 参见李尚桦:《论股权众筹的法律规则——以美国 JOBS 法案为借鉴》,载《行政与法》2015 年第 3 期。

⑦ 参见彭冰:《股权众筹的法律建构》(主讲部分),深圳法治论坛第八期录音及讲稿,载微信公众号“蓝海现代法律”2015 年 7 月 21 日,http://mp. weixin. qq. com/s? _biz = MzA5MDcxNjgxMQ = = &mid = 210239049 & idx = 1&sn = 51c 111dc34 ae092490c43d2bd313ee6d & scene = 1 & key = c76941211a49ab 5847b4266b50900b d59c7476144 b325ba1ba8c02872 a75eed8e2874e59c 713893961a27ae689b6ae3c&ascene = 1&uin = NjY3 OTU4NTQz&devicetype = webwx&version = 70000001 & pass _ticket = 8MNY65% 2FrmHq RMgoJ36 glQ%2BcduYtTIEgdDwowhCMMojqNRH7YQMmHjfGYliYgVGul.

尚未展开的对发行额度不大的公开发行也可豁免强制信息披露，因为如果强制要求小额发行时披露信息，带来的成本过高。证券法上一般有三类典型豁免：私募豁免、小额豁免和区域发行豁免。

本书论述的是股权众筹豁免。这种豁免是2012年美国JOBS法案中增加的新豁免类型，为什么要加入这个类型？目前对这类豁免存在众多争议，但该类型已经被很多国家学习。笔者认为，JOBS法案增加这类豁免主要是因为：

第一，促进小微企业融资。一家企业的发展过程中，初创期，主要靠自有资金和朋友资金支持；发展期，吸引天使轮等成熟投资人；成熟期，公司治理和商业模式就会吸引大型金融机构提供稳定现金流。但是在最需要资金和现金流不稳定的初创期，这些小微企业融资困难，往往因盈利模式不成熟而被投资人拒之门外，资金链断裂而死亡。

第二，成就投资者的发财梦。从2000年以来，众多创业科技企业如Facebook等的造富神话故事鼓舞了很多人去效仿。

第三，金融民主化。现有的私募豁免实际上针对的是有钱人的豁免，这导致创业者们等中产阶级融资需求难以被满足，因此提出金融民主化，满足该群体融资需求的呼声。

第四，技术进步。技术的不断发展，可以解决传统时代直接融资信息不对称问题。

以上因素导致JOBS法案的通过，该法确立了股权众筹豁免。中国面临类似的环境：小微企业资金需求比美国融资者更旺盛。

为什么股权众筹能够豁免？一定程度上是因为互联网技术发展大大缓解了信息不对称问题，但是这一核心问题能否得到根本解决呢？投资方在寻求投资标的时，需要考察投资项目可靠性以及融资者是否可信，只有这两方面都能满足，投资者才会愿意投资。但是在互联网上，投资者严重缺乏对投资对象的了解。

第一，有人认为存在群体的智慧。如果满足相应条件，群体做的决定就会更准确。因群体成员多元化，基于群体交流将提升决策水平。在股权众筹中就是把投资者信息以及判断集合在一起，由此得到更好的决策及判断。

第二，互联网带来的社交媒体。社交媒体带来的信息流庞大，也使发行人欺诈暴露风险更大。

第三，众筹平台本身采用一些尽职调查、公示规则等手段，来减少信息不对称。

基于以上三个因素，有观点认为信息不对称问题能够解决，但是这件事只存在于理论层面,未得到实践检验。国外的债权型众筹数据上有支持上述结论的统计。但是在中国能否实现还缺乏实践检验。这就是股权众筹的商业逻辑。

第二节　美国证券法发行豁免制度

一、美国股票公开发行注册豁免规则不适用于股权众筹

股权众筹的本质是一种证券发行,但是股权众筹的运行模式和证券发行有很大区别,无法直接适用《1933 年证券法》的规定,所以,美国在对股权众筹进行立法之前,有对股权众筹合法性进行讨论。其实,这也是所有国家股权众筹发展和立法过程中所面临的问题。美国最初对股权众筹合法性的讨论主要是与《1933 年证券法》股票发行注册豁免规则相冲突的股权发行问题。

美国《1933 年证券法》有关股票注册豁免的规定集中在第三节和第四节,其中 A 条例与 D 条例最为重要。A 条例规定:为发行人在 12 个月内总价不超过 500 万美元的发行提供注册豁免。为减轻注册成本,条例并不要求发行人提供已经审计过的财务信息报告等文件,发行人只需遵守条例规定的通知和信息披露要求即可,这种方式又称为微型注册,需将发行声明书上报委员会主要办事机构,该文件类似于完全注册要求下的招股说明书。①

此外,A 条例对发行人还提供了两项"优惠":其一,允许发行人为探测潜在投资者的投资兴趣而进行"试水",即发行人在提交发行声明书之前,可以进行某些邀约性质的投资推荐活动——这种活动在其他情况下可能会被认为是非法的——以评估发行带来的利益。其二,根据 A 条例发行的证券可在公开市场自由交易,②可见,A 条例对欲寻求注册豁免的发行人而言,确实提供了较好的选择。

在股权众筹模式下,根据 A 条例,发行人也能享受诸如"试水"等优惠政策。但实际情况并非如此,因为虽然根据 A 条例进行的发行比完全注册花费少得多,特别是在法律、印刷、承销和会计费用方面,③可以节省很多成

---

① 参见[美]托马斯·李·哈森:《证券法》,张学安等译,中国政法大学出版社 2003 年版,第 162 页。

② Ross S. Weinstein, "Crowdfunding in the U. S. and Abroad: What to Expect When You're Expecting", *Cornell Int Law J.*, Vol. 46, 2013, p. 431.

③ 参见[美]托马斯·李·哈森:《证券法》,张学安等译,中国政法大学出版社 2003 年版,第 163 页。

本。但对于进行股权众筹的小企业或初创企业来说，企业所需资金较少，或仅仅为完成某一项目而筹资时，微型注册的成本并不低，实属“费力而不易获利”之举。[①] 另外，A条例虽减免了较为繁重的注册要求，但却与许多州关于注册的规定冲突——许多州对此均要求更为严格。[②] 因此，对股权众筹而言，A条例不够实用。

D条例包括许多规则，其中，规则504、规则505、规则506分别适用于不同情况和要求下的公开发行注册豁免。规则504为在12个月内不超过100万美元的小额发行提供注册豁免。与规则505、规则506相比，该规则适当地放松了对投资者的要求。另外，规则504并未将限制转售作为适用豁免的先决条件。然而，如果发行人未按照各州“蓝天法”的规定进行注册和信息披露，投资者取得的证券在转售中受到限制。规则504关于公开劝诱禁止的规定，发行人只有按照某些州“蓝天法”的具体规定，获得特殊主体适格认定后，才能对“合格投资者”施以劝诱或广告。所谓合格投资者，是指发行人有理由相信其属于规则501规定的8类投资者之一的任何人。一般而言，这些范围包括富有的和具有资深金融经验的投资者，如银行、保险公司、免税组织、发行人的董事和执行官以及拥有大量财产或者年收入很高的自然人。对于自然人而言，是指最近两年内其个人收入每年超过20万美元，或与其配偶的共同收入超过30万美元，并且当年合理期望能够达到该收入水平的所有自然人。[③]

规则505为在12个月内总价不超过500万美元的发行提供注册豁免。与规则504相比，既有严于规则504的规定，又在某些方面加以适当放宽。依照规则505，发行对象为合格投资者时，投资者人数不受限制；发行对象为非合格投资者时，投资者人数不得超过35人。更重要的是，不同于规则504，规则505对任何情况下的一般性劝诱均予以禁止。

规则506规定对少于35人的发行提供注册豁免，与规则505的豁免一样，合格投资者不计算在该限额内。该规则对非合格投资者又作了进一步的限制，规定投资者未通过“购买人代表”购买证券的，必须具备金融和商业方面的知识和经验，使发行人有理由相信投资者能够评估未来投资的优势和风险。所谓购买代表人，广义上被界定为在金融和营业方面具有知

---

① Karina Sigar, Fret No More, “Inapplicability of Crowdfunding Concerns in the Internet Age and The JOBS Act's Safeguards”, *Administrative Law Review*, Vol. 64, 2012, p. 484.

② See Edan Burkett, “A Crowdfunding Exemption? Online Investment Crowdfunding and U. S. Securities Regulation”, *The Tennessee Journal of Business Law*, Vol. 68, 2011, p. 88.

③ 参见[美]托马斯·李·哈森：《证券法》，张学安等译，中国政法大学出版社2003年版，第183页。

识和经验,能够评估拟进行的发行风险与优势,且与发行人没有关系的人。[①] 另外,规则506与规则505相同,对任何情形下的一般性劝诱,均予以禁止。

D条例下3条规则(规则504至规则506)的设置,是为公司以特定对象为限进行公开发行时,勿需注册而提供准据,代替传统公开发行。[②] 通过以上分析可知,由规则502确立的一般劝诱禁止规则,适用于规则505和规则506,有限适用于规则504。D条例对豁免"搁置"的背后,也可视为基于此假设——证券仅应向那些经公开劝诱而作出明智决定的投资者发行。既然如此,若允许注册豁免的情形下,又准予公开劝诱,可能违背豁免的合理性,且可能给发行人滥用D条例制造机会,易于发生证券欺诈。[③] 传统的思路是:一般而言,注册豁免与公开劝诱不可兼得。总之,即使忽略D条例下3条规则(规则504至规则506)关于发行总价的限制,忽略其对非合格投资者的数量限制,以上3条规则关于公开劝诱禁止的相关规定,也会对股权众筹之适用形成"一票否决"——这与众筹通过融资平台向公众筹集资金的天然特点不可调和。[④]

20世纪20年代,美国经济的蓬勃发展和新科技的产生导致了股票市场投资的大量汇入。[⑤] 这种"投机狂潮"导致了1929年的股市崩盘,而且导致了大萧条。为了尽量补救"投机狂潮",国会通过了《1933年证券法》和《1934年证券交易法》,[⑥]《1933年证券法》和《1934年证券交易法》在下文中会统称为"联邦证券法"。《1933年证券法》的实施通过践行两个主要的目标从而使过度不稳定的证券市场恢复平静,这两个目标是:(1)要求投资者可以获得对做出购买证券决策有关的所有有用的信息;(2)"禁止

---

① 参见[美]托马斯·李·哈森:《证券法》,张学安等译,中国政法大学出版社2003年版,第173页。

② See SEC:Regulation D. Offerings,http://www.sec.gov/answers/regd.

③ See Ross S. Weinsteint,"Crowdfunding in the U.S. and Abroad:What to Expect When You're Expecting",*Cornell Int Law J.*,Vol. 46,2013,pp. 432-433.

④ 参见李尚桦:《论股权众筹的法律规则——以美国JOBS法案为借鉴》,载《行政与法》2015年第3期。

⑤ See Larry Bumgardner,A Brief History of the 1930s Securities Laws in the United States-And the Potential Lesson for Today,Accessed July 18,2013. http://www.jgbm.org/page/5%20 Larry%20Bumgardner.pdf(describing the economic climate in the United States during the 1920s and how stock market indexes "roughly tripled" in a period of four years).

⑥ See 15 *U.S.C.* §78*a*-78*pp*(2006 & Supp. Ⅳ 2010). See Deepa Sarkar,Securities Law History,Cornell U.L. Sch. Legal Info. Inst,Accessed July 18,2013. http://www.law.cornell.edu/wex/securities_law_history.

欺诈、不正当陈述和其他出售证券的诡计。"[①]证券法规制证券一级市场——证券发行市场，交易法主要为二级市场提供指导，或可以说是在发行市场之后的证券交易行为。[②] 交易法也产生了 SEC。[③] SEC 是一个被授予了广泛权力的监管机构，权力遍及证券销售的各个方面，包括销售证券的主体。[④] 交易法通过授权 SEC"取得公开发行股票的公司定期性的报告信息"使保护投资者的理念传承了下来。[⑤]

证券法试图通过设定四项深入的对证券的销售和管制的指引方针来达到两项主要目标。[⑥] 证券法描绘了证券发行的两种方式：公开发行和非公开发行。[⑦] 证券法要求发行人在发行证券之前创造并向 SEC 提交一份有效的"登记声明"。[⑧] 向 SEC 提交的登记声明要求发行人披露与公司相关的重要信息，公司的高管们不仅要帮助 SEC 发现潜在的欺诈发行行为，而且要向投资者告知证券的可靠性。[⑨] 高管们被要求提供大量的信息，包括所有人、承销商和直接的背景信息、[⑩]对业务的描述、[⑪]资产负债表[⑫]和损益表。[⑬]

---

① The Laws that Govern the Securities Industry, SEC, Accessed July 18, 2013. http://www. sec. gov/about/laws. shtml. See 15 *U. S. C.* § 77*b*(*b*) (2006) (requiring the SEC to consider "whether an action is... in the public interest... the protection of investors, [and] whether the action will promote efficiency, competition, and capital formation").

② See Thomas Lee Hazen, Treatise on the Law of Securities Regulations § 1. 1[4] (6th ed. 2009). See Bumgardner, Supra note 34.

③ See 15 *U. S. C.* § 78*d*(*a*) (2006); The Laws that Govern the Securities Industry, Supra note 36.

④ The Laws that Govern the Securities Industry, Supra note 36. The SEC's authority "includes the power to register, regulate, and oversee brokerage firms, transfer agents, and clearing agencies as well as the nation's securities self regulatory organizations (SROs)."

⑤ The Laws that Govern the Securities Industry, Supra note 36. The SEC's authority "includes the power to register, regulate, and oversee brokerage firms, transfer agents, and clearing agencies as well as the nation's securities self regulatory organizations (SROs)."

⑥ The Laws that Govern the Securities Industry, Supra note 36. The SEC's authority "includes the power to register, regulate, and oversee brokerage firms, transfer agents, and clearing agencies as well as the nation's securities self regulatory organizations (SROs)."

⑦ See 15 *U. S. C.* § 77*d*(2).

⑧ See 15 *U. S. C.* § 77*e*(*c*).

⑨ See The Laws that Govern the Securities Industry, Supra note 36; See 15 *U. S. C.* § 77*aa*.

⑩ See 15 *U. S. C.* § 77*aa*(4)-(6).

⑪ See 15 *U. S. C.* § 77*aa*(8).

⑫ See 15 *U. S. C.* § 77*aa*(25).

⑬ See 15 *U. S. C.* § 77*aa* (26) The complete, mandatory disclosure requirements of the Federal Securities Acts are embodied in two SEC-created forms: Form S-K and Form S-X. 17 *C. F. R.* § 229. 10-*aa*. 703, 210. 1-01-. 12-29 (2012); Joan MacLeod Heminway, "What Is a Security in the Crowdfunding Era?" 7 *Ohio State Law Fouvnal*, 335, 346. (2012).

《证券法》展示了豁免登记要求的交易种类。[①] SEC 也有权利增加豁免登记要求的交易种类。[②] SEC 创造的三类主要的豁免登记类型在规章 D 中的规则 504、规则 505、规则 506 中规定，而且通过豁免私募证券来促进企业获得资本的途径。基本上，通过创造规章 D 的豁免，SEC 绕过了登记要求和筹集资金的最低披露信息要求。

尽管 SEC 牺牲了对投资者免于欺诈的保护，但是 SEC 并不后悔出台了规章 D，因为规则 505 和规则 506 要求证券大多数的买方是"专业投资者"。[③] 规则 504 没有像规则 505、规则 506 一样规定专业投资者要求；但是这种发行不允许进行投资者的大规模集资行为，除非他们受到登记声明的要求或者声明豁免仅规制专业投资人。[④] SEC 对有资金投资人发行的豁免依据一种理论，它认为这种投资者有着成熟的金融知识或很高的资本净值，这使投资者可以评估这种投资的好处和风险，并且，一旦投资失败，投资者也有能力承受。[⑤] SEC 也要求豁免的交易和证券种类要继续受到交易法中关于反欺诈条款的约束，这些条款为防止欺诈提供的更多的保护，主要是规则 10b-5 下的私人救济条款。

专业投资者包括特定的金融机构或"有金融方面的知识、有资产净值并且在财务方面有经验的任何人，[⑥]或者资产管理的数额达到了国会在规

---

① See 15 *U. S. C.* § 77*d*.

② See 15 *U. S. C.* § 77*z*-3. There are three statutory bases for exemption from the Securities Act's registration requirements. Either the category of security is exempt, the transaction can qualify for an exemption, or the SEC has created an exemption through its rulemaking power under § 28 of the Securities Act. Hazen, Supra note 37, § 4. 1[1].

③ See 17 *C. F. R.* § 230. 505(*b*)(2)(*ii*)(permitting no more than thirty-five purchasers in such offerings); See id. § 230. 506(*b*)(2)(*i*)(restricting an offer under this regulation to a maximum of thirty-five purchasers); See ibid. § 230. 501(*e*)(1)(*iv*)(excluding accredited investors from the calculation of purchasers in offerings made under Rules 505 and 506).

④ See Bradford, Crowdfunding, Supra note 8, at 47; 17 *C. F. R.* § 230. 504(*b*)(1)(*iii*).

⑤ See Michael L. Monson, The Evolution and Future of the Accredited Investor Standard for Individuals, Utah B. J., Nov. -Dec. 2010, at 36, 38.

⑥ See 15 *U. S. C.* § 77*b*(*a*)(15)(*i*). Financial institutions that are accredited investors are defined as: [A] bank as defined in section 77c(a)(2) of this title whether acting in its individual or fiduciary capacity; an insurance company as defined in paragraph (13) of this subsection; an investment company registered under the Investment Company Act of 1940 or a business development company as defined in section 2(a)(48) of that Act; a Small Business Investment Company licensed by the Small Business Administration; or an employee benefit plan, including an individual retirement account, which is subject to the provisions of the Employee Retirement Income Security Act of 1974, if the investment decision is made by a plan fiduciary, as defined in section 3(21) of such Act, which is either a bank, insurance company, or registered investment adviser(citations omitted).

则和规章中规定的对专业投资者的要求”。[①] SEC 决定如果一个投资者满足下列条件，那么他就是专业投资人：(a)个人或联合的(加上他的配偶)资产值超过了 10 万美元；或者(b)在最近两个年度内每个年度的个人的收入超过了 20 万美元(或者加上他配偶的收入达到了 30 万美元)，并且有“理由相信在接下来的年度内会在收入方面达到相同的程度”。[②]

规则 504 中包含的豁免包括任何私人公司(除了那些被认为有特殊目的的收购公司)把证券的发行和销售限制在 100 万美元以下，或是把时间限制在 12 个月以下。[③] 对比规则 504 与规章 D 中规定的两个后续豁免规则，前者在投资者性质或投资者数量上的限制都相对宽松。[④] 该规则也并不限制投资者在盈利后再转售。[⑤] 然而，规则 504 规定的发行通常必须在一个州(或几个州)进行，要求独立地公开发表注册声明并将某些信息披露给投资者。[⑥] 这个独立国家的注册规定可能与根据规模大小和资源的启动而规定的联邦登记一样的让人望而却步。[⑦] 规则 504 规定的发行通常也受到相同的一般禁止，这对所有 D 条例规定下的发行都适用。[⑧] 但是，一些因为规则 504 而得到豁免的发盘人在某些国家的注册豁免下被允许招揽合格的投资者，使他们的公司符合规则 504。[⑨]

相比较规则 504 来说，规则 505 在某些方面上更加严格，在其他一些方面则相对弱一些。[⑩] 规则 505 规定了在一年内的任何时间股权发行量都控制在 100 万美元至 500 万美元。[⑪] 与此同时，规则 505 对于合格投资者(Accredited Investors)的数量没有限制，但是它将非合格投资者(Non-

---

① 15 *U. S. C.* § 77*b*(*a*)(15)(ii).

② 17 *C. F. R.* § 230. 215(*e*)-(*f*)(2012).

③ See 17 *C. F. R.* § 230. 504 (excluding from applicability so called “special purpose acquisition companies” or “blank check” companies, which include any “company that either has no specific business plan or purpose or has indicated that its business plan is to engage in a merger or acquisition”).

④ See 17 *C. F. R.* § 230. 500-508.

⑤ See 17 *C. F. R.* § 230. 504.

⑥ See 17 *C. F. R.* § 230. 504.

⑦ The SCOR is a uniform state small corporate offering registration and is the most common method by which state offering registration takes place in accordance with Rule 504. In some states though, the SCOR process involves submitting very thorough risk assessments for potential investors. See SCOR Overview, N. Am. Sec. Admins. Ass'n, Accessed Fed. 19, 2013. http://www.nasaa.org/industry-resources/corporation-finance/scor-overview/.

⑧ See 17 *C. F. R.* § 230. 502(*c*).

⑨ See 17 *C. F. R.* § 230. 504(*b*)(1).

⑩ See 17 *C. F. R.* § 230. 505.

⑪ See 17 *C. F. R.* § 230. 505.

accredited Investors)的数量限制在 35 个。[①] 重要的是,在任何情况下规则 505 禁止一般的招标。[②] D 条例中的三个豁免规定(规则 504 至规则 506),其实是为了给公司提供一个要求少的路径,让他们在一定范围内发行股票而不是传统的公开发行。[③] 通常与登记一起的披露保护从 D 条例下得到豁免,是在假设只把股权向那些足够明智的、对投资做出正确决定的人发行。[④] 允许注册豁免公司向公众发布股权发行广告似乎违反了豁免的要求,也可能会给滥用 D 条例打开大门。[⑤]

规则 506 被认为是安全港例外:它允许私营企业在证券部注册的情况下筹集不受数量限制的资金,[⑥]此项例外受若干限制。重要的是,证券必须出售给合格投资者。[⑦] JOBS 法案之前,规则 506 允许公司向总计 35 位非合格投资者出售证券,只要这些投资者是"成熟的"。[⑧] 成熟投资者是指那些"在金融和商业活动中有丰富知识和经验而使他们能够评估预期投资的优势和风险"的人。[⑨]

包含在规则 502 中的一般劝诱的限制适用于整个 D 条例(除了之前提到的规则 504 的规定),该限制是使股权众筹获得现行美国证券交易委员会豁免的主要障碍。随着互联网的到来,股权众筹基础性的创新是企业家和新设的公司可以找到多种对他们所持股票感兴趣的投资群体。写进规则 502 中对广告限制的规定是专门通过禁止此类的宣传来保护不成熟的

---

① See 17 *C. F. R.* § 230. 505. Accredited investors fall into eight statutorily defined categories, the most important of which (from the perspective of a prospective crowdfunder) are individuals with a net worth of over $ 1 million and individuals with an annual income of over $ 200, 000 or combined marital income of over $ 300,000 as defined in Rule 501. 17 *C. F. R.* § 230. 501.

② See 17 *C. F. R.* § 230. 505.

③ See Regulation D. Offerings, SEC, Accessed Feb. 19, 2013. http://www. sec. gov/answers/regd. htm.

④ See SEC v. Ralston Purina Co. , 346 U. S. 119, 124 (1953); See also Alan J. Berkeley, Limitations on the Manner of Offering Under Regulation D. , in Regulation D. Offerings and Private Placements (exploring the history of judicial interpretation of Rule 502's general solicitation prohibition—from its beginnings as a strict numerical limit on the number of investors that could be solicited, to a more general rule applied on a case-by-case basis and guided by the types of individuals solicited and their connections to the equity offering at hand).

⑤ See e. g. , Berkeley, Supra note 47.

⑥ See Rule 506 of Regulation D. , U. S. Sec. & Exch. Comm'n, Accessed Apr. 5, 2014. http://www. sec. gov/answer s/rule506. htm.

⑦ See Rule 506 of Regulation D. , U. S. Sec. & Exch. Comm'n, Accessed Apr. 5, 2014. http://www. sec. gov/answer s/rule506. htm.

⑧ Rule 506 of Regulation D. , Supra note 11.

⑨ Rule 506 of Regulation D. , Supra note 11.

投资者。[①]

《1933年证券法》第四节第2条中规定的"Offerings"都受到了类似于D条例其他剩余条款的限制。[②] 公司可以发行和出售不限制美金数额的股权,但是规则506规定的豁免只允许公司把股权发行给通过认可的投资者(Accredited Investors),最多不超过35个有经验的个体投资者。[③] 一般的用于决定谁是有经验的投资者的测试,是发行人是否"立即有理由相信之前所做的任何销售",有疑问的投资者对金融和商业事务有足够的知识和经验来确保他或她能够正确评价投资优势和风险。[④] A条例是发行人可以避免注册费用的另一个潜在途径。[⑤] A条例的豁免将"Offerings"限制在一年500万美元以下,对一般劝诱有更加宽松的限制。[⑥] 但是豁免附带了一系列的信息披露成本,虽然它们比标准的注册成本要低得多,但是很多评论者都认为它仍然会阻止有潜力的众筹者把A条例当作发行渠道。

二、美国联邦证券法和JOBS法案的协调

D条例(通常被称为"Reg. D")是在美国证券交易委员会规定的经常使用的豁免注册条件要求之一。[⑦] 在D条例的规定之下,要想得到美国证券交易委员会的注册豁免,有三条途径,每条途径或是根据《1933年证券法》§3(B)(规则504和规则505),或是根据《1933年证券法》§4(2)(第506条)。[⑧] 每个规则具有不同的限制,并且根据美国证券交易委员会的注册要求,众筹运行的豁免中运用时很难,这都是因为一些统一规定和一些特别规定。即使是在D条例下也不可能进行股权众筹,在考虑到股权众筹监管体制的目标和要求时,把D条例以及其他的注册豁免的案例作为例子来分析,有助于解决更多地披露(出于对投资者的保障)和减轻小企业筹集资金的负担(通过相反的方式减少披露要求)利益之间的平衡问题。

《1933年证券法》第五节禁止提供或出售证券的行为,禁止缺乏登记的行为或豁免行为。[⑨] 通常来说,豁免是根据证券的种类或交易的性质和

---

① See Ralston, 346 *U. S. at* 124-25.

② See 17 *C. F. R.* §230. 506(2012).

③ *See* 17 *C. F. R.* §230. 506(2012).

④ *See* 17 *C. F. R.* §230. 506(2012).

⑤ See 17 *C. F. R.* §230. 251.

⑥ See Bradford, Supra note 33, at 24.

⑦ See 17 *C. F. R.* §230. 500-508(2012).

⑧ See 17 *C. F. R.* §230. 504-506.

⑨ See 15 *U. S. C.* §77*e*(2013).

规模来进行的。[①] 限于篇幅,本书无法将所有可行的豁免进行一个详细的解说,故只详细论述有 JOBS 法案影响的豁免行为。首先,最受关注的 JOBS 条款之一就是新出台的众筹豁免,豁免了证券法第四节(6)的规定。[②] 其次,JOBS 法案要求 SEC 进行新的立法来扩大证券法第三节(b)中规则 A 豁免的最高要约限制。[③] 最后,JOBS 法案取消了禁止规章 D 中规则 506 和证券法中规则 144A 中的大范围募资行为和广告行为。[④] SEC 已经发布了关于这三个变化的规则,在本书第三部分中将会讨论到。

2013 年,SEC 在 JOBS 法案的授权下继续进行制定规则的工作。SEC 公布解除某些私募证券大范围筹资的禁令和取消规章 D 中规则 506 关于"重罪犯和其他'坏人'"(Felons and Other"Bad Actors")的资格。SEC 也提议制定众筹的规则,以及在规章 A 下的小额发行豁免规则和在发行人进行大范围筹资之前依规则 506(c)提交表格 D 的规则。[⑤]

JOBS 法案取消了依《1933 年证券法》制定的规章 D 中的规则 506(c)和规则 144A 中关于大规模募资和广告行为的禁令。[⑥] 这两条规则是进入美国资本市场的很重要的机制,而取消禁令的目的在于让公司更方便进行融资。[⑦] 在 JOBS 法案颁布之前,根据规则 506、规则 144A 和规则 502(c),大范围募资和广告行为是被禁止的行为,如在报纸、广播、电视或网络上做

---

① See e. g. ,Joan M. Heminway & Shelden R. Hoffman,"Proceed at Your Peril:Crowdfunding and the Securities Act of 1933",78 *Tenn. L. REV.* 879,911-21(2011); James E. Bitter & Todd B. Skelton,"Reforms for Hire:The JOBS Act Legislation, 14 TRANSACTIONS" *Tenn. Jaurnel Business Law* 13,2012,p. 14-27.

② See JOBS Act § 302.

③ See JOBS Act § 401(a).

④ See JOBS Act § 201(a)(1).

⑤ Eliminating the Prohibition Against General Solicitation and General Advertising in Rule 506 and Rule 144A Offerings,Securities Act Release No. 33-9415,78 *Fed. Reg.* 44,771(July 24,2013); Disqualification of Felons and Other "Bad Actors" From Rule 506 Offerings, Securities Act Release No. 33-9414,78 *Fed. Reg.* 44,730(July 24,2013);Crowdfunding,Securities Act Release No. 33-9470,78 *Fed. Reg.* 66,427(proposed Nov. 5,2013);Proposed Rule Amendments for Small and Additional Issues Exemptions Under Section 3(b) of the Securities Act,Securities Act Release No. 33-9497,79 *Fed. Reg.* 3,926(proposed Jan. 23,2014);Amendments to Regulation D. ,Form D. and Rule 156,Securities Act Release No. 33-9416,78 *Fed. Reg.* 44,806(proposed July 24,2014);Amendments to Regulation D. ,Form D. and Rule 156,Re-Opening of Comment Period,Securities Act Release No. 33-9458,78 *Fed. Reg.* 61,222(proposed Oct. 3,2013).

⑥ See JOBS Act § 201(a)(1),(2).

⑦ See Eliminating the Prohibition Against General Solicitation and General Advertising in Rule 506 and Rule 144A Offerings,Securities Act Release No. 33-9415,78 *Fed. Reg.* 44,771,44,773(July 24,2013);Fact Sheet,Eliminating the Prohibition on General Solicitation and General Advertising in Certain Offerings,Securities and Exchange Commission(July 20,2013).

广告。[①] 规章 D 中规则 506 对于遵守《1933 年证券法》第四节(a)(2)是一个非排他性的安全港条款,它豁免了“未公开发行者的交易行为”。[②] 假设规则 506 规定的发行行为仅针对合格投资人(Accredited Investors)或 35 人以内的非合格投资人,那么它将不设发行上限,这使豁免被广泛使用。[③] 规则 144A 是一条运用广泛的“安全港豁免条款,豁免了《1933 年证券法》第三节(a)(1)中关于受限证券转售给合格机构投资者的注册要求……”[④]规则 144A 的交易是私人交易行为,非发行持有人可以将受限证券转售给合格机构买主(QIBs),受限证券不会列入证券交易所或自动网上交易报价系统中。[⑤] 根据 JOBS 法案颁布之前的规则 144A,证券“仅可以向合格机构购买人发出要约或出售或者向卖方或任何代表卖方的人可以合理认为是合格机构买主的受要约人或购买人发出要约或出售”。[⑥]

2012 年 6 月,《1933 年证券法》下规章 D 中的规则 506(c)和规则 144A 关于发行的大规模募资和广告行为的禁令被解除,SEC 采纳了一项最终规则(募资规则)来实现这一目的。[⑦] SEC 在 2012 年 8 月首先发布了

---

① See 17 *C. F. R.* § 230. 144*A*(*d*)(1)(2012);17 *C. F. R.* § 230. 506(2012);17 *C. F. R.* § 230. 502(*c*)(2013).

② 17 *C. F. R.* § 230. 506(2012);15 *U. S. C.* § 77*d*(*a*)(2)(2013). Rule 506 states that “offers and sales of securities by an issuer that satisfy the [enumerated] conditions shall be deemed to be transactions not involving any public offering within the meaning of [S]ection 4(2)”.

③ See 17 *C. F. R.* § 230. 506(*b*)(2012). However, “[e]ach purchaser who is not an accredited investor, either alone or with his purchaser representative(s),” must have, or the issuer must “reasonably believe immediately prior to making any sale” that such purchaser possesses, “such knowledge and experience in financial and business matters that he is capable of evaluating the merits and risks of the prospective investment.”

④ Resale of Restricted Securities, Securities Act Release No. 6862 (Apr. 23, 1990), The term “qualified institutional buyer” is defined in Rule 144A under the Securities Act and includes insurance companies, investment or business development companies, employee benefit plans, banks, and entities owned entirely by accredited investors, provided that a QIB “owns and invests on a discretionary basis at least $ 100 million in securities,” or $ 10 million for broker-dealers. 17 *C. F. R.* § 230. 144*A*(2013). Further, “[r]estricted securities” are “[s]ecurities acquired directly or indirectly from the issuer, or from an affiliate of the issuer, in a transaction or chain of transactions not involving any public offering.” 17 *C. F. R.* § 230. 144(*a*)(3)(2013). Section 4(a)(1) of the Securities Act is formerly Section 4(1). JOBS Act § 201(codified at 15 *U. S. C.* 77*d*(*a*)(1)(2013)).

⑤ See 17 *C. F. R.* § 230. 144*A*(*d*)(3)(2012).

⑥ 17 *C. F. R.* § 230. 144*A*(*d*)(3)(2012).

⑦ Eliminating the Prohibition Against General Solicitation and General Advertising in Rule 506 and Rule 144A Offerings, Securities Act Release No. 33-9415, 78 *Fed. Reg.* 44,771, 44,804-805(July 24, 2013)(hereinafter, the “Solicitation Rule”).

提案供大家讨论。[①] 根据募资规则，如果证券购买者在规则 506(c) 和规则 144A 中分别满足合格投资人或 QIBs，大规模募资行为和广告行为就是允许的。[②] 也就是说，除了规则 506(c) 的豁免以外，依据《1933 年证券法》第四节(a)(2)和规章 D 关于发行的大规模筹资和广告行为的禁令依然有效。[③]

为了进行改变，新增的章节(c)添加到了修订过的规则 506 中，规则 502 的要求也被修改了。[④] 这些变化带来的结果就是，符合一定条件的大规模募资行为在规则 506(c)中已被允许。[⑤] 这些条件包括：(i)规则 501、规则 502(a)和(b)必须满足，(ii)证券购买者必须为合格投资者，而且(iii)发行者必须经过合理的步骤来检验购买者是合格投资者。[⑥]

最后，依第四节(a)(6)豁免发行的证券不受《1934 年证券交易法》中第十二节(b)(1)注册发行人定义的管制。[⑦]

三、州证券法的协调("蓝天法"下与 JOBS 法案的协调)

州证券法规定的小额发行豁免下的州际发行联邦优先权。州证券法，也称"蓝天法"，并不由联邦法律统一规定。当发行人向委员会提交了通知表格 D 时，一些州不需要发行者提供单独的文件或费用。其他一些州，像密西西比州和蒙大拿州，有单独的文件或费用要求。对企业家来说，因为"蓝天法"对文件的规定而产生的累积成本可能会很高，以至于企业为公司发展筹集到的资金有很大一部分用在了这个地方。尽管遵守联邦法律对于私募的规定一般都可以豁免州"蓝天法"的登记要求，但它也未必会保护发行者完全免除今后州管理机构对他的诉讼，而且它也不能免除发

---

① Eliminating the Prohibition Against General Solicitation and General Advertising in Rule 506 and Rule 144A Offerings, Securities Act Release No. 33-9354, 77 *Fed. Reg.* 54,464(proposed Sept. 5, 2012).

② See Solicitation Rule, 78 *Fed. Reg. at* 44,804-05[to be codified at 17 *C. F. R.* §230. 506(*c*)(2)].

③ See Solicitation Rule, 78 *Fed. Reg. at* 44,774.

④ See Solicitation Rule, 78 *Fed. Reg. at* 44,804-05[to be codified at 17 *C. F. R.* §§230. 502, 506(*c*)].

⑤ See *Solicitation Rule*, 78 *Fed. Reg. at* 44,804-05[*to be codified at* 17 *C. F. R.* §§230. 502, 506(*c*)].

⑥ See Solicitation Rule, 78 *Fed. Reg. at* 44,804-05[to be codified at 17 *C. F. R.* §230. 506(*c*)(1),(2)].

⑦ See Crowdfunding, 78 *Fed. Reg. at* 66,565(to be codified at 17 *C. F. R.* §240. 12*g*-6).

行者缴纳费用或提交通知文件。[①] 以小额发行豁免为依据的发行者应该免于缴纳州登记费用,发行人应该可以向任何州提交通知表格 D 的副本并且应该免于日后任何州管理机构的诉讼行为。

《1933 年证券法》第四章规定了一项登记豁免,一些符合条件的小额商业发行者可以豁免登记义务,但是众筹发行是不可以豁免的。第四章(2)豁免了发行者的私人发行行为。[②] 第四章(5)豁免了最高不超过 500 万美元的不限有资信投资者数量的发行行为。

为了确保在小额发行豁免下发行的证券被视为处于州管理法规之下,换言之,为了确保这种证券可被州法规豁免,建议修改《1933 年证券法》中第十八章(b)(4)(B):"(B)第四章(4)和(6)"。[③] 修正规则 502(c)排除了特定的网络通信方式,目的是当这种通信方式与小额发行豁免相关时,使其不符合"大范围融资"或"大范围广告"的定义。取而代之的是,它规定完全符合小额发行豁免要求的发行人可以进行小额发行的大范围融资和广告行为。

四、美国 JOBS 法案中新的豁免规则

JOBS 法案通过要求 SEC 制定新的规则扩充了对小额豁免规章 A 豁免的含义。[④] 从历史上讲,规章 A 虽经《1933 年证券法》第三节(b)授权通过,[⑤]而且经第三节(b)(1)的重新设计,却因为小额发行标准、SEC 申请要

---

① The National Securities Markets Improvement Act of 1996("NSMIA")amended Section 18 of the Securities Act to create a class of "covered securities" that would be exempt from State regulation. National Securities Markets Improvement Act, sec. 102, § 18, Pub. L. No. 104-290, 110 Stat. 3416, 3417-20(1996). Section 18(b) of the Securities Act of 1933 defines what may be deemed a covered security. 15 *U. S. C.* § *77r*.

② A change to the definition of "public offering" that excludes solicitation via social networks as public offerings could exempt crowdfunded offerings.

③ Section 18(b)(4)(B) provides for exemptions in connection with certain exempt offerings and currently states that "[a] security is a covered security with respect to a transaction that is exempt from registration under this title pursuant to... (B) section 4(4)..." The proposed amendment would include the new Section 4(6) in this definition of covered security, effectively making a security offered and issued in connection with the Small Offering Exemption a "covered security." 15 *U. S. C.* § *77r*.

④ See JOBS Act § 401(a).

⑤ See 15 *U. S. C.* § *77c*(*b*)(1)(2013). Other exemptions authorized under Section 3(b) include Rules 504 and 505. 17 *C. F. R.* § § 230. 504, 505(2013).

求和国家的登记要求等原因而很少被使用。① 以前，规章 A 规定的 12 个月的最高发行额是 500 万美元，其中不超过 150 万美元可以被证券持有人（如内部人员）出售。② 根据 JOBS 法案，新创的《1933 年证券法》第三节（b）（2）允许在 12 个月内发行未经注册不超过 5000 万美元的证券。③ SEC 在 2013 年 12 月发布了拟定的关于新豁免的规则，被称为“规章 A+”（规章 A+提案）。④

对 EGCs 的 IPO 过程来说，也许最广泛的改革是通过 JOBS 法案减少报告和信息披露要求带来的障碍。这些删减的要求在 EGCs 5 年“过渡期”中实施。⑤ 这种转变的核心是减少披露的规模，它反映了 JOBS 法案条款的“融合”意图：通过鼓励发行人运用 IPO 程序，将发行人从私人地位转变为上市公司的地位。

根据 JOBS 法案，EGCs 在 IPO 登记声明中提供两年的经审核财务报表，而不是像其他传统公司一样要求提供三年审计报表。⑥ 而且，EGCs“在它进行 IPO 的最早审计期间之前”不必提交任何选择性的财务数据。⑦ 与此相反的是，非 EGCs 发行人需要在注册声明文件中提供前五年中的选择性财务数据。⑧

一些评论家期望对 EGCs 施加与其他发行者一样的公布财务数据的

---

① See 17 *C. F. R.* § 230. 251 - 263 (2012); Proposed Rule Amendments for Small and Additional Issues Exemptions Under Section 3(b) of the Securities Act, Securities Act Release No. 33-9497, 79 *Fed. Reg.* 3, 926, 3, 928 (proposed Jan. 23, 2014); U. S. GOV'T ACCOUNTABILITY OFFICE, GAO 12 - 839, Securities Regulation: Factors That May Affect Trends in Regulation a Offerings 1 - 2 (2012); Bitter & Skelton, Supra note 10, at 15 - 16. In fact, as a result of the abbreviated registration statement - like Form 1 - A offering statement and the prospectus - like offering circular filings required by Regulation A, such offerings are often referred to as "mini - public offerings." See Stephen J. Choi, "Behavioral Economics and the Regulation of Public Offerings", 10 *LEWIS & CLARK L. REV.* 85, 115 (2006).

② See 17 *C. F. R.* § 230. 251 (2012).

③ See JOBS Act § 401 (a).

④ Proposed Rule Amendments for Small and Additional Issues Exemptions Under Section 3(b) of the Securities Act, Securities Act Release No. 33-9497, 79 *Fed. Reg.* 3, 926 (proposed Jan. 23, 2014) (hereinafter, "Regulation A+ Proposed Rule").

⑤ See JOBS Act § 101 (a).

⑥ See Compare JOBS Act § 102 (b), with 17 *C. F. R.* § 210. 3-02*a* (1999).

⑦ See JOBS Act § 102 (b).

⑧ See 17 *C. F. R.* § 229-301 (*a*) (2009).

要求。[①] 而且,在招股说明书中发行人 EGCs 地位由于一些原因成为了一项风险因素,因为发行者很可能会豁免重要信息的披露并减少信息披露,而且可能会在 EGCs 地位届满之后因为更严格的规则而招致更多的成本。[②] 对 JOBS 法案最主要的一个批评就是 EGCs 可不必提供充分的信息以满足其他潜在投资者与其他公司进行对比,减少财务数据的要求就是一个主要的例子。

EGCs 也豁免遵守一些高管薪酬要求,其中一些要求是最近在《多德-弗兰克法案》中规定的。[③] 例如,《多德-弗兰克法案》要求"股东决定薪水"的方法,这种方法要求股东至少每三年决定一次高管的薪酬,并且进行"股东决定频率"的关于多久进行一次"股东决定薪水"的投票活动。[④] 但是 EGCs 可以豁免进行"股东决定薪水""股东决定频率"的股东投票行为。[⑤] EGCs 也可豁免《多德-弗兰克法案》中规定的"内部薪酬披露"要求,这种规定是将发行人普通员工的平均薪酬与高管的薪酬进行比较。[⑥]

相同的是,EGCs 也不需要在并购、收购或资产出售中披露"金降落伞"补偿方式或举行针对"金降落伞"补偿进行的股东会批准。[⑦] 一旦发行人不再是 EGCs 了,发行人就必须进行"股东决定薪酬"投票和"股东决定频率"投票,并且披露:(1)三年内的薪酬计划(如果发行人在 IPO 日期之后成为 EGCs 不超过 2 年时间)或者(2)发行人不再是 EGCs 起一年内的薪酬计划。[⑧]

EGCs 可以选择适用于公众持股量不超过 7500 万美元的公开上市的小公司适用的薪酬披露要求。[⑨] 这些减少的披露要求允许 EGCs 仅披露 3

---

① See Lynn Cowan, IPO Outlook"The Good(and the Bad) News: We're an'Emerging'Company", Accessed Sept. 4, 2012. http://online. wsj. com/article/BT-CO-20120904-704400. html; Telis Demos, "Workday IPO Shows Jobs Act Rule in Action", Accessed Aug. 31, 2012. http://blogs. wsj. com/deals/2012/08/31/workday-ipo-shows-jobs-act-rule-in-action/.

② See Drew DeSilver, "ClearSign's $12M IPO Among First to Use JOBS Act Exemptions", Accessed Apr. 26, 2012. http://seattletimes. com/html/businesstechnology/2018066722_clearsign26. html.

③ See JOBS Act § 102(*a*) and(*c*); Dodd-Frank Act § 953(*b*)(1).

④ See 15 *U. S. C.* § 78*n*-1(*a*)(2012).

⑤ See JOBS Act § 102; 15 *U. S. C.* § 78*n*-1(*e*)(2).

⑥ See JOBS Act § 102(*a*); Dodd-Frank Act § 953(*b*)(1).

⑦ See JOBS Act § 102(*a*); See 15 U. S. C. § 78n-1.

⑧ See JOBS Act § 102(*a*); See 15 U. S. C. § 78n-1.

⑨ See JOBS Act § 102(c). Smaller reporting companies are defined at 17 *C. F. R.* § 229. 10(*f*)(1)(2011).

名高管的薪酬而不是 5 名；[①]仅需两年的限制薪酬总表而不用是三年；[②]取消薪酬讨论与分析，有计划的奖赏表、期权和股票投资表，还有不合格的延期支付表和退休津贴表。[③]

EGCs 在特定的会计准则方面也有重要的豁免。例如，EGCs 可能会延迟应用“任何新的或修改后的财务会计标准”直到这种标准适用于私营企业。[④] 而且，EGCs 豁免适用《萨班斯-奥克斯利法案》404（b）条款关于审计师认证要求的规定。[⑤] 404 条款要求管理实施和评估内部控制，还要求该公司的会计师事务所证实管理人员的评估。[⑥] 404 条款可能是最具争议的萨班斯-奥克斯利条文；上市公司反对这样的合规成本。[⑦] 对 404（b）豁免并不奇怪，因为 SEC 已经永久豁免了快速申报者或大型快速申报者的义务。[⑧] 然而所有发行者都仍然受制于 404 条款（a），这需要管理层对财务报告的内部控制情况进行报告。[⑨] 最后，公众公司会计监督委员会（PCAOB）应该颁布规则“要求审计事务所实施强制轮换制或……要求审计师的讨论和分析，”EGCs 被免除使用该规则。[⑩] EGCs 额外的一个盾牌

---

① See Compare 17 *C. F. R.* § 229. 402(*a*)(3)(2011), with 17 *C. F. R.* § 229. 402(*m*)(2)(2011)(allowing smaller reporting companies to report compensation for only the CEO and two other most highly compensated executive officers).

② See Compare 17 *C. F. R.* § 229. 402(*c*)(1)(requiring three fiscal years), with 17 *C. F. R.* § 229. 402(*n*)(*l*)(requiring two fiscal years).

③ See Compare 17 *C. F. R.* § 229. 402(*a*)-(k)(listing general requirements for issuers), with 17 *C. F. R.* § 229. 402(*m*)-(r)(listing requirements for smaller reporting companies).

④ See JOBS Act § 102(b).

⑤ See JOBS Act § 103; Sarbanes-Oxley Act of 2002, Pub. L. No. 107-204, § 404, 116 Stat. 745 (2002).

⑥ See Sarbanes-Oxley Act § 404(a)-(b); 15 *U. S. C.* § 7262. The Public Company Accounting Oversight Board has issued guidance for the performance of the audit of internal control over financial reporting, AUDITING STANDARDS, AS No. 5(Pub. Co. Accounting Oversight Bd. 2007).

⑦ See Governance, Risk, and Compliance Handbook: Technology, Finance, Environmental, and International Guidance and Best Practices(Anthony Tarantino, ed., 2008), at 911.

⑧ See 17 *C. F. R.* § 210. 2-02(*f*)(2012) SEC Release No. 33-9142. "Accelerated filer" and "large accelerated filer" are defined in Rule 12b-2 under the Exchange Act of 1934. A company becomes an "accelerated filer" when, in addition to certain timing requirements, the market value of its common equity is greater than $ 75,000,000, whereas an issuer is a "large accelerated filer" when its public float is greater than $ 700,000,000. 17 *C. F. R.* § 240. 12*b*-2(2005).

⑨ See 17 *C. F. R.* § 229. 308(*a*)(2010).

⑩ See JOBS Act § 104. The PCAOB has issued a concept release for comment regarding mandatory audit firm rotation. PCAOB Concept Release No. 2011-006 (Aug. 16, 2011). Likewise, in considering the auditor reporting model, the PCAOB also accepted public comments regarding the creation of an auditor discussion and analysis section. PCAOB Concept Release No. 2011-003 (June 21, 2011).

就是 JOBS 法案规定,任何 PCAOB 颁布的规则不适用于 EGCs,除非 SEC“在考虑保护投资者和行动是否会促进效率、竞争、和资本形成之后,确定这些额外的应用要求对于公共利益是必要的或适当的”。①

JOBS 法案在《交易法》第十二章(g)中针对公众公司登记要求增加了股东和净资产值标准,结果就是定期报告和事务性的报告出现了。② 这些标准会在私人公司必须登记权益性证券种类的时候被触发。③ 最初,对非银行控股公司的发行人来说,(g)和在(g)下产生的 SEC 相关规则将标准设定为注册股票持有人为 500 人并且资产总额超过 1 亿美元。④ 相应地,如果超过了一个标准,私人公司就会被要求将权益性证券进行注册,变为一个公众公司。⑤ 根据证券法,发行人不必提交 IPO 的登记声明,但是在交易法下必须登记证券的种类。⑥ JOBS 法案提高了在册股东的标准:(a) 2000 人或(b)500 个非有资信投资人。⑦ 对于注册股票持有人来说,这种提高是合理的。⑧

根据《1933 年证券法》第五章规定,注册要求中适用交易豁免中职工报酬计划的证券不必适用于 2000 人在册股东的要求。⑨ 而且,JOBS 法案知道 SEC 采用安全港条款来协助发行人确定在册股东是否受到了员工报酬计划中的证券。⑩ 众筹交易中的购买证券的人没有包括在登记股东数额范围内。⑪

自始以来,证券交易法对银行和银行控股公司的登记就适用不同的标

---

① JOBS Act § 104.

② See JOBS Act § §“501 and 601”.

③ See Securities Exchange Act of 1934 § 12(g)(codified at 15 *U. S. C.* § 78*c*(*g*)).

④ See 17 *C. F. R.* § 240. 12*g*-1(2011).

⑤ See 15 *U. S. C.* § 78*c*(*g*);17 *C. F. R.* § 240. 12*g*-1. A popular, recent example of the effects of Section 12(g) can be seen with Facebook. Goldman Sachs was to sell Facebook stock in a private placement that under Rule 12g5-1 was arguably going to trigger the 500 shareholder rule. Although Facebook would not be forced to list its securities, it would have had to begin filing publicly with the SEC. For commentary of the Facebook pre-IPO situation, See Steven M. Davidoff,“The Legal Issues in the Goldman-Facebook Deal”, Accessed Jan. 10, 2011. http://dealbook. nytimes. com/2011/01/10/the-legal-issues-in-the-goldman-facebook-deal/; Nicholas Carlson,“Facebook (Effectively) just Announced Plans To Go Public”, Accessed Jan. 3, 2011. http://www. businessinsider. com/rule-12g5-1b3-or-how-facebook-just-announced-plans-to-go-public-2011-1.

⑥ See 15 *U. S. C.* § 78*c*(*g*).

⑦ See JOBS Act § 501. (j13-n179).

⑧ See Comport JOBS Act § 501, with 15 *U. S. C.* § 78*c*(*g*)(1).

⑨ See JOBS Act § 502.

⑩ See JOBS Act § 503.

⑪ See JOBS Act § 503.

准要求，这两类主体也通过 JOBS 法案得到了一些交易法中要求的豁免。交易法对银行或银行控股公司发行的证券的在册股东标准提高到了 2000 人或以上。① JOBS 法案还对银行取消了登记标准并规定，将银行控股公司的人数从 300 人增加到 1200 人。② 银行或银行控股公司可以延迟提交报告并且当在册股东人数低于免除登记标准时可暂停登记义务。③

五、美国法中的豁免例外

不是所有的公司都可以众筹，众筹豁免的公司需要聘请中介机构。④ 不适用第四节(a)(6)豁免的主体包括非美国公司、证券交易法中的申报公司(Exchange Act Reporting Companies)、特定的投资公司、在拟定的不合格规则中被认定为没有资格的公司、本书"坏人"取消资格规则中的有关公司、没能通过拟定众筹规则关于年度财务报告要求的公司、"没有特定的业务计划的公司或公司发布的商业计划内容是与身份不明的公司进行合并或收购行为"。⑤

第三节　中国关于豁免发行的规定与修改建议

股权众筹属于典型的投资行为，达成的协议属于典型的投资合同，上文已经论证，因此，"扩大了证券含义"的证券法规制，发行与交易依据该规则。这就容易突破另外一个 200 人公开发行限制，从股权众筹的角度来看，在众筹平台上募集资金，投资人如果超过 200 人，则构成公开发行；如果不到 200 人，但因能够看到网站的任何投资人构成投资的不特定对象，此时同样构成公开发行。根据我国《证券法》的规定，公开发行必须按照核准程序，这会给企业带来巨大的融资成本，包括准备和提交申请文件和信息披露的成本，以及支付给承销商和律师等中介机构的费用(这部分费用高昂)；由于核准程序冗长带来的时间成本；保持与核准机构沟通的成

① See JOBS Act § 601(a).

② See JOBS Act § 503.

③ Jumpstart Our Business Startups Act Frequently Asked Questions, "Changes to the Requirements for Exchange Act Registration and Deregistration, Securities and Exhange Commission", Accessed Apr. 11, 2012, http://www.sec.gov/divisions/corpfin/guidance/cfjjobsactfaq-title-i-general.htm.

④ Crowdfunding, 78 *Fed. Reg. at* 66,551(to be codified at 17 *C. F. R.* § 227.100(*a*)(3)). An issuer is restricted to using one intermediary for an offering and may not use more than one intermediary to conduct concurrent crowdfunded offerings.

⑤ Crowdfunding, 78 *Fed. Reg. at* 66,551-52(to be codified at 17 *C. F. R.* § 227.100(*b*)).

本;不确定性的成本。然而众筹融资主体多是初创企业或者小微企业,资金紧张,传统的融资方式难以满足其发展的资金刚性需求,众筹平台是其最佳融资路径。因此,不能对此设置核准制带来的巨大成本障碍,这是违背成本效益原则的。

能否既公开发行又免于核准程序呢?这就需要从核准程序制度设计的本意出发。股票发行市场对融资者的作用是为企业融入和汇集社会的储蓄资金,支持企业发展。对投资者而言,股票市场需要保护投资者的合法利益,为投资者筛选出最有价值的企业作为投资目标,使投资者获得投资收益;另外也要坚定投资者的信心,维护其合法利益,降低信息不对称性。因此,我国《证券法》中任何具体制度都是为了在投资者保护和便利企业融资这两者之间维持利益的平衡。① 因为证券发行核准程序的目的在于保护投资者,所以我们应当在保护消费者与企业融资之间做衡量,即在发行核准程序与融资成本之间做衡量。② 我国《证券法》没有要求所有的证券发行都要经过发行核准程序,而只将核准要求局限于公开发行,显然是出于成本利益之类的考虑。换言之,非公开发行中的投资者经济实力雄厚,投资经验丰富,风险承受能力强,因此是不那么迫切需要保护的,或者为其提供保护的成本过高。所谓投资者是否需要保护,主要是两个层面的问题:(1)该投资者是否能有效获得所需要的相关信息。(2)该投资者是否有能力依据投资信息作出分析,作出投资决策。如果发行人主动提供了足够的投资信息,那么我们就可以尝试探索一条新路径——豁免发行核准的要求,以平衡投资者保护与企业融资之间的利益。这条新路径就是小额发行豁免制度。小额发行豁免制度,就是在发行金额不大的情况下,公开发行的成本可能超过收益,因此免于发行核准程序。③ 基于中小企业对一国经济发展的重要性以及中小企业融资的困境,许多国家都对小额发行给予特别豁免。美国《1933 年证券法》第 3(b)条明确授权 SEC 立法对总额不超过 500 万美元的证券发行给予豁免,SEC 因此相继发布了条例 A 和条例 D 豁免小额交易。④

我国在这方面也有过尝试,深圳证券交易所开设的中小企业板块,在我国《证券法》的框架下,上市条件含有最低股本不得少于 3000 万元的规

---

① 参见彭冰:《证券公开发行之研究》,载《月旦民商法杂志》2006 年第 11 期。

② 参见彭冰:《中国证券法学》,高等教育出版社 2007 年版,第 44 页。

③ 参见彭冰:《中国证券法学》,高等教育出版社 2007 年版,第 47 页。

④ 参见徐明、杨柏国:《模糊的边界:析美国证券公开发行与非公开发行之融合》,载《证券法苑》2010 年第 2 期。

定，公开发行公司债券净资产不低于3000万元，但这对于中小企业的直接融资渠道仍然门槛过高。股权众筹平台是互联网金融的一个创新思路，它的立意仍然是普惠金融，面向的是规模比中小创业板块还小的初创企业、小微企业。观察目前国内几家众筹平台的项目，融资额从百万到千万不等，但绝大多数在1000万元以下，并且多为创意项目，在融资数额上符合小额豁免制度的起点。因此，股权众筹在小额豁免制度下会走得更远。

虽然我国在股权众筹上的小额豁免是一片空白，但是国外已有先例和立法新动向。2012年美国在联邦层面颁布JOBS法案；在州立法层面上，堪萨斯州实行投资豁免制度，2011年8月，佐治亚州也实行投资豁免，密歇根州与威斯康星州效仿堪萨斯州和佐治亚州分别颁布了相应的法规规范众筹；2013年4月华盛顿州、北卡罗来纳州将众筹监管下放给SEC并由SEC具体规定。英国和德国已将股权融资看作合法的融资模式，但两国均未专门针对股权众筹立法，而是将其纳入现有金融监管法律框架下。[①] 我国亦可采纳这一新思路，利用我国《证券法》第9条第2款第3项的授权，由国务院直接规定低于某一额度的证券发行不构成公开发行或属于特殊的公开发行，建立小额证券发行豁免制度，以便利小微企业的直接融资，促进我国经济的发展。

特定对象再定义。与我国《证券法》向特定对象公开发行相对应的制度是《公司法》关于股份有限公司200人的限制。我国《证券法》第9条明确规定，向特定对象发行累计不超过200人，换言之，累计超过200人就属于公开发行。这个200人的限制意义何在呢？我们知道，公开发行意味着投资者是不特定的社会公众，关乎更广大的社会公众利益，他们不同于机构投资者或成熟的个人投资者，不特定的社会公众获取信息的成本高，分析信息的能力低，因而，为了保护相对弱势的不特定社会公众，对于公开发行应该设计更加严格的监管规则。既然200人的限制是为了划定保护不特定公众投资者的界限，那对于投资者的保护，是否有必要分门别类进行，划定成熟投资者与不成熟投资者，超越200人的投资者中属于机构投资者或成熟的个人投资者的部分，不算作200人的保护范围内。前文已经提到什么是需要保护的投资者，这里谈谈什么是不需要保护的投资者。所谓不需要保护的人就是成熟投资者，判断的标准在国际上已有经验可借鉴。比如，美国SEC的D条例中特别规定了获许投资者的概念。“获许投资者”包括：(1)银行、保险公司、投资公司等机构投资者；(2)私人商业开发公

① 参见郭雳：《美国证券私募发行法律问题研究》，北京大学出版社2004年版，第104~107页。

司;(3)总资产超过500万美元、非为获取发行证券的目的而设立的任何公司、商业信托、合伙;(4)总资产超过500万美元,非为获取发行证券的目的而设立的一般信托机构;(5)发行人的任何董事、高级管理人员等;(6)在购买证券时,其个人净资产与配偶共同的净资产超过100万美元的自然人;(7)在最近两年的每年中,个人收入超过20万美元,或者与配偶收入合计超过30万美元,且合理预期在本年收入可达到同样水平的自然人;(8)全体股权所有人都属于上述获许投资者的任何主体。[①] SEC对于在规则506下的私募没有规定人数限制,但要求非获许投资者的人数不能超过35人。我国完全可以借鉴美国的做法,对"特定对象"作出新的界定。倘若突破200人的限制,股权众筹在人数上的壁垒也可破除,容纳更多的普通投资者加入。所以某一发行对象的群体是否特定,不在于该群体是否事前能够确定范围,而是在于划定范围的方法和界定公开发行的目的之间是否相关,也就是应当看该发行对象是否需要发行核准程序的保护;同样,界定公开发行时强加人数标准,需要考虑的是投资者是否需要保护的标准——投资者是否成熟,而不是投资者的人数。[②] 当然,关于我国如何在投资时确认投资者身份,还有赖于后续的研究以及实务中的摸索。[③] 可以考虑如下做法:

第一,修改发行方式。《征求意见稿》第12条发行方式及范围中规定:"融资者不得公开或采用变相公开方式发行证券,不得向不特定对象发行证券。融资完成后,融资者或融资者发起设立的融资企业的股东人数累计不得超过200人。法律法规另有规定的,从其规定。"建议修改为:"当单个投资者投资数额低于10万元、总融资额低于500万元时,融资者可以豁免我国《证券法》对公开发行证券的审核,采取公开方式发行证券或向不特定对象发行证券。法律法规另有规定的,从其规定。"通常情况下,因不符合现行的公开发行核准的条件,所以中小微企业或发起人选择股权众筹进行融资。因此,《征求意见稿》明确规定股权众筹应当采取非公开发行的私募发行方式。私募发行方式针对现行并不成熟的市场有一定意义,但股权众筹的优势本就在于多人、小额,因此,笔者建议尝试建立证券发行小额豁免制度,对小额证券发行实施注册豁免、宽松监管。这里的"小额"既包括项目总投资额较小、风险发生造成的影响较小,也指每个投资者的投资金额较小、承担的风险较小。笔者认为,针对限制公开募集资金的数额和

① 参见郭雳:《美国证券私募发行法律问题研究》,北京大学出版社2004年版,第104~107页。
② 参见彭冰:《构建针对特定对象的公开发行制度》,载《法学》2006年第5期。
③ 参见朱玲:《股权众筹在中国的合法化研究》,载《吉林金融研究》2014年第6期。

单个投资者的投资额的股权众筹,可以考虑参考美国 JOBS 法案,设置“安全港”制度,以信息披露和风险披露为核心,适当简化证券监管机构对众筹融资的行政审批流程,降低对其公开发行的监管力度,从而适应股权众筹的特点,减少发行人众筹的融资成本,使更多适格投资者享受股权众筹收益,减轻发行人融资难度。中国式私募股权众筹的设立有其特定的现实背景,我国《证券法》第 9 条规定,公开发行证券,必须经证监会等相关部门核准,公开发行包括向不特定对象发行证券,或者向特定对象发行证券累计超过 200 人等情形,该条并没有对公开发行规定有任何豁免情形。既然股权众筹不向证监会申请核准公开发行,那么就只能定性为私募,由此股权众筹就只能对投资者门槛和人数等设置更为严苛的限制。

第二,增加融资者信息披露要求。建议增加规定:众筹平台收集融资者信息,融资者为信息披露义务人,应向平台提供真实、准确的用户信息;发布真实、合法的融资计划书,充分揭示投资风险,并披露募集资金不足或超额筹资时的处理办法以及其他重大信息;定期通过众筹平台向投资者如实披露企业的经营管理、财务、资金适用情况等关键信息,并建立影响或可能影响投资者权利的重大信息临时报告制度。

因为从本质上看,金融市场就是信息市场,信息处理的过程体现在市场各个方面,引导资金向实体部门配置以实现金融市场的资源配置功能。提高信息的真实性、准确性和完整性是促进市场效率的关键手段。市场对投资者利益的切实保护和投资者对市场的信心有助于提高金融市场效率。因此,信息披露对股权众筹市场意义重大。同时,高质量的信息披露也将提高融资质量。一方面,融资者的信息披露标识融资者公司运营合规水平的好坏;另一方面,融资者披露信息越准确,其融资成本就越低。因此,融资者进行信息披露时必须严谨、认真、细心,以维护融资者的整体利益及全体股东的合法权益。总体来看,股权众筹是促进中小企业融资和提升我国经济活力的重要渠道。笔者认为,只有对证券公开发行条款作出适当修改,实施股权众筹小额发行豁免,同时增加有关投资者、融资者、众筹平台的制度规定,明确其权利义务,并在放低准入门槛的基础上加强监管,才能实现股权众筹的良性发展。①

首先,从股权众筹现状看,融资方多是初创小微企业,具有融资规模小,融资项目数量多的特点。如证券监管机构对其实行审核制,执法成本过高,浪费宝贵的执法资源。其次,小额股权众筹企业多是初创企业,无法

① 参见杨东、黄尹旭:《中国式股权众筹发展建议》,载《中国金融》2015 年第 3 期。

承担申请公开发行的高额合规成本。最后,股权众筹项目的投资人单笔投资金额也较小,即使项目失败对社会公共利益损害也不大。因此,豁免小额众筹发行既有利于降低监管机构的执法成本,又有利于繁荣股权融资市场,使之成为多层次资本市场之重要组成部分,促进创业,保护和促进中小企业的发展。①

根据当前众筹项目的融资情况,立法机关调查研究后可以确定小额融资豁免的具体额度和标准。但是小额证券发行豁免只是豁免了发行审核程序或者说注册程序,并不意味着监管空白。监管机关可以以加强众筹项目的信息披露方式予以监管,以对众筹平台的监管为切入点,要求众筹平台建立相应的众筹项目信息披露规范指引,使众筹项目达到必要的信息披露底线,使投资者获得作出投资决策判断的基础信息。②

小额证券发行豁免并不豁免其法律责任。股权众筹项目融资人若构成发行欺诈的,融资人同样需要承担发行欺诈的法律责任。股权众筹融资人在信息披露上若有虚假陈述,构成欺诈的,则需要承担相应的法律责任,但对于项目本身的投资风险造成项目失败的,则不应属于发行欺诈范围。建立相应的法律责任追究制度,有利于敦促融资人谨慎发起众筹,并谨慎地进行信息披露,从而有利于促进股权众筹市场的健康发展。③

综上所述,建立小额证券发行的豁免制度符合立法上普遍和例外的立法逻辑,同时也是顺应互联网金融发展所趋。通过监管机构加强对众筹平台的监管,融资项目的信息披露指引和发行欺诈的责任追究等措施来规范众筹行为,从而使众筹市场得以健康发展,促进中小企业发展。④

参考意大利、美国、澳大利亚等各国的立法实践,本书就我国的众筹法律制度应当如何构建,提出如下设想:⑤

第一,在我国《证券法》中建立小规模公开发行股票制度。目前在我国发行股票只能通过公开发行和私募发行两种方式。其中私募发行必须向特定对象发行,人数不得超过 200 人,且不得有任何广告、公开劝诱等行为,这虽然一定程度上也能满足部分初创企业的融资需求,但与众筹的功效有巨大差异。而我国《证券法》第二章所规范的公开发行,则只针对中大型企业,设置了较高的发行门槛,并且必须发布详细的招股说明书,发行

① 参见阮金阳:《股权众筹还需法律护航》,载《法制日报》2014 年 12 月 25 日,第 007 版。
② 参见阮金阳:《股权众筹还需法律护航》,载《法制日报》2014 年 12 月 25 日,第 007 版。
③ 参见阮金阳:《股权众筹还需法律护航》,载《法制日报》2014 年 12 月 25 日,第 007 版。
④ 参见阮金阳:《股权众筹还需法律护航》,载《法制日报》2014 年 12 月 25 日,第 007 版。
⑤ 参见张雅:《股权众筹法律制度国际比较与中国路径》,载《西南金融》2014 年第 11 期。

前需经中国证监会批准,发行过程必须通过证券公司承销股票。在公开发行制度体系内,缺乏对小规模公开发行的豁免规定。建议在我国《证券法》修改时,建立小规模公开发行证券制度,对一定额度内的小规模公开发行,豁免证监会审批,豁免发布详尽的招股书、审计报告等,为众筹预留法律空间。但为了兼顾对投资人的保护,可以参考其他国家经验,设定小规模募股的年度限额和单次限额,设定投资人资格,设定投资人年度累计投资规模,要求发行人披露基本信息等。

第二,由国务院制定行政法规,设计股权众筹豁免制度。以国务院名义制定股权众筹制度,可以有效重新解释解决公开性、特定性、不特定性、200 人人数限制、集资门户的备案、监管规则等问题。由中国证监业协会制定《机构间私募产品报价与服务系统私募股权融资业务指引(试行)》不能与上位法即我国《证券法》《公司法》相抵触,因此该指引在发行方式和范围上的保留同样是受制于上位法的约束。因此,在我国《证券法》《公司法》难以作出及时回应时,应当考虑由国务院制定行政法规构建股权众筹法律框架,设计股权众筹豁免制度。① 一方面,考虑到股权众筹多人小额的特征,结合我国中产阶层收入水平,降低意见稿中合格投资者财产要求,为股权众筹设置合格投资者的适当的门槛;另一方面,合理设定股权众筹豁免的最高限定金额,综合考虑企业融资需求、投资者收入结构和风险承担能力,确定发行人最高筹资额和投资者最高投资额,以小额降低投资风险,充分发挥股权众筹促进金融民主化的先驱作用。②

① 参见李有星、李延哲:《股权众筹的逻辑困境与突破》,载《上海证券报》2014 年 12 月 24 日,A01 版。

② 参见李有星、李延哲:《股权众筹的逻辑困境与突破》,载《上海证券报》2014 年 12 月 24 日,A01 版。

第九章　众筹股权的发行管理

第一节　众筹股权发行

一、JOBS法案对证券法发行规则的改变

美国JOBS法案改变和淘汰了一些关于自营商、研究分析师、投资银行家和EGCs发行者的规则。首先，自营商可以发表关于EGCs发行行为的研究报告，无论发行人是否提交了登记声明或是否已经生效。[①] 在此之前，在静默期(quiet period)进行这样的发表行为是不被允许的，因为这个报告可能会被认为是销售要约，这违反了《1933年证券法》中第五节(c)的规定，从而依据《1933年证券法》第十二节(a)(1)和(2)产生责任。[②] 现在，这种报告不会被认为是“要约或出售证券的要约，即使经纪人或经销商参与到或将会参与到发行者发行证券的行为中来”。[③] 为达到这个目的，JOBS法案特别排除了“经纪人或经销商在调查报告中作出的有关新兴成长型的企业的发表或分销行为是公开发行”，认为这种行为不符合《1933年证券法》中第二节(a)(3)中规定的“要约出售”和“要约销售”。[④] 其次，现在分析师可以和EGCs的管理人员进行沟通，即使有非分析师列席，如投资银行家等。这在以前是禁止的行为。[⑤] 最后，凡是投资银行家，现在都可以安排分析师和潜在投资者进行沟通。[⑥] 除了披露要求和投资上限，众筹法案试图以其他方式对抗潜在欺诈。发行人不能直接销售证券，必须通过独立的中介平台(经纪自营商或者融资门户)。[⑦] 明确授予对发行人、董事和管理人员欺诈的私人诉权。[⑧] SEC有权“检查”融资门户、“施行法律

---

① See JOBS Act § 105(a).
② See 15 *U. S. C.* § 77l(2013).
③ JOBS Act § 105(a).
④ JOBS Act § 105(a).
⑤ See JOBS Act § 105(b).
⑥ See JOBS Act § 105(b).
⑦ See Jumpstart Our Business Startups Act § 302, 15 U. S. C. A. § 77d(6)(C).
⑧ See Jumpstart Our Business Startups Act § 302, 15 U. S. C. A. § 77d-1(c).

和其他立法权限”,[1]并且保留管理发行人和中介平台的权力。此外,各州保留对发行人和中介平台参与欺诈、欺骗或不法行为的司法管辖权。[2]

二、融资金额

(一)股权众筹额度

项目风险与项目融资额密不可分,与此相关的是影响的社会面和投资者人数。限制单个项目的众筹额度是国外对股权众筹的规制重点。以美国 JOBS 法案为例,规定众筹融资人每年众筹金额不得超过 100 万美元。限制众筹额度,有利于防止融资人利用众筹“疯狂敛财”,以此来降低投资者的投资回报风险。所以,有必要增加额度限制条款,限制融资者单个项目或单个年度内的融资额度,并根据不同的融资额度赋予不同的信息披露程序和范围,切实保障投资者的利益。[3]

我国《征求意见稿》并没有对融资额度作出限制。目前,仍然需要解决几个问题。首先,明确中小微企业的标准是基于注册资本还是净资产额,需要正式文本予以释明;其次,是否需要明确融资额度。起草说明中对于不限制融资额度的理由是“充分体现风险自担”。[4]

我国的众筹实践表现为,在众筹过程中,筹资者通常会给定一个具体的项目预期筹资额,一旦项目在实际筹资过程中达到一个额度,项目便筹资成功,即可获得相应的资金,开始项目运作。然而也存在一些众筹平台(如天使汇)允许项目实际的筹资总额高出筹资者项目预期筹资额,直到筹资期限届满后再将实际的筹资总额交付给筹资人以进行项目建设。这一对项目筹资额放松的做法,一定程度上会增加项目投资的风险及筹资的不可预计性:一方面可能会涉及更为广泛的投资者群体,降低对投资者人数及投资金额的控制力,进而对市场的影响力由之前的可预期变成相对的不确定;另一方面加大了监督管理的难度,增加了监管的成本。对目标筹资额这一上限的突破侧重于市场机制的作用,但并没有把金融市场投资者盲目跟风的心理及市场固有缺陷考虑在内,极容易导致筹资变为“脱缰野马”肆意横行,给资本市场造成更大的冲击,这也对众筹的监督管理提出了

---

① Jumpstart Our Business Startups Act § 304, 15 U. S. C. A. § 78c(h)(1)(A).

② See 15 U. S. C. § 77r(c)(1)(2006); Jumpstart Our Business Startups Act § 305, 15 U. S. C. A. § 77r(c)(1).

③ 参见陈健:《股权众筹:制度构建与疑义相析——评〈私募股权众筹融资管理办法(试行)(征求意见稿)〉》,载《福建金融管理干部学院学报》2014 年第 4 期。

④ 参见陈健:《股权众筹:制度构建与疑义相析——评〈私募股权众筹融资管理办法(试行)(征求意见稿)〉》,载《福建金融管理干部学院学报》2014 年第 4 期。

更高的要求。①

(二)发行人筹资额的限制

限制发行人一年内筹集资金数额,不失为避免引发系统性风险的有效措施。关于是否需要限制发行人的筹资额,各国的规定不相同。②

为了限制普通投资者在股权众筹中可能遭受的损失,对于投资者能够投资股权众筹的限制方式有如下几种:(1)限制投资者一年内能投资的股权众筹发行人数量。(2)限制投资者一年内能投资每一个股权众筹发行人的资金数额。(3)限制投资者总计能投资一个股权众筹发行人的全部资金数额(不是每年)。(4)限制投资者投资每一个股权众筹发行人每一次发行的资金数额。(5)限制投资者一年内能投资所有的股权众筹发行人的总金额,不管投资者的收入或净资产。(6)根据投资者的收入或净资产,限制投资者一年内能投资的所有股权众筹发行人的总金额。(7)限制投资者能投资的所有股权众筹发行人的投资总额,而不论时间。③ 美国采纳的是第六种方式,即年收入或净资产低于 10 万美元,投资者对股权众筹的年度总投资额不超过 2000 美元或年收入或净资产的 5%(取两者中较大者);年收入或净资产高于 10 万美元,投资者对股权众筹的年度总投资额不超过年收入的 10%,最高额为 10 万美元。英国采纳的是第七种方式来确定可以投资股权众筹的一类普通投资者,即自我证明不超过其净投资组合(不包括基本生活、养老金和人身保险)的 10%。加拿大建议混合使用了第四种和第五种方式,即一个投资者投资每一个发行人的每一次要约不超过 2500 加拿大元,一年内对所有的股权众筹发行人的总投资不超过 1 万加拿大元。澳大利亚 CAMAC 建议则混合使用了第二种和第五种方式,即一个公众投资者 12 个月内只能对每一个发行人投资 2500 澳大利亚元,对所有发行人的投资不得超过 1 万澳大利亚元。④

---

① 参见盛佳等编:《互联网金融第三浪:众筹崛起》,中国铁道出版社 2014 年版,第 71~72 页。

② 英国对股权众筹发行人的筹资额没有限制。美国公司通过股权众筹 12 个月内筹集的资金额不能超过 100 万美元。加拿大 12 个月内"发行人集团"通过股权众筹筹集的资金限额为 150 万加拿大元,发行人集团包括发行人、发行人的附属公司以及与发行人或发行人的任何附属公司从事共同事业的发行人。意大利合格的创新性初创企业通过股权众筹方式一年可筹集的最大资金额度为 500 万欧元。澳大利亚拟与新西兰采取同样的限额,即一年发行人募集的资金总额不超过 200 万澳大利亚元(新西兰为 200 万新西兰元)。法国的立法规定是单个发行人 12 个月的总发行额不能超过 100 万欧元。除英国股权众筹只限于成熟投资者和特定的几类普通投资者外,其他国家的股权众筹均对大众投资者开放。

③ 《详解中外股权众筹监管的差异:都是如何监管的?》,载和讯网:http://iof. hexun. com. ,最后访问日期:2019 年 6 月 26 日。

④ 参见樊云慧:《股权众筹平台监管的国际比较》,载《法学》2015 年第 4 期。

(三)股权众筹后续融资

通常任何一个项目的第一轮筹资不是最后一轮。[①] 当每个投资者拿出大笔资金,[②]在一个更大的系统中进行运作,而这个系统可能很难使他们适应。缺乏经验的投资者从正在成长中的公司获得股权,他们很容易忽视一个事实,那就是他们的股权会在连续筹款中被稀释。部分原因在于这就是风险投资的运作方式,也有一部分原因在于确定的风险资本家和非正式的投资者之间存在的巨大经验鸿沟。哪一种合同条款通过众筹网站可以成为股票发行的常态还有待观察,但是这些网站很可能基于适应那些它们想吸引的新兴公司和风险资本家的最大利益,而非大量的种子投资者(seed-round investors)的目的来选择合同条款。

三、投资者人数限制及义务

对于投资者人数的限制这一问题,美国《1933 年证券法》中第十二节(g)规定了发行者在证券注册时和成为"申报公司"("reporting company"[③],这些条款要求申报公司为资产达到或超过 1000 万的私营公司[④])时一些特定的标准。更具体地说,发行人必须登记所有种类的权益性证券,并且接受交易法中持续披露的要求(如年报和定期报告)。[⑤] JOBS 法案增加了非银行机构的注册股票持有人的标准,从 500 人增加到(i)

① Normally, startup financing is accomplished over several rounds, from seed stage to Series A, B, C, and so forth depending on how long a project survives. Lately, though, a so-called "Series A crunch" has begun to emerge as a glut of seed financing and has met stagnating availability of next-step funding. This crunch is projected to leave many startups scrambling for funds and many current seed-stage investors without anything to show for their early faith. See "Seed Investing Report - Startup Orphans and the Series A Crunch", CB Insights, Accessed Dec. 19, 2012. http://www.cbinsights.com/blog/trends/seed-investing-report. The question remains whether crowdfunding can help to solve this problem by providing a new source for second-stage funding, or if crowdfunding will simply further the growth of available seed-stage funding and subject members of the general public to the Series A crunch. See Ryan Caldbeck, "Crowdfunding Won't Solve the Venture Capital Series A Crunch", Forbes, Accessed Jan. 23, 2013. http://www.forbes.com/sites/ryancaldbeck/2013/01/23/crowdfunding-wont-solve-the-venture-capital-series-a-crunch(predicting that crowdfund investors would be at a major risk in picking up the Series A rounds that are currently being vetted and left behind by experienced venture capitalists).

② J. J. Colao, "Fred Wilson and the Death of Venture Capital", Forbes, Accessed May. 8, 2012. http://www.forbes.com/sites/jjcolao/2012/05/08/fred-wilson-and-the-death-of-venture-capital("If U. S. families devote just 1% of their assets to investing in startups via crowdfunding, that would unleash a torrent of $ 300 billion annually.").

③ 15 U. S. C. § 78l(g)(2012); 17 C. F. R. § 240. 12g-1(2012).

④ See 15 U. S. C. § 78l(g)(2012); 17 C. F. R. § 240. 12g-1(2012).

⑤ See 15 U. S. C. § 78l(g)(2012); 17 C. F. R. § 240. 12g-1(2012).

2000 人或(ii)500 名非有资信投资者。[①] 在员工薪酬计划下的证券不计入股东的标准,因为它们在《1933 年证券法》第五节中已被豁免。[②] 这些银行和银行控股企业的注册股票持有人(holder of record)标准和取消登记人数标准在上升,具体来说,股东标准增加到了 2000 人,取消登记人数限制从 300 人上升到了 1200 人。[③]

股权众筹对投资者人数进行限制,如 AngeList 和 WeFunder 对投资者人数进行限制,分别为 95 人和 99 人。股东权利滥用易使初创企业的经营受到损害,股权众筹对投资者人数进行限制的目的也在于此。在中国,大多数众筹平台为了避免构成非法集资罪,都通过直接干预投资人数或者限制每位投资者投资金额对人数这一问题予以控制。[④] 从表 9-1 可见我国一些股权众筹平台对投资者的人数和投资者的义务规定。

表 9-1　我国股权众筹平台对投资者人数及投资人义务的限制

股权众筹平台	人数限制	投资人义务
京东	单次股权众筹投资者一般在 50 人以内	(1)提供信息真实、有效;(2)投资资金来源合法;(3)具有相应的风险识别和承担能力
天天投	—	—
中证众筹	融资完成后,融资者或融资者发起设立的融资企业的股东人数累计不得超过 200 人	(1)提供信息真实、有效;(2)投资资金来源合法;(3)具有相应的风险识别和承担能力;(4)自行承担可能造成的损失;(5)证券业协会规定和融资协议约定的其他职责
天使汇	单个项目单次融资的投资人数不得超过 30 人,任何时候股东总数不得超过 200 人	—

① See JOBS Act § 501;15 U. S. C. § 781(g)(2013). For purposes of the Exchange Act, "person means a natural person, company, government, or political subdivision, agency, or instrumentality of a government." 15 U. S. C. § 78b(a)(9)(2013). Shareholders of private companies typically hold their shares directly as opposed to holding in "street name" and would be counted individually for Section 12(g) purposes. See, e. g., Memorandum, 'Jumpstart Our Business Startups Act' Signed Into Law, Skadden, Arps, Slate, Meagher & Flom LLP(April 2012).

② See JOBS Act § 502(codified at 15 *U. S. C.* § 781(g)(5)).

③ See JOBS Act § 601;15 *U. S. C.* § 781(g)(1),(4)(2013).

④ 参见盛佳等编:《互联网金融第三浪:众筹崛起》,中国铁道出版社 2014 年版,第 76~77 页。

续表

股权众筹平台	人数限制	投资人义务
创投圈	—	投资人应保证投资资金来源合法,创投圈有权委托第三方对投资人进行符合法律法规要求审核。投资人应主动了解众筹项目投资风险,并确认其具有相应的风险认知和承受能力
原始会	—	—

从表9-2可见我国各个股权众筹平台对领投人的人数及投资义务的限制。

表9-2　我国股权众筹平台对领投人的人数及投资义务的限制

股权众筹平台	人数限制	领投人义务
大家投	一个项目只能有一个领投人,领投人认投项目须经创业者确认同意后方可有效	(1)负责项目分析、尽职调查、项目估值议价、投后管理等事宜;(2)向项目跟投人提供项目分析与尽职调查结论,帮助创业者尽快实现项目成功融资;(3)帮助创业者维护协调好融资成功后的投资人关系
京东	每个融资项目的领投人原则上只有一名	(1)协助融资项目的完善,完成融资目标;(2)协助融资人完成融资项目的信息披露;(3)领投人应接受跟投人的委托,对融资项目进行管理;(4)领投人应对所代表的所有投资人对项目进行投后管理。每个季度领投人应至少一次将其采集的投后管理信息在平台上向跟投人进行披露。领投人还应代表所有投资人出席股东会或董事会,以投资人的利益为优先,合理评估收益与风险,尽职勤勉地作出最优投资决策,尽最大努力维护投资人合法权益
创投圈	—	(1)平台作为领投者和责任方,承担比投资人更大的风险,因此将对项目进行更加严格地筛选,更加谨慎地尽职调查,提供更为优秀的投后管理,选择最优的退出时间和方式;(2)应利用平台优势和专业团队提供专业和系统的服务

续表

股权众筹平台	人数限制	领投人义务
天天投	一个项目只能有一个领投人,领投人认投项目须经创业者确认同意后方可有效	—
天使汇	—	对某个细分领域领投的成绩和回报情况将会成为这名投资人在本领域的投资记录(track record),将会成为其他投资人进行跟投的重要参考

四、发行中的知识产权保护

JOBS 法案中最重要的一个变化就是允许 EGCs 向 SEC 提交保密性的登记声明草案。①《1933 年证券法》第五章要求公司登记任何证券的要约和销售行为,除非证券或交易行为可以被豁免。② 为了满足这样的要求,公司必须向 SEC 提交注册声明文件。③ 在这之前,只有外国私人发行者在某些特定的情形下可以提交注册声明草案。④ 在 JOBS 法案中,任何 EGCs 都可以向 SEC 提交"机密非公开审查"(Confidential Nonpublic Review)的注册声明草案。⑤ 这使 EGCs 在进行 IPO 程序时,不用经过公开声明披露登记声明中要求的敏感商业信息。⑥ 值得注意的是,发行人依然受到《1933 年证券法》第五章关于发行股票的禁止条款的约束,因为登记声明没有被公开提出,除非发行人使用 JOBS 法案中如"试水"的条款(testing the

---

① See JOBS Act § 106(a)(codified at15 *U. S. C.* § 77*f*(e)(2013)).

② See 15 *U. S. C.* § 77e(2013).

③ See 15 *U. S. C.* § 77e(2013). Many times, this is a Form S-1 Registration Statement under the Securities Act of 1933; However, there are various types of registration statements depending on the issuer and transaction. See Sec. & Exch. Comm'n Forms list, Accessed Mar. 26, 2014. http://www. sec. gov/forms#. UzOKySgx_zI.

④ See Sec. & Exch. Comm'n Non-Public Submissions from Foreign Private Issuers, Accessed Mar 26, 2014. http://www. sec. gov/divisions/corpfin/internatl/nonpublicsubmissions. htm.

⑤ See JOBS Act § 106(a).

⑥ See JOBS Act § 106(a). A Registration Statement must include: information about the business and risks, planned use of proceeds, a description of the securities to be offered, the offering price determination methodology, and potential dilution, among other details. See, e. g., Registration Statement under the Securities Act of 1933(Form S-1), Accessed Apr. 23, 2012. http://www. sec. gov/about/forms/forms-1. pdf.

waters provisions)。[①] SEC 为保密性意见书的提交进行了指导和说明。[②] 公司必须要在发行人路演前 21 天前向 SEC 公开提交登记声明,包括"首次保密性意见书和所有有关修正文件"。[③] 如果公司由于任何原因决定不完成 IPO 工作,那么它可以不经公开而撤销它的登记声明草案。[④]

五、投资者冷静期设置

从对 WeFunder 的调研中可以看到,平台规定了一个投资者 7 天的冷静期。[⑤] 设置冷静期是为了更大程度上保护消费者的利益,防止消费者因冲动消费带来的不利后果。这种保护是建立在消费者是弱势群体的前提下。天使汇和创投圈面向投资者群体都经过较为严格的审核,具有较强的资金基础和风险承担能力,相较于筹资方并非弱势。而对于大家投这种实际上已经面向大众的股权众筹模式来说,由于没有谨慎的投资者审核,投资者因缺乏相关领域的投资经验而处于弱势地位,需要特殊的保护。

冷静期规则(Cooling-off Period Rule)源于英国普通法,是指买方在合同缔结后的特定期限内,可以无条件地撤销合同的一种法律规则。该条规定设置的目的是,在消费者由于信息不对称而难以知晓产品完全信息的情况下,给消费者一次补救的机会。随着金融市场的高速发展,金融产品日趋专业化和复杂化,"冷静期"作为一种保护规则,可以有效防止金融机构的不当销售行为,避免金融消费者的非理性行为。股权众筹作为专业性较

---

① 15 *U. S. C.* § 77e(2013);JOBS Act § 105(c).

② See Jumpstart Our Business Startups(JOBS) Act Spotlight, Sec. & Exch. Comm'n, Accessed Mar. 26, 2014. http://www.sec.gov/spotlight/jobs-act.shtml.

③ JOBS Act § 106(a). A road show is "an offer... that contains a presentation regarding an offering by one or more members of the issuer's management... and includes discussion of one or more of the issuer, such management, and the securities being offered...". 17 *C. F. R.* § 230. 433(*h*)(4)(2013). Note that in the SEC's Electronic Data Gathering, Analysis, and Retrieval system ("EDGAR"), the initial confidential submission is available under the submission type DRS, which signifies "Draft Registration Statement". *Draft Registration Statements to Be Submitted and Filed on EDGAR*, Sec. & Exch. Comm'n(Sept. 26, 2012), Accessed Mar. 26, 2014. http://www.sec.gov/divisions/corpfin/cfannouncements/drsfilingprocedures.htm.

④ See 17 *C. F. R.* § 230. 477(2013). In effect, this could allow a company to "avoid the market stigma associated with a failed offering". G. Michael O'Leary & David C. Buck, *JOBS Act Options for General Counsel to Ponder in IPOs*, TEXAS LAWYER, Accessed May. 13, 2013. http://www.andrewskurth.com/pressroom-publications-976.html.

⑤ 投资者将投资基金打入第三方托管账户后,在总体投资金额达到投资者要求后的 7 天之内,投资者都可以要求无理由的资金返还。对中国的天使汇和创投圈来说,由于大部分的资金流转都在线下进行,而且投资者都是经过严格审核而有风险承受能力的个体和机构,这种冷静期的设置并不存在。

强的投资行为，理应为消费者制定“冷静期”。[1]

关于投资者冷静期，目前，国外的股权众筹融资平台都规定了7天的冷静期。具体来说，投资者将投资资金打入第三方托管账户（escrow account）后，在总体投资金额达到筹资者要求后的7天内，投资者都可以要求无理由的返还资金。对于我国目前的股权众筹平台而言，没有冷静期的设置。[2]

随着我国日后逐步放开对于股权众筹投资者的条件限制，越来越多的相对融资者和较为弱势的投资者参与股权众筹融资，这一冷静期的引入也就显得尤为必要。“中小投资者是我国现阶段资本市场的主要参与群体，但处于信息弱势地位，抗风险能力和自我保护能力较弱，合法权益容易受到侵害。”股权众筹作为一种灵活性强、成本低的融资形式，其发展已是大势所趋。然而，股权众筹对现有的投资者保护机制提出了挑战。保护股权众筹投资者的机制建设应该坚持以自律管理和制定“软法”为主，同时结合监管部门的行政监管保障实施。力求在现有法治框架下促进股权众筹融资的完善和发展，保护投资者的权益。[3]

第二节　融资资金的管理

任何互联网平台的风险主要都在于资金流的控制权，因此，平台是否能够经手融资资金，是需要重点考察的对象。对于这一问题，目前创投圈和天使汇并没有公布相关信息。但在《中国天使众筹领投人规则》中“天使汇的服务”项下规定了“创业者与天使汇签署股权托管协议和网络融资服务协议，天使汇为公司的股权登记、股权管理、变更、增资、员工持股计划等方面提供电子化的服务”。[4] 这里创业者与天使汇签署的股权托管协议不免让人对资金的安全和平台的权限心生疑惑。大家投抢先推出了“投付宝”来处理资金流的问题。“投付宝”是大家投平台委托兴业银行深圳分行推出的一种投资款的托管服务。与大家投要求投资者成立有限合伙企业的规则相适应，投资人认投项目时把投资款转入托管账户，待投资协议达成，有限合伙企业成立后，再按照投资人的意见分批次将有限合伙企业

---

① 参见杨东、黄尹旭：《中国式股权众筹发展建议》，载《中国金融》2015年第3期。

② 参见程晋：《股权众筹投资者权益保护的思维变革与制度完善——如何构建有效的股权众筹投资者保护机制》，载《金融发展研究》2015年第4期。

③ 参见程晋：《股权众筹投资者权益保护的思维变革与制度完善——如何构建有效的股权众筹投资者保护机制》，载《金融发展研究》2015年第4期。

④ 参见天使汇网：http://angelcrunch.com/user/leadinvestor，最后访问日期：2014年6月2日。

所有合伙人的投资款分批次转入有限合伙企业基本账户，有限合伙企业普通合伙人再将有限合伙企业基本账户的投资款转入目标项目公司基本账户。[①] 这种将融资资金托管给银行的方式值得提倡，但这里提到的"托管账户"的户主难以辨别，平台到底是否经手资金也因此难以得知。[②]

一、股权众筹平台资金托管

众筹是筹资人、投资人与众筹平台三方参与的过程。相较于简单的双方交易，其资金的流动与管理通常存在更大的风险。由于筹资的过程一般是一个需要在特定的时间范围内予以完成的过程，因此资金往往需要在指定的地点或场所进行汇集，达到一定数额后进行预期的流转。与大多数 P2P 的资金流转相比，筹资过程中形成"资金池"的可能性较高。目前尚缺乏有效的约束机制用于防范众筹平台在投资过程中对筹集资金的不当管理和使用，这都给投资者的投资资金安全带来极大的隐患。[③]

众筹平台的主要作用在于利用互联网对富余资本在投资者与筹资者之间进行优化配置，以提高富余资本的使用效率，从而解决由于信息不对称带来的资源浪费问题。基于上述认知，众筹平台主要发挥中介作用，以撮合投融资交易的实现。一旦众筹平台在中介过程中能够控制资金的利用与流动，投资人的资金便存在为平台所挪用的可能，一旦资金遭受损失则难以弥补，这对投资者和融资者而言，无疑都是极大的利益损失。因此，出于资金安全性的考虑，平台是不能经手或负责管理资金的，一般可以选择托管给可信任的第三方平台或银行，由投资者与筹资者协商约定向托管方支付一定的管理费用。[④]

《征求意见稿》第 8 条在规定众筹平台的职责中要求其"对募集期资金设立专户管理，证券业协会另有规定的，从其规定"，而没有直接规定募集资金归第三方托管，笔者认为此乃一大遗憾。股权众筹过程中，资金的筹集和发放，都需要经过股权众筹平台。缺乏外部监管，而完全依赖于自我监督，容易引发众筹平台滥用、挪用筹款甚至卷款"跑路"的风险。而且，也基于众筹平台负有保管资金的责任，才导致监管机关要求"500 万元

---

① 参见天使汇网：http://www.dajiatou.cn/ccmtent-14-82-1.html，最后访问日期：2014 年 6 月 2 日。

② 参见杨东、苏伦嘎：《股权众筹平台的运营模式及风险防范》，载《国家检察官学院学报》2014 年第 4 期。

③ 参见杨东、苏伦嘎：《股权众筹平台的运营模式及风险防范》，载《国家检察官学院学报》2014 年第 4 期。

④ 参见盛佳等编：《互联网金融第三浪：众筹崛起》，中国铁道出版社 2014 年版，第 74 页。

净资产”的高门槛，限制一般资本进入众筹市场。①

二、第三方资金托管制度

SEC 的提案规则要求众筹门户将所有投资转入一个托管账户，只有当发行人完成或者超出目标发行的时候，才能将资金交给发行人。② 如果发行人在众筹活动结束的时候未能筹集到等于或多于目标发行的资金，则托管账户必须将投资资金分别返还各投资人。③ SEC 解释说使用托管的目的在于防止发行人或投资者的欺诈。④ 使用托管账户防止了众筹平台窃取投资者对发行人的投资，同时防止了众筹平台在未筹到足够资金时拒不向投资者返还资金的情况。⑤

事实上，SEC 正确地认识到托管账户在众筹中的价值。⑥ 就是说，托管账户保证了资本由目标受益人获得。这对于通过互联网平台进行证券交易的初创中小微企业和投资者来说尤其有价值。但是，根据 SEC 的提案，当满足或者未满足目标发行时，则停止托管账户的使用。⑦ 因此，SEC 的提案中托管账户的使用仅针对众筹推荐过程中的欺诈行为。⑧ 但是如果众筹成功达到目标资金，资金从托管账户中放出，发行人就完全控制了资产。⑨ 有评论认为该提案应当超越这一价值，从而在众筹推荐完成、众筹平台不再作为中介之后保护投资者。众筹完成之后使用托管账户可以保护投资者不受到未来发行人可能进行的欺诈，同时降低众筹投资的整体风险。众筹达到目标后，不应该如 SEC 目前提案强制规定一样，直接将托管账户交

---

① 参见陈健：《股权众筹：制度构建与疑义相析——评〈私募股权众筹融资管理办法（试行）（征求意见稿）〉》，载《福建金融管理干部学院学报》2014 年第 4 期。

② A review of the other anti-fraud measures in the SEC's current proposal is beyond the scope of this Comment.

③ A review of the other anti-fraud measures in the SEC's current proposal is beyond the scope of this Comment.

④ A review of the other anti-fraud measures in the SEC's current proposal is beyond the scope of this Comment.

⑤ A review of the other anti-fraud measures in the SEC's current proposal is beyond the scope of this Comment.

⑥ A review of the other anti-fraud measures in the SEC's current proposal is beyond the scope of this Comment.

⑦ A review of the other anti-fraud measures in the SEC's current proposal is beyond the scope of this Comment.

⑧ A review of the other anti-fraud measures in the SEC's current proposal is beyond the scope of this Comment.

⑨ A review of the other anti-fraud measures in the SEC's current proposal is beyond the scope of this Comment.

给发行人。[①] 相反，资本应当通过托管账户直接交给依据计划发展或公司扩张计划所必要的当事方。这要求众筹企业家明确阐述众筹筹集的资本的计划用途，同时包括为了实现这一目的涉及的当事方。当资本从托管账户中交给这些当事方，而不是发行人，就防止了众筹结束后发行人欺诈投资人，或者携款潜逃。如果发行人决定改变目标发行的资本用途，他们应该取得每一个投资者的同意或者返还投资资金。否则，发行人可能告诉投资人他们在投资一个有计划的企业，然后发行人可以在完成众筹后改变计划，完全误导投资人。

例如，一个企业家用众筹募集来的资本进行工业设计、制造或者广告等必要的服务，众筹募集的资本应该直接从托管账户交给负责提供这些服务的第三方。如果资本是用来雇佣内部员工，那么资本应当直接通过托管账户交给员工。但是，如果一家企业决定用众筹资本进行众筹过程中所称目的以外的事项，那么这家企业必须取得每个投资者的同意或者返还投资资金。

使用托管账户给予保护实际上也有限制，企业可能通过售卖假的雇员和服务提供者来欺诈投资者。众筹经理人可以通过制造假雇佣记录或者服务合同，创建空壳银行账户接受托管账户的资本。

此外，通过将募集资金超过众筹目标资金的部分进行托管，托管账户可以进一步保护众筹投资者不受欺诈和降低投资创业公司的总体风险。SEC 应当要求这些超过众筹目标的出资在众筹结束后依然保存在托管账户，如果企业失败，这部分资金应按投资比例交给投资者。这种方式降低了投资的整体风险，允许投资者在企业失败的情况下收回部分或者全部投资。这种方法同时也防止了募集资本超出目标的情况下，发行人欺诈投资者。

例如，如果一项众筹目标资金为 10 万美元，实际上募集了 20 万美元，那么众筹结束后必须有 10 万美元保留在托管账户中。在这种情况下，如果公司完全失败，投资者可以收回剩余投资金额，即使他们没有得到任何收益。但是，这种保护方式也有局限性。如果一项众筹目标为 10 万美元，并且募集了 12.5 万美元，那么投资者只能收回原始投资的 25%。此外，如果众筹募集达到了目标金额但是并没有超出，那么，公司失败后投资者将不能收回任何投资资金。

虽然利用托管账户会限制企业使用资金的灵活性，但这对于融资方来说不是“致命”的。因为众筹企业家可以在股权众筹前，合理规划企业发

① A review of the other anti-fraud measures in the SEC's current proposal is beyond the scope of this Comment.

展所需资金。因此，如果融资方募集到了必需的资本，要求融资方为了保护投资者而将超出的资金保留在托管账户中并非没有道理。

如果公司想要使用超过目标发行资金的那部分资金，那么，必须满足两个条件：(1)公司应当等至少一年才能使用超出目标发行的资本，就好像根据 JOBS 法案投资者必须等一年才能出售股份；①(2)公司应当通知所有投资者将要使用超额资本的计划，并且提出回购投资者的资本。

例如，如果众筹目标资金为 10 万美元，筹集了 20 万美元，那么公司可以在第一年使用计划的 10 万美元，剩余的 10 万美元只能再等一年并且提出全额回购每个投资人出资的条件下使用。如果资本的价值在这一年间增加，那么公司需要对选择出售股份的投资者补足差价。这个机制使发行人不能欺诈投资者。

因此，即使是众筹过程结束以后，SEC 也可以利用托管账户来保护众筹资本投资。SEC 目前的提案并没有深入到阻止众筹过程中众筹平台欺诈企业家和投资者。投资者要求众筹结束以后对众筹资本加以保护，防止欺诈者携款潜逃或者将资本用在众筹计划目的以外的事项。这种保护可以通过要求众筹平台将资金直接交给与公司计划发展或扩张相关的当事方来实现。保护投资者可以通过要求众筹企业家将超出目标资本的资金维持在托管账户作为一种股东保险基金来实现。当然，公司可能会需要使用这些额外的资本，这一需求和保护投资者的需求相互平衡。因此众筹企业家在使用这些超额资金之前，应当等一年并且提出回购。

伍旭川认为国内市场应该加强制度建设和投资者教育，完善市场规则和风险揭示，增强投资者风险意识，保护投资者利益。股权众筹平台强制实施资金第三方银行存管制度，股权由第三方统一登记制度，加强对投资者风险教育，做到入市前股权众筹知识教育，开户时风险测评、风险揭示，交易后风险自担等三阶段风险教育机制。② 股权众筹项目发起后，成功项目的资金托管在第三方存管账户上滋生的利息收入进入股权众筹项目资本金，失败项目的本金及其在第三方存管账户上滋生的利息收入返还本人。③

建立股权众筹投资者资金第三方托管制度，有以下三种模式：(1)众筹平台存管模式。投资者先将资金打到众筹平台账户，待当次募股完成，平台再将资金转拨给发起人。(2)第三方托管模式。众筹平台不存管投资者资金，而由持有支付牌照的独立第三方机构存管，待募股目标完成后再

---

① See Jumpstart Our Business Startups Act, PUB. L. NO. ,112-106, § 302(a), 126 *Stat.* 306.

② 参见胡亮：《创新股权众筹需发展与规范并行》，载《中国经济时报》2015 年 4 月 3 日，第 2 版。

③ 参见胡亮：《创新股权众筹需发展与规范并行》，载《中国经济时报》2015 年 4 月 3 日，第 2 版。

由该机构转给发起人。(3)投资者自己保管模式。此种模式下,投资者在当次募股目标完成后直接将资金汇入发起人账户,资金不经过众筹平台之手。第一种模式下,众筹平台会被认定为第三方支付,须持有第三方支付牌照,可能构成非法吸收公众存款罪,法律风险较高。第三种模式,由于实践中投资人担心发起人卷款潜逃,多不愿提前出资甚至迟延出资,而发起人则担心投资者承诺出资后迟迟不能到账,影响发起人的预定生产经营计划,不利于众筹项目的推进。第二种模式既可以免除众筹平台的合规风险,也可以调和投资者和发起人彼此的心理预期,在实践中已有采用,如,大家投在股权众筹中就与兴业银行联合推出“投付宝”,将其作为投资者资金的专项托管账户,投资者将资金打到“投付宝”上,然后再统一办理出资手续。这一模式值得肯定,未来立法应建立并完善股权众筹投资者资金第三方托管制度。①

三、实践案例

WeFunder 与 AngList 在资金流方面存在很大区别。在 AngList 平台上,可以通过银行或第三方资金的流转,平台并不经手相关的资金流转,亦不对相关项目进行投资。在这里,平台是一个完全中立的机构,资金流并不经过平台本身。而在 WeFunder 平台上,较为特殊的是,并非由投资者直接担任初创企业的股东,而是由 WeFunder 代表投资者作为一个整体成为初创企业的直接股东,而投资者则享有对 WeFunder 的基金权益。根据 WeFunder 网站的介绍,投资者的资金通过第三方托管账户托管,在达到筹资金额后 7 天内由第三方托管账户转给初创企业,可以看出,虽然 WeFunder 设立了这种间接持股的模式,但并不持有或控制投资者的资金,只是以有限责任公司的形式享有股东权利,承担股东义务。

在中国,天使汇和创投圈与 AngList 比较相似,平台本身并不经手资金,也不通过任何关联机构(包括子公司)经手或管理资金,资金流的问题关乎投资者资金的安全,也是投资者保护的一个重要方面。平台不经手资金的流向,完全交由投融资双方自行处理是最为安全的一种模式。在美国,资金的处理一般都是经过银行或第三方支付平台进行支付的,众筹平台自身并不经手资金。中国的天使汇和创投圈并没有明确资金流的问题,但从“线上了解,线下交易”的特点来看,资金应当是线下流转的,这就降低了资金流的风险。而对于大家投,虽然其与银行共同推出了“投付宝”

① 参见董安生、刘庆:《论股权众筹合法化的前置性规则构建》,载《中国物价》2015 年第 2 期。

这一第三方托管账户，但由于资金的二次流转，使资金流的风险增加，而二次流转由"大家投收到申请后，两个工作日内向兴业银行深圳南新支行下达划款指令"，这种做法容易令人疑惑大家投在资金管理中的角色，所谓第三方托管账户是否由大家投实际控制是值得关注的问题。无论如何，资金流的问题将一直是股权众筹以及所有形式的互联网金融必须加强风险防控的问题。

从表 9-3 可见中国股权众筹平台对资金管理形式的规定。

表 9-3　我国股权众筹平台对资金管理形式的规定

股权众筹平台	资金管理形式
大家投	(1)投资人认筹金额将汇入大家投与兴业银行指定的托管账户，在有限合伙企业成立且开立银行基本账户后，由投资人与大家投按照约定程序将有限合伙企业的认缴出资从监管账户汇入有限合伙企业银行账户； (2)有限合伙企业与创业者签订《投资协议》后，再按照约定付款方式将投资款汇入创业者指定银行账户； (3)上述有限合伙企业账户的资金流转及有限合伙企业存续期间所有资金往来，均由领投人与大家投共同管理，有限合伙企业开立的银行基本账户将设置两个企业 U 盾，一个 U 盾由领投人持有，另一个 U 盾由大家投持有，非经两个 U 盾同时操作，所有投资款均不得转出
人人投	人人投采取第三方资金托管模式，不涉及资金操控，保障资金安全；同时自主研发了一套完善的财务监管系统，投融资双方可随时随地监察资金流向，以实现对投资人资金的监管
京东	股权众筹成功后，领投人与跟投人将众筹资金转入平台委托的第三方机构的资金账户或托管账户。投资人与融资人根据项目认购结果签订投资协议。待融资人办理工商变更手续并经平台审核通过并满足交割条件后，该第三方机构根据相关方指令将相应款项转入有限合伙企业，再由该有限合伙企业转入融资项目公司
众筹网（网信金融）旗下原始会	投融资双方根据项目认购结果签署相关协议，项目方公司办理工商变更，并将变更后的营业执照复印件提交原始会审核，审核通过后款项转入项目方公司账户
天天投	(1)如果投资方是专业投资机构，资金与传统投资时一样，直接与创业者签订投资协议后将资金打入项目方的账户中； (2)如果投资方是个人投资，为了提升投资的效率，同时保证资金的安全性，需要将资金汇入天天投与中国银行的托管账户，待有限合伙公司成立后，汇入有限合伙账户； (3)只有最终签订协议后，才会将资金转入项目方账户；因此，在投资未达成之前，项目方接触不到资金，有效保证了投资安全

续表

股权众筹平台	资金管理形式
中证众筹	(1)通过报价系统参与人认购众筹项目的,参与人应当为投资者开立产品账户,用于记载其持有的众筹项目权益;参与人应当将投资者账户资料、账户代码等信息报送报价系统。通过众筹平台直接认购众筹项目的,投资者应当在报价系统开立产品账户; (2)通过报价系统参与人认购众筹项目的,参与人应当为投资者开立资金结算账户,用于记载其资金;参与人应当在报价系统开立代理资金结算账户,用于记载投资者的资金。通过众筹平台直接认购众筹项目的,报价系统应当为投资者开立资金结算账户,用于记载其资金; (3)中介机构应当与市场监测中心签署报价系统资金结算服务协议,在报价系统开立众筹项目募集专用资金结算账户,用于记录募集资金。中介机构应当在具有报价系统参与人身份的商业银行开立众筹项目募集专用银行存款账户,并与报价系统众筹项目募集专用资金结算账户进行绑定。办理工商登记手续前需要验资的,中介机构应当协助融资者在具有报价系统参与人身份的商业银行开立验资专户,同时向众筹平台提供其与融资者、商业银行签署的资金监管协议
天使街	(1)投资方(领投人和跟投人)通过天使街的众筹平台,选定项目预认购;通过天使街,投资方和项目方在易宝支付平台(第三方支付平台)联合注册; (2)投资方(领投人和跟投人)分别在易宝支付开设个人账户,项目方开设企业账户,有限合伙企业账户以有限合伙企业(筹备组)开设;投资方(领投人和跟投人)、项目方、天使街、有限合伙企业(筹备组)分别在易宝支付平台开通账户,项目方账户、投资方(领投人和跟投人)账户、有限合伙企业账户、有限合伙企业(筹备组)与天使街账户无从属关系; (3)投资方(领投人和跟投人)将认购的项目款项打入易宝支付平台的有限合伙企业(筹备组)账户,金额打入后即刻冻结,冻结期间投资方、项目方、天使街、易宝支付都不可使用; (4)在银行成立项目方的有限合伙企业对公账户,融资完成后,银行设立的项目方有限合伙企业账户变更为投资方有限合伙企业账户,另需变更企业法人信息,变更后在易宝支付平台开设新的投资方有限合伙企业账户

第三节　股权管理

一、现有的股权管理模式及评析

关于现在的股权管理,有两种模式可以解决:一是委托持股;二是成立持股平台，如有限合伙等。两者的宗旨是一样，即将绝大部分股东隐藏在工商登记之外，工商登记上只体现一两个股东或一个持股平台，其中，以有限合伙形式居多。

“七八点”首席股权架构师何德文认为：“尽管《公司法》对股东人数有所要求，但并未明确是直接股东还是间接股东，所以，以有限合伙的形式作为直接股东，普通投资人作为有限合伙人享受收益，领投人作为普通合伙人，负责项目尽职调查、估值、定价、风控，与《公司法》不违背，但如果众筹投资人旨在通过资本市场实现退出，那么这种模式就要变更，因为相关规定明确指出计算方式是直接股东+间接股东，我们叫‘数人头’，势必有一部分小股东要通过股权转让的形式先行退出。”

与此同时，无论是委托持股还是持股平台，尽管均认可匿名众筹投资人的收益权，但其参与众筹公司经营管理的权利将被削弱。何德文认为：“这就涉及大量的众筹股东与众筹公司创业者之间的利益关系，从企业角度讲，如果大量股东直接参与公司的经营管理，企业的管理成本势必增加，效率低下，但从股东角度讲，有些很有意愿参与公司经营管理，有些只看重收益，诉求又不一样。”①

二、我国股权管理的立法建议

投资者先成立有限合伙企业，以合伙企业成为融资方的股东，代替投资者直接成为公司股东。但是合伙以合伙人间的彼此信任为基础，离开这个基础，合伙企业将变得甚为脆弱且充满变数。② 在股权众筹中，投资者订立合伙协议组成有限合伙企业，成为有限合伙人，不仅彼此无信任基础，更因有限合伙人的地位对外没有执行合伙事务的权利，而必须由特定的普通合伙人执行合伙事务，这样对内缺少信任基础、对外难以主张权利的合伙企业，实难高估其生命力。③

因此，建议建立普通合伙人财产登记制度。普通合伙人以出“智”出“力”而享有有限合伙的控制权，最重要的风险控制制度就是无限连带责任，无论普通合伙人是个人还是机构，通过建立普通合伙人财产登记制度，能够帮助有限合伙人清晰判断商业风险。此外，应明确有限合伙人对普通合伙人的诉讼权。我国《公司法》第 152 条规定，董事、高级管理人员违反

---

① 安卓：《大佬进军股权众筹：草根平台玩不起?》，载《第一财经日报》2015 年 4 月 14 日，A06 版。

② 参见陆晖：《解析股权众筹的投资者风险》，载《知识经济》2015 年第 1 期。

③ 参见陆晖：《解析股权众筹的投资者风险》，载《知识经济》2015 年第 1 期。

法律、行政法规或者公司章程的规定，损害股东利益的，股东可以向人民法院提起诉讼。推及有限合伙企业中，若有限合伙人发现普通合伙人在股权众筹过程中有违反法律、行政法规或者有限合伙协议，造成有限合伙人损失的情形，应赋予有限合伙人对普通合伙人的集体诉讼权利。最后，探索建立与诉讼制度相补充的替代性纠纷解决机制。股权众筹民事纠纷通常涉及人数多、覆盖范围广，选择替代性纠纷解决机制与诉讼制度相比，具有程序上的简易性与灵活性、成本较低、时间较短等优势，因此，探索建立替代性纠纷解决机制对股权众筹的争议解决来说有较大的效率价值，符合现代互联网金融快速交易的特征。①

① 参见陆晖：《解析股权众筹的投资者风险》，载《知识经济》2015年第1期。

第十章　股权众筹投资者退出及保障制度

股权众筹投资者退出制度是股权众筹流程中的最后一个环节,也是保障投资者权益的核心制度之一。但是,股权众筹的退出机制是股权众筹立法中一个世界性的难题,我国也还未正式确立股权众筹退出制度。在股权众筹实践中,各个股权众筹平台和监管层开始探索适合我国的股权众筹退出方式。另外,股权众筹退出制度不同于传统的股权退出制度,对投资者权益的保障应该有一些特殊的规则。

首先,本章以我国股权众筹市场的发展为基础,论述我国股权众筹实践中,股权众筹投资者退出制度的方式,并阐述相关的问题,进一步探索有益的退出途径。其次,本章阐述了股权众筹交易中,如何设计一些特殊的投资者保护制度,促进股权众筹市场的良性发展。

第一节　股权众筹投资者退出制度

一、股权众筹投资者退出基础理论

(一)退出制度是资金流转和获利的基础

公司盈利和公司是否分配利润之间没有必然的联系。公司的股东会有权决定是否分配以及分配多少利润,而股东会的运行机制实行资本多数决,换言之,大股东在股东会上往往起决定性的作用。一般来说,股权众筹投资者在公司中所占股份比例并不高,实际控制权往往掌握在创始人手中。因此,公司的重要议题(如公司发展、利润分配、增资减资、合并分立等)几乎都由实际控制人决定,小股东与大股东相比地位弱势,意见与大股东相反时利益难以保证。假如公司实现盈利,但实际控制人并不想分配利润,小股东的利益就无从实现。在现实中,长期不分红的有限责任公司甚至上市公司比比皆是,控股股东一方面通过出任公司的管理层获取高额薪酬;另一方面又利用大股东地位左右股东会,导致公司长期不分红或只是象征性分红,小股东的权利得不到保证。当然,法律为小股东提供了多种救济渠道,如分红权、转股权、退股权和解散公司诉权。但这些救济手段不但需要满足法定条件，而且成本很高，客观上不利于小股东维护自己的利益。[①]

所以，股份的发行，必须有相应的机制来保障其退出，实现股份的流转，股权众筹市场才能持续健康地发展。然而，股权众筹交易机制的设计是一个极其复杂的问题，为了维持股权众筹市场的发展，我国在股权众筹实践中，已经进行了很多有益的探索，包括非交易退出途径和交易退出途径。

（二）退出制度是投资风险防范的需要

退出机制是投资者进行风险防范的重要措施之一，投资市场中，投资者都有趋利避害的心理，对投资前景看好的项目选择入场，对投资前景悲观的项目选择退出，是资本市场的基本法则。但是，股权众筹领域退出机制的缺乏，严重地影响了股权众筹中投资者的风险防控能力。而且，股权众筹市场相较于传统的资本市场，有更大的投资风险。

有业内人士表示，一般在股权众筹之后一两年，容易爆发信任危机。很多众筹项目的创始团队缺乏创业和融资经验，在创业初期没有设想过退出机制。事实上，很多初创企业都失败在创业初期。[②]"在投资界，回报高风险更高是永恒的真理。"天使投资人李政达指出，如今股权众筹平台一味地强调股权众筹的前景，却忽视了早期的股权众筹虽然有可能会获得高回报，但是同样面临极高的风险。[③]相关资料显示，在投资环境较为成熟的美国，获得风险投资的创业企业在 5 年内的失败率平均达到 60%到 80%，而投资一家创业企业，也需要 5 年多才能退出。[④]

所以，在股权众筹市场发展的同时，应该积极探索投资者退出机制，使股权众筹市场有进有出，形成一个完整的循环链条。在股权众筹规则制定的同时，应制定投资者退出规则，为投资者提供风险防范渠道。

二、股权众筹非交易退出机制

与 PE 投资项目退出方式类似，股权众筹项目的退出渠道一般有四种模式：IPO、收购兼并、公司大股东或管理层回购、在后续风险融资环节套现部分股权。[⑤]但是，已经在股权众筹平台上完成众筹的项目，投资者手中的

---

① 参见陆晖：《解析股权众筹的投资者风险》，载《知识经济》2015 年第 1 期。

② 参见熊雯琳、邓晓进：《股权众筹在中国》，载《电脑报》2015 年 4 月 27 日，第 2 版。

③ 参见熊雯琳、邓晓进：《股权众筹在中国》，载《电脑报》2015 年 4 月 27 日，第 2 版。

④ 参见熊雯琳、邓晓进：《股权众筹在中国》，载《电脑报》2015 年 4 月 27 日，第 2 版。

⑤ 参见陈植：《股权众筹"第五种"退出渠道浮现》，载《21 世纪经济报道》2015 年 6 月 22 日，第 1 版。

股份如何转让变现，目前主要有公司被收购兼并、公司股份回购、后续风险融资中的套现、企业破产清算等几种方式。本节中，笔者主要就初创公司被收购、破产清算和公司股份回购与内部转让三个问题进行论述。

(一)初创公司被收购

初创公司被收购引发的股权转让是一种被动交易，是股东不得已而为之的选择，这种方式虽然可以实现股权的转让，但是也间接强迫不愿进行股权转让的股东进行转让。

法国维斯德(WiSeed)门户网站是一家发行股权众筹的平台，2012 年 10 月，早期在 WiSeed 平台上筹集资金的 Antabio 药物开发公司，成为法国股权众筹发展史上具有里程碑意义的一家公司，当时超过 200 个众筹投资者在退出时收到了赢利回报。当一家大型制药开发公司买下了 Antabio 所有的现有股份时，一些人得到了相当于他们最初投资额 70%的回报。但是，对于种子期的投资者来说，退出时能获利的是少数。在股权众筹亏损的环境下，股东退出问题仍是悬而未决的事情。

(二)股权众筹企业的破产清算

同初创公司被收购一样，股权众筹企业的破产清算也是一种被动交易，是股东不得已的选择。而且，股权众筹市场中，初创企业的高风险性突出，加上股权众筹融资成功率低等原因，初创企业的破产问题十分普遍。

初创公司的破产无外乎出现在两个阶段：一是通过股权众筹未融资成功，导致企业经营难以为继，从而发生企业破产；二是在融资成功后出现破产。由于融资未完成导致的企业破产中，只要建立资金第三方托管制度，控制好融资资金的发放时间，就能规避投资者的投资风险。若是发生在融资结束、资金转移到融资者之后，投资者股权的变现只能按照《破产法》的规定进行。这种股权众筹退出机制对投资者利益的保护是非常不利的。

基于此，有人建议在股权众筹领域，建立理赔基金，对股权众筹投资者的损失，按照一定比例给予补偿。笔者认为，建立股权众筹理赔基金对提振股权众筹市场投资信心、促进股权众筹的发展有一定的促进作用。但关键问题是，理赔基金的资金源于何处？如何运作？这都需要进一步探索，笔者建议具体制度可以参照我国存款保险制度进行设计。

(三)公司股份回购和内部转让

有专业人士认为，股权众筹模式在所有众筹模式中风险最高。它相当于小额创业投资者进行的天使投资，大多数股权众筹平台没有明确的退出时间，只得依赖于其他方接盘或原股东回购。[1]“很多股权众筹项目都是没有期限的，退出机制也并不畅通，整个股权众筹市场众筹成功率不足40%”，因此，应当给予投资人股权回购的机会。在公司内部应当建立短期股东、中期股东、长期股东的转换机制，如短期股东，可设定期限，期间届满之后股东可以要求赎回，或者转换为中长期股东。[2]这种通过公司内部进行股份回购的方式给股权众筹投资者提供了另一种退出途径。但是，其具体操作和运作过程的效果，可能因公司经营业绩的不同而迥异，难以真正保障投资者的利益。

另外，如采用回购方式，原则上公司自身不能进行回购，最好由公司的创始人或实际控制人进行回购，而此种回购的实质是股东内部的股权转让，应当受到公司法的规制。如果出资人直接持有公司股权，则股权转让相对简单；但实践中很多投资人采用有限合伙企业的形式持有股权或通过他人代持股权，转让或退出时会涉及有限合伙份额的转让或代持份额的转让问题。所以，现实操作中，最好能在投资前的有限合伙协议书或股份代持协议中，就股权转让问题进行明确约定，避免发生纠纷。

一些创业公司在取得股权众筹投资者的投资后经营良好，会引起机构投资者的投资意愿，一些机构投资者会要求创业公司赎回众筹投资者的股份。即使众筹投资者所占股份不高，但随着企业估值的增长，其价值也是非常可观的。这部分股份如果用于期权奖励，对于招聘人才具有重要的作用。退出机制烦琐不利于企业改善自身内部治理结构，从而影响企业的发展速度，但是退出机制的简化，也考验着股权众筹平台的综合能力，包括平台自身的资金池、法务支持、规则制度等。[3]

三、股权众筹交易退出机制

股权众筹与其他投资的区别是，投资者通过投资获得一家公司的股权，随着股权价格的上涨，投资人可以选择转让股权从而获取价格上涨部分作为投资收益。一般来说，如无特殊约定，投资人在被投公司再融资或IPO之后才可以退出。这个周期为3~10年。针对“退出难”的问题，一些股权众筹平台尝试为投资人提供创新性的退出方案。

（一）建立股权众筹二级交易市场

有股权众筹研究员称，针对股权众筹，可以建立全国统一的股权众筹

---

① 参见孟凡霞：《中国版股权众筹猜想》，载《北京商报》2014年12月15日，B01版。

② 参见袁诚：《股权众筹发力融资生态圈》，载《新金融观察》2015年5月25日，第12版。

③ 参见熊雯琳、邓晓进：《股权众筹在中国》，载《电脑报》2015年4月27日，第2版。

二级市场或嫁接到现有的资本市场,以新三板为主要通路市场。符合条件的平台也可以建立自己的二级交易平台。①

然而,业内人士并不看好建立全国统一的股权众筹二级交易市场。从公开资料了解的情况来看,监管层面似乎并不希望众筹平台承担二级市场的职能,建立全国统一交易平台可能性较小。有业内人士表示,如果建立了全国统一的股权众筹二级市场,等于在新三板这个场外市场之外又新设一个全国统一的场外市场,涉及的问题比较复杂。②

笔者认为,建立股权众筹二级交易市场的难度很大,可能性很小。第一,一个全国性二级交易市场的建立,需要有全国统一的一级发行市场规则。但是,股权众筹领域并不存在统一的股权发行规则。第二,股权众筹市场企业多如牛毛,而且,股本总额很小,建立全国统一的市场交易需要执行严格的信息披露制度,这将为企业运行和交易市场增加很大的运行成本。第三,股权众筹股份发行价格不确定。传统股份发行,依托于公司的注册资本、实有资产进行定价。但是,初创企业并不具备这些条件,其主要资产是知识产权或创新性的经营理念。我国并没有形成相应的评估制度和评估市场,无法对股份进行合理定价。第四,股权众筹的股份并非等价份额发行。实践中,很多融资项目都是确定投资下限和项目融资上限,每个投资者的投资额并不相同,投资者也无法知道自己所占股份总数,给交易带来一定的困难。

退出问题本质上是流动性问题,没有流动性,就没有市场规模交易的产生,而退出机制的完善主要依靠流动性的改善。从目前股权众筹与资本市场的衔接实践来看,IPO 登陆主板、创业板市场,依然是投资退出的稳妥路径。2019 年 1 月 28 日,中国证监会发布《关于在上海证券交易所设立科创板并试点注册制的实施意见》及相关配套制度,拟制更具包容性的科创板上市条件,允许特殊股权结构企业和红筹企业上市,进一步完善了市场化发行承销、交易、退市等资本市场基础制度,实行注册制,允许尚未盈利的新一代信息技术、生物医药等高新技术产业和战略性新兴产业上市。相关举措增加了上市企业的类型,为资本市场的股权众筹退出提供了又一可能。

---

① 参见王莹:《股权众筹从 0 到 1 实现了 从 1 到 N 怎么办》,载《第一财经日报》2015 年 5 月 6 日,A05 版。

② 参见王莹:《股权众筹从 0 到 1 实现了 从 1 到 N 怎么办》,载《第一财经日报》2015 年 5 月 6 日,A05 版。

（二）与新三板的对接

业内人士李耀东表示，2015年随着国家层面构建多层次资本市场的改革举措不断推出，尤其在新三板受到热烈追捧后，大量股权众筹平台想把新三板作为途径，这个趋势应该会逐渐明朗。[①]"新三板众筹的特点是，缩短了众筹的投资周期，开辟了另外的窗口，并极大降低了投资者门槛。"顾冰对《第一财经日报》记者表示，在此过程中最让人犹豫的还是新三板的估值。[②]

股权众筹通过新三板转让的困难在于：很多企业难以满足新三板的挂牌要求：（1）新三板挂牌公司需满足存续满两年的条件（有限公司整体改制可以连续计算）。（2）满足主营业务明确，具有持续经营记录的条件。（3）新三板挂牌公司治理结构健全，运作规范。（4）新三板挂牌条件，股份发行和转让行为合法合规。（5）主办券商推荐。其中，初创企业很难满足上述第一、二项条件，很多中小企业很难满足第二、五项条件。另外，通过新三板交易，中小企业需要负担很重的信息披露成本。

（三）与区域性交易市场对接

部分区域性的股权交易中心可能成为股权众筹投资人的退出途径，但是目前进展比较缓慢，还未有有效的创新之举。[③]以网信金融集团旗下股权众筹平台原始会为例，2015年，原始会就股权众筹与天津股权交易所达成了合作意向，在天津股权交易所挂牌的中小企业可以通过原始会平台以股权众筹方式进行融资，而原始会平台上的融资企业也可被推荐到天津股权交易所挂牌，此举也为在原始会挂牌融资的企业提供了一个退出通道。[④]通过与新三板和天津股权交易所、长三角技术产权交易所等机构合作，原始会为非上市的中小企业股权流通提供了一个媒介，同时原始会平台上的项目可以优先被推荐到新三板挂牌，这样投资人的退出周期就大大缩减了，基本上可以实现投资1年就可以随时退出。[⑤]

（四）与机构间私募产品报价与服务系统的对接

有业内人士表示，证监会方面牵头的股权众筹交易系统或许可以成为

---

① 参见王莹：《股权众筹从0到1实现了 从1到N怎么办》，载《第一财经日报》2015年5月6日，A05版。

② 参见王莹：《股权众筹从0到1实现了 从1到N怎么办》，载《第一财经日报》2015年5月6日，A05版。

③ 参见王莹：《股权众筹从0到1实现了 从1到N怎么办》，载《第一财经日报》2015年5月6日，A05版。

④ 参见贺骏：《股权众筹政策门槛有望近期厘定 原始会联手天津股交所找退路》，载《证券日报》2014年6月18日，C03版。

⑤ 参见王超：《股权众筹走向阳光化》，载《金融博览（财富）》2014年第12期。

一种好的解决方案。[①] 人人投创始人 CEO 郑林认为未来该系统会与场外交易市场(OTC)系统类似,交易方式更类似于 OTC 的场外股份转让报价系统。“由各个中小股东众筹建立的有限合伙企业会在这个系统上备案,股东名单等信息须登记。如果有股份转让,则通过该系统进行报价。该报价由于项目的估值提升或者进行过分红,可能高于或者低于初始的股价,因此价格也会有所波动。完成转让后,最新的股东名单则重新在该交易系统上进行披露和公示。”该系统的推出或许还会解决此前股权众筹平台股权转让可能违法的问题。[②]

还有业内人士表示,该套交易系统挂在中证资本市场发展监测中心有限责任公司旗下的机构间私募产品报价与服务系统,“股权众筹与私募基金使用的是同一个系统,但只是其中一个很小的分支,并且该交易系统年初就已经完成”。[③] 在具体操作上,该系统提供详细的操作流程指引,涉及私募产品的在线查询、协商、签约、发行、转让、结算、支付等流程。[④]

私募产品在报价系统完成转让注册后,即可在报价系统在线转让。报价系统交易级参与人可在报价系统发布意向,寻找交易对手,并选择适合的转让方式进行私募产品的转让。报价系统为私募产品提供了灵活、多样的转让方式,目前支持私募产品协商成交、点击成交、双边报价、拍卖和标购等转让方式,具体如下:(1)协商成交。选择协商成交方式的,双方就报价转让意向协商一致后,分别在报价系统发出两个买卖方向相反、其他内容完全一致的报价指令,经报价系统匹配确认后成交。(2)点击成交。选择点击成交方式的,一方在报价系统发出定价报价指令,另一方在报价系统针对该指令进行点选后即可成交。(3)双边报价。对于可以采用双边报价的私募产品,由符合条件的参与人在报价系统发布双边报价。参与人可以查询相应产品的双边报价信息,并直接点击成交。(4)拍卖。选择拍卖方式的,作为卖方的参与人在报价系统发起拍卖竞价,其他参与人在规定的拍卖时间内针对拍卖的产品提交竞买报价,在拍卖时间结束后,报价系统根据价格优先、时间优先的原则,将最高竞买报价予以确认成交。(5)标购。选择标购方式的,作为买方的参与人在报价系统发起标购竞价,其他参与人在规定的标购时间内针对标购的产品提交竞卖报价,在标

---

① 参见孟凡霞:《中国版股权众筹猜想》,载《北京商报》2014 年 12 月 15 日,B01 版。

② 参见孟凡霞:《中国版股权众筹猜想》,载《北京商报》2014 年 12 月 15 日,B01 版。

③ 孟凡霞:《中国版股权众筹猜想》,载《北京商报》2014 年 12 月 15 日,B01 版。

④ 参见《机构间私募产品报价与服务系统操作指引》,载报价系统网,http://www.interotc.com/bzzx/index.do? FLID=32&BDID=279,最后访问日期:2019 年 1 月 10 日。

购时间结束后，报价系统根据价格优先、时间优先的原则，将最低竞卖报价予以确认成交。参与人可通过在线转让平台查询私募产品转让报价信息、资金和持仓信息等。此外，参与人还可代理合格投资者进行私募产品的转让。

但问题是，根据《机构间私募产品报价与服务系统发行与转让规则》的规定，该系统中进行转让交易和发行的只能是私募产品。我国股权众筹立法体例到底是区分公募和私募，还是不区分而进行统合立法，至今没有定论。若采取分类立法的方法，则公募股权众筹交易又成为一个无法解决的问题；若采取统一立法的方法，则该系统也无法服务于股权众筹交易。

另外，该系统的交易参与者只能是机构。根据《机构间私募产品报价与服务系统管理办法》第 8 条的规定，在报价系统开展私募产品报价、发行、转让等活动的机构，应当注册成为报价系统参与人。申请注册成为参与人应当符合下列条件：(1) 依法设立的企业法人和其他机构。(2) 是证券业协会、中国期货业协会、中国证券投资基金业协会、中国上市公司协会或证券业协会认可的其他自律组织会员，或者报价系统认可的其他机构。(3) 遵守证监会相关规定、证券业协会自律规则及报价系统业务规则，签署报价系统参与人声明。(4) 证券业协会和中证报价要求的其他条件。而且该办法第 10 条规定："参与人在报价系统的业务权限分为投资类、创设类、推荐类、代理交易类和展示类。申请机构注册成为报价系统参与人后即拥有投资类权限，并可以在报价系统展示本机构的相关信息。"

如此，股权众筹股份所有人无法直接进行股权交易，就只能由机构代理进行交易，而且申请注册参与人的机构首先应按照报价系统的规则提交注册材料，经市场监测中心确认后才能注册成为报价系统参与人。那么，众筹平台代理股东进行交易是最合适的，这需要股权众筹融资相关法规规章赋予股权众筹平台相应的权利。

(五) 大股东回购

股权众筹会导致公司股东数量增加，很可能超过 200 人从而不符合我国《证券法》的规定。为解决此问题，部分股权众筹机构打算引入大股东回购模式，在首次公开募股前缩减股东人数。大股东回购，是指公司大股东或管理层直接回购投资人手中的股份，一般是和大股东协商，在合同多久时间内未达成既定目标，大股东就会以什么条件来回购。相对而言，这种情况的收益比较低，基本是以保住本金为主。但也不排除企业发展很好，大股东高价回购投资人手上的股份，只是这种情况比较少见。①

例如，和鼎科技计划在 2016 年启动大股东回购。然而，究竟能令多少股权众筹投资者“退股”仍不能确定。公司募资材料显示，这次大股东回购对应的预期年化与一年后转板上市的预期年化回报率有很大的差距。负责人认为：基于转板上市效应带来新的获利空间，企业方与股权众筹机构需要对股权众筹所带来的新增股东人数进行严格设定。“这又是一把双刃剑。”罗明雄表示，如果基于 IPO 需要，企业将股权众筹投资者人数压得很低，就会降低大众对参与股权众筹投资的兴趣；反之在股权众筹环节引入过多的股东人数，又会影响后续股权融资与 IPO。

表 10-1 为我国股权众筹平台宣布的退出机制。

表 10-1　我国股权众筹平台宣布的退出机制

股权众筹平台	退出机制
大家投	(1)并购退出：指通过其他企业兼并或收购风险企业从而使风险资本退出。 (2)回购退出：指通过风险企业家或风险企业的管理层购回投资人手中的股份，使风险资本退出。 (3)首次公开上市退出(IPO)：指通过风险企业挂牌上市使风险资本退出。 (4)股权转让退出：指通过股权转让的方式使风险资本退出。股权转让是指公司股东依法将自己的股份转让给他人，使他人成为公司股东的民事法律行为。 ①单个投资人转让：投资人投资项目满一年，且在已找到合适的股权受让方的前提下，股权转让手续可以由大家投办理，大家投收取一定的费用； ②有限合伙集体转让：有限合伙企业集体转让，将由大家投投资经理配合创业者、投资人一起寻找合适的股权受让方(VC/PE 机构、战略投资机构、战略并购机构、场外市场、证券市场等)。 (5)清算退出：清算退出是针对投资失败项目的一种退出方式。风险投资是一种风险很高的投资行为，失败率相当高。对于投资人来说，一旦所投资的风险企业经营失败，就不得不采用此种方式退出
人人投	普通合伙人：项目方自有原始份额股不得转让，通过回购持有其他有限合伙人的份额可正常转让。 人人投作为第三方，也会对资金退出做出约束，如投资完成之后的 6～12 个月内，投资人不能要求退资，因为融资方的运营还在资金回收期，这可能会对整体运营带来不利影响

① 参见《股权众筹如何退出 下轮融资股权转让是最好退出方式》，载齐鲁财富网：http://www.qlmoney.com/content/20170828-294098.html，最后访问日期：2019 年 1 月 17 日。

续表

股权众筹平台	退出机制
京东	(1)领投人应代表投资人选择合适的时机以合理公允的市场价格退出,但退出前,要书面告知全体跟投人。一般有 IPO,收购兼并退出以及等待下一轮融资。 (2)平台原则上不对投融资双方的股权退出进行干预,但若融资人或投资人向平台提出调停申请的,京东可以选择进行对应的调停工作。若调停不成,双方可采取其他任何合法方式解决纠纷
天天投	(1)IPO:被投资公司首次公开发行股票并于中国或者境外证券交易所挂牌上市。上市后,所持股份变成流通股,可以按股价出售。按投资人在被投资公司中的角色,以及挂牌上市地点,可能会被要求有一定的锁定份额和锁定期。 (2)下轮融资:当被投资公司进入下一轮融资时,经与所有其他股东协商同意后,可以将股份按协商价格卖给新一轮的投资人。 (3)收购并购:将公司(具有企业控制权的)股份出售给另一个公司时,投资人可以按出售比例换取等值的股票或现金。 (4)项目回购:公司以一定的程序和价格,将投资人所持有的股份购回。 (5)有限合伙企业内部股份转让:合伙人之间转让在合伙企业中的全部或者部分财产份额时,应当通知其他合伙人;外部转让:合伙人向合伙人以外的人转让其在合伙企业中的全部或者部分财产份额时,须经其他合伙人一致同意
创投圈	IPO,并购,回购,清算,股权转让,新三板上市

第二节　股权众筹交易风险防范及投资者保护

一、企业管理层不尽职经营和套利风险防范

上市公司向社会公众募集资金必然会涉及社会公众利益,也必须接受公权力的监管和公众的监督,承担法律规定的义务以保护投资者的权益。但是,通过股权众筹进行融资的公司不是上市公司,故不能适用我国证券法关于上市公司融资及监管的规定。另外,受制于成本、专业、资质等因素,作为融资中介的平台对融资公司进行后续监管也非易事。融资后,公司的资金运用合理与否、管理层勤勉与否、大股东滥用公司法人人格与否、公司盈利能力增强与否等方面,缺少相应的信息公开制度和监管制度。投资者甚至完全不知道公司是否营业,更不要说投资产生的收益。[①] 所以,中

① 参见陆晖:《解析股权众筹的投资者风险》,载《知识经济》2015 年第 1 期。

国证券业协会设置了私募股权融资投后管理制度，来约束管理层的经营行为，保护投资者的权利。

例如，中国证券业协会颁布的《机构间私募产品报价与服务系统私募股权融资业务指引（试行）》规定了平台的投后管理义务和投后信息披露机制对融资方的资金使用情况进行监督，加强与投资者、融资者的联系，维护投资者的利益，该文件有关规定如下：

“第三十条　推荐人应当与融资方签订投后服务协议，明确服务内容、期限等事宜。推荐人承担投后管理义务的期限不得低于三年。

第三十一条　推荐人应当履行下列投后管理职责：（1）指导、督促融资方召开股东会，完善公司治理机制，提高企业规范化运作水平，提醒、协助私募股权持有人行使合法权益，列席融资方股东会议；（2）建立与融资方的日常联系机制，及时了解融资项目及公司、企业运行情况，督促融资者持续履行投后信息披露义务；（3）关注融资方重大变化，向投资者及时告知融资方重大事项，协助做好融资方募集资金使用的日常监管；（4）发现融资方违法违规及违反融资计划书规定事项时，向融资者质询调查，并及时向投资者及中证报价通报；（5）法律法规、自律规则以及中证报价规定的其他职责。

第三十二条　推荐人至少应当在融资方募集成功后每届满一年之日起六十个交易日内，通过报价系统披露年度投后管理报告。

第三十三条　代理合格投资者参与私募股权融资业务的参与人应当将推荐人在报价系统披露的相关信息及时向投资者披露。”

二、股权众筹转售限制与锁定期制度

美国 JOBS 法案规定众筹证券受到转售限制。[①] 众筹证券的购买人不可在购买证券一年内出售证券，除非购买对象是发行人，有资信投资者，或因为死亡离婚而向家庭成员或信托机构转售，或者是注册发行的情况。[②] 换句话说，JOBS 法案规定，通过众筹网站流通的证券，在购买之后一年内不能转让给任何人，除回到最初发行者，转让一个合格投资者、家庭或者通过一个注册发行机构转售。

股权众筹转售限制制度的主要目的是保证市场的稳定，避免众筹股权过强的流动性，减少投机性投资，引导金融资本向真正有前景的创业企业

① See Crowdfunding, 78 *Fed. Reg. at* 66, 562 (to be codified at 17 C. F. R. § 227. 501 (a)).

② See Crowdfunding, 78 *Fed. Reg. at* 66, 562 (to be codified at 17 C. F. R. § 227. 501 (a)).

和项目流动，故为这些股权设置一定的转让锁定期。但在特殊情况下可以允许转让：第一，转让给该证券的发行人。第二，转让给获许投资者。第三，作为已在证券交易委员会注册的上市发行的一部分。第四，转让给购买者的家庭成员及其他等同身份的人、与购买者死亡或离婚或由委员会自行确定的其他相似情况有关的人。① 此规定值得参考，为实现投资利益，在一年锁定期后，应当向股权众筹投资者提供一定的退出机制。

有学者认为，股权众筹企业多处于初创期，若投资者必须要等到 IPO 时才能退出，则风险过大，回报周期也过长。应当允许这些初创企业的众筹投资者通过股权交易所或者全国中小企业股份转让系统（新三板）实现退出；反之，在股权交易所或新三板上市的企业也可以考虑通过股权众筹的方式融资。或者可以针对股权众筹建立专门的二级市场。为保持众筹股权的适度流动性，该市场中的股权买受人应仅限于天使投资人或风险投资人等专业投资者，这样既能实现股权众筹投资者的退出，同时又保证了市场的稳定。②

笔者认为，退出机制作为防范投资风险的一种防范手段，不应该对所有的股权交易设置一年的转售锁定期。笔者建议，我国股权众筹转售限制应针对股权发行人和领头人而设置，原因有二：一是在我国股权众筹市场中，由于社会诚信问题，发行人和领投人通过股权众筹进行合谋欺诈的可能性很大，为了保护投资者的利益，应限制其在投后一年内或者两年内的股权转让和交易；二是股权众筹中，通过众筹平台向公众筹资的股份仅仅占企业股份的很小一部分，这部分股权的交易不会引发市场的过分投机。

三、众筹平台破产与项目融资托管制度

众筹平台的破产将会产生一系列的法律问题，最核心的莫过于对正在该平台进行融资的项目的影响。平台的破产意味着该项目的融资被迫停止，此时，投资者所投资金可以通过第三方托管机构返还，但是对融资者将会产生致命的打击。为了增加平台破产应对措施，建议增加以下两个制度：

其一，众筹平台应当与有资格从事交易的服务商签署协议，众筹平台破产或终止服务时，该服务商负责完成正在进行中的项目。上述建议借鉴了法国《参与性融资法令》的相关规定，要求众筹平台制定自身的市场退

① See Securities Act of 1933, Section 4A(e).

② 参见杨东、黄尹旭：《中国式股权众筹发展建议》，载《中国金融》2015 年第 3 期。

出方案，这对股权众筹行业的健康可持续发展意义重大。股权众筹本身就是一个新生事物，无论是投资者还是融资者都对其认知有限，制定市场退出机制，有利于提高股权众筹参与者的信任度，也能避免平台的突然破产或终止服务对投资者和融资者造成损害，甚至引起市场恐慌情绪。①

其二，针对此种情形，也可以建立股权众筹理赔基金机制，对融资者的损失进行一定的补偿。

四、转让过程中股权众筹的合理定价

众筹股权交易定价也是投资者保护的一项重要措施。但是众筹股权的定价是我国股权众筹制度建设中的一个难点。程晓明认为，股权众筹融资关键是定价，最好的解决办法就是关注交易定价。②

在解决了由谁来接盘后，具体的受让价格又是一个难题，由于公司尚未上市，没有一个合理的定价，也很难有同行业的参考标准。所以，有学者建议在出资入股时就在协议里约定清楚，如有的众筹项目在入股协议里约定，发生这种情况时由所有股东给出一个评估价，取其中的平均值作为转让价，也有的约定以原始出资价作为转让价。

---

① 参见杨东、黄尹旭：《中国式股权众筹发展建议》，载《中国金融》2015 年第 3 期。

② 参见单文苑：《股权众筹：如何寻找优质项目》，载《中国经济时报》2015 年 4 月 30 日，第 3 版。

第十一章　股权众筹分类监管:理论与实践

第一节　股权众筹监管及立法模式概述

股权众筹,是指拟融资的发行人(发起人)通过在线互联网络平台向众多投资者出售证券筹集小额资金的一种公司融资形式,主要满足初创企业(Start-up Companies)尤其是知识创新型(Innovative Knowledge-based)初创企业早期的融资需求。[①] 股权众筹这一新兴互联网融资模式的出现,迎合了我国“大众创业,万众创新”的要求,并且成为了未来我国互联网金融发展的主要方向。[②] 2014 年 12 月 18 日,中国证券业协会发布《征求意见稿》,正式提出“私募股权众筹”的概念,“公募股权众筹”也引发了各界人士的猜想。2015 年 6 月 16 日国务院公布的《关于大力推进大众创业万众创新若干政策措施的意见》提出“丰富创业融资新模式。支持互联网金融发展,引导和鼓励众筹融资平台规范发展,开展公开、小额股权众筹融资试点,加强风险控制和规范管理”。至此,我国股权众筹“公私分立”的趋势基本明朗。早在 2003 年,党的十六届三中全会在《完善社会主义市场经济体制若干问题的决定》报告中就提出了“建立多层次资本市场体系,完善资本市场结构,丰富资本市场产品”的目标。随着股权众筹的出现及发展,2015 年,中国人民银行金融研究所所长姚余栋首次提出要依托“54321 规则”发展我国股权众筹,以建立“大私募”及“小公募”为我国股权众筹发展目标。[③] 而本次股权众筹的“公私划分”,无疑又给我国多层次资本市场体系的建立添砖加瓦。

然而,目前国内学者仍对这一对概念存在困惑与误解。另外,如何区分这一对概念,如何对其进行监管以及立法模式的选择也是困惑立法界及理论界的一大问题。基于以上问题,首先,本书从私募股权众筹与公募股权众筹产生的理论根源入手,结合美国对股权众筹分类监管的经验,重新

---

① 参见安邦坤:《股权众筹在多层次资本市场中的定位概论》,载《现代管理科学》2015 年第 2 期。

② 参见姚余栋:《依托“五四三二一”架构　发展我国股权众筹》,载《金融会计》2015 年第 5 期。

③ 参见姚余栋:《依托“五四三二一”架构　发展我国股权众筹》,载《金融会计》2015 年第 5 期。

确定私募股权众筹与公募股权众筹的定义。在这一点上,本书提出:我国当前对私募股权众筹的定义过窄,使私募股权众筹难以满足现实需要,对此笔者提出了以一般劝诱及广告宣传(General Solicitation and Advertising)豁免和经济自营商豁免(Broker-Dealer Exemptions)为导向的更广义的私募股权众筹的概念。其次,在为什么要监管以及如何监管的问题上,本书运用经济学中的信息不对称理论论述了对股权众筹监管的必要性。并运用科斯定理、投资组合理论以及集体行动等理论说明了应当依据不同的投资者群体的特征对股权众筹进行公私分立监管,并根据分类监管可能产生的问题进行了初步的讨论。再次,本书借鉴国际经验,总结出股权众筹市场分类监管的一般框架,并结合美国经验对私募股权众筹与公募股权众筹的监管进行了对比。最后,本书提出了对公募股权众筹及私募股权众筹进行统合立法的构想,为我国的股权众筹监管立法提供参考。

第二节　股权众筹分类:私募股权众筹与公募股权众筹

一、股权众筹公私分立模式的产生及其必要性

股权众筹的产生,源于中小微企业的融资困境(Small Business Capital Gap)。[①] 布拉德福德(Bradford)(2011 年)认为,规模经济(Economies of Scale)的存在,使小额证券的发行注册变得毫无效率。[②] 然而,传统的私募发行(Private Placements)以及公募发行(Public Offering)面向的潜在投资者过于狭窄,或发行成本过高,难以满足中小微企业及初创企业的需要。一方面,虽然我国证券法的 200 人上限给证券的私募发行留存了些许空间,但是我国证券法对私募发行门槛的限制,特别是该法第 9 条"不得采用广告、公开劝诱和变相公开方式"发行证券的规定使以传统的私募发行所针对的潜在的投资者过少。帕森特(Parsont)(2013 年)在研究美国股权众筹豁免制度的必要性时就指出:在当前法律框架下,私募股权融资是严格禁止发行方以广告、公开劝诱方式或其他变相公开的方式进行融资的,这使得即便是合格的投资者也很难与事先不熟识的发行方进行信息

---

① See Bradford C. S., "Crowdfunding and the Federal Securities Laws", *Columbia Business Law Review*, June, 2012, p. 104.

② See Bradford C. S., "Crowdfunding and the Federal Securities Laws", *Columbia Business Law Review*, June, 2012, p. 119.

沟通。[1] 另一方面,公开发行注册的成本过高,使以小微企业及初创企业融资为主的小额公开募集资金变得毫无效率。而私募发行的投资者又都仅限于合格投资者,这使潜在的公众(零售投资者)无法进入该市场。[2]

(一)零售型众筹与合格投资者众筹

基于以上两点原因,各国都在通过金融创新,以突破传统公募及私募的枷锁为中小企业开辟融资渠道。自 2012 年 JOBS 法案颁布以来,美国先后在其证券法规定了两次豁免,从而为股权众筹的合法化扫清道路。2013 年 7 月 11 日 SEC 对《1933 年证券法》的规章 D 506 规则和 144A 规则进行修改,废止了在私募发行证券过程中不允许进行公开劝诱或公开广告的禁令,从而形成了以合格投资者制度为核心的合格投资者众筹(Accredited Crowdfunding)监管框架。另外,美国证券法又对小额证券的公开发行进行豁免,从而形成了以投融资上限以及信息披露为核心的零售型众筹(Retail Crowdfunding)的监管框架。其中,零售型股权众筹面向所有类型的投资者,并对其进行一定的金额限制及信息披露的要求;而合格投资者众筹仅面向合格投资者,但其监管相对于零售型股权众筹更加放松(如没有金额限制以及信息披露要求等)。

(二)我国股权众筹公私分立模式的产生

与美国的情况相类似,随着股权众筹市场的发展以及建立多层次资本市场的需要,我国也逐步形成了"私募股权众筹"与"公募股权众筹"这一公私分立的模式。为解决我国中小微企业的融资困境,促进我国多层次资本市场的形成,中国人民银行金融研究所前所长姚余栋于 2015 年首次提出要依托"54321 规则"发展我国股权众筹,并将投资者群体分为四个层次,即"私募、大私募、小公募和大公募"。姚余栋指出,传统公募投资者以及私募投资者的划分已经不能代表我国投资者群体的差异性,特别是随着我国多层次资本市场的建设,应该适当增加我国投资者群体的层次性。"我们认为要在私募的基础上,继续扩大范围,以便利其参与股权众筹市场,这个大私募群体称为'众筹合格投资者'。在大力发展大私募的同时,要适当扩大对投资者宣传范围,比如投资者登陆众筹平台并注册以后,平台网站可以向其展示投资项目以扩大宣传的受众群体,这个受众群体就是

① See Parsont, Jason W., "Crowdfunding: The Real and the Illusory Exemption", *Social Science Electronic Publishing*, 2013, p. 315.

② See Parsont, Jason W., "Crowdfunding: The Real and the Illusory Exemption", *Social Science Electronic Publishing*, 2013, p. 283.

小公募”。[①] 另外,安邦坤研究了股权众筹在我国多层次资本市场中的定位,他指出,根据企业的生命周期理论,企业从其诞生到最终衰亡将依次经历四个成长阶段:引入期(或称初创期)、成长期、成熟期和衰退期。每个成长阶段中的企业的发展速度、组织形式以及经营战略都呈现不同的特点,相应地,其资本结构和融资方式也不尽相同。因此,处于不同发展阶段的企业需要不同层次资本市场的融资支持。“打个比方,如果说三板市场是‘学前班’,在对不符合创业板、主板上市条件的公司进行‘学前教育’,待其满足条件后升到创业板、主板,那么,未来的股权众筹市场就是‘幼儿园’,是在为不能够在三板、创业板和主板上市的初创公司提供一个初略的学习场所。”据此,安邦坤构想了金字塔型的多层次资本市场体系,从下往上依次为:第四层(股权众筹市场,支持初创企业融资),第三层(四板市场、新三板市场,支持已成立两年的创新型、创业型、成长型企业融资),第二层(创业板市场,支持处于成长期的高成长性企业融资),第一层(中小板市场、主板市场,支持成熟期企业融资)。[②]

2014 年 12 月 18 日,中国证券业协会发布了《征求意见稿》,正式提出“私募股权众筹”这一概念。与此同时,“公募股权众筹”这一相对概念也开始进入人们的眼球。2015 年 6 月 16 日国务院公布的《关于大力推进大众创业万众创新若干政策措施的意见》提出“丰富创业融资新模式。支持互联网金融发展,引导和鼓励众筹融资平台规范发展,开展公开、小额股权众筹融资试点,加强风险控制和规范管理”,使公募股权众筹的发展趋势明朗化。2015 年 7 月,国内首批公募股权众筹试点落地,其中京东金融的“东家”、蚂蚁金服的蚂蚁达客(上海)股权众筹服务有限公司、平安集团旗下的深圳前海普惠众筹交易股份有限公司率先获得试点资质。[③]

二、私募股权众筹:私募发行宣传豁免

对于“私募股权众筹”这一概念,国内不少学者存在困惑及误解。北京大学法学院彭冰(2015 年)就提出:股权众筹作为互联网金融的一种模式,核心是公开、小额。中国证券业协会发布的《办法》将股权众筹限定为私募,是对众筹本性的违反。[④] 也有不少学者及业内人士认为,互联网媒介

① 姚余栋:《依托“五四三二一”架构 发展我国股权众筹》,载《金融会计》2015 年第 5 期。

② 参见安邦坤:《股权众筹在多层次资本市场中的定位概论》,载《现代管理科学》2015 年第 2 期。

③ 参见袁诚:《公募股权众筹:下一个风口?》,载《新金融观察报》2015 年 7 月 6 日,第 14 版。

④ 参见彭冰:《私募众筹? 一个自相矛盾的词汇》,载《法律与新金融》2015 年第 1 期。

在传播信息的特质上决定了即便是所谓的“私募股权众筹”也难以摆脱“公开宣传”及“向公众发行”的嫌疑，[1]故以“私募股权互联网化”[2]为定位的私募股权众筹其私募的性质值得怀疑。确实，随着互联网金融的不断创新，传统的“私募”及“公募”的界限已经逐渐被打破，并形成了介于私募及公募之间的另外两种模式——“大私募”以及“小公募”。而我国目前仅将股权众筹限定在私募的范畴内，实为我国《证券法》修订前的无奈之举。[3]对此，杨东（2014 年）提出：我国语境下的“股权众筹”有着不同于传统众筹概念的含义，在我国现行的法律体系下，向公众募集资金的典型且唯一的方式是上市公司公开发行股票的行为，而任何其他形式的面向社会大众的公开募股的行为都被认为是非法集资行为，受到严格的控制和打击。因此严格意义上来讲，我国并不存在股权众筹得以扎根的法律“土壤”，现有的所谓“股权众筹”平台，实质上是一种私募或者说半公开的融资行为。[4]

为了区分现有概念，本书将私募股权众筹划分为狭义的私募股权众筹和广义的私募股权众筹。其中，狭义的私募股权众筹定义即我国《征求意见稿》定义的私募股权众筹。而广义的私募股权众筹，笔者参照美国的经验，是在狭义的股权众筹的基础上，对其进行一般劝诱以及广告宣传的豁免，其并不完全具有非公开发行证券的特征，更加准确地说，其是一种合格投资者众筹。

（一）狭义的私募股权众筹

根据《征求意见稿》的定义，狭义的私募股权众筹指：“本办法所称私募股权众筹融资是指融资者通过股权众筹融资互联网平台（以下简称股权众筹平台）以非公开发行方式进行的股权融资活动。”对于其“非公开发行”的性质，从我国目前的《证券法》第 9 条可以推导出，狭义的私募股权众筹，其发行方式为：向特定对象发行证券且不超过 200 人，并且不采用广告、公开劝诱和变相公开方式。

可以看出，目前我国对于私募股权的定义是较为狭窄的，使更多潜在的合格投资者无法进入众筹领域，也使以互联网为依托的股权众筹面临极大的法律风险。据天使街联合创始人刘思宇介绍，目前私募股权众筹融资一般是通过实体场所（如咖啡馆或者微信）进行，没有平台敢于通过互联

---

① 参见何佳艳：《股权众筹草案惹争议》，载《投资北京》2015 年第 2 期。

② 详见由 IT 桔子、天使汇联合制作的《2014 年互联网股权众筹盘点报告》。

③ 详见由 IT 桔子、天使汇联合制作的《2014 年互联网股权众筹盘点报告》。

④ 参见杨东、苏伦嘎：《股权众筹平台的运营模式及风险防范》，载《国家检察官学院学报》2014 年第 4 期。

网网站进行,因为网站具有开放性,众筹的性质也变成了“向不特定公众发行证券”,按照现行证券法,这属于“非法发行证券”。[①] 为避开现行法律的规制,目前众筹平台大多是邀请熟悉的投资者,参与者主要是具备一定投资经验和较高风险承受能力的高净值人群。这也决定了股权众筹并未如很多人认为的那样在我国整个金融体系中起到“草根金融”“小微金融”的作用。[②]《2014年互联网股权众筹盘点报告》也指出,我国目前的“快速合投”业务只是一种狭义上的股权众筹,我国离建立起真正的股权众筹市场还面临一条法律“鸿沟”。[③]

(二)广义的私募股权众筹

法律保障的缺失使我国目前的私募股权众筹发展举步维艰。基于此,本书提出了更加广义的“私募股权众筹”的概念。广义的私募股权众筹,其更加类似于“合格投资者众筹”,即在狭义的私募股权众筹的基础上对仅有合格投资者参与的项目进行广告宣传及公开劝诱的豁免,即允许其在互联网上发布信息,以提供广告等方式向更多的潜在的合格投资者发售证券。可以看出,广义的私募股权众筹更加符合我国“54321规则”中对于“大私募”的定位。相较于传统私募来说,其根本区别就在于其允许众筹平台向合格投资者发布信息,从而扩大了潜在合格投资者的加入,同时也免除了私募股权众筹所面临的法律风险。这使私募股权众筹更加符合“私募股权互联网化”[④]的标准,也使其更具操作性。

三、公募股权众筹:小额公开发行豁免

然而,中小企业的融资困境告诉我们,对于建立多层次资本市场来说仅有私募股权众筹是远远不够的。私募股权众筹对于投资者人数及资格的限制,使其只能是“高富帅”的游戏。这种不允许散户进入的私募存在明显的缺点,对创业者来说,私募面向的主要为专业投资人或投资机构,如果项目前景一般,企业很难利用“羊群效应”迅速完成融资。对于那些项目比较早期、距离公众比较遥远以及不想被复杂的投后管理所困扰的项目,很难通过这一渠道募得资金。[⑤] 基于此,公募股权众筹的存在尤其必要。

---

① 何佳艳:《股权众筹草案惹争议》,载《投资北京》2015年第2期。

② 参见钟维、王毅纯:《中国式股权众筹:法律规制与投资者保护》,载《西南政法大学学报》2015年第2期。

③ 详见由IT桔子、天使汇联合制作的《2014年互联网股权众筹盘点报告》。

④ 详见由IT桔子、天使汇联合制作的《2014年互联网股权众筹盘点报告》。

⑤ 参见《城里人这么玩:国内股权众筹平台模式对比》,载众筹之家网:http://www.zczj.com/news/2015-07-06/content_2730.html,最后访问日期:2015年7月7日。

公募股权众筹,目前并没有学者对其有过明确的定义。借鉴私募股权众筹的定义,本节将公募股权众筹定义为:融资者通过股权众筹融资互联网平台以公开发行方式进行的小额股权融资活动。根据其定义,公募股权众筹相较于传统的公开发行以及私募股权众筹而言,更加具有小额金融、大众金融以及普惠金融的特质,也更加符合我国"54321 规则"中对于"小公募"的定位。就其特征来说,公募股权众筹具有以下性质:第一,公募股权众筹的小额性,即公募股权众筹是小额的公开发行。这为公募股权众筹的证券法豁免提供了合理性依据。小额发行豁免,就是在发行金额不大的情况下,公开发行的成本可能超过收益,因此免于发行核准程序。布拉德福德早就提出,对股权众筹进行豁免的理由就是小微企业及初创企业融资的金额过小,使公开发行的注册程序对其来说成本过高,造成融资的无效率。① 根据我国证券法的规定,公开发行必须按照相应程序向投资者披露相关信息,并且受证监会监管。然而,这样的程序会大大增加企业的融资成本,包括:(1)准备和提交申请文件以及信息披露的成本;(2)支付承销商等中介机构的费用;(3)由于注册程序而耽误的时间成本;(4)维护政府监管机构的成本;(5)不确定性的成本。② 随着股权众筹在世界各地的发展,各国都相继开始针对小额公开发行的股权众筹进行豁免,体现了公募股权众筹发展的趋势。第二,公募股权众筹的公开性,即意味着其投资人数可以突破传统的人数上限,也意味着其投资者目标不仅局限于合格投资者。这表明了公募股权众筹是一种零售型股权众筹。

然而,投资者人数的增加以及普通投资者的进入也使公募股权众筹的监管更为棘手。公募所带来的是双向的未知风险,大多数公募平台并没有给散户线下约谈创业者留下空间,不方便创业者反选投资人,容易被竞品、不理性投资人投资,给后续的投后管理和经营带来麻烦。

四、公募股权众筹和私募股权众筹的差异

作为股权融资的方式,公募股权融资和私募股权融资是两种不同的权益融资方式。二者的差异表现在以下两个方面:第一,二者产生原因不同;第二,投资者适当性和投资者保护措施不同。

(一)从产生原因上看二者的区别

我国的权益类融资有两种最重要的方式:一是权益类私募,其特点是

---

① See Bradford C. S., "Crowdfunding and the Federal Securities Laws", *Columbia Business Law Review*, June, 2011, p. 104.

② 参见朱玲:《股权众筹在中国的合法化研究》,载《吉林金融研究》2014 年第 6 期。

向特定人或者不超过200人的不特定人进行融资。这种融资方式对个人的出资额、出资形式、筹资额度的限定均比较宽松,但是对出资者的主体资格要求较为严格;二是权益类公募,即向超过200个特定人或不特定人进行融资。这种形式对融资者的发起人要求较高、对投资者的出资形式要求单一。在传统股权私募的基础上,适当扩大投资者的人数范围,允许企业可以向更多的投资者进行小额的融资,即"大范围的小额股权私募",这是在现存私募股权的基础发展出来的私募股权众筹制度。公募股权众筹则是以股权公募为基础,扩大投资者的数量但是限制一般投资者的年度投资数额和融资者的年度融资数额,通过分散风险和互联网削弱信息不对称性的原理,降低传统股权公募的发行和监管成本,从而允许持有小额资金的公众投资者进入股权公募市场,形成"小额公募股权众筹制度"。因此,私募股权众筹和公募股权众筹两种制度的产生原因不同。

(二)从投资者保护上看二者的区别

股权众筹制度的初衷是实现投资者广泛参与和投资安全的平衡,投资者适当性的认定自然是股权众筹的重点。私募股权众筹对投资者人数、投资者特定性的要求比较严格;要求投资者具有一定的风险判断能力,有一定的专业投资知识;私募股权投资者的出资额较高,要求私募投资者具有一定的经济实力等。而在公募股权众筹中,一般对投资的人数和特定性没有硬性规定;并不要求投资者具有投资经验和风险判断能力;可以根据投资者的年收入额或者资产额,设置投资额上限。基于此,监管机构、众筹平台对投资者的保护责任也不同,对投资者最主要的保护体现在信息披露制度的不同。对有投资经验、投资知识的专业投资者或经济实力相对雄厚的投资者,监管机构和众筹平台的信息披露义务可以适当降低,对一般投资者的保护标准可适当提高。

第三节　股权众筹分类监管的理论基础

一、信息不对称与股权众筹监管

在传统的西方经济学家看来,当市场机制完备时,监管的存在是不必要的。以亚当·斯密为代表的古典经济学者们认为,市场是配置资源的最优选择。个人通过对自我利益的追求,能够达到社会整体利益的最优。根据尤金·法玛(Eugene F. Fama)的有效市场假说,市场参与者是理性的,且能够充分获得市场中的信息进行决策。即便市场中存在非理性因素及风险,参与者也可以通过套利以及非理性交易者的随机性以对冲风险。[①] 此时,只需市场这只“无形之手”,就可以达到资源配置的最优。然而,有些时候,市场中存在天然无效配置资源的状态,经济学家将其称为“市场失灵”,并认为政府干预也许是解决市场失灵的一项选择。最先提出“市场失灵”这一概念的是福利经济学家庇古,其在研究高速公路拥堵问题时发现,市场机制有时候也会失效,并认为要用政府监管的手段来解决这一问题。刘燊也指出,证券市场监管之成因,在于保护投资者的利益以及克服市场失灵之需要。[②] 总的来说,股权众筹市场中存在的市场失灵主要表现在信息不对称以及由此产生的风险及外部性等问题。

信息不对称,指的是交易双方所获得的信息不对等,致使信息匮乏的一方可能遭受损失。信息不对称问题可能产生逆向选择(Adverse Selection)与道德风险(Moral Hazard)。发生在交易之前的信息不对称所导致的问题称为逆向选择。根据梅耶森的定义,逆向选择是“由参与人错误报告信息引起的问题”,它是指交易双方拥有的信息不对称,拥有信息不真实或信息较少的一方会倾向于做出的错误选择。阿克尔洛夫(Akerlof)以二手车市场为例,详细解释了逆向选择的成因,并指出信息不对称会产生“劣币驱逐良币”的后果,使市场中充斥着劣质的商品。[③] 在证券市场中,信息不对称问题屡见不鲜。假设市场中存在低质量、中等质量以及高质量的企业,由于投资者无法准确了解各个企业的信息从而无法准确对各个企业的价值进行估计,故交易双方只能以市场平均价格对不同等级的企业进行统一定价。逐渐地,高质量的企业由于定价过低会退出市场,而低质量的企业会留在市场,故市场中充斥着高风险的企业。发生在交易之后的信息不对称可能导致道德风险,即“由参与人选择错误行动而引起的问题”,也就是指经营者或市场交易的参与者,由于得到来自第三方的保障,即使其所做出的决策及行为引起损失,也不必完全承担责任,这将激励其倾向于做出风险较大的决策。

信息不对称在股权众筹市场的成因有其普遍性及特殊性。对于其普遍性,伊斯特·布鲁克(Easterbrook)和费舍尔(Fischel)分析了证券市场中

---

① See Eugene F. Fama, “Market Efficiency, Long-term Returns, and Behavioral Finance”, *Journal of Financial Economics*, 1998, p. 12.

② 参见刘燊:《美国私募股权基金监管制度改革及对我国的借鉴》,载《证券法苑》2010 年第 2 期。

③ See Akerlof, “The Market for “Lemons.”: Quality Uncertainty and the Market Mechanism”, *Quarterly Journal of Economics*, 1970, p. 489.

的信息不对称问题并且解释了强制性信息披露的必要性。[①] 他们认为,一方面,在无外界干扰的情况下,发行方很难主动披露信息;另一方面,由于信息的公共产品(Public Goods)属性,使私人发现信息的激励被弱化了。

而信息不对称在股权众筹市场成因的特殊性表现在互联网媒介的介入。学者们对于该问题有两种观点。一部分学者认为,互联网的介入使信息不对称问题弱化了。米什金(Mishkin)指出,在直接和间接融资模式下,主要有两类信息处理方式:第一类是信息的私人生产和出售,是设立专门机构负责搜集和生产区分资金需求者好坏的信息,然后卖给资金供给者。第二类是政府管制,即政府要求或鼓励资金需求方披露真实信息。互联网金融模式下的信息处理是它与商业银行间接融资和资本市场直接融资的最大区别,有三个组成部分:一是社交网络生成和传播信息,特别是对个人和机构没有义务披露的信息;二是搜索引擎对信息的组织、排序和检索,能缓解信息超载问题,有针对性地满足信息需求;三是云计算保障海量信息高速处理能力。总的效果是,在云计算的保障下,资金供需双方信息通过社交网络揭示和传播,被搜索引擎组织和标准化,最终形成时间连续、动态变化的信息序列。由此可以给出任何资金需求者的风险定价或动态违约概率,而且成本极低。这样,金融交易的信息基础(充分条件)就满足了。[②]

然而,另一部分学者认为,互联网的介入使得信息不对称问题更加严重了。一方面,股权众筹中存在的信息不对称是由融资企业的特征决定的。股权众筹的融资群体为中小微及初创企业。而这些发展初期的企业,其收入和业务模式都还不是非常稳定,有的产品只有一个概念。这个时候,财务投资者评估公司价值的通用方法可能不再有效。另一方面,这种非面对面的沟通方式也使信息得不到充分交换。因此,部分相对成熟的平台,如天使汇,会通过线下方式集中向投资人重点推荐优质项目,加快交易的实现。此外,一些众筹平台也鼓励投融资双方以线下约谈的形式进行进一步的交流。然而,根据实践经验来看,大多数的投资者并不会选择进行线下约谈。

基于股权众筹市场存在的信息不对称问题,有必要进行适当的强制性的信息披露。根据福克斯(Fox)(1999 年)以及伊斯特·布鲁克和费舍尔

---

① See Easterbrook F. H., Fischel D. R., "Mandatory Disclosure and the Protection of Investors", *Virginia Law Review*, 1984, p. 669.

② 参见谢平、邹传伟:《互联网金融模式研究》,载《金融研究》2012 年第 12 期。

(1984年)的研究,强制性的信息披露对于加强投资者保护,①以及公司治理都是有效的。② 基于此,政府对金融市场的监管可以帮助投资者获取更多的信息、减少逆向选择和道德风险以及促进金融市场的健康运行。然而,监管存在成本,对不必要的问题进行过多的干预并不能取得有效的成果。由于私募股权众筹以及公募股权众筹二者所面对的投资者群体不同,其面对的市场失灵程度也不同,因而其监管工具与强度也有所不同。

二、投资者分类保护与股权众筹分类监管

SEC前主席亚瑟·莱维特(Authur Levitt)曾说过,"一个证券市场可以没有证券交易所、没有证券商,但是不能没有投资者,当投资者渐渐流失于市场之外,即为市场危机的开始,国家亦丧失此最重要的国家资产"。根据国际证监会组织(IOSCO)2003年5月公布的《证券监管的目标与原则》(Objectives and Principles of Securities Regulation),证券监管的三大核心目标主要包括"保护投资者","确保市场公平、有效和透明"和"减少系统风险"。而"保护投资者"更是其中的重点。钟维等在其研究中指出:如果没有资金流,资本市场只是"一潭死水",因此投资者才是资本市场的基础,在发展股权众筹融资的过程中必须重视对投资者的保护。只有以投资者保护为中心,完善对股权众筹融资模式的法律规制,才能提振投资者信心,调动投资者积极性,才能促进股权众筹市场的健康、有序和快速发展。③ 而投资者保护的目标,在于有效预防风险的发生以及如何在事后使投资者得到充分的救济。

然而,并不是所有的投资者都需要受到相当程度地保护。证券市场中不同类型的投资者,由于其财务状况、风险承受水平、知识和经验以及组织形式的不同,其自我保护的能力也不同。该区别主要体现在:第一,其寻求自我保护的激励不同。不同类型投资者的投资额度不同,但自我保护的成本却类似,这使小额投资者进行风险共担(Skin in the Game)的成本收益不对等,难以有激励进行自我保护。④ 第二,专业化程度不同。不同类型投资

---

① See Easterbrook F. H., Fischel D. R., "Mandatory Disclosure and the Protection of Investors", *Virginia Law Review*, 1984, p. 712.

② See Fox, Merritt B., "Required Disclosure and Corporate Governance", *Law & Contemporary Problems*, 1999, p. 114.

③ 参见钟维、王毅纯:《中国式股权众筹:法律规制与投资者保护》,载《西南政法大学学报》2015年第2期。

④ See Parsont, Jason W., "Crowdfunding: The Real and the Illusory Exemption", *Social Science Electronic Publishing*, 2013, p. 284.

者的专业化程度不同也使其发现和处理信息的能力、监督发行方的能力以及寻求自我救济和私法救济的能力不同。第三,组织集体行动的成本不同。合格投资者中绝大多数都属于机构投资者,而机构投资者与散户最主要的区别就是可以较大程度上解决集体行动的困境(Collective Action Problem)。

(一)合格投资者保护与私募股权众筹监管:科斯定理

对于合格投资者来说,严格的监管并不是首选方案。科斯定理表明,当交易成本足够低时,市场失灵问题可以通过私人的协商来解决。即便私人协商的途径失效,也可以通过私人诉讼来弥补。[①] 罗纳德·哈里·科斯(Ronald Harry Coase)在其《社会成本问题》一文中,用工厂烟尘排放的例子来解释这一现象。一家工厂排放的烟尘影响到了附近的居民。此时,工厂排放烟尘的行为给居民带来了负的外部性,市场出现了失灵。然而当工厂以及居民之间的协商成本比较低时(假设此时只有两户居民),此时无论法律将排放烟尘的权利赋予工厂,还是将洁净的空气权赋予居民,其产生的结果都是有效率的。该观点为以合格投资者为目标的私募股权众筹的放松监管提供了理论基础。一方面,由于私募股权众筹的投资者人数被限定在一定范围内,故其与发行方进行协商的成本更低;另一方面,私募股权众筹的投资者为合格投资者,其中机构投资者占了绝大多数,其讨价还价的能力更高。基于此,政府完全可以放松对私募股权众筹的监管,而节约监管成本。

对于合格投资者的定义,不同国家有不同的做法。例如,美国《众筹规则》(Crowdfunding Rules)第 230 条第 501(a)款就定义:合格投资者一般是指年收入超过 20 万美元(或与配偶共同收入超过 30 万美元),或净资产超过 100 万美元的机构或个人。对此,我国《征求意见稿》也作了相类似的规定。[②] 其第 14 条规定了私募股权众筹融资的投资者是指符合下列条件之一的单位或个人:(1)《办法》规定的合格投资者;(2)投资单个融资项目的最低金额不低于 100 万元人民币的单位或个人;(3)社会保障基金、企业年金等养老基金,慈善基金等社会公益基金,以及依法设立并在中国证券投资基金业协会备案的投资计划;(4)净资产不低于 1000 万元的单位;(5)金融资产不低于 300 万元或最近三年个人年均收入不低于 50 万元的个人;(6)证券业协会规定的其他投资者。

---

① 参见[美]罗伯特·考特、[美]托马斯·尤伦:《法和经济学》,史晋川等译,格致出版社 2012 年版,第 76~77 页。

② 参见《征求意见稿》。

相较于零售型投资者来说，此类合格投资者在保护自身利益上更加有成本优势。一方面，其投资额度较大，风险共担的程度也较大，①激励其参与到监督中。根据《2014 年互联网股权众筹盘点报告》的研究，2014 年，我国第一梯队股权众筹融资平台中，创投圈平均单个项目的平均融资额为 571 万元，原始会单个项目的平均融资额为 1333 万元。而根据每个项目平均 5~35 个投资人来算，平均每个投资者的投资额度也超过 100 万元。即便未来我国可能会遵循国际趋势将私募股权众筹的投资者范围放宽，但相较于公募股权众筹来说，其风险共担的程度仍然大得多。另一方面，合格投资者众筹规定的人数较少，其相互之间的谈判成本更低，更容易产生相对一致的决策。

（二）合格投资者保护与私募股权众筹监管：投资组合理论

对私募股权众筹放松监管的另一个理由是合格投资者承担风险的能力。美国经济学家哈里·M. 马科维茨（Harry M. Markowitz）在其论文《资产组合的选择》中提出了投资者可以通过投资不同类型的资产以降低投资风险的观点，即投资组合理论（Portfolio Theory）。② 马科维茨经过观察和分析得出结论：如果在具有相同回报率的两个证券之间进行选择，任何投资者都会选择风险小的。这同时也表明投资者若要追求高回报必定要承担高风险。同样投资者通常持有多样化投资组合以规避风险，因为增加证券可以降低投资组合的风险。投资组合理论为合格投资者的放松监管提供了理论支持。由于私募股权众筹的投资者大多是专业性极强的专业投资者，故其仅将一定比例的资产投资于私募股权众筹，且其可以同时投资多个项目。合格投资者投资多项资产的能力使其对于风险的承担能力比散户更强，其自我保护的能力也更强。鉴于合格投资者其自我保护的激励及能力都较强，对于私募股权众筹的监管可以适当借鉴私募股权基金的监管模式。例如，英国金融服务管理局（Financial Service Authority，FSA）在其《私募股权：风险及监管介入的讨论》（Private Equity：a Discussion of Risk and Regulatory Engagement）的报告中就指出：鉴于目前私募股权市场仍是针对专业投资者的批发市场，因此，除非一般的散户投资者开始投资于私募股权基金等投资工具，否则，并无考虑提高针对私募股权基金的信息披

---

① See John C. Coffee, Jr, "Liquidity Versus Control: The Institutional Investor As Corporate Monitor", *Colum. L. Rev*, 1991, p. 155.

② See Harry M. Markowitz, "Portfolio Selection", *Journal of Finance*, 1952, p. 77.

请成为证券业协会会员。证券业协会为股权众筹平台办理备案登记不构成对股权众筹平台内控水平、持续合规情况的认可,不作为对客户资金安全的保证。具体的备案的实质性要求及程序可另设章节详细规定。(3)平台准入。参照《征求意见稿》第7条的规定,股权众筹平台应当具备下列条件:①在中华人民共和国境内依法设立的公司或合伙企业;②净资产不低于500万元;③有与开展私募股权众筹融资相适应的专业人员,具有3年以上金融或者信息技术行业从业经历的高级管理人员不少于2人;④有合法的互联网平台及其他技术设施;⑤有完善的业务管理制度;⑥证券业协会规定的其他条件。(4)平台责任。第一,对投融资双方进行实名认证,对用户信息的真实性进行必要审核。第二,对融资项目进行实质性审核。另外,对于私募股权众筹融资项目,可以相应地对平台职责进行豁免。如规定"对于针对200人以下的合格投资者进行融资的项目,股权众筹平台可以不对该项目进行实质性审核"。第三,采取措施防范欺诈行为,发现欺诈行为或其他损害投资者利益的情形,及时公告并终止相关众筹活动。第四,对募集期资金设立专户管理,证券业协会另有规定的,从其规定。第五,对投融资双方的信息、融资记录及投资者适当性管理等信息及其他相关资料进行妥善保管,保管期限不得少于10年。第六,持续开展众筹融资知识普及和风险教育活动,并与投资者签订投资风险揭示书,确保投资者充分知悉投资风险。第七,按照证券业协会的要求报送股权众筹融资业务信息。第八,保守商业秘密和客户隐私,非因法定原因不得泄露融资者和投资者相关信息。第九,配合相关部门开展反洗钱工作。第十,证券业协会规定的其他职责。(5)平台禁止行为。股权众筹平台不得有下列行为:①通过本机构互联网平台为自身或关联方融资;②对众筹项目提供对外担保或进行股权代持;③提供股权或其他形式的有价证券的转让服务;④利用平台自身优势获取投资机会或误导投资者;⑤向非实名注册用户宣传或推介融资项目;⑥从事证券承销、投资顾问、资产管理等证券经营机构业务,具有相关业务资格的证券经营机构除外;⑦兼营个体网络借贷(P2P网络借贷)或网络小额贷款业务;⑧采用恶意诋毁、贬损同行等不正当竞争手段;⑨法律法规和证券业协会规定禁止的其他行为。

第四章——投资者监管,包括对投资者的范围及分类、投资者职责等。(1)投资者范围。规定股权众筹的投资者应当是具有民事行为能力的自然人或法人。(2)专业投资者。股权众筹的投资者分为专业投资者及一般投资者。其中,股权众筹融资的专业投资者是指符合下列条件之一的单位或个人:①《办法》规定的合格投资者。②投资单个融资项目的最低金额不低于100万元的单位或个人。③社会保障基金、企业年金等养老基金、慈善基金等社会公益基金,以及依法设立并在中国证券投资基金业协会备案的投资计划。④净资产不低于1000万元的单位。⑤金融资产不低于300万元或最近三年个人年均收入不低于50万元的个人。上述个人除能提供相关财产、收入证明外,还应当能辨识、判断和承担相应投资风险。⑥证券业协会规定的其他投资者。(3)投资者职责。投资者应当履行下列职责:①向股权众筹平台提供真实、准确和完整的身份信息、财产、收入证明等信息;②保证投资资金来源合法;③主动了解众筹项目投资风险,并确认其具有相应的风险认知和承受能力;④自行承担可能产生的投资损失;⑤证券业协会规定和融资协议约定的其他职责。

除了以上主要章节外,《股权众筹融资监管条例》应当就众筹平台的备案登记、信息报送等另设章节进行更加详细的规定。其规定基本上符合我国《征求意见稿》中第四章备案登记以及第五章信息报送的内容,笔者在此不再赘述。

图书在版编目(CIP)数据

股权众筹监管基础理论研究 / 武长海主编. -- 北京：法律出版社，2020
ISBN 978-7-5197-5142-5

Ⅰ. ①股… Ⅱ. ①武… Ⅲ. ①企业融资-法律-研究-中国 Ⅳ. ①D922.291.914

中国版本图书馆 CIP 数据核字(2020)第 228130 号

股权众筹监管基础理论研究
GUQUAN ZHONGCHOU JIANGUAN JICHU LILUN YANJIU

武长海 主编

策划编辑 孙东育
责任编辑 孙东育 曲 杰
装帧设计 李 瞻

出版 法律出版社
总发行 中国法律图书有限公司
经销 新华书店
印刷 北京虎彩文化传播有限公司
责任校对 周合芝 周诗湄
责任印制 陶 松

编辑统筹 学术·对外出版分社
开本 710 毫米×1000 毫米 1/16
印张 18.5
字数 306 千
版本 2020 年 12 月第 1 版
印次 2020 年 12 月第 1 次印刷

法律出版社/北京市丰台区莲花池西里 7 号(100073)
网址/www.lawpress.com.cn
投稿邮箱/info@lawpress.com.cn
举报维权邮箱/jbwq@lawpress.com.cn
销售热线/400-660-8393
咨询电话/010-63939796

中国法律图书有限公司/北京市丰台区莲花池西里 7 号(100073)
全国各地中法图分、子公司销售电话：
统一销售客服/400-660-8393/6393
第一法律书店/010-83938432/8433 西安分公司/029-85330678 重庆分公司/023-67453036
上海分公司/021-62071639/1636 深圳分公司/0755-83072995

书号：ISBN 978-7-5197-5142-5 **定价**：88.00 元
(如有缺页或倒装，中国法律图书有限公司负责退换)